Der kennzeichenrechtliche Schutz des Filmtitels

Europäische Hochschulschriften
Publications Universitaires Européennes
European University Studies

Reihe II
Rechtswissenschaft

Série II Series II
Droit
Law

Bd./Vol. 3768

PETER LANG
Frankfurt am Main · Berlin · Bern · Bruxelles · New York · Oxford · Wien

Sebastian Heim

Der kennzeichenrechtliche Schutz des Filmtitels

PETER LANG
Europäischer Verlag der Wissenschaften

Bibliografische Information Der Deutschen Bibliothek
Die Deutsche Bibliothek verzeichnet diese Publikation in der Deutschen Nationalbibliografie; detaillierte bibliografische Daten sind im Internet über <http://dnb.ddb.de> abrufbar.

Zugl.: Bayreuth, Univ., Diss., 2003

D 703
ISSN 0531-7312
ISBN 3-631-51569-3

www.peterlang.de

Meinen Eltern

Vorwort

Die Arbeit ist im Wintersemester 2002/2003 von der Rechts- und Wirtschaftswissenschaftlichen Fakultät der Universität Bayreuth als Dissertation angenommen worden. Literatur und Rechtsprechung wurden bis April 2003 berücksichtigt.

Bedanken möchte ich mich sehr herzlich bei meinem Doktorvater Herrn Prof. Dr. Diethelm Klippel für die engagierte Betreuung der Arbeit. Herrn Prof. Dr. Volker Emmerich danke ich für die zügige Erstellung des Zweitgutachtens. Dank gebührt ebenso dem Vorsitzenden des Prüfungsausschusses Herrn Prof. Dr. Rudolf Streinz.

Ein besonderer Dank gilt meinen Eltern für ihre Unterstützung, die es mir erlaubt hat, die Arbeit zügig und zielstrebig zu vollenden.

Koblenz, im Juni 2003

Sebastian Heim

Inhaltsverzeichnis

- Kurzübersicht -

- Gesamtübersicht - Seite

Abkürzungsverzeichnis

a.A.	anderer Ansicht
ABl.	Amtsblatt der Europäischen Gemeinschaften
Abs.	Absatz
a.E.	am Ende
a.F.	alte Fassung
AfP	Archiv für Presserecht, Zeitschrift für Medien- und Kommunikationsrecht
AGB	Allgemeine Geschäftsbedingungen
Alt.	Alternative
Amtl. Begr.	Amtliche Begründung
ARD	Arbeitsgemeinschaft der öffentlich-rechtlichen Rundfunkanstalten der Bundesrepublik Deutschland
Art.	Artikel
BayObLG	Bayerisches Oberstes Landesgericht
BB	Betriebsberater
Bd.	Band
BGB	Bürgerliches Gesetzbuch vom 18. August 1896
BGBl.	Bundesgesetzblatt
BGH	Bundesgerichtshof
BGHZ	Entscheidungen des Bundesgerichtshofes in Zivilsachen
BlPMZ	Blatt für das Patent-, Muster- und Zeichenwesen
BORA	Berufsordnung für Rechtsanwälte
BPatG	Bundespatentgericht
BPatGE	Entscheidungen des Bundespatentgerichts
BR	Bayerischer Rundfunk
BRAO	Bundesrechtsanwaltsordnung
BT-Drucks.	Bundestags-Drucksache
BVerfG	Bundesverfassungsgericht
bzw.	beziehungsweise
ca.	circa
DB	Der Betrieb
DE	Diskussionsentwurf
ders.	derselbe
dies.	dieselbe, dieselben
d.h.	das heißt
DPMA	Deutsches Patent- und Markenamt
DVD	Digital Versatile Disc
DZWir	Deutsche Zeitschrift für Wirtschaftsrecht
E	Einleitung
EG	Europäische Gemeinschaft
Einl.	Einleitung
ErstrG	Erstreckungsgesetz vom 23. April 1992
etc.	et cetera
EuGH	Europäischer Gerichtshof

EUR	Euro
EWG	Europäische Wirtschaftsgemeinschaft
f., ff.	folgend, folgende
Fn.	Fußnote
FS	Festschrift
FSK	Freiwillige Selbstkontrolle der Filmwirtschaft
FuR	Film und Recht, ab Jahrgang 1985 Zeitschrift für Urheber- und Medienrecht (ZUM)
GG	Grundgesetz für die Bundesrepublik Deutschland vom 23. Mai 1949
GK	Großkommentar
GRUR	Gewerblicher Rechtsschutz und Urheberrecht
GRUR Int.	Gewerblicher Rechtsschutz und Urheberrecht Internationaler Teil
HABM	Harmonisierungsamt für den Binnenmarkt
Hdb.	Handbuch
HGB	Handelsgesetzbuch vom 10. Mai 1897
HK	Heidelberger Kommentar
HR	Hessischer Rundfunk
Hrsg.	Herausgeber
i.S.d.	im Sinne des
i.V.m.	in Verbindung mit
JR	Juristische Rundschau
JW	Juristische Wochenschrift
KG	Kammergericht
KGZ	Entscheidungen des Kammergerichts in Zivilsachen
KUG	Gesetz betreffend das Urheberrecht an Werken der bildenden Künste und der Photographie vom 9. Januar 1907
LG	Landgericht
LGZ	Entscheidungen der Landgerichte in Zivilsachen
lit.	littera
LUG	Gesetz betreffend das Urheberrecht an Werken der Literatur und der Tonkunst vom 19. Juni 1901
MarkenG	Gesetz über den Schutz von Marken und sonstigen Kennzeichen vom 25. Oktober 1994
MarkenR	Zeitschrift für deutsches, europäisches und internationales Markenrecht
MarkenV	Verordnung zur Ausführung des Markengesetzes vom 30. November 1994
Mio.	Millionen
Mitt.	Mitteilungen der deutschen Patentanwälte

MMA	Madrider Markenabkommen vom 14. April 1891 über die internationale Registrierung von Fabrik- oder Handelsmarken in der Fassung vom 14. Juli 1967
MMR	MultiMedia und Recht, Zeitschrift für Informations-, Telekommunikations- und Medienrecht
Mrd.	Milliarden
MRRG	Gesetz zur Reform des Markenrechts und zur Umsetzung der Ersten Richtlinie 89/104/EWG des Rates vom 21. Dezember 1988 zur Angleichung der Rechtsvorschriften der Mitgliedstaaten über die Marken (Markenrechtsreformgesetz) vom 25. Oktober 1994
MRRL	Erste Richtlinie des Rates zur Angleichung der Rechtsvorschriften der Mitgliedstaaten über die Marken (89/104/EWG) vom 21. Dezember 1988
MüKo	Münchener Kommentar
m.w.N.	mit weiteren Nachweisen
NDR	Norddeutscher Rundfunk
NJW	Neue Juristische Wochenschrift
NJW-RR	Neue Juristische Wochenschrift – Rechtsprechungsreport
Nr.	Nummer
OGH	Oberster Gerichtshof
OLG	Oberlandesgericht
OLG Rspr.	Die Rechtsprechung der Oberlandesgerichte auf dem Gebiete des Zivilrechts
OLGZ	Entscheidungen der Oberlandesgerichte in Zivilsachen
PVÜ	Pariser Verbandsübereinkunft zum Schutz des gewerblichen Eigentums vom 20. März 1883
RBÜ	Revidierte Berner Übereinkunft zum Schutz von Werken der Literatur und der Kunst vom 9. September 1886 (seitdem mehrfach revidiert)
Rd.	Randnummer
RG	Reichsgericht
RGSt	Entscheidungen des Reichsgerichts in Strafsachen
RGZ	Entscheidungen des Reichsgerichts in Zivilsachen
RL	Richtlinie
RTL	Radio Télévision Luxemburg
S.	Seite
s.a.	siehe auch
Schulze	Erich Schulze, Rechtsprechung zum Urheberrecht
SFB	Sender Freies Berlin
SPIO	Spitzenorganisation der Filmwirtschaft e.V.
SWF	Südwestfunk

TRIPS	Trade Related Aspects of Intellectual Property Rights, Übereinkommen zur Errichtung der Welthandelsorganisation vom 15. April 1994, Übereinkommen über handelsbezogene Aspekte der Rechte des geistigen Eigentums
u.a.	unter anderem
UFITA	Archiv für Urheber-, Film-, Funk- und Theaterrecht
UrhG	Gesetz über Urheberrecht und verwandte Schutzrechte (Urheberrechtsgesetz) vom 9. September 1965
UrhR	Urheberrecht
UWG	Gesetz gegen den unlauteren Wettbewerb vom 7. Juni 1909
v.	von
vgl.	vergleiche
VHS	Video-Home-System
WbR	Wettbewerbsrecht
WDR	Westdeutscher Rundfunk
WRP	Wettbewerb in Recht und Praxis
WZG	Warenzeichengesetz vom 5. Mai 1936
z.B.	zum Beispiel
ZDF	Zweites Deutsches Fernsehen
ZUM	Zeitschrift für Urheber- und Medienrecht, bis 1984 Film und Recht (FuR)
ZUM-RD	Zeitschrift für Urheber- und Medienrecht, Rechtsprechungsdienst

Einführung

I. Fragestellung

Verglichen mit anderen Werkgattungen ist der Film eine noch junge Kunstform.[1] Allgemein gilt das Jahr 1895 als Beginn der Kinematographie:[2] Im November 1895 zeigten die Brüder *M.* und *E. Skladanowsky* im Berliner „Wintergarten" mit dem „Bioscop" ein Programm kurzer Filme, nur kurze Zeit später im Dezember 1895 hielten die Brüder *L.* und *A. Lumière* Filmvorführungen im Pariser „Grand Café" ab.[3] Ebenfalls 1895 und in den Folgejahren führten *T. Armat* und *F. Jenkins* Filme in den USA auf.[4] In Deutschland produzierte *O. Messter* seit 1896 öffentlich aufgeführte Wochenschauen und Spielfilme mit unterschiedlichem Genre.[5] Ebenso entstanden insbesondere in Frankreich, in den USA, in Italien, Großbritannien, Dänemark und Schweden bedeutende Filmproduktionen der Anfangsjahre, die von Beginn an auch Filmtitel trugen.[6]

Die sich Anfang des 20. Jahrhunderts in Europa und in den USA entwickelnde Filmindustrie beschränkte sich zunächst aufgrund der technischen Möglichkeiten dieser Zeit auf die Produktion von Stummfilmen, die oftmals von Klavier- oder Orchestermusik begleitet wurden. Ab 1927 (Europa ab 1929) wurde die Weiterentwicklung des Stummfilms dann durch den Tonfilm abgelöst.[7] Der Film als neue Form der Unterhaltung setzte sich rasant in der Gesellschaft durch und eroberte ein Massenpublikum. Zahlreiche Produktionsgesellschaften und Filmtheater entstanden;[8] 1946 wurden 300 Mio. Besucher in deutschen Filmtheatern gezählt.[9]

---

1 Filme sind bewegte Bild- oder Bild- und Tonfolgen, die durch die Aneinanderreihung von photografischen oder photografieähnlichen Bildern entstehen, ohne dass es auf ihren Inhalt ankommt und unabhängig von dem technischen Aufnahmeverfahren und der Form der Aufnahme. Dazu im 1. Abschnitt des 2. Kapitels unter I. „Das Filmwerk als Kennzeichnungsobjekt des Filmtitels".

2 Zum Folgenden vgl. *Gregor/Patalas*, S. 13 ff. und *Jacobsen/Kaes/Prinzler*, S. 13 ff.

3 *Toeplitz*, S. 20 f.

4 *Reupert*, S. 28; *Toeplitz*, S. 16 Fn. 1.

5 *Jacobsen/Kaes/Prinzler*, S. 24.

6 Zum Beispiel „Die Reise zum Mond" (*G. Méliès*, 1902); „Der große Zugraub" (*E. S. Porter*, 1903); „Die letzten Tage von Pompeji" (*L. Maggi*, 1908); „Abgrund" (*U. Gad*, 1911); „Venezianische Nacht" (*M. Reinhardt*, 1913); „Das Kabinett des Dr. Caligari" (*R. Wiene*, 1920).

7 *Jacobsen/Kaes/Prinzler*, S. 86.

8 1913 gab es in Berlin bereits 206 Filmtheater mit 49.695 Sitzplätzen, *Jacobsen/Kaes/Prinzler*, S. 20; im Jahr 1919 wurden im Deutschen Reich rund 500 Filme von über 200 Produktionsfirmen produziert; täglich besuchten eine Million Menschen eines der 3.000 Filmtheater, *Jacobsen/Kaes/Prinzler*, S. 39.

9 Quelle: SPIO.

Mit der Erfindung und Kommerzialisierung des Films als Unterhaltungsmedium in der Gesellschaft stellten sich ebenso wie in anderen Werkkategorien bereits frühzeitig Fragen des Rechtsschutzes der sie kennzeichnenden Titel.[10]

Das Aufkommen und die Ausbreitung des Fernsehens, beginnend in den 40er Jahren des 20. Jahrhunderts, hatte große Auswirkungen auf die Filmindustrie und den Stellenwert des Kinofilms in der Gesellschaft.[11] Mit Eigen- und Auftragsproduktionen und der Übernahme von populären Kinofilmproduktionen in das Fernsehprogramm konkurrierten die Fernsehanstalten unmittelbar mit der Filmindustrie.[12] Der Fernseher ermöglichte nunmehr den Empfang von Filmen im eigenen Wohnzimmer mit der Folge, dass die Besucherzahlen in den Filmtheatern über Jahre hinweg rückläufig waren und sich erst vor kurzem stabilisiert haben.[13] Nicht zuletzt auch durch die Öffnung des Fernsehmarktes seit 1984 für private Fernsehgesellschaften (sog. duales System) hat sich insoweit der Wettbewerb um die Gunst der Zuschauer bzw. Besucher in den letzten Jahrzehnten erheblich verschärft.[14] Die Zahl der erscheinenden Filmwerke und der sie kennzeichnenden Titel wächst stetig,[15] gleichzeitig ist aber die Menge der Programmideen und der sie kennzeichnenden Titel begrenzt, was zu einer immer stärkeren Ähnlichkeit der Titel führt und Auswirkungen auf die Funktionen des Filmtitels haben muss: Als filmwerkidentifizierendes Unterscheidungsmittel identifiziert und individualisiert der Titel das Filmwerk, wodurch es im Verkehr gegenüber anderen Filmwerken unterscheidbar wird (Unterscheidungsfunktion).[16] Daneben kann der Filmtitel eine besondere Wertschätzung im Verkehr erlangen, wenn mit ihm eine bestimmte Güte- oder Qualitätsvorstellung, ein bestimmtes Image assoziiert wird (Werbefunktion).[17] Der Filmtitel ist damit Kommunikations-

---

10 Zum Beispiel in der Entscheidung des *OLG Köln* in OLG-Rspr. 30 (1915), 288, 288 ff. – „Die letzten Tage von Pompeji"; Titelrechtsstreitigkeiten haben einen dokumentierten Ursprung in einer Zeit, in der es noch keine Filme und damit auch keine Streitigkeiten um Filmtitel gab. Die wohl erste dokumentierte Titelrechtsstreitigkeit geht zurück auf das Jahr 1846. Der Königliche Preußische Literarische Sachverständigenverein erstattete damals ein Gutachten über die Benutzung des Titels „the travellers manual" für ein neues Reisehandbuch und kam angesichts der erkannten Schutzwürdigkeit mangels sonstiger geeigneter gesetzlicher Grundlagen zu dem Schluss, dass es sich bei der Nachahmung des Worttitels und der äußeren Gestaltung des Einbandes um einen unzulässigen teilweisen Nachdruck des Buches im Sinne des preußischen Nachdrucksgesetzes vom 11. Juni 1837 handele; vgl. *Heydemann*, Gutachten Nr. 38, S. 246 ff., 253 f.; *Heydemann/Dambach*, Gutachten Nr. 56, S. 311 ff., 316 ff.

11 Nachdem es bereits vor 1945 regelmäßige Fernsehprogramme in Deutschland gab, wurde das öffentliche Fernsehen in Deutschland nach dem 2. Weltkrieg erst wieder 1952 durch den NWDR aufgenommen; die Entwicklung des Farbfernsehens führte schließlich in den 60er Jahren in Deutschland zum Durchbruch des Fernsehens. Die Versorgung der deutschen Haushalte mit Fernsehgeräten lag 1964 bei 55 %, 1970 bei 85 % und liegt seit 1980 bei 97 % (Quelle: ARD).

12 *Jacobsen/Kaes/Prinzler*, S. 512 ff.; im Jahr 2000 lag die Zahl der Sendetermine von Kinofilmen (mind. 60 Minuten Spieldauer) im frei empfangbaren Fernsehen bei 12.268 (1999: 12.453), *M. Roth*, S. 92, Tabelle 78.

13 Quelle: SPIO.

14 *Jacobsen/Kaes/Prinzler*, S. 516 ff.

15 Seit 1994 gab es jährlich zwischen 518 (1994) und 903 (2001) Spielfilmneuerscheinungen auf VHS, *M. Roth*, S. 54, Tabelle 42.

16 Dazu im 1. Abschnitt des 1. Kapitels unter I. „Unterscheidungsfunktion".

17 Dazu im 1. Abschnitt des 1. Kapitels unter II. „Werbefunktion".

mittel zwischen Filmwerk und den angesprochenen Verkehrskreisen. Durch eine zu starke Ähnlichkeit der Titel können Unterscheidungs- und Werbefunktion beeinträchtigt werden. Titelkonflikte sind daher unvermeidbar, sei es aus dem Interesse, die Gefahr von Verwechslungen zu vermeiden oder sich vor einer Nachahmung und ihrer Konsequenzen (unlautere Ausnutzung oder Beeinträchtigung der Unterscheidungskraft oder Wertschätzung) zu schützen.[18] Angesichts der Funktionen und der mit ihnen einhergehenden wirtschaftlichen Bedeutung von Filmtiteln[19] ist zu fragen, wie diese geschützt sind.

Erstmalig wurde der Titelschutz in § 8 des Gesetzes zur Bekämpfung des unlauteren Wettbewerbs vom 27. Mai 1896 verankert. Von ihrem Wortlaut erfasste die Regelung nur den Titel einer Druckschrift, nicht hingegen auch den Titel eines Filmwerks. Die Bestimmung sah vor, dass derjenige, der im geschäftlichen Verkehr die Bezeichnung einer Druckschrift in einer Weise benutzt, welche darauf berechnet und geeignet ist, Verwechslungen mit der besonderen Bezeichnung hervorzurufen, derer sich ein anderer befugt bedient, sich schadensersatzpflichtig macht und zur Unterlassung der missbräuchlichen Art der Benutzung verpflichtet ist. In § 16 Abs. 1 des Gesetzes gegen den unlauteren Wettbewerb vom 7. Juni 1909 (UWG a.F.) wurde auf das Kriterium der Berechnung verzichtet, aus dem von Rechtsprechung und Literatur das Erfordernis einer Verwechslungsabsicht abgeleitet wurde. Das Tatbestandsmerkmal „besondere Bezeichnung einer Druckschrift" wurde auch in § 16 Abs. 1 UWG a.F. beibehalten, so dass nach dem Wortlaut Filmtitel nicht von § 16 Abs. 1 UWG a.F. erfasst wurden. Rechtsprechung und Literatur haben jedoch in erweiternder oder analoger Anwendung den Schutz des § 16 Abs. 1 UWG a.F. auch auf die besondere Bezeichnung von Filmwerken erstreckt.[20] Als Folge der Integration des Werktitelschutzes in das am 1. Januar 1995 in Kraft getretene Markengesetz durch die §§ 5 und 15 MarkenG (Art. 1 MRRG) ist die Regelung des § 16 Abs. 1 UWG a.F. durch Art. 25 Nr. 2 MRRG aufgehoben worden. Mit der Neuregelung des Werktitelschutzes in den §§ 5 und 15 MarkenG hat sich auch die Terminologie geändert:

---

[18] Beispiele für Filmtitelstreitigkeiten aus der Rechtsprechung: *BGH* GRUR 2003, 440, 440 f. – „Winnetous Rückkehr"; *BGH* GRUR 2001, 1050, 1050 ff. – „Tagesschau"; *BGH* GRUR 2001, 1054, 1054 ff. – „Tagesreport"; *BGH* GRUR 1993, 692, 695 – „Guldenburg"; *BGH* AfP 1977, 45, 46 ff. – „Der 7. Sinn"; *KG Berlin* WRP 2001, 551, 552 ff. – „Alex/live vom Alex"; *KG Berlin* GRUR 2000, 906, 906 f. – „Gute Zeiten, Schlechte Zeiten"; *OLG Hamburg* AfP 1999, 170, 171 f. – „Aber Hallo"; *OLG Koblenz* AfP 1996, 382, 383 f. – „Voll erwischt"; *OLG Frankfurt a. M.* WRP 1992, 117, 118 ff. – „Hessen-Report"; *OLG München* GRUR 1990, 43, 43 f. – „Donnerlippchen"; *OLG München* ZUM 1990, 192, 194 – „Nachtgedanken"; *OLG München* ZUM 1986, 353, 353 – „Die Killer-Akademie"; *KG Berlin* AfP 1986, 342, 342 f. – „Die Nervensäge"; *OLG Düsseldorf* WRP 1985, 638, 639 f. – „Mädchen hinter Gittern"; *OLG München* ZUM 1985, 218, 219 ff. – „Jetzt red'i"; *LG Köln* AfP 2003, 171, 171 f. – „Monitor"; *LG Mainz* AfP 1992, 390, 390 f. – „ran"; *LG München I* GRUR 1989, 60, 60 ff. – „Wetten, daß ..."; *LG München I* AfP 1987, 634, 635 f. – „Schwarzwaldklinik/Schwarzwald-Puff"; *LG München I* ZUM 1985, 105, 106 ff. – „Jetzt red'i"; *LG München I* FuR 1984, 332, 332 f. – „Traumschiff".

[19] Dazu im 2. Abschnitt des 1. Kapitels unter „Ökonomische Einflüsse im Filmtitelrecht".

[20] Zu diesem Tatbestandsmerkmal des § 16 Abs. 1 UWG a.F. ausführlich *Mittas*, S. 16 ff.; *Russ*, S. 44 ff.; *Metzger*, S. 37 ff.; *Kraemer*, S. 42 f.; *Deutsch*, S. 24, 27.

Nach § 5 Abs. 3 MarkenG sind Werktitel die Namen oder besonderen Bezeichnungen von Druckschriften, Filmwerken, Tonwerken, Bühnenwerken oder sonstigen vergleichbaren Werken. Der Schutzbereich des § 15 MarkenG ist im Vergleich zu § 16 Abs. 1 UWG a.F. erweitert worden um den Schutz des bekannten Werktitels vor einer unlauteren Ausnutzung oder Beeinträchtigung seiner Unterscheidungskraft oder Wertschätzung.

Fraglich ist, welche Besonderheiten sich durch die Neuregelung des Werktitelrechts im Markengesetz für den Filmtitelschutz ergeben. Insbesondere ist zu untersuchen, was Filmwerk und damit Kennzeichnungsobjekt eines Filmtitels im Sinne des § 5 Abs. 3 MarkenG sein kann.[21] Ausgehend von der Unterscheidungsfunktion des Filmtitels, nämlich filmwerkidentifizierendes Unterscheidungsmittel zu sein, stellt sich die Frage, was unter „Name oder besondere Bezeichnung" von Filmwerken zu verstehen ist und ob das Markengesetz in § 5 Abs. 3 im Gegensatz zu § 16 Abs. 1 UWG a.F. neben dem reinen Worttitel auch andere Titelformen (z.B. Bild-, Hör- oder Bewegungstitel) erfasst.[22]

Eine nähere Analyse der werktitelrechtlichen Regelungen wird ergeben, dass der Gesetzgeber von einer detaillierten Regelung sowohl der Entstehungsvoraussetzungen des Werktitelrechts als auch der Übertragbarkeit und dem Erlöschen des Werktitelrechts abgesehen hat. Unter Berücksichtigung der Entstehungsakzessorietät zwischen Titel und Werk ist deshalb zu untersuchen, welche Voraussetzungen an eine schutzbegründende Benutzungsaufnahme des Filmtitels im geschäftlichen Verkehr zu stellen sind.[23] Ferner haben Rechtsprechung, Literatur und der Gesetzgeber in der Amtlichen Begründung zum Markengesetz unter bestimmten Voraussetzungen eine Vorverlegung der Priorität und damit letztlich des Titelschutzes auf den Zeitpunkt einer förmlichen Titelschutzanzeige anerkannt, was die Frage der Vereinbarkeit der gesetzlich nicht geregelten Titelschutzanzeige mit dem Grundsatz der Entstehungsakzessorietät zwischen Titel und Werk aufwirft.[24]

Des Weiteren ist angesichts einer fehlenden gesetzlichen Regelung der Übertragbarkeit des Werktitelrechts zu fragen, ob Titel und Werk auch in ihrem Fortbestand akzessorisch sind. Problematisch ist, dass der gleichzeitig als Marke angemeldete Titel nach § 27 Abs. 1 MarkenG frei übertragbar ist, was jedoch unter der Prämisse einer strengen Akzessorietät zwischen Titel und Werk nicht mit dem Werktitelrecht zu vereinbaren wäre. Zu untersuchen ist

---

[21] Dazu im 1. Abschnitt des 2. Kapitels unter I. „Das Filmwerk als Kennzeichnungsobjekt des Filmtitels".

[22] Dazu im 1. Abschnitt des 2. Kapitels unter II. „Der Filmtitel als ‚Name oder besondere Bezeichnung' von Filmwerken".

[23] Dazu im 2. Abschnitt des 2. Kapitels unter II. „Benutzungsaufnahme des Filmtitels im geschäftlichen Verkehr".

[24] Dazu im 2. Abschnitt des 2. Kapitels unter III. „Titelschutzanzeige und Titelregister".

deshalb, ob nicht § 27 Abs. 1 MarkenG analog im Werktitelrecht angewendet werden kann.[25]

Nach § 15 Abs. 2 MarkenG ist der Werktitel vor Verwechslungsgefahr geschützt, nach § 15 Abs. 3 MarkenG ist der bekannte Werktitel vor einer unlauteren Ausnutzung oder Beeinträchtigung der Unterscheidungskraft oder Wertschätzung geschützt. Angesichts der geringen Schutzvoraussetzungen des Filmtitels, der lediglich ein Minimum an Unterscheidungskraft besitzen muss, um nach § 5 Abs. 3 MarkenG geschützt zu sein, ist zu fragen, welche Auswirkungen das auf den Schutzumfang nach § 15 Abs. 2 und Abs. 3 MarkenG hat. Des Weiteren ist die Auslegung der Tatbestände des § 15 Abs. 2 und Abs. 3 MarkenG problematisch: Der Gesetzgeber hat diese Tatbestände in Anlehnung an § 14 Abs. 2 MarkenG geregelt, der auf Art. 5 Abs. 1 und Abs. 2 MRRL zurückgeht. Folglich ist fraglich, ob sich aufgrund dieser tatbestandlichen Ähnlichkeit der Schutzbereiche die Auslegung der in § 15 Abs. 2 und Abs. 3 MarkenG geregelten werktitelrechtlichen Tatbestände an der Auslegung des § 14 Abs. 2 MarkenG, die letztlich über eine Auslegung der MRRL dem *EuGH* obliegt, orientieren muss.[26]

Weitere Schutzmöglichkeiten des Filmtitels ergeben sich aus dem Markenrecht.[27] Hier ist zu fragen, unter welchen Voraussetzungen ein Filmtitel auch als Marke geschützt werden kann. Während im Markenrecht durch die Anmeldung einer Gemeinschaftsmarke ein europäischer und durch die Pariser Verbandsübereinkunft (PVÜ) und das Madrider Abkommen über die internationale Registrierung von Marken (MMA) ein internationaler Markenschutz möglich ist, ist das Werktitelrecht bislang nicht harmonisiert worden.[28]

Eine nähere Analyse außermarkengesetzlicher Schutzmöglichkeiten des Filmtitels nach § 12 BGB, den §§ 1 und 3 UWG und den §§ 823 ff. BGB wird ergeben, dass der Gesetzgeber mit der gesetzlichen Regelung des Schutzes bekannter Werktitel in § 15 Abs. 3 MarkenG einen spezialgesetzlichen Tatbestand geschaffen hat, der im Bereich des geschäftlichen Verkehrs einen Rückgriff auf außermarkengesetzliche Tatbestände weitgehend ausschließt. Folglich ist zu fragen, unter welchen Voraussetzungen ein außermarkengesetzlicher Schutz im nicht geschäftlichen Verkehr möglich ist und welcher Anwendungsbereich im geschäftlichen Verkehr verbleibt.[29]

Der urheberrechtliche Schutz des Filmtitels ist als nicht kennzeichenrechtlicher Schutz nicht Untersuchungsgegenstand dieser Arbeit. Zweck des Urheberrechtsgesetzes ist vornehmlich der Schutz des Urhebers durch den Schutz des Werks als Gegenstand und Ausdruck per-

---

[25] Dazu im 3. Abschnitt des 2. Kapitels „Das Recht am Filmtitel im Rechtsverkehr".

[26] Dazu im 5. Abschnitt des 2. Kapitels unter II. „Der sachliche Schutzbereich".

[27] Dazu im 3. Kapitel „Der Schutz des Filmtitels als Marke".

[28] Zur Anwendbarkeit der PVÜ auf das Werktitelrecht siehe im 2. Abschnitt des 2. Kapitels unter II. 2. c) „Entstehung des Titelrechts aus § 5 Abs. 3 MarkenG an den Titeln ausländischer Filmwerke".

[29] Dazu in den Kapiteln 4, 5 und 6.

sönlichen und geistigen Schöpfungswillens. Das Kennzeichenrecht soll hingegen primär die angesprochenen Verkehrskreise vor Verwechslungen schützen. Als subjektives Ausschließlichkeitsrecht gemäß § 15 Abs. 1 bzw. § 14 Abs. 1 MarkenG verschafft es dem Rechtsinhaber daneben eine durch § 15 Abs. 3 bzw. § 14 Abs. 2 Nr. 3 MarkenG gestärkte immaterialgüterrechtliche Position und dient damit auch dem Schutz des Rechtsinhabers. Im Mittelpunkt steht im Gegensatz zum Urheberrecht jedoch der Filmtitel als Kennzeichen eines Werks.

Im Urheberrecht ist zwischen „innerem" und „äußerem" Titelschutz zu differenzieren. Der sogenannte „innere" Titelschutz betrifft das aus dem Urheberpersönlichkeitsrecht fließende Recht des Urhebers auf Wahrung und Unversehrtheit des Werktitels bei einer Verwertung des Werks durch den Nutzungsberechtigten.[30] Nach § 39 Abs. 1 UrhG darf der Inhaber eines Nutzungsrechts den Titel nicht ändern, wenn nichts anderes vereinbart ist. § 39 Abs. 2 UrhG ergänzt Abs. 1 insofern, dass lediglich Änderungen des Titels, zu denen der Urheber nach Treu und Glauben seine Einwilligung nicht versagen kann, zulässig sind. Nicht ausdrücklich geregelt ist hingegen der „äußere" Titelschutz, der die Verwendung des Titels für ein anderes Werk durch einen Dritten betrifft; dieser bestimmt sich nach der allgemeinen Regelung des § 2 Abs. 2 UrhG: Der Filmtitel muss die Anforderungen an eine persönliche geistige Schöpfung erfüllen, um urheberrechtlichen Schutz zu erlangen.

Der Bundesgerichtshof hat die Frage eines urheberrechtlichen Titelschutzes in dem jeweils konkret zu entscheidenden Fall stets verneint oder als nicht entscheidungserheblich offengelassen.[31] Einen Titelschutz aus § 39 UrhG lehnt der *BGH* ab, da sich diese Regelung nur auf den „inneren" Titelschutz, d.h. auf das aus dem Urheberpersönlichkeitsrecht fließende Recht des Urhebers auf Wahrung und Unversehrtheit des Werktitels bei der Verwertung des Werks beziehe. Der „äußere" Titelschutz betreffe hingegen den Schutz gegen die unbefugte Verwendung des Titels zur Kennzeichnung eines anderen Werks. Voraussetzung sei stets, dass der Titel eine persönliche geistige Schöpfung darstellt.

Auch die überwiegende Instanzrechtsprechung lehnt einen urheberrechtlichen Titelschutz ab, da unabhängig davon, ob der Titel selbständiges Werk oder Werkteil sei, er in keinem Fall die Anforderungen an eine persönliche geistige Schöpfung nach § 2 Abs. 2 UrhG erfülle. Nur in vereinzelt gebliebenen Entscheidungen hat die Nachkriegsrechtsprechung der Instanzgerichte einen urheberrechtlichen Titelschutz angenommen: In dem der Entscheidung des *OLG Köln* zum urheberrechtlichen Schutz des Titels als Werkteil zugrunde liegenden Fall musste

---

[30] *Schricker/Loewenheim*, UrhR, § 2 Rd. 68.

[31] *BGH* GRUR 2003, 440, 441 – „Winnetous Rückkehr"; *BGH* GRUR 1990, 218, 219 – „Verschenktexte I"; *BGH* AfP 1978, 45, 46 – „Der 7. Sinn"; *BGH* GRUR 1960, 346, 346 f. – „Der nahe Osten rückt näher"; *BGHZ* 26, 52, 60 – „Sherlock Holmes".

ein Schutz nach § 16 Abs. 1 UWG a.F. ausscheiden, da der Titel „Der Mensch lebt nicht vom Lohn allein" lediglich intern und nicht im geschäftlichen Verkehr verwendet worden war.[32] Das Gericht hat letztlich auf das Urheberrecht zurückgegriffen, um einem etwaigen Schutzbedürfnis gerecht zu werden. Auch die landgerichtlichen Entscheidungen zum urheberrechtlichen Titelschutz sind nicht überzeugend. Das *LG Köln* behandelt den urheberrechtlichen Schutz des Titels „... denn sie sollen verwaltet werden" nur am Rande.[33] Gegenstand der Entscheidung ist die vollständige Übernahme des nur geringfügig geänderten Werks mit ähnlichem Titel durch einen Dritten, wobei die Ausführungen zum urheberrechtlichen Titelschutz nur dazu dienen, die urheberrechtsverletzende Übernahme des Gesamtwerks in seinen wesentlichen Bestandteilen zu belegen. *Technau* und *Sprenkmann* führen daneben in ihrer Rechtsprechungsübersicht auch eine Entscheidung des *LG Berlin* an, beschränken sich jedoch auf den Hinweis, dass das Gericht einen urheberrechtlichen Schutz des Titels „Der große Regen" mit der Begründung angenommen habe, dass in diesem Titel eine eigentümliche Schöpfung zu sehen sei.[34]

Die Literatur erkennt die grundsätzliche Möglichkeit eines urheberrechtlichen Titelschutzes nach § 2 Abs. 2 UrhG an, verweist aber darauf, dass die Anforderungen des § 2 Abs. 2 UrhG bei typischerweise aus einzelnen oder mehreren Wörtern bestehenden Filmtiteln nicht erfüllt werden;[35] ein aus wenigen Worten bestehender Titel, sei er auch originell und geistreich, erreiche in kaum einem Fall das notwendige Maß an Individualität, das eine persönliche geistige Schöpfung nach § 2 Abs. 2 UrhG ausmacht.[36]

---

32 *OLG Köln* GRUR 1962, 534, 535 f. – „Der Mensch lebt nicht vom Lohn allein".

33 *LG Köln* AfP 1973, 489, 489 – „... denn sie sollen verwaltet werden".

34 *Technau/Sprenkmann*, JR 1951, 316, 318.

35 *Schricker/Loewenheim*, UrhR, § 2 Rd. 70; *Sack*, S. 208; *Deutsch/Mittas*, Rd. 154; *Oelschlägel*, S. 49, 51 ff.; *Kröner*, S. 147; *Metzger*, S. 32; *Röder*, S. 137; *Schwedler*, S. 86; *Ingerl/Rohnke*, MarkenG, § 5 Rd. 64; *Bork*, UFITA 110 (1989), 35, 37 f.; *Gerstenberg*, ZUM 1985, 346, 347; *Krause*, GRUR 1959, 346, 354; *Deutsch*, GRUR 1958, 330, 332. Weitergehende, nur geringe Anforderungen an einen urheberrechtlichen Titelschutz stellende Ansichten sind dagegen vereinzelt geblieben. *Von Hartlieb*, S. 278, unterscheidet zwischen aphoristischen bzw. epigrammatischen Filmtiteln, die aufgrund ihrer originell kreativen und individuell geprägten Form einen Sinngehalt wiedergeben und somit als selbständiges Werk urheberrechtlich schutzfähig seien und solchen Titeln, denen urheberrechtlicher Schutz als Teil eines Werkes zukomme. Letzteres sei der Fall, wenn der Filmtitel das ganze Werk treffend, prägnant und originell charakterisiere und deshalb im Zusammenhang mit diesem Werk Urheberrechtsschutz genieße. Nach der Auffassung von *Reupert*, UFITA 125 (1994), 27, 37 ff., 44 ff., ist der Filmtitel integraler Bestandteil des Filmwerks, was aufgrund der engen Verbindung von Titel und Bildfolge deutlich werde. Sofern der Filmtitel auch eine inhaltliche und interpretatorische Funktion ausübt, zeige sich seine materielle Zugehörigkeit zum Werkganzen dadurch, dass ohne die Aussagekraft des Titels das Werk seine konkrete Form oder inhaltliche Aussage oder Identität ändern würde. De lege ferenda entwickelt *Reupert* Kriterien für den urheberrechtlichen Schutz des Filmtitels als Werkteil: Abzustellen sei zunächst auf die individuelle Prägung der den Titel bildenden Zeichen, wobei eine persönliche geistige Schöpfung im Sinne des § 2 Abs. 2 UrhG auch dann vorliegen könne, wenn der Titel aus nur einem einzigen Wort besteht.

36 Zutreffend wird darauf hingewiesen, dass es sich letztlich um eine reine Wertungsfrage handelt, bei der die juristische Subsumtionstechnik an ihre Grenze stoße, so *Oelschlägel*, S. 50; *Deutsch*, GRUR 1958, 330, 332.

Auch die Materialien zum Urheberrechtsgesetz von 1965 weisen den „äußeren" Titelschutz dem Kennzeichenrecht zu und gehen somit davon aus, dass der Titel keine Werkqualität im Sinne von § 2 Abs. 2 UrhG besitzt.[37]

II. Forschungsstand

Die ersten Monographien zum Titelschutz stammen aus den Jahren 1896 und 1898 von *Reuling* und *Brandis* und beziehen sich ausschließlich auf Zeitungs- und Buchtitel.[38] *Reuling* beschäftigt sich vornehmlich mit der Eintragungsfähigkeit des Zeitschriftentitels als Warenzeichen, *Brandis* hingegen betrachtet die Problematik des Titelschutzes vor und nach dessen Kodifikation im Gesetz gegen unlauteren Wettbewerb vom 27. Mai 1896. In den folgenden Jahrzehnten, insbesondere in den 20er und 30er Jahren des letzten Jahrhunderts, konzentriert sich die wissenschaftliche Diskussion auf den urheberrechtlichen Titelschutz von Printmedien; daneben wird auch ein warenzeichenrechtlicher Schutz kontrovers diskutiert.[39] Gleiches gilt für die in den 60er Jahren erschienenen Arbeiten von *Schwedler* und *Tönjes*, die sich ebenfalls ausschließlich mit dem Schutz von Zeitschriften- bzw. Zeitungs- und Zeitschriftentiteln beschäftigen.[40]

Mit den Besonderheiten des Schutzes von Filmtiteln haben sich bisher nur *Kraemer* und *von Hartlieb* in ihren Monographien von 1936 und 1955 befasst.[41] Die Arbeit von *Kraemer* behandelt neben dem urheberrechtlichen Schutz des Filmtitels vornehmlich Probleme des Filmtitelschutzes im Zusammenhang mit der Einführung des Tonfilms in Deutschland in den Jahren 1929/1930 und sich daraus ergebende Fragen der Titelnutzung bei der Wiederverfilmung von Stummfilmen auf der gesetzlichen Grundlage des § 16 Abs. 1 UWG a.F. *Von Hartlieb* versucht in seiner Arbeit unter der bis dato vorliegenden Rechtsprechung bestimmte Grundsätze für den urheberrechtlichen und wettbewerbsrechtlichen Schutz von Filmtiteln herauszuarbeiten. Daneben untersuchen in Ansätzen auch *Körner*, *Deutsch* und *Röder* in ihren nicht auf den Titelschutz einer bestimmten Werkkategorie beschränkten Monographien filmtitelspezifische Probleme, versuchen aber einheitliche Grundsätze für den zivilrechtlichen Ti-

---

37 Amtl. Begr., BT-Drucks. IV/270, S. 35.

38 *Reuling*: Sind Zeitungstitel Warenzeichen? Berlin, 1896; *Brandis*: Rechtsschutz der Zeitungs- und Bücher-Titel. Berlin, 1898.

39 *Herzog*: Der urheberrechtliche, wettbewerbsrechtliche und warenzeichenrechtliche Schutz des Titels. Köln, 1932; *Mahlberg*: Der Schutz des Druckschriftentitels. Köln, 1932; *Caro*: Der urheberrechtliche Schutz des Schriftwerktitels. Heidelberg, 1930; *Gsell*: Der Schutz der Titel von Geisteswerken. Zürich, 1930; *Hofer*: Der Rechtsschutz des Titels: Leipzig, 1933; *Ebel*: Der Rechtsschutz des Buchtitels nach geltendem deutschen Recht. Jena, 1929.

40 *Tönjes*: Der Rechtsschutz des Zeitungs- und Zeitschriftentitels nach geltendem Recht. Bad Godesberg, 1969; *Schwedler*: Umfang und Dauer des Titelschutzes bei Zeitschriften. Köln, 1961.

41 *Kraemer*: Der Schutz des Filmtitels. Erlangen, 1936; *v. Hartlieb*: Schutz der Filmtitel. Wiesbaden, 1955.

telschutz aufzustellen.[42] Mit der Dissertation von *Metzger* findet sich 1992 erstmals eine Behandlung des Titelschutzes von Film-, Hörfunk- und Buchreihen.[43] Nur am Rande behandelt *Kröner* in einer Abhandlung über das Titelmerchandising öffentlich-rechtlicher Rundfunkanstalten von 1995 auch spezielle Probleme des Filmtitelschutzes.[44]

Allen genannten Monographien ist gemeinsam, dass sie sich auf die Rechtslage vor dem Inkrafttreten des Markengesetzes am 1. Januar 1995 beziehen. Mit der Integration des Werktitelrechts in das Markengesetz und seiner partiellen Neuregelung ist auch die wissenschaftliche Diskussion um Möglichkeiten und Ausmaß des zivilrechtlichen Titelschutzes neu belebt worden. Während *Russ* in seiner Dissertation über den Schutz des Titels einer Druckschrift von 1995 und *Mittas* in ihrer umfassenden Arbeit über den Schutz des Werktitels nach UWG, WZG und MarkenG von 1995 die Kodifikation des Werktitelrechts im Markengesetz zunächst nur kursorisch behandeln,[45] bietet der von *Mittas* zusammen mit *Deutsch* 1999 veröffentlichte Handkommentar eine vornehmlich praxisbezogene Darstellung zum zivilrechtlichen Titelschutz mit markengesetzlichem Schwerpunkt.[46] In einer weiteren Monographie von 1997 zum Titelschutz nach dem Inkrafttreten des Markengesetzes untersucht *Oelschlägel* die Schutzmöglichkeiten des Titels von Büchern, Bühnenwerken, Zeitungen und Zeitschriften vor und nach der Veröffentlichung des Werks.[47] Den Schwerpunkt der Arbeit von *Sack* aus dem Jahr 2000 bildet die Untersuchung des Werkbegriffs in § 5 Abs. 3 MarkenG in Bezug auf Funktion und Zielsetzung des Werktitelschutzes.[48]

Auswirkungen der mit dem Inkrafttreten des Markengesetzes erfolgten gesetzestechnischen und -systematischen Veränderungen auf den Filmtitelschutz sind bisher nur am Rande behandelt worden. Eine Untersuchung, ob und gegebenenfalls in welcher Form im Rahmen der Auslegung werktitelrechtlicher Tatbestände filmspezifische Besonderheiten (z.B. Länge der Herstellungsphase von Filmwerken, Kosten und Aufwand der Produktion, Verbreitung von Filmwerken und ihrer Titel im Verkehr, Fernsehgewohnheiten des Publikums) berücksichtigt werden müssen, ist bisher nicht erfolgt. Auch bietet die Untersuchung des Filmtitelschutzes die Gelegenheit, auf allgemeine, bisher nicht abschließend geklärte Probleme im Werktitelrecht einzugehen: Nicht geklärt ist in Rechtsprechung und Literatur, was unter „Name oder besondere Bezeichnung“ in § 5 Abs. 3 MarkenG zu verstehen ist. Ebenso ungeklärt

---

42 *Körner*: Der Titelschutz bei Filmen, Büchern, Zeitungen und Zeitschriften. München, 1957; *Deutsch*: Der Titelschutz. Hamburg, 1957; *Röder*: Schutz des Werktitels. Köln, 1970.
43 *Metzger*: Der Titelschutz von Film-, Hörfunk- und Buchreihen. Frankfurt a. M., 1992.
44 *Kröner*: Titelmerchandising durch öffentlich-rechtliche Rundfunkanstalten. Hamburg, 1995.
45 *Russ*: Der Schutz des Titels einer Druckschrift. Mainz, 1995; *Mittas*: Der Schutz des Werktitels nach UWG, WZG und MarkenG. Berlin, 1995.
46 *Deutsch/Mittas*: Titelschutz. Der Werktitelschutz nach Markenrecht. München, 1999.
47 *Oelschlägel*: Der Titelschutz von Büchern, Bühnenwerken, Zeitungen und Zeitschriften. Baden-Baden, 1997.
48 *Sack*: Der Schutz des Werktitels nach dem Markengesetz und anderen Gesetzen. Köln, 2000.

sind Umfang und Ausmaß der aus der Unterscheidungsfunktion hergeleiteten Akzessorietät des Filmtitels zum zugrunde liegenden Filmwerk bei Entstehung, Übertragung und Erlöschen des Filmtitelrechts. Auch ist die Systematisierung der für den Titelschutz relevanten kennzeichenrechtlichen Anspruchsgrundlagen bisher nur unzureichend erfolgt: Die Neuregelung des Bekanntheitsschutzes in § 15 Abs. 3 MarkenG wirft die Frage auf, ob der markengesetzliche Werktitelschutz aus den §§ 5 und 15 MarkenG in seinem Anwendungsbereich einen auf die generalklauselartigen Tatbestände der §§ 12 BGB, 1 und 3 UWG und §§ 823 ff. BGB gestützten Titelschutz ausschließt.

III. Gang der Untersuchung

Da der Gesetzgeber von einer detaillierten gesetzlichen Regelung des Werktitelrechts im Markengesetz abgesehen hat, sind die für die Beurteilung werktitelrechtlicher Tatbestände, wie der Entstehung und Übertragung des Titelrechts oder des werktitelrechtlichen Schutzumfangs, maßgeblichen Kriterien anhand der Auslegung des Werktitelrechts zu ermitteln. Neben den Gesetzesmaterialien zum Markengesetz sind die Titelfunktionen maßgeblich für die Auslegung werktitelrechtlicher Tatbestände, so dass sich als erstes die Frage nach den Funktionen des Titels stellt. Des Weiteren ist zu fragen, inwieweit auch ökonomische Einflüsse rechtliche Auswirkungen auf die Auslegung titelrechtlicher Tatbestände haben. Bevor in den weiteren Kapiteln auf die einzelnen für den Filmtitelschutz einschlägigen Rechtsgrundlagen eingegangen wird, sind im 1. Kapitel deshalb Funktionen und ökonomische Einflüsse im Filmtitelrecht zu behandeln.

Angesichts dessen, dass der Titel eines Filmwerks in § 5 Abs. 3 MarkenG geschützt ist, sind Schutzvoraussetzungen und Schutzumfang des markengesetzlichen Titelschutzes im 2. Kapitel zu untersuchen. Zunächst ist zu fragen, was „Filmtitel" und „Filmwerk" im Sinne des § 5 Abs. 3 MarkenG sind, um sodann zu untersuchen, unter welchen Voraussetzungen das Recht am Filmtitel entsteht. Fraglich ist vor allem, welche Auswirkungen der Grundsatz der Akzessorietät zwischen Filmtitel und zugrunde liegendem Filmwerk auf die Entstehung des Titelrechts hat. Des Weiteren soll untersucht werden, ob der Grundsatz der Akzessorietät auch bei der Übertragung des Werktitelrechts gilt: Da das Markengesetz keine rechtliche Regelung im Hinblick auf die Übertragbarkeit des Werktitelrechts vorsieht, stellt sich die Frage, ob nicht § 27 Abs. 1 MarkenG, der die freie Übertragbarkeit der Marke regelt, analog auf das Werktitelrecht angewendet werden kann. Geregelt hat der Gesetzgeber hingegen den Schutzbereich des Filmtitels: Nach § 15 Abs. 2 MarkenG ist er gegen Verwechslungsgefahr, nach

§ 15 Abs. 3 MarkenG ist der bekannte Filmtitel vor einer Beeinträchtigung oder Ausnutzung der Unterscheidungskraft oder Wertschätzung ohne rechtfertigenden Grund in unlauterer Weise geschützt. Fraglich ist, unter welchen Voraussetzungen eine Verwechslungsgefahr vorliegt. Ebenso fraglich ist, unter welchen Voraussetzungen ein Filmtitel ein bekannter Filmtitel ist und welche Anforderungen an die unlautere Beeinträchtigung und Ausnutzung der Unterscheidungskraft und Wertschätzung des bekannten Filmtitels zu stellen sind. Anschließend ist zu untersuchen, welche Ansprüche eine Titelrechtsverletzung aus § 15 Abs. 2 und Abs. 3 MarkenG nach sich zieht und welche Schranken das Markengesetz dem Titelschutz setzt.

Da Werktitel und Marke beides produktidentifizierende Unterscheidungszeichen sind, nämlich die Marke als Kennzeichen für Waren und Dienstleistungen und der Titel als Kennzeichen für Werke, stellt sich die Frage, ob ein Schutz des Filmtitels auch als Marke in Betracht kommt. Im 3. Kapitel soll deshalb untersucht werden, unter welchen Voraussetzungen ein Schutz des Filmtitels als Marke möglich ist und welche Vorteile eine Markeneintragung für den Filmtitelschutz bietet.

Der namensrechtliche Schutz des Filmtitels soll anschließend im 4. Kapitel behandelt werden, um den kennzeichenrechtlichen Bezug zu den vorangegangenen Kapiteln aufzuzeigen. Fraglich ist, welche Bedeutung § 12 BGB unter Berücksichtigung der von Rechtsprechung und überwiegender Literatur vorgenommenen tatbestandlichen Erweiterung auch auf geschäftliche Bezeichnungen, sofern diese als Name einer dahinterstehenden natürlichen oder juristischen Person oder einem Geschäftsbetrieb zuzuordnen sind, im Titelschutzrecht hat.

Rechtsprechung und Literatur haben vor dem Inkrafttreten des Markengesetzes einen den Schutz aus § 16 Abs. 1 UWG a.F. ergänzenden Schutz des bekannten Titels aus § 1 UWG hergeleitet. Ferner wurde bei Titelkonflikten auf die §§ 1 und 3 UWG zurückgegriffen, wenn der Schutz aus § 16 UWG a.F. als unzureichend angesehen wurde. Im 5. Kapitel ist zu untersuchen, welche Auswirkungen die Neuregelung des Titelschutzes im Markengesetz, insbesondere die Aufnahme des Schutzes bekannter Titel durch § 15 Abs. 3 MarkenG, auf einen ergänzenden Titelschutz aus den §§ 1 und 3 UWG hat.

Da das Filmtitelrecht als Immaterialgüterrecht ein absolutes Recht ist, stellt sich die Frage, ob neben dem markengesetzlichen Filmtitelschutz auch ein Schutz des Filmtitels aus den §§ 823 ff. i.V.m. § 1004 Abs. 1 analog BGB möglich ist. Des Weiteren ist im 6. Kapitel zu untersuchen, ob sich aus einer Verletzung des Filmtitelrechts auch Ansprüche aus Eingriffskondiktion nach § 812 Abs. 1 S. 1 Alt. 2 BGB und aus angemaßten Eigengeschäftsführung nach § 687 Abs. 2 BGB ergeben können.

1. Kapitel: Funktionen und ökonomische Bedeutung des Filmtitels

Angesichts einer fehlenden detaillierten gesetzlichen Regelung des Werktitelschutzes im Markengesetz hat sich die Auslegung werktitelrechtlicher Tatbestände neben den Gesetzesmaterialien zum Markengesetz insbesondere an den Titelfunktionen zu orientieren. Folglich ist als erstes zu untersuchen, welche rechtlichen Funktionen der Filmtitel erfüllt (1. Abschnitt). Des Weiteren stellt sich die Frage, ob ökonomische Einflüsse rechtliche Auswirkungen auf die Titelfunktionen und auf die Auslegung titelrechtlicher Tatbestände haben können (2. Abschnitt).

1. Abschnitt: Die Funktionen des Filmtitels

I. Unterscheidungsfunktion

Der Filmtitel ist Kennzeichen des Filmwerks. Durch den Filmtitel wird das Filmwerk identifiziert, es kommt zu einer Zuordnung zwischen Filmwerk und Filmtitel. Diese Zuordnung führt gleichfalls zu einer Individualisierung des Filmwerks gegenüber anderen Filmwerken, denn durch den auf das Filmwerk bezogenen Titel lässt sich das Filmwerk von anderen Filmwerken unterscheiden.[49] Diese Funktion des Titels, das Filmwerk zu identifizieren und gleichsam zu individualisieren, wird als Unterscheidungsfunktion des Titels bezeichnet.[50] Der Titel ist werkidentifizierendes Unterscheidungsmittel, der Filmtitel filmwerkidentifizierendes Unterscheidungsmittel.

Die Unterscheidungsfunktion hat wesentliche Auswirkungen auf die werktitelrechtlichen Tatbestände: Der Filmtitel ist nur schutzfähig nach § 5 Abs. 3 MarkenG, sofern er unterscheidungskräftig ist. Aus der Unterscheidungsfunktion des Titels leitet sich auch der Grundsatz der Akzessorietät zwischen Titel und Werk im Werktitelrecht ab. Dieser Grundsatz besagt, dass der Titel als werkidentifizierendes Unterscheidungsmittel eng an das betitelte Werk gebunden ist. Der Grundsatz der Akzessorietät wird vielfach nicht nur auf den Entstehungstatbestand des Werktitelrechts, sondern auch auf den Fortbestand des Titelrechts im Rechtsverkehr (Übertragung und Beendigung des Titelrechts) übertragen.[51] Ob dem zu folgen ist, soll insbe-

---

[49] *BGHZ* 32, 52, 60 - „Sherlock Holmes"; *BGH* GRUR 1960, 346, 347 – „Der nahe Osten rückt näher"; *Sack*, S. 79; *Deutsch/Mittas*, Rd. 8; *Fezer*, MarkenG, § 15 Rd. 157.

[50] *Sack*, S. 79; *Mittas*, S. 28.

[51] *Deutsch*, WRP 1998, 14, 15 f.; *Teplitzky*, GRUR 1997, 450, 452; *Sack*, S. 110 ff., 186 ff., 189.

sondere unter Berücksichtigung der weiteren durch das Markengesetz anerkannten rechtlichen Funktion, der Werbefunktion, im 3. und 4. Abschnitt des 2. Kapitels untersucht werden.

Die Rechtsprechung und Teile der Literatur reduzieren die Unterscheidungsfunktion des Werktitels auf eine namensmäßige Unterscheidungsfunktion mit der Folge, dass Werktitel im Sinne des § 5 Abs. 3 MarkenG nur solche Titel sein können, die aus einer aussprechbaren Buchstabenkombination bestehen. Kennzeichen, die lediglich optisch (z.B. Bild- oder Bewegungszeichen) oder akustisch (z.B. Hörzeichen) wirken, sollen nur dann als Werktitel schutzfähig nach § 5 Abs. 3 MarkenG sein können, wenn ein nicht unbeträchtlicher Teil des Verkehrs diese Kennzeichen als Werktitel ansieht, d.h. wenn diese Kennzeichen als Werktitel Verkehrsgeltung erlangt haben. Ob der Werktitel tatsächlich nur eine namensmäßige Unterscheidungsfunktion besitzt, wird im 1. Abschnitt des 2. Kapitels unter II. „Der Filmtitel als ‚Name oder besondere Bezeichnung' von Filmwerken" untersucht, da § 5 Abs. 3 MarkenG den Werktitel als Name oder besondere Bezeichnung u.a. auch von Filmwerken definiert.

II. Werbefunktion

Die bis zum Inkrafttreten des Markengesetzes alleinige im Werktitelrecht anerkannte rechtliche Funktion des Titels war die Unterscheidungsfunktion. Als werkidentifizierendes Unterscheidungsmittel diente der Werktitel ausschließlich der Identifizierung und Individualisierung des Werks und wurde vor der Gefahr von Verwechslungen geschützt.

Mit der Normierung des Bekanntheitsschutzes des Werktitels in § 15 Abs. 3 MarkenG hat das Werktitelrecht eine tatbestandliche Erweiterung erfahren: Der bekannte Werktitel ist auch dann geschützt, wenn keine Gefahr von Verwechslungen besteht, soweit durch die Benutzung des Drittzeichens die Unterscheidungskraft oder die Wertschätzung ohne rechtfertigenden Grund in unlauterer Weise ausgenutzt oder beeinträchtigt wird. Dieser Schutz vor einer unlauteren Ausnutzung oder Beeinträchtigung der Unterscheidungskraft oder Wertschätzung lässt sich nicht allein aus der Unterscheidungsfunktion des Werktitels herleiten. Durch den Schutz vor einer unlauteren Beeinträchtigung der Unterscheidungskraft wird die Unterscheidungsfunktion des Titels gestärkt, doch wird in dieser Tatbestandsalternative auch bereits deutlich, dass mit dem Schutz das Vorhandenseinmüssen einer bestimmten Güte oder Qualität verbunden ist, was der Unterscheidungsfunktion des Werktitels nicht entnommen werden kann, denn nur dem bekannten Werktitel kommt dieser Schutz nach § 15 Abs. 3 MarkenG zu. Noch deutlicher zeigen die Tatbestandsalternativen der unlauteren Ausbeutung und Beeinträchtigung der Wertschätzung, dass der Werktitel einen besonderen Wert, einen Ruf besitzen und mit ihm eine besondere Gütevorstellung verbunden sein muss, um nach § 15 Abs. 3 MarkenG geschützt zu werden. Diese Funktion des Werktitels wird als Werbefunktion bezeichnet, denn im Vordergrund steht das „Image" des Werktitels und nicht die Werkidentifizierung und Werkindividualisierung.[52] Neben der Unterscheidungsfunktion ist damit auch die Werbefunktion rechtliche und nicht nur wirtschaftliche Funktion des Titels.

III. Herkunftsfunktion

Als Herkunftsfunktion wird die Eignung eines Zeichens beschrieben, einen Hinweis auf die betriebliche Herkunft des Kennzeichnungsobjekts zu geben.[53] Im Gegensatz zum Unternehmenskennzeichen, das nach § 5 Abs. 2 S. 1 MarkenG Name, Firma oder besondere Bezeichnung eines Unternehmens oder Geschäftsbetriebes ist, und zur Marke, die nach § 3 Abs. 1 MarkenG der Unterscheidung von Waren und Dienstleistungen eines Unternehmens von denen eines anderen dient, besitzt der Werktitel keinen Unternehmens-, sondern nur einen Werkbezug. Der Werktitel hat folglich nicht die Funktion eines Herkunftshinweises.[54] Das hat sowohl Auswirkungen auf die Beurteilung der Entstehung des Werktitelrechts nach § 5 Abs. 3 MarkenG als auch auf die Beurteilung der Verwechslungsgefahr nach § 15 Abs. 2 MarkenG: Um unterscheidungskräftig zu sein, muss der Werktitel werkidentifizierend und werkindividualisierend wirken. Dagegen setzt der auch im Markenrecht verwendete Begriff der Unterscheidungskraft voraus, dass der Marke auch ein Hinweis auf den Geschäftsbetrieb oder das Unternehmen entnommen werden kann.[55] Die fehlende Herkunftsfunktion des Werktitels führt bei der Beurteilung der Verwechslungsgefahr dazu, dass der Werktitel regelmäßig nur gegen eine unmittelbare Verwechslungsgefahr im engeren Sinne geschützt ist, d.h. eine Verwechslungsgefahr liegt nur vor, wenn der Verkehr aufgrund der Identität oder Ähnlichkeit des Drittzeichens die gekennzeichneten Werke miteinander verwechselt.[56] Eine mittelbare Verwechslungsgefahr im engeren Sinne und eine Verwechslungsgefahr im weiteren Sinne setzten dagegen voraus, dass aufgrund der Ähnlichkeit der kollidierenden Zeichen die Gefahr besteht, dass die erkennbar verschiedenen Werke einem Unternehmen zuzuordnen sind oder Fehlvorstellungen über Beziehungen geschäftlicher, wirtschaftlicher oder sonstiger Art bestehen.[57]

---

52 *Sack*, S. 80 f.; andeutungsweise auch *Oelschlägel*, S. 16.

53 *Metzger*, S. 41; *Deutsch/Mittas*, Rd. 79; *Sack*, S. 81.

54 *BGHZ* 26, 52, 61 – „Sherlock Holmes"; *BGH* GRUR 1960, 346, 347 – „Der nahe Osten rückt näher"; *Sack*, S. 81; *Mittas*, S. 29 f.; *Kicker*, FS *Gaedertz*, S. 273, 274 f.; *Ossing*, GRUR 1992, 85, 86.

55 Dazu im Einzelnen im 3. Abschnitt des 3. Kapitels unter II. 2. „Die Bedeutung der Herkunftsfunktion für die Eintragungsfähigkeit des Filmtitels".

56 Dazu im 5. Abschnitt des 2. Kapitels unter II. 2. b) „Arten der Verwechslungsgefahr bei Filmtiteln".

57 Dazu im 5. Abschnitt des 2. Kapitels unter II. 2. b) „Arten der Verwechslungsgefahr bei Filmtiteln".

2. Abschnitt: Ökonomische Einflüsse im Filmtitelrecht

Die Untersuchung ökonomischer Einflüsse im Filmtitelrecht soll aufzeigen, dass diese Einflüsse auch Auswirkungen auf die Titelfunktionen und damit auf die Auslegung werktitelrechtlicher Tatbestände haben können. Unter ökonomischen Einflüssen sind solche Einflüsse zu verstehen, die nicht rechtlich verankert sind, sondern sich aus der wirtschaftlichen Bedeutung des Mediums Film in der Gesellschaft ergeben. Zu untersuchen ist vor allem, warum diese außerhalb des Rechts stehenden Einflüsse auch rechtliche Auswirkungen haben können (I.). Im Anschluss daran soll anhand der Verbreitung des Mediums Film und damit auch von Filmtiteln in der Gesellschaft die wirtschaftliche Bedeutung des Filmtitels herausgestellt werden, um ermitteln zu können, welche wirtschaftlichen Interessen in den beteiligten Verkehrskreisen bestehen und ob sie grundsätzlich geeignet sind, bei der Auslegung werktitelrechtlicher Tatbestände Berücksichtigung finden zu können (II.).

I. Die Berücksichtigung wirtschaftlicher Interessen bei der Auslegung werktitelrechtlicher Tatbestände

Das Werktitelrecht ist im Markengesetz ebenso wie vorher in 16 Abs. 1 UWG a.F. nur sehr lückenhaft geregelt. Weder Entstehungsvoraussetzungen noch die Übertragung oder auch das Erlöschen des Werktitelrechts sind gesetzlich geregelt, sondern durch Rechtsprechung und Literatur entwickelt und präzisiert worden. Diese Rechtsentwicklung hat sich an den Funktionen des Werktitels orientiert,[58] daneben haben aber insbesondere die wirtschaftlichen Interessen der beteiligten Verkehrskreise die Rechtsentwicklung geprägt.[59] Der Gesetzgeber hat in der Begründung zum Markengesetz diese Rechtsentwicklung anerkannt; ausdrücklich bestätigt er auch das durch Richterrecht aufgrund wirtschaftlicher Interessen der beteiligten Verkehrskreise entwickelte Rechtsinstitut der Titelschutzanzeige.[60] Ferner hat der Gesetzgeber mit der Kodifizierung des von Literatur und Rechtsprechung zunächst aus § 1 UWG entwickelten Schutzes des bekannten Werktitels vor Rufausbeutung in § 15 Abs. 3 MarkenG einen wettbewerbsrechtlichen und weniger kennzeichenrechtlichen Tatbestand in das Mar-

---

[58] So bei der Bestimmung der Verwechslungsgefahr nach § 15 Abs. 2 MarkenG, *BGH* GRUR 2001, 1050, 1051 ff. – „Tagesschau".

[59] Als Beispiel zu nennen ist das auf keiner gesetzlichen Grundlage basierende, sondern allein aus dem wirtschaftlichen Interesse der Titelverwender durch die Rechtsprechung anerkannte Institut der Titelschutzanzeige; grundlegend *BGH* GRUR 1989, 760, 761 ff. – „Titelschutzanzeige". Dazu im 2. Abschnitt des 2. Kapitels unter III. „Titelschutzanzeige und Titelregister".

[60] Amtl. Begr., BT-Drucks. 12/6581, S. 67 f.; dazu im 2. Abschnitt des 2. Kapitels unter III. „Titelschutzanzeige und Titelregister".

kengesetz integriert, wodurch der aus rein wirtschaftlichen Interessen begründete Schutz des bekannten Werktitels[61] gesetzlich verankert worden ist.[62]

II. Die wirtschaftliche Bedeutung des Filmtitels

Als Kommunikationsmittel dient der Film sowohl der Information und Aufklärung der Zuschauer als auch ihrer Unterhaltung, er ist Zeugnis und Spiegel kultureller Entwicklung. Der Film hat einen festen Platz in unserer Gesellschaft eingenommen, ca. 97 % der Haushalte in Deutschland besitzen mindestens ein Fernsehgerät, 68 % der Haushalte einen Videorekorder.[63] Unübersehbar ist auch die wirtschaftliche Bedeutung des Films. Im Jahr 2001 lag die Besucherzahl in deutschen Kinos bei 177,9 Mio. Der Gesamtumsatz betrug im Kinomarkt 987,2 Mio. EUR, im Videomarkt 1,147 Mrd. EUR (VHS- und DVD-„Verleih" und Verkauf).[64] Auch das Ausmaß der Werbeeinnahmen im Fernsehen verdeutlicht die mittlerweile große volkswirtschaftliche Bedeutung des Mediums Film: Der Nettoumsatz des Werbefernsehens betrug 1999 annähernd 4,35 Mrd. EUR. Die Ausgaben für kommerzielle Werbung im Kino lagen im Jahr 2001 bei 170,2 Mio. EUR.[65]

Mit der wirtschaftlichen Bedeutung des Films in der Gesellschaft wächst auch die Bedeutung des Filmtitelschutzes. Die Bedeutung des Filmtitels erschöpft sich nicht in seiner Funktion als filmwerkidentifizierendes Unterscheidungsmittel. Der Titel ist ebenso Mittel, um emotionale Reize hervorzurufen. Als Affektions- und Appetenzmittel dient er dem Ziel, Interesse und Aufmerksamkeit zu erwecken. Er weckt Assoziationen und ist Kommunikationsmittel zwischen dem Filmwerk und den angesprochenen Verkehrskreisen. Als Titel von Filmserien oder Filmreihen[66] ist er Aushängeschild und Garant für einen bestimmten Inhalt, eine bestimmte Qualität, was Ausdruck der Werbefunktion des Titels ist. Die Werbefunktion des Titels wird auch im Titelmerchandising, d.h. der weitergehenden Vermarktung des Titels ohne das konkrete Filmwerk, ausgenutzt. So werden beispielsweise unter der Bezeichnung „WISO" mit deutlichem Hinweis auf die gleichnamige ZDF-Verbrauchersendung u.a. eine CD-ROM mit einem Steuererklärungsprogramm oder bestimmte Ratgeberbücher kommerziell

---

[61] Dies lässt sich bereits an den Tatbestandsmerkmalen des § 15 Abs. 3 MarkenG festmachen: Bekanntheit und unlautere Ausnutzung oder Beeinträchtigung der Wertschätzung. Ferner erfordert der Tatbestand der Ausnutzung der Wertschätzung die kommerzielle Verwertung des guten Rufs des bekannten Werktitels, was regelmäßig durch einen Imagetransfer (Rufübertragung) erfolgt; *Fezer*, MarkenG, § 15 Rd. 178a i.V.m. § 14 Rd. 425 f.

[62] Dazu im 5. Abschnitt des 2. Kapitels unter II. 3. „Der Schutz des bekannten Filmtitels".

[63] Quelle: Statistisches Bundesamt Deutschland; nach *M. Roth*, S. 54, Tabelle 41 und dem Bundesverband für audiovisuelle Medien (BVV) haben sogar 72 % aller Haushalte in Deutschland einen Videorekorder.

[64] *M. Roth*, S. 37, Tabelle 27, und S. 51.

[65] *M. Roth*, S. 40, 42, Tabelle 31.

[66] Dazu im 1. Abschnitt des 2. Kapitels unter I. „Das Filmwerk als Kennzeichnungsobjekt des Filmtitels".

angeboten. Dabei führt die Verwendung des Filmtitels „WISO" für diese Produkte zu einer Assoziation mit der Fernsehreihe, ist Synonym für Kompetenz, Qualität, Erfahrung, Verbraucherberatung, was sich letztlich positiv auf den Absatz im Vergleich zu ähnlichen Produkten mit anderen Bezeichnungen auswirkt. Der Titel ist in diesen Fällen immaterialgüterrechtliches Wirtschaftsgut, dessen isolierte Verwertbarkeit unabhängig von dem Filmwerk zumindest aus der Sicht des Titelrechtsinhabers wünschenswert erscheint, um eine optimale wirtschaftliche Verwertung zu erreichen. Im Konflikt steht dieses wirtschaftliche Bedürfnis mit dem Grundsatz der Akzessorietät zwischen Titel und Werk im Werktitelrecht und damit auch mit der Unterscheidungsfunktion, aus der dieser Grundsatz hergeleitet wird. Eine wesentliche Frage ist deshalb, welche Auswirkungen die Werbefunktion des Filmtitels auf den Grundsatz der Akzessorietät haben kann und ob sich aus der Werbefunktion heraus eine isolierte Übertragbarkeit im Hinblick auf die Verwertung des Werktitelrechts ergeben kann.[67]

Neben dem Titelmerchandising, also der filmwerkunabhängigen Verwertung des Filmtitels, ist aber auch die filmwerkbezogene Verwendung des Filmtitels bedeutsam im Wettbewerb um die Zuschauergunst der Fernsehsender und damit auch der von den Zuschauerquoten abhängigen Werbeeinnahmen. Im Vergleich zu anderen Medien wie Zeitungen, Zeitschriften, Hörfunk oder Theater werden über das Medium Film weitaus größere Publikumskreise erreicht. In der sich entwickelnden Mediengesellschaft stellen erfolgreiche Filmwerke und ihre Titel deshalb ein wertvolles Vermögensgut dar.[68]

Die wirtschaftliche Bedeutung des Titelrechts wird ebenfalls durch die sich abzeichnende Konvergenz der Medien deutlich: Zu beobachten ist die wachsende Tendenz der Übernahme der Titel bekannter Printmedien für Filmwerke, so insbesondere für Magazinsendungen: z.B. „Süddeutsche TV" (VOX, n-tv), „Bravo TV" (RTL 2), „360° - Die GEO-Reportage" (ARTE, WDR), „auto, motor und sport tv" (VOX), „Fit for Fun TV" (VOX) oder „Focus TV" (Pro 7). Im Jahr 2002 verwendeten mindestens drei verschiedene Fernsehanstalten in Deutschland den Titel „Spiegel TV" mit einem jeweiligen Zusatz für mehrere unterschiedliche Magazine: „Spiegel TV Reportage" (SAT.1), „Spiegel TV Magazin" (RTL), „Spiegel TV", „Spiegel TV Themenabend", „Spiegel TV Extra" und „Spiegel TV Special" (VOX). Diese Tatsache ver-

---

67 Dazu im 3. Abschnitt des 2. Kapitels „Das Recht am Filmtitel im Rechtsverkehr".

68 Am 20. Mai 2002 wurde der 500. „Tatort" in der ARD gezeigt. Die erste Sendung stammt aus dem Jahr 1970; damals erwartete man eine Laufzeit der Filmreihe von zwei Jahren. Mittlerweile ist der „Tatort", insgesamt bestehend aus 68 ermittelnden Kommissaren, die längste und erfolgreichste Kriminalfilmreihe im deutschen Fernsehen geworden mit durchschnittlich 7,46 Mio. Zuschauern im Jahr 2001. Der Worttitel „Tatort" steht für Unterhaltung, Spannung, Action, kriminalistischen Spürsinn und menschliche Skurilitäten und ist bereits für sich genommen ein selbständiger Vermögenswert, unabhängig von dem jeweiligen Team der Kommissare oder der konkreten Geschichte der Einzelsendung. Unverändert seit Beginn des „Tatort" besteht auch derselbe prägnante Vorspann, der die Reihe kennzeichnet: Das Auge, eine panische Flucht im Dunkeln, das Fadenkreuz. Quelle: ARD.

deutlicht das Bestreben der Sendeanstalten, die enorme Zugkraft des Titelbestandteils „Spiegel TV" und damit den wirtschaftlichen Wert dieses Titels umfassend zu nutzen.

Die besondere Gütevorstellung, die ein Titel hervorrufen kann, seine Bekanntheit und Assoziationswirkung führen auch zu einer besonderen Schutzbedürftigkeit des Titels, die letztlich allein auf wirtschaftlichen Interessen beruht und durch § 15 Abs. 3 MarkenG gesetzlich anerkannt worden ist: Der bekannte Titel ist bevorzugt Gegenstand von Kennzeichenanlehnungen, um von den mit der Zugkraft des Titels einhergehenden Vermarktungsmöglichkeiten zu profitieren.[69]

Der Wettbewerb um die Gunst der Zuschauer und die letztlich begrenzte Menge der Programmideen und der sie kennzeichnenden Titel führen zu unvermeidbaren Titelkonflikten: Welche Konsequenzen sich aus diesem Konflikt zwischen wirtschaftlichen und insbesondere wettbewerblichen Interessen der Titelrechtsinhaber und der ersichtlichen Endlichkeit alternativer Titelwahl durch die Wettbewerber vor allem für die Auslegung der werktitelrechtlichen Verletzungstatbestände in § 15 Abs. 2 und Abs. 3 MarkenG ergeben können, ist im Einzelnen im 5. Abschnitt des 2. Kapitels zu untersuchen.

---

69 *OLG Hamburg* WRP 1991, 177, 182 – „Guldenburg"; *Ingerl/Rohnke*, MarkenG, § 15 Rd. 103.

2. Kapitel: Der Schutz des Filmtitels als Werktitel

Das Markengesetz regelt den Kennzeichenschutz von Marken (§ 1 Nr. 1 MarkenG), geschäftlichen Bezeichnungen (§ 1 Nr. 2 MarkenG) und Herkunftsangaben (§ 1 Nr. 3 MarkenG). Mit den geschäftlichen Bezeichnungen erfasst das Gesetz in § 5 Abs. 1 MarkenG den Schutz von Unternehmenskennzeichen und Werktiteln. Als Werktitel sind nach § 5 Abs. 3 MarkenG Namen oder besondere Bezeichnungen von Druckschriften, Filmwerken, Tonwerken, Bühnenwerken oder sonstigen vergleichbaren Werken geschützt.

Bevor in den nachfolgenden Abschnitten dieses Kapitels die werktitelrechtlichen Tatbestände der Rechtsentstehung, der Übertragung und des Erlöschens des Titelrechts sowie der sich aus § 15 Abs. 2 und Abs. 3 MarkenG ergebende Schutzumfang und die daraus folgenden werktitelrechtlichen Ansprüche und ihre Schranken untersucht werden können, stellt sich die Frage, was unter den vom Gesetzgeber in § 5 Abs. 3 MarkenG verwendeten Begriffen „Filmwerk" und „Titel" von Filmwerken zu verstehen ist (1. Abschnitt).

1. Abschnitt: Die Begriffe „Filmwerk" und „Filmtitel"

Der Filmtitel kennzeichnet das Filmwerk, das Filmwerk ist mithin Kennzeichnungsobjekt des Filmtitels. Filmtitel ist damit nur der Titel, der ein Filmwerk kennzeichnet, so dass die Untersuchung von Filmtiteln eine Definition des Kennzeichnungsobjekts „Filmwerk" voraussetzt. Angesichts der begrifflichen Nähe zum urheberrechtlichen Werkbegriff aus § 2 Abs. 2 UrhG ist zu fragen, ob „Filmwerk" im Sinne des § 5 Abs. 3 MarkenG nur ein solches ist, das eine persönliche geistige Schöpfung enthält. Des Weiteren stellt sich die Frage, ob unter den in § 5 Abs. 3 MarkenG verwendeten Begriff „Filmwerk" sowohl Einzelfilmwerke als auch Filmserien oder Filmreihen zu subsumieren sind (I.).

Auch der Begriff „Titel" wirft rechtliche Fragen auf: § 5 Abs. 3 MarkenG definiert den Filmtitel als „Name oder besondere Bezeichnung" von Filmwerken. Fraglich ist, was unter den Begriffen „Name" und „besondere Bezeichnung" zu verstehen ist und ob neben dem Worttitel auch andere Titelformen wie Bild-, Hör- oder Bewegungstitel in den Schutzbereich des § 5 Abs. 3 MarkenG fallen. Da Filmwerke oftmals neben dem eigentlichen Haupttitel weitere Titel (sog. Untertitel) besitzen, ist im Hinblick auf den Wortlaut des § 5 Abs. 3 MarkenG des Weiteren zu untersuchen, ob auch Untertitel schutzfähige Titel im Sinne des § 5 Abs. 3 MarkenG sind (II.).

I. Das Filmwerk als Kennzeichnungsobjekt des Filmtitels

§ 5 Abs. 1 und Abs. 3 MarkenG schützen als Werktitel u.a. den Namen oder die besondere Bezeichnung von Filmwerken. Eine genauere Definition des Kennzeichnungsobjekts und des Werktitels enthält § 5 Abs. 3 MarkenG nicht. Um jedoch die Schutzfähigkeit des Filmtitels und sich daraus ergebende Folgen für den titelspezifischen Schutzbereich bestimmen zu können, ist zunächst eine begriffliche Bestimmung des Kennzeichnungsobjekts „Filmwerk" notwenig.

Filmtitelschutz besteht nach der gesetzlichen Regelung nur für den Namen oder die besondere Bezeichnung von Filmwerken. Zum einen stellt sich die Frage, ob es sich bei dem unbestimmten Rechtsbegriff „Filmwerk" um einen eigenständigen markengesetzlichen Begriff handelt, oder ob dieser mit dem in § 2 Abs. 1 Nr. 6, Abs. 2 UrhG ebenfalls gebrauchten Begriff „Filmwerk" übereinstimmt. Des Weiteren ist zu klären, ob nur Einzelfilmwerke von § 5 Abs. 3 MarkenG erfasst werden, oder ob dies auch für Filmserien und Filmreihen gilt.

1. Der kennzeichenrechtliche Werkbegriff

Ausgangspunkt einer näheren begrifflichen Bestimmung ist zunächst die Auslegung des Begriffes „Filmwerk" und damit die Bestimmung des Kennzeichnungsobjekts. Aus der Amtlichen Begründung zum Markengesetz ergibt sich, dass der kennzeichenrechtliche Werkbegriff nicht mit dem urheberrechtlichen Werkbegriff gleichzusetzen, sondern eigenständig zu bestimmen ist.[70] Der kennzeichenrechtliche Werkbegriff erschließt sich zum einen aus dem Regelungsgehalt des § 5 Abs. 3 MarkenG, zum anderen ist er in Abgrenzung zu den Begriffen der Ware und Dienstleistung als Gegenständen des Markenschutzes zu entwickeln.[71] Das Filmwerk stellt ebenso wie die übrigen in § 5 Abs. 3 MarkenG als Beispiele genannten Werktypen ein Kommunikationsmittel dar. Als Kommunikationsmittel übermittelt es eine gedankliche Botschaft, die von dem Betrachter des Filmwerks geistig umgesetzt wird. Charakteristisch für den kennzeichenrechtlichen Werkbegriff ist folglich der eine bloße Gegenständlichkeit im Sinne einer Ware übersteigende, gesondert wahrnehmbare, geistige Gehalt.[72] Damit ist das Filmwerk eine geistige Leistung, ein immaterielles Arbeitsergebnis,[73] das von dem Betrachter konsumiert wird. Der Gegenstand des Filmwerks ist folglich unabhängig von einer

---

[70] Amtl. Begr., BT-Drucks. 12/6581, S. 67.

[71] *Fezer*, MarkenG, § 15 Rd. 154b; *Ingerl/Rohnke*, MarkenG, § 5 Rd. 47.

[72] *Sack*, S. 27 f.; *Schricker*, FS *Vieregge*, S. 786; *Ingerl/Rohnke*, MarkenG, § 5 Rd. 47; *Klippel/Eisfeld*, in: HK-Markenrecht, § 5 Rd. 88.

[73] *Deutsch/Mittas*, Rd. 23; *Fezer*, MarkenG, § 15 Rd. 154b f.

bestimmten stofflichen Fixierung auf einem Filmträger zu bestimmen. Auch eine Beschränkung auf bestimmte Filmwerkgattungen oder auf die Qualität, eine bestimmte geistige Gestaltungshöhe oder eine zeitliche Mindestdauer sind dem Begriff des Filmwerks in § 5 Abs. 3 MarkenG nicht zu entnehmen. Somit ist jede Bild- oder Bild- und Tonfolge, die durch Aneinanderreihen photografischer oder photografieähnlicher Einzelbilder den Eindruck eines bewegten Bildes entstehen lässt, Filmwerk im Sinne des § 5 Abs. 3 MarkenG. Da es auf die Besonderheiten der Aufnahmetechnik und die Mittel der technischen Darstellung und Wiedergabe nicht ankommt, ist der in § 5 Abs. 3 MarkenG verwendete Begriff des Filmwerks umfassend zu verstehen und erfasst insbesondere Kinofilme, Videofilme, Filme auf DVD, Fernsehsendungen und auch Live-Sendungen. Nur ein solches extensives Verständnis des Begriffes Filmwerk ist mit dem gesetzgeberischen Willen,[74] sowie dem Wortlaut und Schutzzweck des Markengesetzes vereinbar.

2. Filmserien und Filmreihen

Nicht nur das Einzelwerk unterfällt dem Begriff des Filmwerks, sondern auch Filmserien und Filmreihen. Das erscheint nicht selbstverständlich, denn der Titel eines Einzelfilmwerks kennzeichnet dieses in der Regel aufgrund seines Inhalts. Der (Haupt-)Titel einer gesamten Serie oder Reihe kennzeichnet dagegen nicht den konkreten Inhalt des einzelnen Serien- oder Reihenabschnitts, sondern ein Konzept, eine Idee, ein Thema oder sogar nur ein bestimmtes Format. Serie und Reihe sind keine feststehenden juristischen Begriffe mit gegeneinander abgrenzbarem Bedeutungsgehalt; sowohl Serien als auch Reihen bestehen jeweils aus mehreren Einzelfolgen, die inhaltliche, thematische oder konzeptionelle Gemeinsamkeiten aufweisen und durch einen gemeinsamen Titel gekennzeichnet werden.[75] Eine Serie besteht regelmäßig aus einem mehr oder weniger fortlaufenden Handlungsstrang; der nachfolgende Serienabschnitt knüpft üblicherweise an die vorangegangene Sendung an. Beispiele für Fernsehserien sind die sogenannten „Soaps" im Vorabendprogramm: „Marienhof", „Verbotene Liebe", „Gute Zeiten, Schlechte Zeiten", „Berlin, Berlin" oder auch „Lindenstraße". Gemeinsam ist den einzelnen Serienabschnitten neben der inhaltlichen Anknüpfung an die vorangegangene Sendung die schauspielerische Besetzung und die oftmals lokale Beschränkung der Handlung. Davon abzugrenzen sind mehrteilige Fortsetzungswerke. Sie beschränken sich auf wenige Folgen und zeichnen sich durch eine inhaltliche Geschlossenheit des Gesamtwerks aus. Solche Fortsetzungswerke gibt es sowohl im Bereich der Fernseh- („Die Affäre Semmeling")

[74] Amtl. Begr., BT-Drucks. 12/6581, S. 67.
[75] *Metzger*, S. 3 ff.

als auch der Kinofilmwerke („Der Herr der Ringe"). Bei Filmreihen ist dagegen die einzelne Sendung innerhalb einer Reihe in sich abgeschlossen. Beispiele sind „Tatort", „Liebling Kreuzberg", „Ein Fall für Zwei" oder „Die Simpsons". Auch Magazinsendungen wie „Stern TV", „Panorama", „Titel, Thesen, Temperamente" und Talkshows wie „Die Harald Schmidt Show", „TV Total" oder „Bärbel Schäfer" sind dem Bereich der Reihensendung zuzuordnen.

a) Der Schutz des Filmtitels als besondere Geschäftsbezeichnung eines Unternehmens

In neueren Entscheidungen geht auch der *BGH* davon aus, dass übergeordnete Serien- oder Reihentitel Werktitel eines Filmwerks sind und von § 5 Abs. 3 MarkenG erfasst werden.[76] In der Entscheidung „Der 7. Sinn" lassen die Formulierungen des *BGH* noch die Annahme zu, dass Titeln von Filmserien oder Filmreihen Schutz als besondere Geschäftsbezeichnung eines Unternehmens zukommen soll.[77] Sofern die einzelnen Sendungen keinen unmittelbaren Zusammenhang insbesondere im Handlungsablauf aufweisen und nur Thematik und Inhalt unter einer einheitlichen übergeordneten Zielsetzung stehen, sieht der *BGH* die Produktion und Ausstrahlung oder Aufführung der Filmserie oder Filmreihe als ein besonderes Unternehmen an, das mit einer eigenen besonderen Bezeichnung dem Verkehr entgegentrete. Trotz dieser Annahme vermeidet der *BGH* in der Entscheidung den Begriff des Unternehmenskennzeichens für die Bezeichnung „Der 7. Sinn" und spricht durchweg von der Bezeichnung als Titel der Filmreihe.

Auch Teile der Literatur sprechen sich für die Einordnung des Titels einer Filmserie oder Filmreihe als Unternehmenskennzeichen aus, da nach der Verkehrsanschauung die bloße Thematik eines Sendekonzepts keinen einheitlichen geistigen Gehalt aufweise.[78] Die einheitliche Bezeichnung kennzeichne lediglich ein einheitliches Schema und werde als Hinweis auf ein Unternehmen betrachtet. Das gelte insbesondere für Filmserien oder Filmreihen, in denen zwischen den einzelnen Sendungen kein inhaltlicher Bezug bestehe.

Eine solche Sichtweise läuft auf eine Fiktion hinaus, denn die angesprochenen Verkehrskreise verbinden mit dem Filmtitel einer Reihe oder Serie regelmäßig sowohl die einzelne Sendung als auch das einheitliche Konzept oder die einheitliche Thematik, die allen Einzelsendungen zugrunde liegt, und sehen in dem Kennzeichen nicht eine Bezeichnung des dahinterstehenden Unternehmens. Der Werktitelschutz von Filmserien und Filmreihen wird unter

---

76 *BGH* GRUR 2001, 1050, 1051 ff. – „Tagesschau"; *BGH* GRUR 2001, 1054, 1055 ff. – „Tagesreport"; so schon *LG München I* in Schulze LGZ 54, 1, 5 – „Fuzzy".

77 *BGH* AfP 1978, 45, 47 – „Der 7. Sinn"; wohl auch *OLG Koblenz* AfP 1996, 382, 384 – „Voll erwischt".

78 *Deutsch*, GRUR 1994, 673, 674; *Loschelder*, FS *Vieregge*, S. 586, 593; *Metzger*, S. 61 ff.; *Mittas*, S. 26 f.

die falsche Prämisse gestellt, dass dieser nur bei Bestehen einer Werkeinheit zwischen den einzelnen Sendungen möglich sein soll und eine solche Werkeinheit nur bei einheitlichem geistigen Inhalt vorliege. Das Kriterium eines einheitlichen geistigen Inhalts der einzelnen Sendungen ist aber weder § 5 Abs. 3 MarkenG zu entnehmen, noch ergibt es sich aus dem Begriff des Filmwerks. Die Widersprüchlichkeit der Ansicht, die Serien- und Reihentitel als Unternehmenskennzeichen einordnet, ergibt sich auch daraus, dass sie das Kriterium der Werkeinheit nur bei Filmserien oder Filmreihen fordert, nicht hingegen bei Einzelfilmwerken, die aus mehreren Einzelbeiträgen (z.B. Reportagen) zusammengefasst sind. Auch bei diesen Einzelfilmwerken ist der geforderte einheitliche geistige Gehalt fragwürdig. Allerdings könnte man bei einem solchen Einzelfilmwerk einwenden, dass die zeitlich enge Aufeinanderfolge der Beiträge innerhalb einer Sendung von dem Verkehr als Einheit wahrgenommen wird. Doch die zeitliche Nähe der Beiträge ersetzt nicht den geforderten einheitlichen *geistigen* Gehalt der Beiträge. Abzustellen ist deshalb auf die Kennzeichnung der Filmserie oder Filmreihe durch ein und denselben Filmtitel, denn durch diesen wird die Zusammengehörigkeit der einzelnen Serien- und Reihenteile verdeutlicht. Gegen eine Einordnung des Titels von Filmserien und Filmreihen als Unternehmenskennzeichen spricht letztlich auch der Schutzzweck des Werktitelrechts als spezielle Regelung für werkidentifizierende Kennzeichen mit werktitelspezifischen Besonderheiten, z.B. im Bereich möglicher Titelformen oder der Entstehung des Filmtitelschutzes (Titelschutzanzeige[79]). Der Gesetzgeber zum Markengesetz hat in § 5 Abs. 3 MarkenG den Titelschutz von Filmwerken geregelt, ohne eine Differenzierung zwischen den Titeln von Einzelfilmwerken und Serien- oder Reihenfilmwerken vorzunehmen und letztere den Unternehmenskennzeichen zuzuordnen.

Auch wenn Filmtitel von Nachrichten- oder Sportsendungen oder Magazinen („RTL aktuell", „ZDF SPORTstudio", „ARD-Ratgeber: Bauen und Wohnen") der Fernsehsender oftmals einen Zusatz der Fernsehanstalt tragen und das Fernsehpublikum in diesem Zusatz einen Hinweis auf die Fernsehanstalt erblickt, so stellt der Filmtitel doch regelmäßig kein Unternehmenskennzeichen dar. Der Filmtitel ist, auch wenn er ein Unternehmenszeichen enthält, gerade nicht Name, Firma oder besondere Bezeichnung eines Geschäftsbetriebes oder Unternehmens, sondern kennzeichnet mit dem zugrunde liegenden Filmwerk ein Produkt.

[79] Dazu im 2. Abschnitt des 2. Kapitels unter III. „Titelschutzanzeige und Titelregister".

b) Das Kriterium der Werkeinheit

In älteren, der Entscheidung „Der 7. Sinn" nachfolgenden Entscheidungen betrachtet der *BGH* die Titel von Filmserien und Filmreihen nicht mehr als Unternehmenskennzeichen, betont aber, dass die Titel von Filmserien und Filmreihen nur dann von § 5 Abs. 3 MarkenG bzw. § 16 Abs. 1 UWG a.F. erfasst werden, wenn die angesprochenen Verkehrskreise die jeweiligen Einzelwerke in ihrer Gesamtheit als Werkeinheit ansehen.[80] Die Literatur hat dieses von der Rechtsprechung entwickelte Kriterium weitgehend kritiklos übernommen.[81] Mit dem Kriterium der Werkeinheit versucht der *BGH* zu berücksichtigen, dass sich Filmserien oder -reihen regelmäßig durch die Zusammengehörigkeit der einzelnen Sendungen auszeichnen. Sofern eine solche Zusammengehörigkeit der einzelnen Serien- oder Reihenabschnitte nicht feststellbar ist, fehlt es nach der Ansicht des *BGH* an einem nach § 5 Abs. 3 MarkenG erforderlichen Kennzeichnungsobjekt. Folglich kann dann auch kein Werktitelrecht entstehen.

Das Kriterium der Werkeinheit versteht der *BGH* als eine Zusammengehörigkeit im weitesten Sinne. Die Werkeinheit wird entweder durch eine mehr oder weniger fortlaufende Handlung wie bei Filmwerken mit Seriencharakter verdeutlicht („Unter Uns" oder „Marienhof"), kann sich aus einer besonderen Thematik mit in sich abgeschlossenen Folgen ergeben („Kommissar Rex" oder „Streit um Drei") oder besteht wie bei Talkshows und Magazinen üblich, lediglich aus einem einheitlichen Konzept („Wetten, dass...", „Boulevard Bio", oder „Das literarische Quartett"). Ein besonderer inhaltlicher Zusammenhang im Sinne einer inhaltlichen Anknüpfung an die vorangegangene Sendung ist also nicht erforderlich; vielmehr hat der *BGH* auch die willkürliche Folge von Nachrichten, Musik, Textbeiträgen und Veranstaltungshinweisen noch als Werkeinheit angesehen, wenn der jeweilige Interessentenkreis das Verhältnis der Einzelfolgen zueinander als Werkeinheit betrachte.[82]

In der Mehrzahl der Fälle werden über das weit auszulegende Kriterium der Werkeinheit auch die Titel von Filmserien und Filmreihen von § 5 Abs. 3 MarkenG erfasst. Das Abstellen auf das Kriterium der Werkeinheit für den Werktitelschutz von Filmserien und Filmreihen begegnet aber Bedenken, denn der Filmtitel schafft regelmäßig erst die vom *BGH* geforderte Werkeinheit, indem er die Zusammengehörigkeit der Einzelsendungen aufgrund des gemeinsamen Titels verdeutlicht.[83] Das gilt im Besonderen für Magazine, die ausschließlich aus einzelnen Reportagen bestehen, und bei denen einem oft auch wechselnden Moderator nur die

---

[80] *BGH* GRUR 1982, 431, 432 – „Point"; ebenso *OLG München* ZUM 1985, 218, 220 – „Jetzt red' i".

[81] *Fezer*, MarkenG, § 15 Rd. 154g; *Klippel/Eisfeld*, in: HK-Markenrecht, § 5 Rd. 83 f.; *Sack*, S. 55 f.; *Mittas*, S. 24 f.; *Bork*, UFITA 110 (1989), 35, 40 ff.; *Gerstenberg*, ZUM 1985, 346, 348.

[82] *BGH* GRUR 1982, 431, 432 f. – „Point"; *BGH* WRP 1993, 755, 757 – „Radio Stuttgart".

[83] *Teplitzky*, in: UWG GK, § 16 Rd. 67 f.; *Russ*, S. 48.

Ankündigung der recherchierten Beiträge obliegt, wie z.B. bei „Spiegel TV", „Panorama" oder „Monitor". Diese Sendungen und ihre Titel sind im Grunde austauschbar, denn sie thematisieren durchweg kritisch aktuelle gesellschaftspolitische Themen durch mehrere Einzelreportagen innerhalb einer Sendung. Erst durch den Filmtitel wird die einzelne Sendung mit ihren Reportagen einer Sendereihe zugeordnet und somit eine Werkeinheit zwischen den einzelnen Sendungen geschaffen. Ein Schutz des Titels von Filmserien oder Filmreihen ist deshalb schon dann anzunehmen, wenn der Serien- oder Reihenteil unter dem gleichen Filmtitel erscheint.[84] Die Auffassung des *BGH* und der überwiegenden Literatur, dass erst die Feststellung einer gewissen Werkeinheit auch den Schutz des Serien- oder Reihentitels nach § 5 Abs. 3 MarkenG rechtfertigt, geht daher fehl. Die inhaltliche, thematische und konzeptionelle Gestaltung der Filmserie oder Filmreihe und auch die Kennzeichnung mit einem Filmtitel obliegt alleine dem Produzenten, Redakteur, Filmurheber oder sonstigen Filmwerkverantwortlichen und Filmrechteinhabern. Charakteristisch für eine unter einem einheitlichen Filmtitel erscheinende Filmserie oder Filmreihe kann auch sein, dass sie aus völlig unterschiedlichen, nicht einer Thematik unterfallenden Einzelwerken besteht. Erst der Filmtitel schafft eine Werkeinheit zwischen den einzelnen Serien- oder Reihenteilen. Folglich unterfallen ohne Ausnahme auch Filmserien und Filmreihen § 5 Abs. 3 MarkenG mit der Konsequenz, dass der übergeordnete Name oder die besondere Bezeichnung dieser Filmwerke Werktitel im Sinne des § 5 Abs. 3 MarkenG ist.

II. Der Filmtitel als „Name oder besondere Bezeichnung" von Filmwerken

Der Filmtitel als Werktitel ist Name oder besondere Bezeichnung des Filmwerks, § 5 Abs. 3 MarkenG. Anders als § 3 Abs. 1 MarkenG, der einen nicht abschließenden Katalog von möglichen Markenformen enthält, gibt das Markengesetz keine Werktitelformen vor. Ausgangspunkt muss deshalb die Frage sein, was unter den Begriffen „Name" und „besondere Bezeichnung" eines Filmwerks zu verstehen ist und ob sich aus ihrem Verständnis neben dem Schutz des Worttitels auch der Schutz anderer Werktitelformen (z.B. Bild-, Hör- und Bewegungstitel) ableiten lässt (1.). Des Weiteren ist fraglich, ob Werktitel im Sinne des § 5 Abs. 3 MarkenG nur der Haupttitel ein Filmwerks sein kann oder auch Untertitel von der Norm er-

[84] *OLG Koblenz* AfP 1996, 382, 384 – „Voll erwischt": „Die einzelnen Fernsehsendungen unter dem Titel „Voll erwischt" zeigen jeweils mehrere Episoden, in denen Prominente mit versteckter Kamera in lustigen Situationen gefilmt wurden. So wie die jeweils einzelnen Episoden (Sketche) untereinander unabhängig und in sich abgeschlossen sind, sind dies auch die einzelnen Fernsehsendungen. Diese Fernsehsendungen werden jedoch durch den Titel ‚Voll erwischt' miteinander verbunden, so dass dem Zuschauer die einzelnen Sendungen als nach Inhalt und Zielsetzung zusammengehörig gegenübertreten und von diesen als ein besonderes Unternehmen angesehen werden."; *Kröner*, FS *Hertin*, S. 565, 596; ähnlich auch *Russ*, S. 48.

fasst werden. Da der Untertitel einen Haupttitel voraussetzt, stellt sich in diesem Zusammenhang auch die Frage nach einem isolierten Werktitelschutz des Untertitels und dem Verhältnis zum Schutz des Haupttitels (2.).

1. Auslegung der Begriffe „Name" und „besondere Bezeichnung"

Die Gesetzesbegründung gibt keinen genauen Aufschluss über die Bedeutung der Begriffe „Name" und „besondere Bezeichnung" für das Werktitelrecht im Markengesetz;[85] sie beschränkt sich auf die Erläuterung der Begriffe in Bezug auf § 5 Abs. 2 S. 1 MarkenG und betont unter Hinweis auf § 16 Abs. 1 UWG a.F. die Gemeinsamkeit der Namensfunktion der unter die Vorschrift fallenden Kennzeichen. Ferner soll nach der Amtlichen Begründung zum Markengesetz die Aufnahme der bisher in § 16 Abs. 1 UWG a.F. geschützten geschäftlichen Bezeichnungen in das Markengesetz unter Wahrung der von der Rechtsprechung für den Schutz dieser Kennzeichen entwickelten Grundsätze, deren Änderung nicht beabsichtigt sei, erfolgen.[86]

Auffallend ist, dass im Markengesetz die Begriffe „Name" und „besondere Bezeichnung" parallel in § 5 Abs. 3 MarkenG in Bezug auf Werktitel und in § 5 Abs. 2 S. 1 MarkenG in Bezug auf Unternehmenskennzeichen verwendet werden. Gemäß § 5 Abs. 2 S. 1 MarkenG sind Unternehmenskennzeichen „Zeichen, die im geschäftlichen Verkehr als Name, als Firma oder als besondere Bezeichnung eines Geschäftsbetriebes oder eines Unternehmens benutzt werden." Zu fragen ist folglich, ob aus der parallelen Verwendung der Begriffe „Name" und „besondere Bezeichnung" sowohl in § 5 Abs. 2 S. 1 MarkenG für Unternehmenskennzeichen als auch in § 5 Abs. 3 MarkenG für Werktitel ein einheitliches Verständnis dieser Begriffe zu folgern ist. Insbesondere die Tatsache, dass Unternehmenskennzeichen und Werktitel nach § 5 Abs. 1 MarkenG unter den gemeinsamen Oberbegriff der geschäftlichen Bezeichnung fallen, könnte für eine einheitliche Auslegung der Begriffe „Name" und „besondere Bezeichnung" sprechen.

Im Recht der Unternehmenskennzeichen erfolgt eine Differenzierung der Begriffe „Name" und „besondere Bezeichnung" danach, dass der Name auf den Unternehmensträger im Sinne eines extensiven Verständnisses des § 12 BGB, die besondere Bezeichnung hingegen auf das Unternehmen als Objekt hinweist.[87] Sowohl dem Namen als auch der besonderen Be-

---

[85] Amtl. Begr., BT-Drucks. 12/6581, S. 67.
[86] Amtl. Begr., BT-Drucks. 12/6581, S. 67.
[87] *Ingerl/Rohnke*, MarkenG, § 5 Rd. 19; *A/S/K/Klaka*, MarkenG, § 5 Rd. 16; *Fezer*, MarkenG, § 15 Rd. 120; *Klippel/Eisfeld*, in: HK-Markenrecht, § 5 Rd. 13 ff., 34.

zeichnung muss als Unternehmenskennzeichen eine Namensfunktion zukommen. Eine Namensfunktion besitzt das Kennzeichen nach der Rechtsprechung nur, wenn es aussprechbar ist.[88] Diese, die Namensfunktion des Unternehmenskennzeichens betonende Rechtsprechung geht auf die Regelung in § 16 Abs. 1 UWG a.F. zurück: Ebenso wie § 5 Abs. 2 S. 1 MarkenG schützte § 16 Abs. 1 UWG a.F. die besondere Unternehmens- und Geschäftsbezeichnung neben dem Namen und der Firma. Die Ausdehnung der Namensfunktion im Sinne einer sprachlichen Benennbarkeit auch auf die besondere Geschäfts- oder Unternehmensbezeichnung ist eine Folge der Gleichwertigkeit des Kennzeichenschutzes zum Namen und zur Firma unabhängig vom Vorliegen von Verkehrsgeltung. Dieses Verständnis orientiert sich an der systematischen Anlehnung der besonderen Geschäfts- und Unternehmensbezeichnung an die Firma, der sowohl immaterialgüterrechtlicher als auch aufgrund ihres Namensbezugs persönlichkeitsrechtlicher Gehalt zukommen soll.[89] Da Bildzeichen oder unaussprechbare Buchstabenkombinationen nur rein visuell wirken und nicht aussprechbar sind, kommt ihnen nach der Rechtsprechung keine Namensfunktion zu.[90] Sie können nur dann Unternehmenskennzeichen sein, wenn ein nicht unbeträchtlicher Teil des Verkehrs diese Darstellung als besondere Bezeichnung eines Geschäftsbetriebs oder Unternehmens ansieht, d.h. wenn diese Kennzeichen als Unternehmenskennzeichen Verkehrsgeltung erlangt haben.[91]

Überträgt man dieses Verständnis auf das Werktitelrecht, so ist als Filmtitel nach § 5 Abs. 3 MarkenG regelmäßig nur die aussprechbare Buchstabenkombination geschützt;[92] ein weitergehender Schutz auch von nicht aussprechbaren Bezeichnungen ist dagegen nur aufgrund von Verkehrsgeltung erreichbar. Ein solches Verständnis stützt auch die Formulierung des § 16 Abs. 1 UWG a.F., der von „die besondere Bezeichnung eines Erwerbsgeschäfts, eines gewerblichen Unternehmens oder einer Druckschrift“ spricht und damit von einem einheitlichen Verständnis der „besonderen Bezeichnung“ für Unternehmenskennzeichen und Werktitel ausgeht.

Gegen eine einheitliche Auslegung der Begriffe „Name“ und „besondere Bezeichnung“ in Bezug auf Unternehmenskennzeichen und Werktitel und eine Übertragung der für Unternehmenskennzeichen geltenden Namensfunktion[93] auf Werktitel spricht jedoch die Systematik

---

[88] *BGH* GRUR 1965, 377, 379 – „GdP“; *BGHZ* 14, 155, 160 – „Farina II“; *Ingerl/Rohnke*, MarkenG, § 5 Rd. 15; *Klippel/Eisfeld*, in: HK-Markenrecht, § 5 Rd. 8.

[89] *Fezer*, MarkenG, § 15 Rd. 106 f. m.w.N.; *Ingerl/Rohnke*, MarkenG, § 5 Rd. 36, sprechen sich für einen Persönlichkeitsschutz der juristischen Person aus; dagegen *Klippel*, S. 564 ff., 579 ff., der der Firma jeglichen persönlichkeitsrechtlichen Gehalt abspricht.

[90] *BGHZ* 14, 155, 160 – „Farina II“; *BGH* GRUR 1964, 71, 73 – „Personifizierte Kaffeekanne“.

[91] *Klippel/Eisfeld*, in: HK-Markenrecht, § 5 Rd. 20, 39.

[92] *Oelschlägel*, S. 15; *Mittas*, S. 8, 42, 153; *Ossing*, GRUR 1992, 85, 86 f.

[93] Bereits zum Erfordernis der Namensfunktion von Unternehmenskennzeichen kritisch: *Fezer*, MarkenG, § 15 Rd. 125; *A/S/K/Klaka*, MarkenG, § 5 Rd. 29.

des Markengesetzes: Das Markengesetz hat eine Trennung zwischen dem Recht der Unternehmenskennzeichen und dem Werktitelrecht vollzogen und definiert beide Rechte unabhängig voneinander in § 5 Abs. 2 S. 1 und § 5 Abs. 3 MarkenG. Sie unterfallen lediglich dem gemeinsamen Oberbegriff der geschäftlichen Bezeichnung, § 5 Abs. 1 MarkenG. Bereits das unterschiedliche Kennzeichnungsobjekt rechtfertigt die Herauslösung des Werktitelrechts aus dem Regelungszusammenhang der Unternehmenskennzeichen und damit auch eine eigenständige Auslegung, denn im Gegensatz zum Unternehmenskennzeichen kennzeichnet der Werktitel einen geistigen Inhalt, ein immaterielles Arbeitsergebnis. Kennzeichnungsobjekt ist das Werk als ein immaterielles Produkt. Der Werktitel ist somit ein *produktbezogenes* Kennzeichen. Das Kennzeichnungsobjekt im Recht der Unternehmenskennzeichen ist dagegen ein völlig anderes: Das Unternehmenskennzeichen dient der Kennzeichnung eines Geschäftsbetriebes oder Unternehmens; der Namensbegriff in § 5 Abs. 2 S. 1 MarkenG verdeutlicht die Subjektbezogenheit des Unternehmenskennzeichens. Auch die besondere Bezeichnung im Recht der Unternehmenskennzeichen nach § 5 Abs. 2 S. 1 MarkenG kennzeichnet das Objekt Unternehmen als organisatorische Einheit und nicht ein Produkt.

Trotz der vom Gesetzgeber parallel gebrauchten Begriffe „Name" und „besondere Bezeichnung" in Bezug auf Unternehmenskennzeichen in § 5 Abs. 2 S. 1 MarkenG und Werktitel in § 5 Abs. 3 MarkenG lässt eine an den verschiedenen Kennzeichnungsobjekten, nämlich Geschäftsbetrieb einerseits und immaterielles Produkt andererseits, und damit auch eine an den verschiedenen Schutzvoraussetzungen orientierte Auslegung auf ein unterschiedliches Verständnis der Begriffe in den jeweiligen Normen schließen.

Eine solche, die Produktbezogenheit des Werktitelrechts betonende Auslegung verdeutlicht gleichzeitig die Ähnlichkeit von Werktitel und Marke als produktidentifizierendes Unterscheidungszeichen. Insofern liegt es nahe zu untersuchen, ob daraus auch auf eine Ähnlichkeit der Kennzeichenformen von Marke und Werktitel geschlossen werden kann.[94]

Zunächst kann festgestellt werden, dass der Werktitel ebenso wie die Marke eine unternehmerische Leistung identifiziert. Damit steht der Werktitel der Marke systematisch näher als dem Unternehmenskennzeichen.[95] Da das Markenrecht im Gegensatz zum Werktitelrecht in § 3 Abs. 1 MarkenG in nicht abschließender Weise mögliche Markenformen regelt, ohne sich auf auslegungsbedürftige unbestimmte Rechtsbegriffe stützen zu müssen, lässt die durch

[94] Vgl. auch die unveröffentlichte Begründung zum Diskussionsentwurf vom 23. Februar 1993 für ein neues Markengesetz zu dessen § 140 (S. 143; abgedruckt bei *Russ*, S. 303): „Das geltende Recht schützt Werktitel nach § 16 Abs. 1 UWG. Die Einbeziehung der Werktitel in den Schutz der Unternehmenskennzeichen ist aber systemwidrig, da Werktitel ihrem Charakter nach eher den Marken und Ausstattungen im Sinne des § 25 WZG gleichen als den übrigen nach § 16 UWG geschützten Unternehmenskennzeichen."

[95] *Ingerl/Rohnke*, MarkenG, § 5 Rd. 41; *Fezer*, MarkenG, § 15 Rd. 155.

die Produktbezogenheit bedingte systematische Nähe zur Marke auch eine Bestimmung möglicher Werktitelformen im Rahmen einer Rechtsfortbildung in Anlehnung an die Markenformen nach § 3 Abs. 1 MarkenG zu.[96] Ein vom Kennzeichnungsobjekt her bestimmtes und gesetzessystematisch dem Markenrecht angenähertes Verständnis des Werktitelschutzes ermöglicht es, den Werktitelschutz aus seiner Funktion als werkidentifizierendes Unterscheidungszeichen heraus auszulegen und als Werktitel jede Kennzeichenform anzuerkennen, die werkidentifizierend wirkt.[97] Im Sinne einer einheitlichen, an der Marke orientierten Auslegung des Kennzeichenrechts drängt sich die Ersetzung der Namensfunktion durch die Unterscheidungsfunktion des Werktitels auf:[98] Ein Kennzeichen ist Filmtitel, wenn es geeignet ist, als filmwerkidentifizierendes Unterscheidungszeichen zu wirken. Der Titel muss nach der Verkehrsanschauung die Eignung besitzen, das Werk zu individualisieren und von anderen Werken zu unterscheiden.[99] Diese Eignung beschränkt sich nicht auf reine Worttitel. Als werkidentifizierende Unterscheidungszeichen kommen neben Wörtern vielmehr auch Zahlen, unaussprechbare Buchstabenkombinationen, Bilder, Bild- und Tonfolgen oder Kombinationszeichen in Frage. Für den Titel eines Filmwerks bedeutet das, dass sich die Titelfähigkeit eines Zeichens nicht auf eine aussprechbare Wortfolge beschränkt.[100]

Folge der Ersetzung der Namensfunktion durch die Unterscheidungsfunktion ist eine Stärkung der immaterialgüterrechtlichen Position des Werktitelrechtsinhabers, da durch sie eine Ausweitung möglicher Titelformen und damit auch Titelrechte erreicht wird. Mit der Möglichkeit eines Schutzes weiterer Titelformen als Immaterialgüterrechte im Sinne des § 15

---

96 *Fezer*, MarkenG, § 15 Rd. 156a; ähnlich *Sack*, S. 57 f.

97 Auch der Amtlichen Begründung zum Markengesetz kann entnommen werden, dass sie einer systematischen Rechtsfortbildung der Kennzeichenrechte offen gegenüber steht, indem sie ausführt, dass die Einbeziehung der geschäftlichen Bezeichnungen in das Markengesetz nicht deswegen erforderlich sei, weil dieser Abschnitt aus dem Recht der Kennzeichen neu oder anders geregelt werden müsse, sondern deswegen, weil nur bei einer Integration in das Markengesetz eine systemgemäße Abgrenzung und Einordnung dieser Kennzeichenrechte möglich werde, Amtl. Begr., BT-Drucks. 12/6581, S. 67.

98 *Schricker*, FS *Vieregge*, S. 775, 783; *Sack*, S. 57; *Fezer*, MarkenG, § 15 Rd. 156a.

99 *Sack*, S. 58 f.; *Mittas*, S. 28 f.; *Loschelder*, FS *Vieregge*, S. 586, 594 ff.; *Fezer*, MarkenG, § 15 Rd. 157.

100 So ist im Rahmen der ZDF-Berichterstattung über die olympischen Winterspiele 2002 in Salt Lake City, USA, der offizielle ZDF-Olympiasong „One Day In Your Life" der Sängerin *Anastacia* zu einem werkidentifizierenden Hörkennzeichen für die Fernsehreihe „ZDF Sport Olympia" geworden. Durch das regelmäßige Einspielen einer prägenden Songsequenz zu Beginn und während der Berichterstattung ist es beim Zuschauer zu einer Assoziation des Songs mit der Olympia-Berichterstattung im ZDF gekommen, so dass dieser Song zum filmwerkidentifizierenden Unterscheidungsmittel geworden ist. Gleiches gilt für eine Vielzahl von Fernsehserien oder -reihen, deren einprägsame Titelmelodien von dem Fernsehzuschauer als filmwerkidentifizierende Unterscheidungsmittel wahrgenommen werden (z.B. „Lindenstraße" oder „Tatort"). Insbesondere Werbefilme erhalten für den Zuschauer nicht erkennbare, nur für den internen Gebrauch bestimmte Worttitel. Die Funktion eines filmwerkidentifizierenden Unterscheidungsmittels wird bei Werbefilmen nicht durch einen Worttitel, sondern durch Hör- und Bewegungstitel wahrgenommen. Anhand einer einprägsamen Tonfolge, Melodie oder von Songausschnitten (z.B. „Opel"-Werbung mit dem Song „A wonderful world", gesungen von *Louis Armstrong*) identifiziert und unterscheidet der Zuschauer das Filmwerk. Ebenso kann einprägsamen, unterscheidungskräftigen Bewegungsabläufen ein werkidentifizierender Charakter zukommen (z.B. Vorspann der Nachrichtensendung „heute" im Programm des ZDF mit sich drehender Weltkugel).

Abs. 1 MarkenG neben dem reinen Worttitel werden dem Titelrechtsinhaber neue unternehmerische Freiräume der wirtschaftlichen Betätigung im Marktgeschehen gewährt,[101] die sich vor allem auch aus einer Verwertung dieser Rechte ergeben können. Sowohl aus der Sicht der Konsumenten, die sich insbesondere bei Filmwerken nicht unbedingt am reinen Worttitel, sondern an jeglichen filmwerkidentifizierenden Unterscheidungszeichen (z.B. Bewegungs- oder Hörsequenzen) orientiert, als auch im Hinblick auf die Bedeutung des Werktitels als unternehmerische Leistung und als Produkt im Wirtschaftsverkehr ist ein auf die Namensfunktion reduziertes Werktitelverständnis überholt.

2. Untertitel

Filmwerke besitzen neben einem eigentlichen Haupttitel oftmals weitere Titel. Solche weiteren Titel werden als Untertitel bezeichnet und stellen eine zusätzliche, neben dem Haupttitel bestehende Bezeichnung des Filmwerks dar; eine weitere Differenzierung zwischen Nebentiteln und Untertiteln hat sich nicht durchgesetzt.[102] Da der Untertitel regelmäßig einen Haupttitel voraussetzt, ergeben sich Fragen im Hinblick auf das Verhältnis zwischen Haupt- und Untertitel: Zum einen stellt sich die Frage, inwieweit der Untertitel überhaupt als werkidentifizierendes Unterscheidungszeichen nach § 5 Abs. 3 MarkenG neben dem Haupttitel in Erscheinung tritt und somit isoliert schutzfähig ist. Des Weiteren ist zu untersuchen, welche Auswirkungen die Ergänzung eines Haupttitels durch einen Untertitel auf den Schutz des Haupttitels haben kann.

Fezer will, ohne das näher zu begründen, bei einem Filmwerk nur den Haupttitel und nicht auch den Untertitel als schutzfähigen Filmtitel nach § 5 Abs. 3 MarkenG ansehen.[103] Die Rechtsprechung hat dagegen auch dem Untertitel Werktitelschutz zugebilligt.[104] Fraglich ist, nach welchen Kriterien sich die Schutzfähigkeit des Untertitels bestimmt.

Ausgehend vom Wortlaut des § 5 Abs. 3 MarkenG und der Funktion des Werktitels, nämlich werkidentifizierendes Unterscheidungsmittel zu sein, wird auch der Untertitel von der Norm erfasst, denn Name oder besondere Bezeichnung eines Filmwerks im Sinne des § 5 Abs. 3 MarkenG ist nicht nur der Haupttitel, sondern auch der Untertitel kennzeichnet das Filmwerk und wirkt mithin filmwerkidentifizierend. So werden Untertitel als werkidentifizie-

---

101 *Fezer*, MarkenG, § 15 Rd. 9.
102 *Runge*, GRUR 1951, 445, 445; *v. Hartlieb*, Filmtitel, S. 44.
103 *Fezer*, MarkenG, § 15 Rd. 154g.
104 *BGH* GRUR 1990, 218, 219 – „Verschenktexte I" (für Druckschriften); *OLG Hamburg* AfP 1999, 170, 171 – „Aber Hallo"; wohl auch *LG Berlin* UFITA 2 (1929), 470, 471 – „Menschenleben in Gefahr" (für Filmwerke).

rendes Unterscheidungsmittel insbesondere in Filmserien und Filmreihen oder Mehrteilern für die einzelne Sendung, Folge oder den einzelnen Teil neben dem umfassenden Haupttitel verwendet.

Dennoch sind auch bei der grundsätzlichen Anerkennung der Schutzfähigkeit des Untertitels als Werktitel gewisse Besonderheiten zu beachten, die sich aus dem Verhältnis zwischen Haupt- und Untertitel ergeben: Der Haupttitel überlagert regelmäßig den Untertitel, so dass dem Untertitel nur zusammen mit dem Haupttitel Bedeutung zukommt, nämlich dann zur Unterscheidung einzelner Folgen eines Filmwerks. Ohne den Haupttitel ist eine Zuordnung der einzelnen Sendung oder Folge zu einer bestimmten Filmserie oder Filmreihe gar nicht möglich. Auch wird der Untertitel bei Fernsehserien kaum wahrgenommen; oftmals kommt es erst mit Beginn des Handlungsablaufs zu einem Wiedererkennungseffekt beim Zuschauer. Anders kann dies bei Filmwerken mit einer überschaubaren Anzahl an Folgen sein, bei denen der Zuschauer darauf angewiesen ist, jede Folge zu sehen, um den inhaltlichen Zusammenhang nicht zu verpassen. Hier wird der Zuschauer genauer auf den Untertitel der einzelnen Folge achten. Doch auch diese Umstände ändern nichts daran, dass das einzelne mit dem Untertitel erscheinende Filmwerk erst zusammen mit dem Haupttitel eine Zuordnung erfährt.[105]

Auch bei einem Einzelfilmwerk ist der Haupttitel das das Filmwerk dominierende Kennzeichen. Der angesprochene Verkehr identifiziert das Filmwerk über seinen Haupttitel und ist sich über den Untertitel kaum bewusst.

Fraglich ist somit, welche Rechtsfolgen sich daraus ergeben, dass der Haupttitel den Untertitel überlagert und nur über den Haupttitel eine Zuordnung der Einzelsendung zu einer Filmserie, Filmreihe oder auch einem Einzelfilmwerk möglich ist. Zunächst ergibt sich daraus, dass der Untertitel nicht die einzelne Sendung in dem Maße prägend kennzeichnen wird, dass alleine die Verwendung der den Untertitel ausmachenden Kennzeichenbestandteile durch einen Dritten geeignet ist, eine Verwechslungsgefahr im Sinne des § 15 Abs. 2 MarkenG hervorzurufen.[106] Ebenso ist die zusätzliche Verwendung eines Untertitels bei Zeichenidentität

[105] Die Abgrenzung zwischen Haupt- und Untertitel eines Filmwerks kann im Einzelfall schwierig sein. Die aufgrund ihrer hohen Bekanntheit stark kennzeichnungskräftigen Einzeltitel der „James Bond 007"-Filme (z.B. „Golden Eye", „Octopussy", „Goldfinger") oder der „Krieg der Sterne"-Filme (z.B. „Die Rückkehr der Jedi-Ritter") besitzen eine Stellung zwischen Haupt- und Untertitel. Eigentlicher Haupttitel der Filmreihen ist die Bezeichnung „James Bond 007" bzw. „Krieg der Sterne". Dennoch stehen die Einzeltitel in unmittelbarem Zusammenhang mit dem Haupttitel und besitzen aufgrund ihrer hohen Bekanntheit im Verkehr eine Art Haupttitelersatzfunktion, die im Grunde für einen Untertitel untypisch ist. Die Bezeichnung des Einzelfilmwerks steht bei diesen Filmreihen viel stärker im Vordergrund als beispielsweise bei den Einzelfilmwerken von „Tatort", „Salto Kommunale", „Ally McBeal" oder „Mord ist ihr Hobby", bei denen der jeweilige Einzeltitel der Sendung nur eine untergeordnete Funktion hat.

[106] *v. Hartlieb*, S. 297; *Deutsch/Mittas*, Rd. 13; *Tönjes*, S. 120 f.; anderer Ansicht sind das *LG Berlin* in UFITA 2 (1929), 470, 471 – „Menschenleben in Gefahr" und *Runge* in GRUR 1951, 445, 446, der kritisiert, dass ansonsten die wichtigste Funktion des Untertitels in Gestalt seiner Ausschließlichkeitswirkung verloren gehen würde.

oder -ähnlichkeit der kollidierenden Haupttitel nicht ausreichend, um eine Verwechslungsgefahr auszuschließen.[107] Auch der Schutz des Untertitels nach § 15 Abs. 3 MarkenG scheidet regelmäßig aus, denn aufgrund der Verdrängung des Untertitels durch den Haupttitel in der Wahrnehmung der mit den Titeln konfrontierten Verkehrskreise wird der Untertitel in kaum einem Fall den für einen Schutz aus § 15 Abs. 3 MarkenG erforderlichen Bekanntheitsgrad erreichen.[108]

Davon zu unterscheiden ist die Konstellation, dass ein unterscheidungskräftiger Haupttitel eines Filmwerks durch einen Dritten als Untertitel für ein anderes Filmwerk verwendet wird. In nur seltenen Einzelfällen wird dann eine Verwechslungsgefahr nach § 15 Abs. 2 MarkenG bestehen, jedoch ist eine Verletzung des in § 15 Abs. 3 MarkenG normierten Bekanntheitsschutzes denkbar, wenn dem Haupttitel der nach § 15 Abs. 3 MarkenG erforderliche Bekanntheitsgrad zukommt und durch die Benutzung des Haupttitels als Untertitel für ein anderes Filmwerk die Unterscheidungskraft oder die Wertschätzung in unlauterer Weise ausgenutzt oder beeinträchtigt wird.

2. Abschnitt: Die Entstehung des Rechts am Filmtitel

Als werkidentifizierendes Unterscheidungszeichen identifiziert der Filmtitel das Filmwerk, indem er es von anderen Werken unterscheidet. Nur wenn der Filmtitel als Name oder besondere Bezeichnung das Filmwerk unterscheidungskräftig kennzeichnet, unterfällt der Filmtitel dem Schutzbereich des § 5 Abs. 3 MarkenG.[109] Zu untersuchen ist somit zunächst, unter welchen Voraussetzungen ein Filmtitel unterscheidungskräftig ist (I.). Die Entstehung des Rechts am Filmtitel setzt nach Rechtsprechung und Literatur ferner neben einem unterscheidungskräftigen Filmtitel dessen Benutzung für ein konkretes Filmwerk im geschäftlichen

---

[107] *OLG Hamburg* AfP 1999, 170, 171 – „Aber Hallo"; *OLG München* ZUM 1986, 353, 353 – „Die Killer-Akademie"; *OLG Düsseldorf* WRP 1985, 638, 640 – „Mädchen hinter Gittern"; *v. Hartlieb*, Filmtitel, S. 45; *Hillig*, Bd. 1, Gutachten Nr. 304 und 305, S. 334; der *BGH* stellt in der Entscheidung AfP 1991, 405, 407 – „Pizza & Pasta" fest, dass es nach der Lebenserfahrung keineswegs fern liege, dass der Verkehr an einen geringeren Auffälligkeitsgrad eines Untertitels gegenüber dem Haupttitel gewöhnt sei und den Untertitel als Teil der Bezeichnung ansehen könne. Er führt dann aber aus, dass der Verkehr erfahrungsgemäß dazu neige, längere Bezeichnungen in einer die Merkbarkeit und Aussprechbarkeit erleichternden Weise zu verkürzen und dass Kennzeichnungen auch gegen die Gefahr zu schützen seien, dass diese abgekürzten Bezeichnungen mit ihnen verwechselt werden. Für die Annahme einer Verwechslungsgefahr genüge es, wenn die abgekürzte Bezeichnung für einen nicht unbeachtlichen Teil des Verkehrs nahe liege. Ein nicht ganz unerheblicher Teil des Verkehrs werde aus dieser Erfahrung heraus den Haupttitel allein behalten und auch verwenden. Der Untertitel sei hingegen nur von äußerst geringer Kennzeichnungskraft und geringerer Einprägsamkeit.

[108] Dazu im 5. Abschnitt dieses Kapitels unter II. „Der Schutz des bekannten Filmtitels". Sofern die in Fn. 105 beispielhaft genannten Titel der Einzelfilmwerke der „James Bond"-Filme als Untertitel angesehen werden, ist auch ein Schutz des Untertitels nach § 15 Abs. 3 MarkenG denkbar.

[109] *BGH* GRUR 2001, 1050, 1051 – „Tagesschau"; *Deutsch/Mittas*, Rd. 78; *Sack*, S. 58; *Fezer*, MarkenG, § 15 Rd. 157; *v. Schultz/Gruber*, MarkenG, § 5 Rd. 58.

Verkehr voraus.[110] Fraglich ist deshalb vor allem, woraus sich das Erfordernis der Benutzung im geschäftlichen Verkehr ergibt und unter welchen Voraussetzungen von einer solchen Benutzung ausgegangen werden kann (II.). Nach der Rechtsprechung des *BGH* kann eine vor der Benutzungsaufnahme des Titels im geschäftlichen Verkehr geschaltete Titelschutzanzeige unter bestimmten Voraussetzungen die Priorität eines Titelrechts begründen.[111] Zu untersuchen ist, welche Anforderungen an eine Titelschutzanzeige zu stellen sind, um ihr die von der Rechtsprechung zugesprochene prioritätswahrende Wirkung zukommen zu lassen. Des Weiteren stellt sich die Frage, welche Auswirkungen das von der Rechtsprechung entwickelte Rechtsinstitut der Titelschutzanzeige auf den Entstehungstatbestand des Filmtitelrechts hat (III.).

I. Unterscheidungskraft

Mit dem Begriff der Unterscheidungskraft ist auch der der Kennzeichnungskraft eng verbunden. Deshalb soll zunächst das Verhältnis der Begriffe zueinander untersucht und die Notwendigkeit einer begrifflichen Abgrenzung verdeutlicht werden (1.). Da das Merkmal der Unterscheidungskraft bestimmt, ob ein Werktitel vom Schutzbereich des § 5 Abs. 3 MarkenG erfasst wird, stellt sich vor allem die Frage, nach welchen Kriterien sich die Unterscheidungskraft eines Filmtitels bestimmt (2.). Unter Berücksichtigung dieser Kriterien ist dann zu untersuchen, ob auch andere Werktitelformen (z.B. Bild-, Hör- und Bewegungstitel) unterscheidungskräftig sein können und damit vom Schutzbereich des § 5 Abs. 3 MarkenG ebenso erfasst werden wie Worttitel (3.).

1. Begriffliche Abgrenzung von Unterscheidungskraft und Kennzeichnungskraft

Das Verhältnis zwischen Unterscheidungs- und Kennzeichnungskraft des Filmtitels ist in Rechtsprechung und Literatur weitgehend ungeklärt. Die Begriffe der Unterscheidungs- und Kennzeichenkraft werden entweder synonym benutzt[112], zum Teil wird die Kennzeichnungskraft als ein die Unterscheidungskraft mitumfassender Oberbegriff verstanden[113], aber auch

---

[110] *BGH* WRP 1998, 877, 880 – „WINCAD"; *Mittas*, S. 44 f.; *Deutsch/Mittas*, Rd. 49; *Ingerl/Rohnke*, MarkenG, § 5 Rd. 49; *v. Schultz/Gruber*, MarkenG, § 5 Rd. 63; *Fezer*, MarkenG, § 15 Rd. 167b; *Sack*, S. 83 ff.

[111] *BGH* GRUR 1989, 760, 761 f. – „Titelschutzanzeige".

[112] *BGH* AfP 1978, 45, 48 – „Der 7. Sinn"; *Oelschlägel*, S. 124 ff.; *Deutsch/Mittas*, Rd. 78; *Bork*, UFITA 110 (1989), 35, 42 ff.; *Klippel/Eisfeld*, in: HK-Markenrecht, § 5 Rd. 100 ff.

[113] *A/S/K/Klaka*, MarkenG, § 15 Rd. 67; *Ingerl/Rohnke*, § 5 Rd. 52 ff.; *Mittas*, S. 29; *Teplitzky*, AfP 1997, 450, 451; *ders.*, in: UWG GK, § 16 Rd. 194 ff.

umgekehrt wird die Unterscheidungskraft als Oberbegriff angesehen[114]. Zur Klärung des Verhältnisses der Begriffe Unterscheidungskraft und Kennzeichnungskraft zueinander ist ihr Bezug zum Schutzgegenstand, also zum Werktitel, entscheidend. Ausgangspunkt der Untersuchung ist § 16 Abs. 1 UWG a.F., der nur für die *besondere* Bezeichnung einer Druckschrift bzw. in erweiternder oder analoger Anwendung für die eines Filmwerks Titelschutz gewährte. Dieser Gesetzesformulierung wurde entnommen, dass es für die Eröffnung des Schutzbereichs des § 16 Abs. 1 UWG a.F. entscheidend auf die Unterscheidungskraft des Titels ankomme.[115] Auch für das Entstehen des Filmtitelschutzes aus § 5 Abs. 3 MarkenG ist erforderlich, dass der Filmtitel unterscheidungskräftig ist.[116] Das ergibt sich daraus, dass der Kennzeichenschutz des Filmtitels auf seiner das Werk individualisierenden und identifizierenden Funktion beruht (Unterscheidungsfunktion). Der Filmtitel ist filmwerkidentifizierendes Unterscheidungszeichen.

Im Gegensatz zur Unterscheidungskraft ist die Kennzeichnungskraft des Filmtitels kein feststehendes Kriterium. Sie betrifft Maß und Grad der Individualisierung und Identifizierung des Filmtitels im geschäftlichen Verkehr und ist folglich variabel. Während das Kriterium der Unterscheidungskraft für die Eröffnung des Schutzbereiches des § 5 Abs. 3 MarkenG entscheidend ist, liegt die eigenständige Bedeutung der Kennzeichnungskraft in der Ermittlung des dem Filmtitel zu gewährenden Schutzumfangs.[117] So kommt der Kennzeichnungskraft des Filmtitels entscheidende Bedeutung bei der Beurteilung der Verwechslungsgefahr im Rahmen des § 15 Abs. 2 MarkenG zu: Die Verwechslungsgefahr beurteilt sich aufgrund der Wechselwirkung zwischen der Kennzeichnungskraft eines Kennzeichens, der Zeichenähnlichkeit der kollidierenden Kennzeichen und der Werknähe der Kennzeichnungsobjekte.[118] Entsprechend der Benutzungslage im Verkehr kann die Kennzeichnungskraft aufgrund der Charakteristik des Zeichens wie Eigenart und Einprägsamkeit variieren. Zu einer Stärkung der Kennzeichnungskraft durch Benutzung kann auch die erhöhte Verkehrsgeltung eines Zeichenbestandteiles beitragen, was zu einer Erweiterung des Schutzumfangs des Filmtitels führen kann.[119] Daraus folgt, dass die Kennzeichnungskraft im Kollisionsfall den Schutzumfang des Filmtitels mitbestimmt. Demgegenüber umschreibt die Unterscheidungskraft des Filmtitels die Eig-

---

[114] *v. Hartlieb*, S. 281 ff., 285; *Russ*, S. 54; wohl auch *Ossing*, GRUR 1992, 85, 87, 90 f.

[115] *Mittas*, S. 28; *Metzger*, S. 40; *Röder*, S. 17; *Kicker*, FS *Gaedertz*, S. 273, 273 f.; *Tovote*, FuR 1968, 120, 121.

[116] *BGH* GRUR 2002, 176, 176 – „Auto Magazin"; *BGH* GRUR 2001, 1050, 1051 – „Tagesschau"; *BGH* GRUR 2001, 1054, 1055 – „Tagesreport"; *BGH* WRP 1999, 1279, 1281 – „Szene"; *Fezer*, MarkenG, § 15 Rd. 157 ff.; *A/S/K/Klaka*, MarkenG, § 5 Rd. 55; *Sack*, S. 58 ff.; *Oelschlägel*, S. 124 ff.; *Deutsch/Mittas*, Rd. 78.

[117] *Sack*, S. 60; *Fezer*, MarkenG, § 15 Rd. 158; *A/S/K/Klaka*, MarkenG, § 15 Rd. 67; *Gerstenberg*, ZUM 1985, 346, 348 f.

[118] Dazu im 5. Abschnitt des 2. Kapitels unter II. 2. c) „Kriterien der Verwechslungsgefahr".

[119] *BGH* GRUR 2001, 1050, 1052 – „Tagesschau".

nung des Kennzeichens, als Filmtitel werkidentifizierend zu wirken; sie ist ausschließlich maßgeblich für die Beurteilung der Schutzrechtsentstehung.

2. Voraussetzungen der Unterscheidungskraft im Werktitelrecht

Aus der Unterscheidungsfunktion des Filmtitels ergibt sich das für die Schutzrechtsentstehung entscheidende Merkmal der Unterscheidungskraft des Filmtitels: Nur der unterscheidungskräftige Filmtitel führt zu einer Identifizierung und Individualisierung des Filmwerks im Verkehr und ist deshalb schutzfähig nach § 5 Abs. 3 MarkenG. Fraglich ist, nach welchen Kriterien sich die Unterscheidungskraft des Filmtitels bestimmt. Zu unterscheiden sind Filmtitel mit originärer Unterscheidungskraft (a) und solche, die erst Unterscheidungskraft aufgrund von Verkehrsgeltung erlangen (b).

a) Originäre Unterscheidungskraft

Der Filmtitel muss das gekennzeichnete Filmwerk identifizieren und individualisieren, um es von anderen Filmwerken zu unterscheiden. Folglich muss er unterscheidungskräftig sein. Kriterien für die Ermittlung der Unterscheidungskraft hat die Rechtsprechung zunächst anhand von Zeitungs- und Zeitschriftentitel aufgestellt und ist dabei von sehr geringen Anforderungen an die Unterscheidungskraft ausgegangen.[120] In seiner Rechtsprechung berücksichtigt der *BGH* die Entwicklung im Zeitungs- und Zeitschriftenmarkt, als Titel kurze und prägnante, mehr oder weniger farblose Gattungsbezeichnungen zu wählen, die oftmals mit geografischen Angaben verbunden sind und betont, dass sich der Verkehr an diese Entwicklung gewöhnt habe. Diese Rechtsprechung überträgt der *BGH* in neueren Entscheidungen auch auf Filmtitel und führt dazu aus, dass Filmtitel im Allgemeinen so ausgewählt werden, dass dem Titel der Charakter der Sendung ohne weiteres entnommen werden kann.[121] Dieser werkspezifischen Bestimmung der Anforderungen an die Unterscheidungskraft von Werktiteln ist zuzustimmen: Ebenso wie bei Zeitungs- und Zeitschriftentiteln hat sich der Verkehr an Filmtitel gewöhnt, die sich an beschreibende Angaben anlehnen und nur eine geringe Unterscheidungskraft aufweisen. Eine werkspezifische Bestimmung der Unterscheidungskraft ermöglicht es, die besondere Marktsituation und damit auch das Schutzbedürfnis der Werktitel der einzelnen

---

[120] *BGH* GRUR 2002, 176, 176 – „Auto Magazin"; *BGH* GRUR 2000, 504, 505 – „FACTS"; *BGH* WRP 1999, 1279, 1281; *BGH* WRP 1999, 186, 188 – „Wheels Magazine".

[121] *BGH* GRUR 2001, 1050, 1051 – „Tagesschau"; *BGH* GRUR 2001, 1054, 1055 – „Tagesreport"; *BGH* GRUR 1993, 769, 770 – „Radio Stuttgart".

Werkgattungen zu berücksichtigen. Erforderlich ist lediglich, dass der Filmtitel sich nicht in einer Beschreibung des Inhalts des Werks erschöpft;[122] ausreichend ist daher bereits ein Mindestmaß an Individualität, das dem Verkehr eine Unterscheidung von anderen Filmwerken ermöglicht.[123]

Nicht unterscheidungskräftig sind hingegen sogenannte Freititel. Darunter fallen reine Gattungsbezeichnungen und inhaltsbeschreibende Filmtitel, da sie das Filmwerk nicht individualisieren und damit nicht unterscheidungskräftig kennzeichnen, so z.B. die Filmtitel „Film als Film“[124], „Sport am Samstag“, „Wetter“ oder „Nachrichten“. Gleiches gilt für Namen von Personen[125] oder historischen Persönlichkeiten[126], historische Ereignisse[127], geografische Bezeichnungen[128] und Zeitangaben, denn der Titel beschränkt sich in diesen Fällen ausschließlich auf die Wiedergabe des Inhalts, der durch das Filmwerk bearbeitet wird.[129]

Teile der Literatur stützen die fehlende Individualisierungsfähigkeit bestimmter Titel auch mit dem Argument eines Freihaltebedürfnisses der Allgemeinheit an bestimmten Begriffen, ohne jedoch genauer darzulegen, unter welchen Voraussetzungen von einem solchen Freihaltebedürfnis ausgegangen werden kann.[130] Gegen eine besondere Berücksichtigung eines Freihaltebedürfnisses der Allgemeinheit bereits bei der Schutzrechtsentstehung nach § 5 Abs. 3 MarkenG sprechen jedoch mehrere Überlegungen: Aus der Unterscheidungsfunktion des Titels ergibt sich, dass der Titel das Werk identifizieren und individualisieren muss, um es von anderen Werken zu unterscheiden, der Titel mithin unterscheidungskräftig sein muss. Allein die Unterscheidungskraft des Titels kann daher bei der Schutzrechtsentstehung nach § 5 Abs.

---

122 *BGH* GRUR 1991, 153, 154 – „Pizza & Pasta“; *LG Köln* AfP 2003, 171, 172 – „Monitor“; *Fezer*, MarkenG, § 15 Rd. 160.

123 *OLG Hamburg* UFITA 21 (1956), 337, 341 – „Roman einer Siebzehnjährigen“; *Meinberg/Engels*, ZUM 1999, 391, 394; *Kröner*, FS *Hertin*, 565, 582 ff.; *Brehm*, S. 85; *Ingerl/Rohnke*, MarkenG, § 5 Rd. 57; *Teplitzky*, in: UWG GK, § 16 Rd. 210 ff.; *Tovote*, FuR 1968, 120, 121.

124 *OLG Köln* UFITA 95 (1983), 344, 345 f. – „Film als Film“.

125 *OLG München* UFITA 56 (1970), 322, 323 – „Helga“: nicht originär unterscheidungskräftig, aber unterscheidungskräftig aufgrund von Verkehrsgeltung; *OLG München* GRUR 1960, 301, 301 – „Patricia“; *LG München I* in Schulze LGZ 54, 1, 5 f. – „Fuzzy“; in der Entscheidung des *LG München I* UFITA 61 (1971), 272, 275 – „Balduin“ wird nicht ganz deutlich, ob dem Filmtitel „Balduin“ originäre Unterscheidungskraft oder nur Unterscheidungskraft aufgrund von Verkehrsgeltung zukommen soll: „Dennoch fehlt dem Namen ‚Balduin‘ nicht die erforderliche Unterscheidungskraft, da die Beklagte diesen in Deutschland wenig gebräuchlichen Namen in Beziehung zu dem Komiker *Luis de Funès* gesetzt hat. Unstreitig hat die Beklagte vier Luis de Funès-Filme mit dem Titelbestandteil ‚Balduin‘ herausgebracht. Diese Filme haben ebenfalls unstreitig einen solchen Erfolg gehabt, dass sich beim deutschen Publikum mit Luis des Funès der Name ‚Balduin‘ verbindet. Es ist daher zu erwarten, dass das Publikum in nicht unerheblichem Ausmaß ein mit dem Titelbestandteil ‚Balduin‘ gekennzeichneten Luis de Funès-Film zu Unrecht der Filmserie der Beklagten zurechnen wird.“

126 *RG* JW 1929, 1798 – „Königin Luise“; *OLG München* UFITA 20 (1955), 225, 226 – „Es geschah am 20. Juli“; So ist der Kinofilmtitel „J.F.K.“ nicht originär unterscheidungskräftig, da er aus den Initialen *John F. Kennedys* besteht und zur Kennzeichnung eines Filmwerks über das Attentat auf *John F. Kennedy* dient.

127 *OLG München* UFITA 20 (1955), 225, 225 f. – „Es geschah am 20. Juli“.

128 *LG München I* UFITA 21 (1956), 357, 358 – „Kaprun“.

129 *Metzger*, S. 43.

130 *Sack*, S. 63 ff.; *Deutsch/Mittas*, Rd. 83; *Loschelder*, FS *Vieregge*, S. 585, 595 f.

3 MarkenG berücksichtigt werden. Das Freihaltebedürfnis der Allgemeinheit ist dagegen ein stark wertungsbezogenes Kriterium, das bei der Beurteilung des Schutzumfangs des Werktitelrechts eine angemessenere Berücksichtigung finden kann.[131] So erfolgt die Beurteilung der Verwechslungsgefahr in § 15 Abs. 2 MarkenG aufgrund einer Gesamtabwägung unter Berücksichtigung aller Umstände des Einzelfalles objektiv nach der Verkehrsauffassung, so dass auch das Freihaltebedürfnis der Allgemeinheit an bestimmten Begriffen berücksichtigt werden kann.[132] Ebenso ist das Freihaltebedürfnis der Allgemeinheit bei der Ermittlung des Schutzumfangs nach § 15 Abs. 3 MarkenG über das Merkmal „ohne rechtlichen Grund in unlauterer Weise" zu berücksichtigen.[133]

Unter bestimmten Umständen können jedoch auch rein inhaltsbeschreibende Filmtitel originär unterscheidungskräftig sein: Sofern sich inhaltsbeschreibende Filmtitel von ihrer ursprünglichen Bedeutung lösen und in einem übertragenen, assoziativen Sinn gebraucht werden, oder wenn sie mit Zusätzen versehen werden, die zu einer unterscheidungskräftigen Wortkombination führen, sind sie unterscheidungskräftig und damit nach § 5 Abs. 3 MarkenG schutzfähig.[134] So besitzen nach der Ansicht des *LG Berlin* die Wörter „Gangster" und „Blondinen" keine Unterscheidungskraft, sofern sie für sich alleine verwendet werden.[135] Das gelte in gleicher Weise auch für Namen oder Wörter, die lediglich auf allgemein bekannte Tatsachen oder Beziehungen hinweisen, wie das Wort „Rauschgift". Erst durch die Wortverbindung erlange der Filmtitel „Gangster, Rauschgift und Blondinen" Unterscheidungskraft. In einer Entscheidung über den Titel „Alex" für eine Fernseh-Talkshow hat das *KG Berlin* entschieden, dass der Begriff „Alex" eine Assoziation zu Berlin als Sendeort hervorrufen soll und mithin keine Kennzeichnung des Alexanderplatzes darstellt, sondern im übertragenen Sinn für ein „Platzgespräch" in Berlin stehe.[136] Damit sei der Filmtitel hinreichend originell, um das Filmwerk zu individualisieren. Auch der Titel „Stahlnetz" für eine halbdokumentarische Fernsehreihe über Kriminalfälle ist originär unterscheidungskräftig, da er „im übertragenen Sinne das unsichtbare, aber doch wirksame Netz der staatlichen Verbrechungsbekämp-

[131] So auch *Teplitzky*, in: UWG GK, § 16 Rd. 237; dagegen: *Russ*, S. 65 ff.
[132] Dazu im Einzelnen im 5. Abschnitt des 1. Kapitels unter I. „Der Schutz vor Verwechslungsgefahr".
[133] *BGH* GRUR 2001, 1050, 1053 – „Tagesschau".
[134] *LG Hamburg* UFITA 38 (1961), 81, 85 f. – „Im Stahlnetz des Dr. Mabuse"; *Sack*, S. 66; *Mittas*, S. 38; *Klippel/Eisfeld*, in: HK-Markenrecht, § 5 Rd. 102; *Gerstenberg*, ZUM 1985, 346, 348 f.; *Tovote*, FuR 1968, 120, 122; *Bork*, UFITA 110 (1989), 35, 43 f., führt als Beispiele für Gattungsbegriffe mit übertragenem Sinngehalt die Filmtitel „Stahlnetz" für eine Krimiserie oder „Traumschiff" für eine Serie über eine Kreuzfahrt an. Für die Unterscheidungskraft eines Filmtitels aufgrund von Zusätzen nennt er als Beispiele „Der nahe Osten rückt näher" und „Das aktuelle Sportstudio" mit Hinweis auf die Zusätze „rückt näher" und „aktuelle".
[135] *LG Berlin* UFITA 26 (1958), 121, 122 f. – „Gangster, Rauschgift und Blondinen"; ebenso *OLG Hamburg* UFITA 21 (1956), 337, 341 - „Roman einer Siebzehnjährigen".
[136] *KG Berlin* WRP 2001, 551, 553 – „Alex/live vom Alex"; gleiches dürfte für den Filmtitel „ML - Mona Lisa" eines Frauenmagazins im ZDF gelten.

fung" kennzeichnen soll und ihm damit sein Charakter als Gattungsbezeichnung genommen wird.[137] Das *LG München* hat dagegen die Filmtitel „Varieté" und „Hausfrauen-Report" als inhaltsbeschreibend und daher als nicht unterscheidungskräftig angesehen.[138] Letztere Entscheidungen des *LG München* sind jedoch nicht mehr mit den vom *BGH* aufgestellten geringen Anforderungen an die Unterscheidungskraft von Filmtiteln vereinbar, da bereits ein Mindestmaß an Unterscheidungskraft, welches auch diesen Titeln zukommt, für die Entstehung des Werktitelrechts nach § 5 Abs. 3 MarkenG genügt. Mit diesem Argument hat der *BGH* in einer neueren Entscheidung dem ebenfalls an beschreibende Angaben angelehnten Titel „Tagesschau" originäre Unterscheidungskraft zugebilligt.[139]

b) Unterscheidungskraft aufgrund von Verkehrsgeltung

Fehlt dem Filmtitel die originäre Unterscheidungskraft, so kann er aufgrund von Verkehrsgeltung Unterscheidungskraft erlangen, d.h. der ursprünglich nicht das Filmwerk identifizierende und individualisierende Filmtitel wird aufgrund der Bekanntheit, die er durch die Verwendung für das Filmwerk in den mit dem Filmtitel in Kontakt kommenden Verkehrskreisen erreicht, diesem zugeordnet und wirkt damit ab diesem Zeitpunkt als filmwerkidentifizierendes Unterscheidungsmittel.[140]

Der für die Verkehrsgeltung erforderliche Bekanntheits- und Zuordnungsgrad des Filmtitels ist einzelfallbezogen zu bestimmen.[141] Dabei ist auf die beteiligten Verkehrskreise abzustellen,[142] d.h. auf die Fernsehzuschauer, Kinogänger, Videothekenmitglieder und sonstigen Personen, die mit dem Medium Film in Kontakt stehen. Ferner ist noch die jeweilige Zweckbestimmung des Films zu beachten, so dass die angesprochenen Konsumenten, die sich in Alter und Geschlecht unterscheiden können, der relevante Personenkreis für die Bestimmung der Verkehrsgeltung sind.[143]

---

[137] *LG Hamburg* UFITA 38 (1962), 81, 85 – „Im Stahlnetz des Dr. Mabuse".

[138] *LG München* UFITA 8 (1935), 438, 439 – „Varieté": „Da das Wort ‚Varieté' nur Ausdruck für eine Kunstgattung, aber nicht für einen bestimmten Filminhalt ist, besitzt es keine Unterscheidungskraft."; *LG München I* UFITA 64 (1972), 342, 343 f. – „Hausfrauen-Report": „Er ist nicht unterscheidungskräftig, weil er keine – wenn auch noch so wenig – phantasievolle, sondern eine nur sachlich den Inhalt des Filmes benennende Bezeichnung ist. Das Wort ‚Report' ist spätestens seit dem Bekanntwerden des berühmten ‚Kinsey-Report' als Bezeichnung für Berichte über das Sexualverhalten von Personengruppen allgemein üblich. ‚Hausfrauen-Report' bedeutet demnach: Bericht über das Sexualverhalten der Hausfrauen. Das entspricht dem Inhalt des Filmes, den die Klägerin in der Zeitschrift ‚Film-Echo/Filmwoche' vom 21. Mai 1971 selbst mit ‚Intimbericht über die deutsche Ehefrau' angibt."

[139] *BGH* GRUR 2001, 1050, 1051 – „Tagesschau".

[140] Amtl. Begr., BT-Drucks. 12/6581, S. 68; *Fezer*, MarkenG, § 15 Rd. 159.

[141] *Mittas*, S. 35; *Ingerl/Rohnke*, MarkenG, § 5 Rd. 28; *Teplitzky*, in: UWG GK, § 16 Rd. 216 ff.

[142] *Fezer*, MarkenG, § 15 Rd. 159; *Russ*, S. 81 f.

[143] *BGH* GRUR 1982, 431, 432 f. – „Point"; ähnlich *Boës/Deutsch*, GRUR 1996, 168, 173.

Für Filmtitel kann insbesondere durch massive Werbekampagnen vor dem Kinostart eines Filmwerks oder durch die wiederholte Ausstrahlung einer Sendung Unterscheidungskraft aufgrund von Verkehrsgeltung entstehen. Besonderheiten ergeben sich für den Filmbereich aus der Tatsache, dass über die Verbreitung von Filmwerken und ihrer Titel durch das Fernsehen der Adressatenkreis sehr groß ist. Selbst bekannte, periodisch erscheinende überregionale Zeitungen und Zeitschriften erreichen bei weitem nicht eine Auflage, die der Einschaltquote von Fernsehreihen oder -serien entspricht.

3. Schutzfähige Titelformen

Der *BGH* fordert in seiner Rechtsprechung zu § 16 Abs. 1 UWG a.F. und auch zu § 5 Abs. 3 MarkenG, dass der Filmtitel im Sinne einer Namensfunktion aus einer aussprechbaren Wortfolge bestehen muss, um originäre Unterscheidungskraft haben zu können. Es ist bereits an anderer Stelle untersucht worden, dass Name oder besondere Bezeichnung eines Filmwerkes nicht nur Worttitel sind, sondern jede denkbare Titelform, die als werkidentifizierendes Unterscheidungszeichen dient.[144] Originär unterscheidungskräftig können deshalb grundsätzlich auch unaussprechbare Buchstabenkombinationen, Bild-, Hör- und Bewegungskennzeichen sein, sofern sie das Filmwerk identifizieren und individualisieren und damit unterscheidungskräftig kennzeichnen.[145]

Beispiele für Hörkennzeichen, denen eine werkidentifizierende Unterscheidungskraft zukommt, sind Ausschnitte aus dem Song „Goldfinger" für den gleichnamigen „James Bond 007"-Film oder die Titelmelodie der „Sportschau". Voraussetzung für die Unterscheidungskraft des Hörkennzeichens ist eine gewisse Einheitlichkeit des Hörkennzeichens: Es muss werkidentifizierend wirken, um als Filmtitel angesehen zu werden. Das ist nur bei kürzeren Melodien oder Ton- bzw. Geräuschfolgen der Fall. Ein ganzer mehrminütiger Song besitzt regelmäßig keine werkidentifizierende Unterscheidungskraft. Nur die besonders charakteristische, einprägsame Melodie oder Tonfolge wirkt werkidentifizierend.

Gleiches gilt für Bewegungskennzeichen: Die Bewegungsabfolge des Vorspanns in der Fernsehreihe „Tatort" mit Auge und Fadenkreuz ist ebenso werkidentifizierendes Unterscheidungszeichen wie der Vorspann der Fernsehserie „Lindenstraße", der eine Stadt- und Straßenszene mit vorbeifahrender Straßenbahn zeigt. Auch der Vorspann von Nachrichtensendungen

---

[144] Dazu im Einzelnen im 1. Abschnitt des 2. Kapitels unter II. „Der Filmtitel als ‚Name oder besondere Bezeichnung' von Filmwerken".

[145] *Fezer*, MarkenG, § 15 Rd. 156a; *Sack*, S. 57 f.; *Möhring/Nicolini/Ahlberg*, UrhG, § 2 Rd. 163, bezüglich Hörtitel; in Ansätzen *A/S/K/Klaka*, MarkenG, § 5 Rd. 29, für Unternehmenskennzeichen.

(z.B. die sich drehende dreidimensionale Weltkugel im Vorspann der „heute"-Nachrichten) ist charakteristisch und eignet sich zur Werkidentifizierung. Filmwerkidentifizierende Bewegungsabläufe sind jedoch nicht auf den Vorspann einer Sendung beschränkt: So ist während der Ausstrahlung der Fernsehreihe „hallo Deutschland" durchgehend der Titel dieser Reihe in der Form eines sich bewegenden Logos, das filmwerkidentifizierend wirkt, am linken unteren Bildschirmrand zu sehen.

Ton- und Bewegungsabfolge können auch gemeinsam werkidentifizierend wirken und als Kombinationskennzeichen Filmtitel sein.

II. Benutzungsaufnahme des Filmtitels im geschäftlichen Verkehr

Die Benutzungsaufnahme des Filmtitels im geschäftlichen Verkehr als Voraussetzung für die Entstehung des Titelrechts ergibt sich nicht aus § 5 Abs. 3 MarkenG. Fraglich ist deshalb, woraus sich diese Entstehungsvoraussetzung herleiten lässt (1.). Des Weiteren ist zu untersuchen, welche Anforderungen an eine filmtitelschutzbegründende Benutzungsaufnahme im geschäftlichen Verkehr zu stellen sind (2.).

1. Die Benutzung im geschäftlichen Verkehr als Entstehungsvoraussetzung des Filmtitelrechts

Angesichts dessen, dass der Gesetzgeber in § 5 Abs. 3 MarkenG nicht die Entstehungsvoraussetzungen des Filmtitelrechts und damit auch nicht den Beginn des Filmtitelschutzes geregelt hat, stellt sich die Frage, wann der werktitelrechtliche Schutz beginnt. Besitzt ein Filmtitel originäre Unterscheidungskraft, so entsteht nach der Rechtsprechung und der überwiegenden Literatur der Filmtitelschutz mit der tatsächlichen Benutzungsaufnahme des Filmtitels im geschäftlichen Verkehr.[146] Allerdings ergibt sich das Kriterium der Benutzung im geschäftlichen Verkehr nicht aus dem Wortlaut des § 5 Abs. 3 MarkenG. Es taucht vielmehr nur im Zusammenhang mit den Unternehmenskennzeichen in § 5 Abs. 2 S. 1 MarkenG auf. *Deutsch* erklärt diese gesetzestechnische Auffälligkeit mit einem Hinweis auf die Regelung des § 16 Abs. 1 UWG a.F.:[147] „Insoweit sollte an der Regelung in dem zuvor geltenden § 16 UWG nichts geändert werden, der vorsah, dass derjenige, der im geschäftlichen Verkehr einen Namen, eine Firma oder die besondere Bezeichnung u.a. einer Druckschrift *benutzt*, Unterlassungsansprüche gegen einen Verletzer geltend machen könne." Wortlaut und Sinn der

[146] *BGH* GRUR 2001, 1054, 1055 – „Tagesreport"; *v. Hartlieb*, S. 281; *Brehm*, S. 85; *Schricker*, FS *Vieregge*, S. 775, 787.
[147] *Deutsch*, WRP 2000, 1375, 1378; ähnlich *Nordemann*, FS *Erdmann*, S. 437, 438.

Vorschrift werden jedoch verändert wiedergegeben: Auch § 16 Abs. 1 UWG a.F. regelte nach seinem Wortlaut nicht die Entstehung des Werktitelrechts, sondern nur den Verletzungstatbestand mit sich anschließender Rechtsfolge.[148] Aus dem Wortlaut ergibt sich nur, dass der Anspruchsberechtigte derjenige ist, der sich in befugter Weise der besonderen Bezeichnung einer Druckschrift *bedient*. Folglich lässt sich das Erfordernis der Benutzung des Filmtitels im geschäftlichen Verkehr auch nicht aus § 16 Abs. 1 UWG a.F. herleiten.

Mit Hinweis auf eine fehlende Regelung der Entstehungsvoraussetzungen des Werktitelrechts in § 5 Abs. 3 MarkenG wird zum Teil gefordert, den Entstehungstatbestand des Werktitelrechts von einer Benutzung im geschäftlichen Verkehr zu lösen und im Sinne der Akzessorität des Werktitels bereits der Bezeichnung des fertigen, körperlich fixierten Werks Titelschutz zuzubilligen.[149] Gegen diese Ansicht lassen sich jedoch die Gesetzesmaterialien zum Markengesetz anführen: Ursprünglich hatte der Gesetzgeber mit § 140 Abs. 2 DE eine Regelung der Entstehungsvoraussetzungen des Werktitelrechts vorgesehen und für originär unterscheidungskräftige Werktitel die Benutzungsaufnahme im geschäftlichen Verkehr als Entstehungszeitpunkt festgelegt.[150] Aufgrund des als ausgewogen angesehenen Standes der deutschen Rechtsentwicklung im Werktitelrecht hat der Gesetzgeber jedoch auf eine detaillierte Regelung des Werktitelrechts verzichtet und diese Regelung nicht in das Markengesetz übernommen.[151] Aus der Gesetzesbegründung zu § 5 MarkenG geht aber hervor, dass originär unterscheidungskräftige Werktitel erst mit der Benutzungsaufnahme im geschäftlichen Verkehr und im Übrigen erst mit dem Erwerb von Verkehrsgeltung geschützt sind.[152] Damit ist auch für die Entstehung des Werktitelrechts nach § 5 Abs. 3 MarkenG die Benutzungsaufnahme des Werktitels im geschäftlichen Verkehr notwendig.

2. Voraussetzungen einer schutzbegründenden Benutzungsaufnahme im geschäftlichen Verkehr

Da es für die Schutzrechtsentstehung entscheidend auf die Benutzungsaufnahme im geschäftlichen Verkehr ankommt, stellt sich als erstes die Frage, welche Benutzungshandlungen

[148] § 16 Abs. 1 UWG a.F. lautete: „Wer im geschäftlichen Verkehr einen Namen, eine Firma oder die besondere Bezeichnung eines Erwerbsgeschäfts, eines gewerblichen Unternehmens oder einer Druckschrift in der Weise benutzt, welche geeignet ist, Verwechslungen mit dem Namen, der Firma oder der besonderen Bezeichnung hervorzurufen, deren sich ein anderer befugter Weise bedient, kann von diesem auf Unterlassung der Benutzung in Anspruch genommen werden."

[149] *v. d. Groeben*, GRUR 2000, 171, 171 f.

[150] Diskussionsentwurf des Bundesministeriums der Justiz zu einem Gesetz zur Reform des Markenrechts vom 23.02.1993, GRUR 1993, 599, 623.

[151] Amtl. Begr., BT-Drucks. 12/6581, S. 61.

[152] Amtl. Begr., BT-Drucks. 12/6581, S. 68.

erforderlich sind, um als solche im geschäftlichen Verkehr angesehen werden zu können (a). Des Weiteren ist zu fragen, welche Auswirkung die Unterscheidungsfunktion des Titels auf den Entstehungstatbestand hat: Zu untersuchen ist, ob die Entstehung des Rechts am Filmtitel voraussetzt, dass dieser auch für ein vollständiges existentes Filmwerk benutzt wird, mithin eine Entstehungsakzessorietät zwischen Titel und fertigem Werk besteht (b) oder ob auch die Benutzung des Titels für ein sich noch im Stadium der Vorbereitung befindliches Filmwerk für die Entstehung des Rechts am Filmtitel ausreicht (aa). Das gleiche Problem stellt sich in Bezug auf sogenannte vorbestehende Werke, die durch das Filmwerk bearbeitet werden: Fraglich ist, ob die Existenz eines solchen vorbestehenden Werkes ausreicht, um bereits den Filmtitelschutz begründen zu können und es somit auf die Existenz des eigentlichen Filmwerks nicht ankommt (bb). Auch stellt sich die Frage, unter welchen Voraussetzungen ein Titelrecht aus § 5 Abs. 3 MarkenG an ausländischen Filmwerken entstehen kann: Zu untersuchen ist, welche Auswirkungen eine Benutzungsaufnahme des Filmtitels im ausländischen geschäftlichen Verkehr, auf einen nationalen werktitelrechtlichen Schutz aus § 5 Abs. 3 MarkenG hat (c).

a) Geschäftlicher Verkehr

Das Erfordernis der Benutzungsaufnahme im geschäftlichen Verkehr setzt eine nach außen erkennbare Ingebrauchnahme des Filmtitels voraus.[153] Es genügt daher zur Entstehung des Filmtitelschutzes nicht, dass lediglich interne Vorbereitungen zur Herausgabe eines Filmwerks unter einem bestimmten Titel getroffen werden, sondern das Vorhaben muss mitsamt des Filmtitels im geschäftlichen Verkehr bekannt gemacht werden.

Rechtsprechung und Literatur verlangen für eine Benutzung im geschäftlichen Verkehr eine marktbezogene Verwendung des Titels, d.h. eine Verwendung außerhalb der reinen privaten, betriebsinternen oder hoheitlichen Sphäre.[154] Keine hoheitliche Tätigkeit ist die Sendetätigkeit der öffentlich-rechtlichen Sendeanstalten, denn trotz des öffentlich-rechtlichen Sendeauftrags mit der Pflicht zur Grundversorgung und gewissen Besonderheiten (z.B. Finanzierung) ist die Sendetätigkeit eine marktbezogene und keine hoheitliche Tätigkeit, die sich im Rahmen des dualen Rundfunksystems als wirtschaftliche Betätigung auf gleichgeordneter Ebene in Konkurrenz zu den privaten Sendeanstalten darstellt.[155]

---

[153] *Deutsch/Mittas*, Rd. 36; *Metzger*, S. 66; *Nordemann*, FS *Erdmann*, S. 437, 440 ff.
[154] *OLG Hamburg* UFITA 21 (1956), 337, 342 f. – „Roman einer Siebzehnjährigen“; *Oelschlägel*, S. 59.
[155] *BGH* AfP 1978, 45, 47 – „Der 7. Sinn“; *BGH* NJW 1962, 1295, 1298 – „AKI“; *LG München I* ZUM 1985, 105, 106 – „Jetzt red'i“; *LG Hamburg* UFITA 38 (1962), 81, 84 – „Im Stahlnetz des Dr. Mabuse“; *Metzger*, S. 67 ff.

b) Entstehungsakzessorietät zwischen Titel und Werk

Der Filmtitel ist filmwerkidentifizierendes Unterscheidungsmittel, d.h. der Filmtitel identifiziert und individualisiert das Filmwerk, um es von anderen Filmwerken zu unterscheiden. Aus dieser Unterscheidungsfunktion des Filmtitels ergibt sich die Notwendigkeit des Bezugs auf ein konkretes Filmwerk bei der Entstehung des Filmtitelrechts. Eine schutzbegründende Benutzungsaufnahme des Filmtitels im geschäftlichen Verkehr kann somit erst dann vorliegen, wenn auch ein konkretes Kennzeichnungsobjekt, nämlich das Filmwerk, existiert. Diese enge, sich aus der Unterscheidungsfunktion des Werktitels ergebende Beziehung zwischen Titel und Werk wird als Grundsatz der Akzessorietät zwischen Titel und Werk bezeichnet.[156] Die Benutzung des Filmtitels muss für ein konkretes und existentes Filmwerk erfolgen, um den Werktitelschutz nach § 5 Abs. 3 MarkenG entstehen zu lassen.[157] Insofern besteht im Hinblick auf das Filmwerk eine Entstehungsakzessorietät des Filmtitelrechts.

Fraglich ist jedoch, welche Anforderungen an die Existenz eines konkreten Filmwerks zu stellen sind. Problematisch ist, ob reine Vorbereitungshandlungen im Hinblick auf ein herzustellendes Filmwerk bereits einen für die Entstehung des Filmtitelrechts ausreichenden Bezug zwischen Titel und Werk herstellen, oder ob nicht erst das fertiggestelltes Filmwerk dem Erfordernis der Entstehungsakzessorietät genügt und das Recht am Filmtitel entstehen lässt.

aa) Vorbereitungshandlungen

Das *OLG Hamburg* hat eine Benutzungsaufnahme im geschäftlichen Verkehr bereits für Vorbereitungshandlungen mit Außenwirkung, die im Zusammenhang mit dem Filmtitel auf den Beginn einer dauernden Betätigung schließen lassen, angenommen.[158] Der von Presseveröffentlichungen mit der Nennung des Filmtitels begleitete Beginn der Dreharbeiten für eine Filmreihe sei danach eine ausreichende Benutzungshandlung. Auch Vorbereitungshandlungen mit Außenwirkung, wie Werbemaßnahmen oder die Präsentation des Werkinhalts samt Titel gegenüber der Presse, sollen eine für die Schutzrechtsentstehung relevante Benutzungsaufnahme darstellen. Auf die Existenz eines konkreten Filmwerks für die Schutzrechts-

156 *Fezer*, MarkenG, § 15 Rd. 167; *Ingerl/Rohnke*, MarkenG, § 5 Rd. 61; *Deutsch/Mittas*, Rd. 49.
157 *Ingerl/Rohnke*, MarkenG, § 15 Rd. 61; *Deutsch/Mittas*, Rd. 49.
158 *OLG Hamburg* WRP 1991, 177, 183 f. – „Guldenburg“.

entstehung des Titelrechts kommt es nach der Auffassung des *OLG Hamburg* nicht an.[159]

Dem kann nicht zugestimmt werden: Nach § 5 Abs. 3 MarkenG ist der Werktitel der Name oder die besondere Bezeichnung eines Filmwerks. Nach dem Wortlaut des Gesetzes ist das Filmwerk somit von reinen Ideen, Projekten und Planungsstadien abzugrenzen. Erst das existente Filmwerk ist titelfähig. Überwiegend wird deshalb der Zeitpunkt der Uraufführung oder Erstausstrahlung des Filmwerks unter dem Filmtitel als Benutzungsaufnahme im geschäftlichen Verkehr angesehen.[160] Dagegen wird jedoch vorgebracht, dass das Erscheinen des Werks für den Beginn des Filmtitelschutzes eine unzumutbare Verzögerung der Schutzrechtsentstehung bedeute und nicht dem Schutzinteresse des Titelverwenders genüge.

Letztlich spitzt sich diese Diskussion auf die Frage zu, ab wann von einem existenten, titelfähigen Werk gesprochen werden kann, da aufgrund der Entstehungsakzessorietät ohne das dem Filmtitel zugrunde liegende Filmwerk kein Titelschutz möglich ist. Dabei wird vertreten, dass ein schutzfähiges Werk schon in der frühen Herstellungsphase, beispielsweise ab dem Beginn von Dreharbeiten zu einem Film[161] oder in dem Engagement eines Regisseurs zu Verfilmung eines Stoffes[162], vorliegen soll. Es müsse für die Entstehung des Titelschutzes ausreichen, dass sich das Werk in einem fortgeschrittenen Stadium seiner Fertigstellung befindet und schon hinreichende Vorbereitungen getroffen worden sind.[163] *Fezer* sieht bereits externe Vorbereitungshandlungen zur Markteinführung des Filmwerks, wie die der Öffentlichkeit bekannt gegebene Werkkonzeption, als ausreichend für die Entstehung des Werktitelrechts an, denn eine solche konkretisierte Werkkonzeption genüge der Akzessorietät des Werktitels.[164] Auch *Teplitzky* will nicht erst das fertiggestellte und erscheinende Werk als existentes Werk ansehen, lässt dafür aber auch reine Werkkonzeptionen nicht ausreichen.[165] Es müsse ein für den maßgeblichen Verkehr erkennbares Stadium konkreter, fortgeschrittener Verkörperung des Werks erreicht sein. Das sei bei weitgehend abgeschlossener Herstellung der Fall.

---

[159] *Teplitzky*, AfP 1997, 450, 452 Fn. 29, verweist auf eine Erklärung des Vorsitzenden des 3. Zivilsenats des *OLG Hamburg* vom Februar 1995, wonach der Senat das Erfordernis der Werkexistenz sehe und beachte. Inwieweit damit das Erfordernis der Werkexistenz auch in der Entscheidung *OLG Hamburg* WRP 1991, 177, 183 f. – „Guldenburg" gesehen und beachtet wurde, bleibt allerdings unklar.

[160] *OLG München* GRUR 1960, 301, 301 – „Patricia"; *OLG München* UFITA 20 (1955), 208, 210 – „An der schönen blauen Donau"; *Brehm*, S. 85; *Mittas*, S. 45; *Metzger*, S. 86; *v. Hartlieb*, S. 290; *Oelschlägel*, S. 59; *Bork*, UFITA 110 (1989), 35, 48; *Tovote*, FuR 1968, 120, 123; *Tackmann*, FuR 1967, 36, 38; *Leinveber*, JR 1958, 371, 373; *Deutsch*, S. 35.

[161] *Deutsch*, WRP 1998, 14, 17; *ders.*, GRUR 1994, 673, 678.

[162] *Ingerl/Rohnke*, MarkenG, § 5 Rd. 49, mit Hinweis auf *Deutsch*, GRUR 1994, 673, 678.

[163] *Deutsch*, WRP 1998, 14, 17; *ders.*, GRUR 1994, 673, 678; *Ingerl/Rohnke*, MarkenG, § 5 Rd. 49; *Klippel/Eisfeld*, in: HK-Markenrecht, § 5 Rd. 92 f.

[164] *Fezer*, MarkenG, § 15 Rd. 167c: „Die ernsthafte Projektion eines Werks, die etwa mit dem Erwerb von Immaterialgüterrechten, dem Abschluss von Autoren-, Künstler- und Verlagsverträgen, sowie der zeitlichen Projektierung der Produktion verbunden ist, ist als eine der Entstehung des Werktitelschutzes genügende Werkexistenz anzuerkennen."

[165] *Teplitzky*, GRUR 1993, 645, 647; *ders.*, AfP 1997, 450, 452.

Bei frühen oder mittleren Phasen des Herstellungsprozesses oder reinen Ideen könne dagegen noch nicht von einem existenten Werk gesprochen werden. So reiche der Beginn von Dreharbeiten noch nicht aus.[166] Eine solche „Existenzfiktion" soll den Bedürfnissen der Produktplanung und den berechtigten Interessen der Produzenten Rechnung tragen und gleichzeitig einen abstrakten, vom Filmwerk losgelösten, Titelschutz vermeiden.

Bei genauerer Betrachtung wird die „Existenzfiktion" des Filmwerks den Bedürfnissen der Produktplanung aber gerade nicht gerecht und führt zu Rechtsunsicherheit: Die schutzbegründende Benutzungsaufnahme im geschäftlichen Verkehr ist anhand der ungenauen Kriterien bestimmter Herstellungsphasen kaum exakt zu bestimmen. Diese gehen oftmals fließend ineinander über. Für den geschäftlichen Verkehr ist kaum erkennbar, in welcher Herstellungsphase sich das Filmwerk gerade befindet. Ferner ist für den Geschäftsverkehr und insbesondere die direkten Mitbewerber nicht erkennbar, ob ein spezieller Filmtitel in der konkreten Herstellungsphase schutzbegründend in Anspruch genommen wird.[167] Auch wird in der Regel zunächst während der Herstellungsphase nur ein Arbeitstitel für das Filmwerk benutzt und der wirkliche Filmtitel erst mit der Fertigstellung des Filmwerks bestimmt. Eine Orientierung an möglichen Herstellungsphasen und einhergehenden Werbe- oder Pressemitteilungen führt deshalb zu einer erheblichen Rechtsunsicherheit in den beteiligten Verkehrskreise. Diese Rechtsunsicherheit lässt sich auch nicht mit dem Schutzbedürfnis der Filmproduzenten, Filmhersteller oder sonstiger an der Filmproduktion beteiligten Personen rechtfertigen, denn dieses Schutzbedürfnis wird bereits durch die Möglichkeit einer förmlichen Titelschutzanzeige hinreichend beachtet: Danach kann durch die öffentliche Ankündigung in einem der für Titelschutzanzeigen üblicherweise benutzten Medium ein früherer Prioritätszeitpunkt für ein noch herzustellendes Werk erlangt werden, vorausgesetzt das Werk erscheint innerhalb angemessener Frist unter dem Titel.[168] Auch besteht die Möglichkeit, den Titel im Zeitraum der für die Herstellung des Filmwerks notwendigen Vorbereitungsmaßnahmen als Marke beim *DPMA* anzumelden.[169]

Anhaltspunkte dafür, welche Anforderungen an die Existenz eines titelfähigen Werkes zu stellen sind, ergeben sich aus den Ausführungen des *BGH* in den Entscheidungen „WINCAD"

---

[166] *Teplitzky*, GRUR 1993, 645, 647; *ders.*, AfP 1997, 450, 452; ähnlich *Mittas*, S. 46.

[167] *Oelschlägel*, WRP 1998, 469, 471; kritisch auch *Mittas*, S. 60 f., die aber auch die Präsentation von Werbematerial und sonstige Werbemaßnahmen, die in die Endphase der Werkentstehung fallen, als Benutzungshandlung qualifizieren will, S. 61.

[168] *BGH* GRUR 1989, 760, 761 – „Titelschutzanzeige"; *Ingerl/Rohnke*, MarkenG, § 5 Rd. 50. Ob bereits durch eine Titelschutzanzeige eine schutzfähige Rechtsposition des Ankündigenden entstehen kann, wird im 2. Abschnitt des 2. Kapitels unter III. 2. d) bb) „Aktivlegitimation" behandelt.

[169] Dazu im Einzelnen im 2. Abschnitt des 3. Kapitels „Die Vorteile einer Eintragung des Filmtitels als Marke".

und „FTOS".[170] Aus diesen, die Entstehung des Werktitelschutzes von Computerprogrammen betreffenden Entscheidungen des *BGH* geht hervor, dass für eine schutzbegründende Benutzungsaufnahme im geschäftlichen Verkehr der Vertrieb des fertigen, mit dem konkreten Titel versehenen Werks oder eine der Auslieferung unmittelbar vorangehende werbende Ankündigung erforderlich ist. Rein intern bleibende Vorbereitungs- und Herstellungsmaßnahmen, worunter auch die Auslieferung an einen oder wenige Pilotkunden zum Zwecke der Erprobung fallen sollen, reichen hingegen nicht aus. Diese Rechtsprechung stellt damit zwei Dinge klar: Entstehungsvoraussetzung für den Werktitelschutz ist einmal ein existentes Werk, worunter nur das fertige Werk zu verstehen ist. Des Weiteren ist es ausreichend, dass lediglich der Titel des bereits fertigen Werks für dieses im geschäftlichen Verkehr benutzt wird. Denn im Gegensatz zur Ansicht *Oelschlägels*[171] ist Schutzgegenstand des Werktitelrechts der Werktitel selbst und nicht das zugrunde liegende Werk.[172] Der *BGH* stärkt damit den im Werktitelrecht bestehenden Grundsatz der Entstehungsakzessorietät zwischen Titel und Werk. Ferner ist dem Geschäftsverkehr und damit auch der Konkurrenz eine Kenntnisnahme des beanspruchten Titelrechts erst möglich, wenn dieses in den geschäftlichen Verkehr eingeführt wird.

Übertragen auf die Entstehung des Filmtitelschutzes für ein Filmwerk bedeutet das, dass das Filmwerk fertiggestellt, der Film aber noch nicht uraufgeführt oder ausgestrahlt worden sein muss.[173] Vielmehr ist die tatsächliche Benutzung nur des Filmtitels für das fertiggestellte Filmwerk im geschäftlichen Verkehr ausreichend. Das kann geschehen durch Ankündigungen in Programmzeitschriften, durch Pressemitteilungen, Werbemaßnahmen oder, sofern das nicht bereits vor der Fertigstellung des Filmwerks erfolgt ist, z.B. durch Verhandlungen über Lizenzrechte zwischen dem Produzenten und den Fernsehanstalten.

bb) Filmunabhängige vorbestehende Werke

Oftmals beruhen Filmwerke auf vorbestehenden Werken anderer Art. Darunter sind eigenständige, zu einem nicht filmspezifischen Zweck entstandene Werke zu verstehen, die nun für die Produktion eines Filmwerks verwendet werden. Dazu gehören vor allem literarische und dramaturgische Werke. Beispiele sind die Verfilmung des Bestsellers „Harry Potter" von *Joanne K. Rowling*, „Der Herr der Ringe" von *John R. R. Tolkien* oder „Der Hauptmann von Köpenick" von *Carl Zuckmayer*. Die Verfilmung dieser Werke geschieht in der Regel unter

---

[170] *BGH* WRP 1998, 877, 880 – „WINCAD"; *BGH* GRUR 1997, 902, 903 – „FTOS".
[171] *Oelschlägel*, WRP 1998, 469, 470; *Ossing*, GRUR 1992, 85, 89.
[172] *OLG Düsseldorf* WRP 1985, 638, 639 – „Mädchen hinter Gittern"; *Fezer*, MarkenG, § 15 Rd. 167c.
[173] *OLG Düsseldorf* WRP 1985, 638, 639 – „Mädchen hinter Gittern"; *Klippel/Eisfeld*, in: HK-Markenrecht, § 5 Rd. 90; *Sack*, S. 85 f.

Beibehaltung des ursprünglichen Titels. Sofern eine solche Titelidentität zwischen vorbestehendem Werk und dem Filmwerk besteht, stellt sich die Frage, ob bereits mit der Benutzung des Titels für das filmunabhängige vorbestehende Werk im geschäftlichen Verkehr das Filmtitelrecht entsteht.

Oelschlägel führt im Zusammenhang mit der titelschutzbegründenden Benutzungsaufnahme bei Bühnenwerken aus, dass nicht unberücksichtigt bleiben könne, dass das Bühnenwerk schon vorher in den geschäftlichen Verkehr gelangt ist, wenngleich in anderer Werkform, nämlich als dramatischer Text.[174] Dieser werde bereits als existentes Werk unter dem Titel, unter dem auch das Bühnenwerk uraufgeführt wird, mit Abschluss des Bühnenvertriebsvertrages zwischen Bühnenautor und Bühnenverlag zum Vertrieb an die Bühnenunternehmen vorrätig gehalten. Die Bühnenunternehmen, die den dramatischen Text vorwiegend abnehmen, könnten daher auch schon zu diesem Zeitpunkt durch verwechslungsfähige Kennzeichen von verschiedenen Bühnenstücken irregeführt werden. *Oelschlägel* sieht in einem fehlenden Kennzeichenschutz zu diesem Zeitpunkt eine erhebliche Beeinträchtigung der Bühnenautoren:[175] „Sie wären nämlich des öfteren dazu gezwungen, die Titel ihrer bereits im Vertrieb vorliegenden Werke wieder zu ändern, wenn ein Mitbewerber durch den Zufall der Theaterinszenierung die Priorität an einem dieser oder damit verwechslungsfähigen Titel begründete. Demgemäss müsse schon in der Überlassung des Bühnenstücks an den Bühnenvertrieb die schutzbegründende Benutzungsaufnahme liegen."

Überträgt man diese Auffassung auf die Verfilmung filmunabhängiger vorbestehender Werke, so müsste bei Identität der Titel das Filmtitelrecht bereits mit der Benutzung des Titels für das filmunabhängige vorbestehende Werk im geschäftlichen Verkehr bzw. mit der Übertragung von Verfilmungsrechten entstehen. Eine solche Auffassung ist aber weder mit § 5 Abs. 3 MarkenG zu vereinbaren, noch ergeben sich die von *Oelschlägel* befürchteten Schutzlücken. Nach § 5 Abs. 3 MarkenG ist der Werktitel eines Filmwerks der Name oder die besondere Bezeichnung des Filmwerks und zwar nur des Filmwerks. Völlig unerheblich ist, ob das Filmwerk auf filmunabhängigen (z.B. Roman) oder filmabhängigen (z.B. Drehbuch) vorbestehenden Werken basiert. Entstehungsvoraussetzung für den Filmtitelschutz ist allein das fertige Filmwerk und eine Benutzung des Filmtitels für das Filmwerk im geschäftlichen Verkehr. Auch die von *Oelschlägel* befürchteten Schutzlücken[176] existieren nicht, denn das vorbestehende Werk fällt in der Regel unter den Begriff der Druckschrift im Sinne von § 5 Abs. 3 MarkenG, da dieser alle Printmedien erfasst, ohne dass es auf den Begriff des Druckwerks

[174] *Oelschlägel*, S. 59.
[175] *Oelschlägel*, S. 59 f.
[176] *Oelschlägel*, S. 59.

des Presserechts ankommt (Art. bzw. §§ 6 und 7 der Landespressegesetze).[177] Die Titel dieser vorbestehenden Werke sind deshalb mit ihrer Benutzung im geschäftlichen Verkehr nach § 5 Abs. 3 MarkenG als Titel einer Druckschrift geschützt.

Die Ausführungen *Oelschlägels* zur titelschutzbegründenden Benutzungsaufnahme[178] sind weder auf Filmwerke übertragbar, noch sind sie bezüglich der Bühnenwerke haltbar. Bühnenwerk und der zugrunde liegende dramatische Text sind genauso zu unterscheiden wie Drehbuch und Filmwerk. Das Recht am Film- oder Bühnenwerktitel und das Recht am Titel der zugrunde liegenden „Druckschrift" können nebeneinander bestehen und auch verschiedenen Rechtsinhabern zustehen.[179] Für die Entstehung des Werktitelrechts ist das Vorliegen eines identischen Titels in der gleichen oder verschiedenen Werkkategorien unerheblich, die Identität der Titel stellt sich vielmehr als Problem der Verwechslungsgefahr nach § 15 Abs. 2 MarkenG dar.[180] Zu beachten ist jedoch, dass es sich bei dem Film- oder dem Bühnenwerk gerade um eine Bearbeitung des zugrunde liegenden Werks handelt. Da der Verkehr bei dem Vorliegen identischer Titel annimmt, dass es sich um eine Verfilmung oder bühnenmäßige Bearbeitung des Werks handelt, unterliegt er diesbezüglich keiner Täuschung; eine Verwechslungsgefahr kommt nicht in Frage.[181]

c) Entstehung des Titelrechts aus § 5 Abs. 3 MarkenG an den Titeln ausländischer Filmwerke

Der Film ist ein internationales Kulturmedium und in Ursprung und Verbreitung nicht auf das Gebiet der Bundesrepublik Deutschland begrenzt.[182] Die überwiegende Zahl der in Deutschland gezeigten Kinofilme und ausgestrahlten Fernsehspielfilme stammt aus den

---

[177] *Ingerl/Rohnke*, MarkenG, § 5 Rd. 43; *Fezer*, MarkenG, § 15 Rd. 154f; *A/S/K/Klaka*, MarkenG, § 5 Rd. 45.

[178] *Oelschlägel*, S. 59.

[179] Unter den Begriff des Bühnenwerks fällt nur die darstellerische Form (*Oelschlägel*, S. 30: „öffentlich-bühnenmäßige Darstellung"). Der zugrunde liegende dramatische Text ist dagegen Druckschrift im Sinne des § 5 Abs. 3 MarkenG und sein Titel mit der Benutzungsaufnahme im geschäftlichen Verkehr geschützt; eine solche Benutzungsaufnahme im geschäftlichen Verkehr ist in jedem Fall mit dem Abschluss eines Bühnenvertriebsvertrages zwischen Bühnenwerkautor und dem Verlag anzunehmen. Titelschutz für das Bühnenwerk kann dagegen erst entstehen, wenn dieses fertiggestellt ist. Der Zeitpunkt der Fertigstellung ist der Abschluss der Generalprobe.

[180] Dazu im 5. Abschnitt des 2. Kapitels unter II. 2. c) cc) „Werkähnlichkeit".

[181] *KG Berlin* UFITA 30 (1960), 222, 225 f. – „Und das am Montagmorgen"; *KG Berlin* UFITA 26 (1958), 98, 102 – „Das gab's nur einmal"; *KG Berlin* UFITA 11 (1938), 151, 153 – „Mein Sohn, der Herr Minister"; *OLG Hamburg* UFITA 27 (1959), 77, 83 f. – „Kleine Leute – Große Reise"; *Deutsch/Mittas*, Rd. 118 ff., 120; *v. Hartlieb*, S. 282, 295 ff.; so auch *Oelschlägel*, S. 137; differenzierend *Leinveber*, GRUR 1956, 64, 65, der eine Verwechslungsgefahr nur bei eindeutiger inhaltlicher Übereinstimmung von Filmwerk und vorbestehendem Werk ablehnt; unklar dagegen *Sack*, S. 147; anderer Ansicht ist *Seligsohn*, UFITA 6 (1933), 124, 136 f., der schon in der bloßen Übereinstimmung der Titel eine Verwechslungsgefahr sieht.

[182] Im Jahr 2000 wurden allein 29.059 Spiel-, Kinder- und Jugendfilme mit einer Spieldauer von mindestens 45 Minuten importiert, *M. Roth*, S. 82 f., Tabelle 67.

USA.[183] Der Werktitelschutz dieser Filmwerke ist in vielfacher Hinsicht problematisch: Zum einen ist fraglich, ob und wenn ja unter welchen Voraussetzungen die Titel ausländischer Filmwerke vom Schutz des § 5 Abs. 3 MarkenG erfasst werden. Des Weiteren ist problematisch, ob sich Titelrechtsinhaber auf die Pariser Verbandsübereinkunft zum Schutz des gewerblichen Eigentums (PVÜ) berufen können, wodurch die frühzeitige erstmalige Benutzungsaufnahme im Ausland auch Auswirkungen auf die Beurteilung der Priorität der Titelbenutzung im Inland (Bundesrepublik Deutschland) haben könnte.

Der aus einem Wort oder einer Wortfolge bestehende Filmtitel des ausländischen Filmwerks wird für die deutsche Fassung des Filmwerks entweder im Original übernommen („Pulp Fiction") oder mehr oder weniger wortgetreu übersetzt, nicht selten sind aber auch ganz neue Titelkreationen.[184] Der Titelschutz nach § 5 Abs. 3 MarkenG für ausländische Titel folgt den allgemeinen Grundsätzen: Voraussetzung für den Schutz des Filmtitels ist die Benutzungsaufnahme des Filmtitels für das fertige Filmwerk im geschäftlichen Verkehr in der Bundesrepublik Deutschland. Letzteres ergibt sich aus dem territorialen Geltungsbereich des Markengesetzes.[185] Sofern das Filmwerk als synchronisierte Fassung erscheint, was die Regel ist, kann von einem fertigen, titelfähigen Filmwerk erst dann ausgegangen werden, wenn das Filmwerk auch tatsächlich synchronisiert ist. Zwar ist die synchronisierte Version bereits in dem ausländischen Originalfilmwerk enthalten; ein wesentlicher Teil, nämlich die Synchronisation in die deutsche Sprache fehlt jedoch noch. Die Synchronfassung stellt ein eigenes Filmwerk dar. Durch die in der Synchronfassung liegende neue und originale Kombination der Tonaufnahme mit dem Bildteil wird die Synchronfassung zu einem neuen Filmwerk. Deshalb kann auch der Originaltitel oder ein übersetzter oder neuer Filmtitel für die deutsche Fassung erst dann von dem Schutzbereich des § 5 Abs. 3 MarkenG erfasst werden, wenn die synchronisierte Fassung vorliegt.[186] Die fertige ausländische Fassung des Filmwerks reicht nicht aus. Insofern kann *v. Hartlieb*[187] nicht gefolgt werden, wenn dieser bei der Verwendung eines Originaltitels auch für die deutsche Fassung ausländischer Filmwerke bei der Beurteilung der Priorität und Fortdauer des Titelschutzes zusätzlich auf die Benutzung und Wiederverwendung des Originaltitels im Ausland abstellen will; denn das würde zu einem abstrakten, vom

[183] Von insgesamt 338 erstaufgeführten Spielfilmen im Jahr 2001 in Deutschland stammten 83 (24,6 %) aus Deutschland und 144 (42,6 %) aus den USA, *M. Roth*, S. 24, Tabelle 12.

[184] Nach *A. Rothe*, S. 155, erhielten von 1743 ausländischen Spielfilmen in den Jahren 1977 bis 1980 bei der deutschen Synchronisation sogar über die Hälfte, nämlich 53,9 %, einen völlig neuen Titel. 12,5 % der Titel wurden bloß abgewandelt, 23,2 % wörtlich übersetzt und 10,4 % unverändert beibehalten.

[185] *Deutsch/Mittas*, Rd. 41; *Mittas*, S. 44 f.; *Ingerl/Rohnke*, MarkenG, Einl. Rd. 14.

[186] *BGH* WRP 1998, 877, 880 – „WINCAD": Die Auslieferung einer englischsprachigen Computerprogrammversion ist der Herstellungsphase der deutschsprachigen Version des Programms, für die Titelschutz in Anspruch genommen wird, zuzurechnen.

[187] *v. Hartlieb*, S. 294.

konkreten übersetzten Filmwerk losgelösten Titelschutz führen und ist auch nicht mit dem Grundsatz der Territorialität zu vereinbaren.

Aus dem im Kennzeichenrecht geltenden Grundsatz der Priorität (§ 6 MarkenG) ergibt sich ferner, dass allein der Zeitpunkt der ersten Benutzungsaufnahme im territorialen Geltungsbereich des Markengesetzes für die relative Berechtigung im Verhältnis zwischen verschiedenen Rechtsinhabern an dem gleichen Titel entscheidend ist.[188] Wird im Geltungsbereich des Markengesetzes bereits ein bestimmter Filmtitel im geschäftlichen Verkehr benutzt, so genießt dieser Filmtitel Schutz gegenüber der gleichlautenden Übersetzung des Titels eines ausländischen Filmwerks, wenn die Benutzungsaufnahme des übersetzten ausländischen Filmtitels in Deutschland erst zu einem späteren Zeitpunkt erfolgt. Das gilt selbst dann, wenn der prioritätsältere deutsche Titel die wörtliche Übersetzung des ausländischen Titels darstellt, und das Filmwerk im Ausland unter dem ausländischen Titel bereits lange vor dem Zeitrang des gleichlautenden deutschen Titels im geschäftlichen Verkehr benutzt worden ist.[189]

Fraglich ist, ob sich nicht aus der Pariser Verbandsübereinkunft zum Schutz des gewerblichen Eigentums (PVÜ) ergeben kann, dass die erstmalige Benutzungsaufnahme im Ausland Auswirkungen auf die Beurteilung der Priorität im Inland haben kann. Ob die PVÜ auf das Werktitelrecht nach dessen Integration in das Markengesetz überhaupt anwendbar ist, erscheint im Hinblick auf den Wortlaut des Art. 1 PVÜ fraglich, ist aber aufgrund der tatbestandlichen Weite des Begriffes „unlauterer Wettbewerb“ in Art. 10bis PVÜ anzunehmen. Allerdings ergibt sich auch aus der PVÜ nicht, dass, abgesehen von der die Priorität von Registerrechten betreffenden Regelung des Art. 4 PVÜ, auch im Werktitelrecht die erstmalige Benutzungsaufnahme im Ausland Auswirkungen auf die Beurteilung der Priorität im Inland haben kann. Aus der Entstehungsakzessorietät des Werktitelrechts zum konkreten Werk (d.h. der Übersetzung bzw. Synchronisation) ergibt sich, dass sowohl der Original- als auch der übersetzte Titel für die deutsche Übersetzung Titelschutz nach den §§ 5 Abs. 3 und 15 MarkenG erst genießen, wenn sie im Geltungsbereich des Markengesetzes im geschäftlichen Verkehr für die deutsche Übersetzung benutzt werden. Sofern das nicht übersetzte Originalwerk mit seinem Originaltitel in Deutschland im geschäftlichen Verkehr in Gebrauch genommen worden ist, ist unter der Voraussetzung, dass man die Anwendbarkeit der PVÜ auf das Werktitelrecht annimmt, eine Prioritätsvorverlegung denkbar, wenn das Werk unter seinem Titel

[188] Dazu im 6. Abschnitt des 2. Kapitels unter II. „Priorität“.

[189] *v. Hartlieb*, S. 293; *ders.*, Filmtitel, S. 36; *Tönjes*, S. 123; *Deutsch*, S. 47; anderer Ansicht *LG Berlin* UFITA 3 (1930), 445, 447 f. – „Der Kaiser von Amerika“, das darauf abstellt, dass die Verwendung einer wörtlichen Übersetzung keine unbefugte Verwendung im Sinne von § 16 Abs. 1 UWG a.F. ist und deshalb ein Anspruch ausscheidet; kritisch zu dieser Entscheidung mit Hinweis auf Art. 2 PVÜ und Art. 11 RBÜ: *Weigert*, UFITA 3 (1930), 550, 554; *Hillig/Greuner*, Bd. 2, Gutachten Nr. 202, S. 288 f. verweisen auf Art. 1 Abs. 2 und Art. 2 Abs. 1 PVÜ, jedoch noch in Bezug auf § 16 Abs. 1 UWG a.F.

auch in Deutschland bekannt geworden ist, da bereits dann die Gefahr von Verwechslungen oder einer Rufschädigung im Sinne des Art. 10bis Abs. 3 Nr. 1 und Nr. 2 PVÜ entstehen kann.[190]

III. Titelschutzanzeige und Titelregister

Im Folgenden soll untersucht werden, welche Auswirkungen eine Titelschutzanzeige und die Eintragung des Filmtitels in das von der SPIO geführte Titelregister auf die Entstehung des Werktitelrechts hat. Im Anschluss an die Untersuchung der Rechtswirkung und den Funktionen der Titelschutzanzeige (1.) sollen die von der Rechtsprechung und Literatur aufgestellten Voraussetzungen der Titelschutzanzeige analysiert und hinterfragt werden. In diesem Zusammenhang stellt sich auch die Frage nach der Aktiv- und Passivlegitimation des Ankündigenden zwischen dem Zeitpunkt der Titelschutzanzeige und der tatsächlichen Benutzung des Filmtitels im geschäftlichen Verkehr für das fertiggestellte Filmwerk (2.). Die Zulässigkeit von Sammeltitelschutzanzeigen wird separat behandelt, da diese besondere Probleme im Hinblick auf einen auch schon zum Zeitpunkt der Titelschutzanzeige erforderlichen Werkbezug aufwirft (3.). Anschließend werden die Auswirkungen einer Eintragung des Filmtitels in das ausschließlich für Filmtitel bei der Spitzenorganisation der Filmwirtschaft e.V. (SPIO) eingerichtete Titelregister untersucht. Insbesondere stellt sich die Frage, ob die Titeleintragung in das Titelregister rechtsbegründende Wirkung oder die Wirkung einer Titelschutzanzeige haben kann (4.).

1. Funktionen und Rechtswirkung der Titelschutzanzeige

Rechtsprechung und Literatur haben das Rechtsinstitut der Titelschutzanzeige entwickelt, um Schutzlücken in der Entstehungsphase eines Werks zu schließen, die aus der Entstehungsakzessorietät des Werktitelrechts resultieren: Erst mit der Benutzung des Titels im geschäftlichen Verkehr für ein fertiggestelltes Werk entsteht das Werktitelrecht. Im Stadium der Vorbereitung und Fertigstellung des Werks ist dagegen kein Werktitelschutz möglich, obwohl in

[190] Ähnlich zu der Regelung über Handelsnamen in Art. 8 PVÜ *Bodenhausen*, S. 115 und *Fezer*, MarkenG, Art. 8 PVÜ Rd. 4; unklar bleibt aber, woraus sich diese Vorverlegung der Priorität für Werktitelrechte genau ergeben soll, denn die PVÜ regelt die Frage der Priorität in Art. 4 PVÜ ausschließlich für die dort genannten Registerrechte und eine dem Art. 8 PVÜ entsprechende Norm fehlt im Hinblick auf das Werktitelrecht. Das *OLG Hamburg* hat in AfP 1991, 448, 449 f. – „Premiere" einem französischen Unternehmen für den Titel einer in Deutschland in der französischen Originalausgabe verbreiteten Zeitschrift einen Anspruch aus § 16 Abs. 1 UWG a.F. i.V.m. Art. 2 PVÜ zugebilligt, ohne jedoch näher auf die Voraussetzung des Art. 2 PVÜ und das Problem der Priorität einzugehen.

dieser Phase vor allem ein wirtschaftliches Bedürfnis der beteiligten Verkehrskreise daran besteht, Titelschutz zu erlangen. Aufgrund der restriktiven Eintragungspraxis des *DPMA* und der sie stützenden Rechtsprechung von *BPatG* und *BGH* ist es nur unter besonderen Voraussetzungen möglich, insbesondere Titel von Einzelfilmwerken als Marke anzumelden und so einen Schutz auch schon im Vorfeld der Fertigstellung des Filmwerks zu erreichen.[191]

Rechtswirkung der Titelschutzanzeige ist nach den Auffassungen der Rechtsprechung und Teilen der Literatur, dass die frühzeitige, noch vor der Fertigstellung des Filmwerks erfolgte Ankündigung des Titels unter bestimmten Voraussetzungen geeignet ist, den *Prioritätszeitpunkt* des Werktitelrechts auf den Zeitpunkt der Titelschutzanzeige vorzuverlegen.[192]

Voraussetzung einer Vorverlegung des Titelschutzes aufgrund einer Titelschutzanzeige ist nach der Rechtsprechung, dass das Werk unter seinem Titel in branchenüblicher Weise öffentlich angekündigt wird und das Werk nach der Ankündigung in angemessener Frist unter dem Titel erscheint.[193] Ferner ist Voraussetzung, dass bereits zum Zeitpunkt der Titelschutzanzeige ernsthaft mit der Vorbereitung des Filmwerks begonnen worden ist.[194] Allerdings muss der Filmtitel auch für das zum Zeitpunkt der Titelschutzanzeige tatsächlich konkret vorbereitete Werk im geschäftlichen Verkehr benutzt werden; die Verwendung des durch die Titelschutzanzeige angekündigten Filmtitels für ein anderes Filmwerk führt nicht zu einer Vorverlegung des Titelschutzes.[195] Liegen diese Voraussetzungen einer wirksamen Titelschutzanzeige vor, so kommt es nach der Ansicht des *BGH* zu einer *Fiktion* der Benutzungsaufnahme des Titels im geschäftlichen Verkehr zum Zeitpunkt der Titelschutzanzeige.[196] In der späteren Entscheidung „Tagesreport" präzisiert der *BGH* die Wirkung der Titelschutzanzeige, ohne auf die rechtliche Kategorie der *Fiktion* einer Benutzungsaufnahme zurückzugreifen. Er führt aus, dass in der Titelschutzanzeige selber noch keine Benutzung des Titels liege;[197] der öffentlichen Ankündigung des Filmtitels mittels Titelschutzanzeige kommt mithin keine rechtsbegründende Wirkung zu.

---

191 *BGH* WRP 2003, 519, 519 f. – „Winnetou"; *Oelschlägel*, S. 83; *Mittas*, S. 47.

192 *BGH* GRUR 2001, 1054, 1055 – „Tagesreport"; *BGH* GRUR 1989, 760, 761 f. – „Titelschutzanzeige"; *OLG Hamburg* WRP 2002, 337, 338 – „Bremer Branchen"; *v. Linstow*, FS *Erdmann*, S. 375, 378 f.; *W. Schmid*, FS *Erdmann*, S. 469, 477 ff.; *Teplitzky*, WRP 2003, 173, 177 Fn. 76; zu abweichenden Ansichten vgl. im 2. Abschnitt des 2. Kapitels unter III. 2. d. bb) „Aktivlegitimation".

193 *BGH* GRUR 1989, 760, 761 f. – „Titelschutzanzeige"; dazu unter 2. b) „Angemessener Zeitraum zwischen Ankündigung und tatsächlichem Erscheinen" und c) „Öffentliche Ankündigung in branchenüblicher Weise".

194 *OLG München* UFITA 20 (1955), 208, 211 – „An der schönen blauen Donau"; *LG München* UFITA 50 (1967), 277, 279 – „Der kupferne Götze"; *v. Hartlieb*, S. 290; *Tovote*, FuR 1968, 120, 123; *v. Metzler*, UFITA 20 (1955), 169, 180 f.; dazu im 2. Abschnitt des 2. Kapitels unter III. 2. a) „Erforderliche Vorbereitungshandlungen".

195 *OLG Hamburg* WRP 1996, 322, 323 – „Titelschutzanzeige"; *Ingerl/Rohnke*, MarkenG, § 5 Rd. 50; *v. Metzler*, UFITA 20 (1955), 169, 181.

196 *BGH* GRUR 1989, 760, 761 f. – „Titelschutzanzeige".

197 *BGH* GRUR 2001, 1054, 1055 – „Tagesreport"; *v. Linstow*, FS *Erdmann*, S. 375, 378 f.

Erst wenn der Filmtitel für das fertiggestellte Filmwerk im geschäftlichen Verkehr benutzt wird, kann die Titelschutzanzeige eine prioritätsvorverlegende Wirkung entfalten: Mit der reinen *Fiktion* der Benutzungsaufnahme, die nur eine Prioritätsvorverlegung auf den Zeitpunkt der Titelschutzanzeige zur Folge hat, soll nach der Ansicht des *BGH* die Entstehungsakzessorietät zwischen Filmtitel und Filmwerk betont, und die tatsächliche Benutzungsaufnahme im geschäftlichen Verkehr als das entscheidende Kriterium für das Entstehen des Werktitelschutzes herausgestellt werden.[198] Dennoch wird durch die Anerkennung einer Vorverlegung des Titelschutzes mittels öffentlicher Ankündigung vor der Fertigstellung des Filmwerks die Entstehungsakzessorietät zwischen Filmtitel und Filmwerk stark gelockert, denn zum Zeitpunkt der öffentlichen Ankündigung liegt kein fertiges, titelfähiges Filmwerk vor. Durch das Erfordernis eines konkreten Werkbezugs auch schon zum Zeitpunkt der Titelschutzanzeige wird jedoch ein Minimum an Akzessorietät gewahrt.

Der Gesetzgeber zum Markengesetz hat in seiner Gesetzesbegründung das in seinen Voraussetzungen durch die Rechtsprechung des *BGH* präzisierte Institut der Titelschutzanzeige anerkannt:[199] „Das Absehen von einer ausdrücklichen Regelung des Erwerbstatbestandes bei Werktiteln bedeutet weiterhin, dass die bisherige Praxis der öffentlichen Titelschutzanzeigen unverändert fortgeführt werden kann. Wird innerhalb angemessener Frist ein in einer solchen Anzeige aufgeführtes Werk unter einem angezeigten Titel auf den Markt gebracht, so ist für den Zeitrang der Zeitpunkt der Titelschutzanzeige maßgebend. Für eine Kodifizierung dieser Praxis besteht, da auch im Übrigen von einer Regelung der Erwerbstatbestände abgesehen wird, kein Bedürfnis."

Die grundsätzliche Anerkennung einer Vorverlegung der Priorität auf den Zeitpunkt der öffentlichen Titelankündigung entspricht einem bereits in der Entstehungsphase eines Filmwerks vorhandenen besonderen wirtschaftlichen Schutzbedürfnis der beteiligten Verkehrskreise, was durch die Funktionen, die die Titelschutzanzeige ausübt, deutlich wird.[200] Bei den beteiligten Verkehrskreisen besteht ein erhebliches wirtschaftliches Interesse daran, möglichst

---

[198] *BGH* GRUR 1989, 760, 761 – „Titelschutzanzeige".

[199] Amtl. Begr., BT-Drucks. 12/6581, S. 68.

[200] *BGH* GRUR 1989, 760, 761 – „Titelschutzanzeige"; *BGH* WRP 1998, 877, 880 – „WINCAD"; *KG Berlin* JW 1932, 885, 888 – „Lindenwirtin"; *OLG München* UFITA 20 (1955), 208, 210 – „An der schönen blauen Donau"; *W. Schmid*, FS *Erdmann*, S. 469, 471; *v. Hartlieb*, S. 290; *Tovote*, FuR 1968, 120, 123; dagegen lehnen *Klippel/Eisfeld*, in: HK-Markenrecht, § 5 Rd. 95 ff., unter der Prämisse der titelschutzbegründenden Wirkung der Titelschutzanzeige das Rechtsinstitut der Titelschutzanzeige ab: „Die vom *BGH* für die Vorverlegung des Titelschutzes aufgrund Titelschutzanzeige gegebene Begründung ist – im Unterschied zur schutzbegründenden Ingebrauchnahme – von dem Schutz einer geschäftlichen Bezeichnung als Immaterialgut unabhängig und damit im Hinblick auf die dogmatischen Grundlagen des Kennzeichenrechts systemwidrig. Die Titelschutzanzeige will nicht den im Unternehmenskennzeichen verkörperten Vermögenswert schützen, sondern Investitionen des Unternehmers, die der Werkherstellung vorangehen und damit zu einem Zeitpunkt erfolgen können, zu dem noch kein Werk existiert und der angezeigte Titel deshalb noch keine (vermögenswerte) individualisierte Wirkung entfalten kann."

frühzeitig über den Filmtitel des geplanten Filmwerks informiert zu werden, um eigene titelrelevante Entscheidungen abzustimmen (Informationsfunktion).[201] Auch ist der Ankündigende im Hinblick auf die mit der Ausstrahlung oder Aufführung des Filmwerks in der Regel verbundenen beträchtlichen Investitionen vor allem daran interessiert, Dritte, die prioritätsältere Rechte an demselben oder einem verwechslungsfähigen Filmtitel beanspruchen, zu einem frühzeitigen Widerspruch zu veranlassen (Schutzfunktion im Sinne eines Investitionsschutzes).[202] Des Weiteren dient die Ankündigung auch dazu, Mitbewerber davon abzuhalten, bei der Wahl eigener Filmtitel in den Verwechslungsbereich prioritätsälterer Filmtitel zu geraten (Warnfunktion).[203]

2. Voraussetzungen der Rechtswirkung der Titelschutzanzeige

Die Titelschutzanzeige führt bei einer ihr innerhalb angemessener Zeit nachfolgenden tatsächlichen Benutzungsaufnahme des Titels im geschäftlichen Verkehr für ein fertiggestelltes Werk zu der Fiktion einer Benutzungsaufnahme zum Zeitpunkt der Titelschutzanzeige, was eine Vorverlegung der Priorität des Titelrechts auf diesen Zeitpunkt zur Folge hat.[204] Um diese Rechtswirkung zu entfalten, muss die Titelschutzanzeige drei Voraussetzungen erfüllen, die im Folgenden untersucht werden: Zum einen müssen zum Zeitpunkt der Titelschutzanzeige bereits Vorbereitungshandlungen hinsichtlich des zu betitelnden Werks vorliegen (a). Zweite Voraussetzung ist, dass zwischen der Titelschutzanzeige und der tatsächlichen Benutzungsaufnahme im geschäftlichen Verkehr ein angemessener Zeitraum liegen muss (b). Drittens muss die Titelschutzanzeige die Kriterien, die an eine öffentliche Ankündigung in branchenüblicher Weise zu stellen sind, erfüllen (c). Im Anschluss an die Problematisierung der Voraussetzungen einer Benutzungsfiktion auf den Zeitpunkt der Titelschutzanzeige erfolgt eine Untersuchung der Aktiv- und Passivlegitimation des Anzeigenden im Stadium zwischen der Titelschutzanzeige und der tatsächlichen Benutzungsaufnahme des Titels im geschäftlichen Verkehr für ein fertiggestelltes Werk (d).

---

201 *BGH* GRUR 1989, 760, 761 – „Titelschutzanzeige“; *Oelschlägel*, S. 84; *Deutsch/Mittas*, Rd. 51.
202 *BGH* GRUR 1989, 760, 761 – „Titelschutzanzeige“; *Oelschlägel*, S. 84; *Mittas*, S. 48; *Deutsch/Mittas*, Rd. 51; *Russ*, S. 94; *W. Schmid*, FS *Erdmann*, S. 469, 471; *R. Schmid*, AfP 1985, 196, 196.
203 *BGH* GRUR 1989, 760, 761 – „Titelschutzanzeige“; *Metzger*, S. 88 f.; *Oelschlägel*, S. 84.
204 *BGH* GRUR 2001, 1054, 1055 – „Tagesreport“; *BGH* GRUR 1989, 760, 761 f. – „Titelschutzanzeige“.

a) Erforderliche Vorbereitungshandlungen

Eine Vorverlegung des Prioritätszeitpunkts auf den Zeitpunkt der öffentlichen Ankündigung erfolgt nur, wenn zu diesem Zeitpunkt bereits ernsthaft mit den Vorbereitungen zur Herstellung des Filmwerks begonnen worden ist und die tatsächliche Benutzung des Filmtitels für ein existentes Filmwerk im geschäftlichen Verkehr in angemessener Frist nachfolgt. Der *BGH* hat offengelassen, ob der Beginn von Vorbereitungshandlungen eine weitere Voraussetzung für die Gleichstellung der öffentlichen Ankündigung mit der tatsächlichen Benutzungsaufnahme darstellt:[205] „Denn jedenfalls bei der gegebenen Sachlage, bei der zwischen Ankündigung und tatsächlicher Benutzungsaufnahme nur rund zwei Monate liegen, ist es unerheblich, ob die Vorbereitungen schon vor der Ankündigung oder gleichzeitig mit ihr erfolgten. Auf die Frage mag es ankommen, wenn Zweifel bestehen, ob die Frist zwischen Ankündigung und Benutzungsaufnahme noch angemessen ist."

Soweit der *BGH* das Erfordernis von Produktvorbereitungshandlungen zum Zeitpunkt der öffentlichen Ankündigung nur bei der Frage der Angemessenheit der Frist zwischen öffentlicher Ankündigung und tatsächlicher Benutzungsaufnahme berücksichtigen will, kann ihm nicht gefolgt werden. Insoweit sind die Ausführungen des *BGH* allerdings unklar, denn aus ihnen ergibt sich auch, dass auf jeden Fall Vorbereitungshandlungen notwendig sind, denn er lässt nur offen, ob diese vor oder gleichzeitig mit der öffentlichen Ankündigung erfolgen müssen. Damit ist es nicht ausreichend, wenn die Vorbereitungshandlungen zur Herstellung des Filmwerks der öffentlichen Ankündigung erst nachfolgen.[206] Das Erfordernis von Vorbereitungshandlungen bereits zum Zeitpunkt der Titelschutzanzeige ist Folge der Entstehungsakzessorietät des Werktitelrechts. Da die Entstehung des Werktitelrechts von einen konkreten Werkbezug des Filmtitels abhängt, ist aufgrund der Unterscheidungsfunktion des Titels Voraussetzung für die *Fiktion* der Benutzungsaufnahme, d.h. der prioritätsvorverlegenden Wirkung der Titelschutzanzeige, dass schon zu diesem Zeitpunkt (Zeitpunkt der Titelschutzanzeige) ein konkreter Werkbezug besteht. Um die durch die Möglichkeit der Titelschutzanzeige bereits stark gelockerte Akzessorität (es liegen nur Vorbereitungshandlungen vor) zwischen Filmwerk und Filmtitel zu wahren, ist es deshalb erforderlich, dass zumindest anhand von Vorbereitungshandlungen der konkrete Werkbezug deutlich wird. Schutzbedürftig ist zudem nur derjenige, der tatsächlich die Herstellung eines Filmwerks beabsichtigt; ansonsten besteht

[205] *BGH* GRUR 1989, 760, 762 – „Titelschutzanzeige".

[206] *OLG München* UFITA 20 (1955), 208, 211 – „An der schönen blauen Donau"; *KG Berlin* UFITA 26 (1958) 98, 103 – „Das gab's nur einmal"; *Sack*, S. 92 f.; *Oelschlägel*, S. 97; *Teplitzky*, in: UWG GK, § 16 Rd. 100; *Russ*, Börsenblatt für den Deutschen Buchhandel 1991, 2502, 2503; *Ochs*, WRP 1987, 651, 654, 657.

ein Freihaltebedürfnis der beteiligten Verkehrskreise hinsichtlich des Filmtitels: In den Vorbereitungshandlungen manifestiert sich die Absicht desjenigen, der den Filmtitel in Anspruch nehmen will, das Filmwerk in angemessener Zeit zu verwirklichen. Daraus folgt, dass zumindest gleichzeitig mit der öffentlichen Ankündigung des Filmtitels Vorbereitungshandlungen zur Herstellung des konkreten Filmwerks vorliegen müssen.[207]

Das Ausmaß der nötigen Produktionsvorbereitungshandlungen, die zum Zeitpunkt der öffentlichen Ankündigung vorliegen müssen oder mit denen zeitgleich begonnen wird, erschließt sich aus dem konkreten Werkbezug, der durch die Vorarbeiten deutlich werden muss. Nur solche Vorbereitungshandlungen, die sich auf das konkrete Filmwerk beziehen, können als erhebliche Vorbereitungshandlungen angesehen werden. Das Vorhandensein einer reinen Filmidee ist dafür nicht ausreichend. Erst in dem Abschluss von Drehbuchentwicklungs- oder Verfilmungsverträgen oder der Mitwirkungserklärungen von Regisseur oder Schauspielern durch einen sogenannten „Letter of Intent“ (Absichtserklärung) liegen erhebliche Produktionsvorbereitungshandlungen.[208] Ebenso sind Finanzierungs- und Auftragsproduktionsverträge ausreichend. Aber auch der Abschluss eines Optionsvertrages, durch den sich der Produzent einen bestimmten Stoff exklusiv reserviert und im Rahmen der Optionsfrist die filmische Umsetzung prüft, stellt eine ausreichende Produktionsvorbereitungshandlung dar.

b) Angemessener Zeitraum

Die Vorverlegung des Titelschutzes auf den Zeitpunkt der öffentlichen Ankündigung ist nur gerechtfertigt, wenn zwischen der öffentlichen Ankündigung des Filmtitels und der tatsächlichen Ingebrauchnahme des Filmtitels für ein existentes Filmwerk im geschäftlichen Verkehr ein angemessener Zeitraum liegt. Ein legitimes Interesse an einer Vorverlegung des Prioritätszeitpunktes besteht nur, wenn in absehbarer Zeit eine tatsächliche Benutzung des Filmtitels für ein existentes Filmwerk bevorsteht. Denn dem Schutzbedürfnis des den Filmtitel in Anspruch Nehmenden steht regelmäßig das Freihaltebedürfnis der Mitkonkurrenten gegenüber.

---

207 *OLG Hamburg* UFITA 21 (1956), 337, 343 – „Roman einer Siebzehnjährigen“; *OLG München* UFITA 20 (1955), 208, 211 – „An der schönen blauen Donau“; *LG München I* UFITA 50 (1967), 277, 279 – „Der kupferne Götze“; *Sack*, S. 92 f.; *Oelschlägel*, S. 97; *Russ*, Börsenblatt für den Deutschen Buchhandel 1991, 2502, 2503; *Ochs*, WRP 1987, 651, 657; *v. Hartlieb*, S. 290; *Bork*, UFITA 110 (1989), 35, 49; *Tovote*, FuR 1968, 120, 123; *v. Metzler*, UFITA 20 (1955), 169, 180 f.; *Leinveber*, JR 1958, 371, 374; *Deutsch*, S. 35 ff.; *Weigert*, UFITA 1 (1928), 405, 421.

208 *v. Hartlieb*, S. 290; *ders.*, Filmtitel, S. 35; *Mittas*, S. 65; *Deutsch*, S. 37; *Teplitzky*, in: UWG GK, § 16 Rd. 100; *OLG München* UFITA 20 (1955), 208, 210 f. – „An der schönen blauen Donau“.

Zum Teil wird in der Literatur nur ein Zeitraum von sechs Monaten als angemessener Zeitraum zwischen Titelschutzanzeige und tatsächlicher Benutzungsaufnahme im geschäftlichen Verkehr betrachtet.[209] Überwiegend stellen Literatur und Rechtsprechung dagegen auf den üblichen Produktionszeitraum von Filmwerken ab und sehen einen Zeitraum von einem Jahr als angemessen an.[210] In einem Ausnahmefall hat die Rechtsprechung aufgrund besonderer rechtlicher Probleme der Filmherstellung auch einen Zeitraum von anderthalb Jahren für angemessen gehalten;[211] ein Zeitraum von zwei Jahren und mehr sei dagegen zu lang.[212]

Fraglich ist, nach welchen Kriterien die Angemessenheit des Zeitraums zu bestimmen ist. Es kann nicht darauf ankommen, ob nach der allgemeinen Verkehrsanschauung noch damit gerechnet werden muss, dass ein fertiges Filmwerk der öffentlichen Ankündigung nachfolgt.[213] Eine solche Beurteilung ist ohne feste Anhaltspunkte, so dass sich die Angemessenheit des Zeitraums nicht plausibel begründen lässt. Auch die zweijährige Eintragungsfrist im Filmtitelregister der SPIO ist insoweit nicht maßgeblich.[214] Sie stellt nur eine auf privatrechtlicher Grundlage geschaffene Frist dar, die dem Informationsinteresse der beteiligten Verkehrskreise und den internen Verwaltungsbedürfnissen der SPIO gerecht wird. Die Frage, welcher Zeitraum angemessen ist, ist vielmehr unter Berücksichtigung der Interessen der Beteiligten zu bestimmen. Die Festlegung einer absoluten Zeitspanne wird einem Interessenausgleich nicht gerecht,[215] denn sie vernachlässigt eine Berücksichtigung der Umstände des Einzelfalls. Um das Bedürfnis der Mitkonkurrenten nach Planungssicherheit und Markttransparenz zu berücksichtigen, bietet es sich an, die für die jeweilige Filmgattung normalerweise benötigte Herstellungszeit als ungefähren Anhaltspunkt der Angemessenheit der Frist heranzuziehen. In einem zweiten Schritt kann dann beim Vorliegen besonderer Umstände die An-

---

209 *Brehm*, S. 86; *Berlit*, Rd. 48.

210 *OLG München* UFITA 20 (1955), 208, 211 – „An der schönen blauen Donau"; *OLG Hamburg* UFITA 21 (1956), 337, 343 – „Roman einer Siebzehnjährigen"; *LG München I* UFITA 50 (1967), 277, 279 – „Der kupferne Götze"; *Fezer*, MarkenG, § 15 Rd. 167i; *Leinveber*, JR 1958, 371, 374; *Körner*, S. 101; *v. Hartlieb*, Filmtitel, S. 35 f.

211 *KG Berlin* UFITA 26 (1958), 98, 103 – „Das gab's nur einmal"; *Arras*, GRUR 1988, 356, 357, der einen Zeitraum von mehr als anderthalb Jahren für die Herstellung eines Filmwerks regelmäßig für angemessen hält; *Roeber*, FuR 1957, Nr. 2, 13, 13.

212 *LG München I* UFITA 21 (1956), 357, 358 – „Kaprun"; *LG Hamburg* UFITA 26 (1958), 358, 362 – „Petersburger Nächte".

213 *OLG München* UFITA 20 (1955), 208, 211 – „An der schönen blauen Donau"; *Ochs*, WRP 1987, 651, 658.

214 *OLG München* UFITA 20 (1955), 208, 211 – „An der schönen blauen Donau"; *LG München I* UFITA 50 (1967), 277, 279 – „Der kupferne Götze"; *Röder*, S. 34 f.; *v. Hartlieb*, S. 302; *Roeber*, FuR 1957, Nr. 2, 13, 13.

215 So aber *Möhring/Nicolini/Ahlberg*, UrhG, § 2 Rd. 173; das *OLG Hamburg* WRP 1996, 322, 323 – „Titelschutzanzeige" will die Angemessenheit des Zeitraums dagegen aufgrund einer objektivierten Betrachtungsweise ermitteln, was keine Berücksichtigung von atypischen Besonderheiten des Einzelfalls zulässt. Das hat zur Folge, dass wirtschaftlich stärkere und einflussreichere Produktionsgesellschaften, die regelmäßig den angemessenen Zeitraum einhalten werden und ihn somit indirekt vorgeben, gegenüber kleineren einseitig bevorzugt werden. Auch kommt es so zu keinem angemessenem Interessenausgleich zwischen Ankündigendem und den Mitkonkurrenten.

gemessenheit des Zeitraums im Einzelfall gesondert bestimmt werden, so dass bei atypischen Konstellationen das individuelle Schutzbedürfnis des Ankündigenden berücksichtigt werden kann. Besteht die Gefahr, dass die Herstellung des Filmwerks eine angemessene Zeitspanne nach der Titelschutzanzeige überschreitet, kann eine erneute Titelschutzanzeige geschaltet werden.[216] Die Vorverlegung der Priorität erfolgt bei Vorliegen der weiteren Voraussetzungen dann allerdings nur auf den Zeitpunkt der zweiten Titelschutzanzeige.

c) Öffentliche Ankündigung in branchenüblicher Weise

Nach der Rechtsprechung muss die Titelschutzanzeige in branchenüblicher Weise veröffentlicht werden, denn nur auf diese Weise kann sie ihre Schutz-, Warn- und Informationsfunktion erfüllen.[217] Den wirtschaftlichen Interessen der beteiligten Verkehrskreise vor Fehlinvestitionen wird sie nur gerecht, wenn gewährleistet ist, dass diese die Ankündigung auch in zumutbarer Weise zur Kenntnis nehmen können.[218] Dieser Anforderung ist genüge getan, wenn die Titelschutzanzeige in einer Fachzeitschrift der Filmwirtschaft („Blickpunkt: Film") oder in einer auf Titelschutzanzeigen spezialisierten Zeitschrift („Der Titelschutzanzeiger") veröffentlicht wird.

Im Hinblick auf die inhaltliche Gestaltung der Titelschutzanzeige stellt sich die Frage, welche Informationen diese enthalten muss, um auch die mit ihr beabsichtigte Rechtswirkung der Prioritätsvorverlegung zu erreichen. Insbesondere ist fraglich, ob aus der Titelschutzanzeige auch ein konkreter Werkbezug zu entnehmen sein muss.

Der *BGH* hat in seiner Rechtsprechung bisher keine exakten inhaltliche Anforderungen an die Veröffentlichungsweise von Titelschutzanzeigen aufgestellt. In der Praxis der Titelschutzanzeigen wird entweder gar nicht dargelegt, für welche Werkkategorie der Titel in Anspruch genommen wird oder es werden eine Vielzahl möglicher Werkkategorien (z.B. Rundfunk, Fernsehen, Druckerzeugnisse), aber nicht die konkrete Werkart (z.B. Spiel- oder Dokumentarfilm) genannt. Das gilt insbesondere für Titelschutzanzeigen in der Zeitschrift „Der Titelschutzanzeiger". Ob in der Titelschutzanzeige auch die Werkart, für die der Titel in Anspruch genommen wird, angegeben werden muss, um eine Vorverlegung des Werktitelschutzes zu rechtfertigen, erschließt sich aus Sinn und Zweck der Titelschutzanzeige.

Schutzgegenstand des Kennzeichenrechts ist nicht das Filmwerk, sondern der Filmtitel. Daraus lässt sich zunächst folgern, dass der Filmtitel und nicht das Filmwerk in branchenübli-

---

216 *Brehm*, S. 86.
217 *BGH* GRUR 1989, 760, 762 – „Titelschutzanzeige"; *Metzger*, S. 89.
218 *BGH* GRUR 1989, 760, 762 – „Titelschutzanzeige".

cher Weise öffentlich angekündigt werden muss und dass nicht das Filmwerk, sondern der Filmtitel nach der Ankündigung in angemessener Frist für ein existentes Filmwerk tatsächlich im geschäftlichen Verkehr benutzt werden muss. Auch die der Titelschutzanzeige notwendigerweise folgende spätere Benutzungsaufnahme im geschäftlichen Verkehr setzt nicht voraus, dass das Filmwerk aufgeführt oder ausgestrahlt wird, sondern dass der Filmtitel im Geschäftsverkehr für das fertige Filmwerk gebraucht wird. Insofern kann an das Erfordernis des späteren Erscheinens im geschäftlichen Verkehr innerhalb angemessener Frist nach der Titelschutzanzeige kein anderer Maßstab angelegt werden als an die tatsächliche Benutzungsaufnahme im geschäftlichen Verkehr im Sinne des § 5 Abs. 3 MarkenG. Folglich kündigt auch die Titelschutzanzeige, was sich bereits aus dem Begriff selber ergibt, an die Inanspruchnahme eines Filmtitels und nicht eines Filmwerks an.

Für die Ansicht, dass einer Titelschutzanzeige bei Vorliegen der weiteren Voraussetzungen nur dann prioritätsbegründende Wirkung zugesprochen werden kann, wenn sie neben der Angabe des in Anspruch genommenen Titels auch die Angabe der Werkkategorie und Werkart enthält, auf die sie sich bezieht, sprechen jedoch folgende Gründe: Ohne den Bezug des Titels zu einer bestimmten Werkkategorie und einer bestimmten Werkart käme es bereits bei der Entstehung des Titelrechts durch die Vorverlegung des Titelschutzes zu einem werkunabhängigen und damit isolierten Titelschutz, was mit der Unterscheidungsfunktion, die der Titel als werkidentifizierendes Unterscheidungsmittel ausübt, unvereinbar ist. Die Entstehungsakzessorietät zwischen Titel und Werk wäre nicht nur, was aus der generellen Anerkennung des Instituts der Titelschutzanzeige folgt, erheblich gelockert (es gibt noch kein existentes Werk), sondern sie wäre vollständig aufgehoben. Das Erfordernis des konkreten Werkbezugs der Titelschutzanzeige ergibt sich aber auch aus der Schutz-, Warn- und Informationsfunktion der Titelschutzanzeige gegenüber den beteiligten Verkehrskreisen: So ist für die Beurteilung der Verwechslungsgefahr zwischen Werktiteln neben ihrer Kennzeichnungskraft und Zeichenähnlichkeit auch die Werkkategorie entscheidend, für die der Titel verwendet wird.[219]

Aus der Gesetzesbegründung zum Markengesetz, durch die das Institut der Titelschutzanzeige erstmalig auch vom Gesetzgeber ausdrücklich anerkannt wird, geht ebenso das Erfordernis der Angabe von Werkkategorie und Werkart in der Titelschutzanzeige hervor.[220] Auch den Ausführungen des *BGH* zu den rechtlichen Voraussetzung und Wirkungen der Titel-

[219] *Russ*, S. 100; *W. Schmid*, FS *Erdmann*, S. 469, 474 ff.; *Ochs*, WRP 1987, 651, 654; zur Bedeutung bei der Beurteilung der Verwechslungsgefahr: *BGH* AfP 1978, 45, 48 – „Der 7. Sinn“; *Schricker*, FS *Vieregge*, S. 775, 787; *Ingerl/Rohnke*, MarkenG, § 15 Rd. 89 ff.; *Sack*, S. 144 ff.; dazu im 5. Abschnitt des 2. Kapitels unter II. 2. c) cc) „Werkähnlichkeit“.

[220] Amtl. Begr., BT-Drucks. 12/6581, S. 68: „Wird [...] ein in einer solchen Anzeige aufgeführtes Werk unter einem angezeigten Titel auf den Markt gebracht, so [...].“ Damit kann nur gemeint sein, dass auch die Werkart, für die der Titel verwendet werden soll, bereits aus der Titelschutzanzeige hervorgehen muss.

schutzanzeige, dessen Rechtsprechung zur Titelschutzanzeige die Gesetzesbegründung zum Markengesetz stützt, liegt indirekt der Bezug der Titelschutzanzeige auf eine Werkkategorie und Werkart zugrunde. So führt der *BGH* aus, „dass für die Entstehung des Titelschutzes die öffentliche Ankündigung *des Werks* unter seinem Titel der tatsächlichen Benutzungsaufnahme durch Erscheinen gleichzustellen ist, wenn das Werk in angemessener Frist unter dem Titel erscheint".[221] Die Formulierung des *BGH* ist ungenau, suggeriert sie doch, dass ein konkretes Filmwerk bereits zum Zeitpunkt der Titelschutzanzeige vorliegen müsse, doch existiert zu diesem Zeitpunkt gerade noch kein konkretes Filmwerk. Dennoch stellt der *BGH* den Werkbezug her, der nur dahin verstanden werden kann, dass zumindest Werkkategorie und Werkart in der Titelschutzanzeige angegeben werden müssen.

Auch das vom *BGH* aufgestellte Erfordernis einer Titelankündigung in branchenüblicher Weise deutet darauf hin, dass aus der Titelschutzanzeige nicht nur der in Anspruch genommene Titel, sondern auch die Werkkategorie („Branche"), für die er in Anspruch genommen wird, hervorgehen muss. Ferner ergibt sich das Erfordernis der Angabe von Werkkategorie und Werkart daraus, dass die Angemessenheit der Frist, in der eine Benutzungsaufnahme des Titels für das fertige Werk im geschäftlichen Verkehr erfolgen muss, werkspezifisch zu bestimmen ist. Ohne Kenntnis von Werkkategorie und Werkart ist es den beteiligten Verkehrskreisen nicht möglich, das Freiwerden eines in Anspruch genommenen Titels wegen des Ablaufs der angemessenen Frist ausreichend abschätzen zu können, so dass sie zur Vermeidung eventueller Titelrechtsstreitigkeiten von der Wahl ähnlicher Titel Abstand nehmen müssen. Eine fehlende Angabe von Werkkategorie und Werkart in der Titelschutzanzeige führt somit zu einer Einschränkung der wirtschaftlichen Disposition der Mitbewerber. Das ist aber mit der Schutz-, Warn- und Informationsfunktion der Titelschutzanzeige unvereinbar, denn Folge wäre eine mit der faktischen Sperrwirkung des Titels verbundene Planungsunsicherheit und damit eine unzumutbare Behinderung der Mitbewerber.

Die Bezugnahme auf eine bestimmte Werkkategorie und Werkart beeinträchtigt auch nicht das dem Anzeigenden aus wettbewerblichen Gründen zuzubilligende Geheimhaltungsinteresse in unzumutbarer Weise, da die Titelschutzanzeige anonym über eine Rechtsanwaltskanzlei geschaltet werden kann, ohne dass ein Hinweis auf den dahinterstehenden Produzenten, das dahinterstehende Unternehmen oder die Fernsehanstalt erfolgen muss.

---

[221] *BGH* GRUR 1989, 760, 761 – „Titelschutzanzeige".

d) Aktiv- und Passivlegitimation des Anzeigenden

Die Behandlung der Titelschutzanzeige als *Fiktion* einer Benutzungsaufnahme des Filmtitels bei dessen tatsächlicher Benutzung für das fertiggestellte Filmwerk im geschäftlichen Verkehr durch den *BGH* wirft die Frage auf, inwieweit der Titelschutzanzeige nicht doch bereits über das bisher Gesagte hinaus eine rechtliche Bedeutung vor einer tatsächlichen Benutzungsaufnahme des Filmtitels für ein fertiggestelltes Filmwerk im geschäftlichen Verkehr zukommt; denn zum einen stellt sich die Frage, ob der Ankündigende schon im Zeitraum zwischen der Titelschutzanzeige und dem tatsächlichen Erscheinen des Filmtitels im geschäftlichen Verkehr Rechtsschutz gegenüber einer späteren Ankündigung oder Benutzung eines verwechslungsfähigen Filmtitels durch einen Dritten genießt. Zum anderen könnte die Titelschutzanzeige eine drohende Titelrechtsverletzung eines prioritätsälteren Titelrechts darstellen, so dass der Ankündigende bereits auf Unterlassung in Anspruch genommen werden könnte. Diese Probleme werden in der Literatur im Zusammenhang mit der Aktiv- und Passivlegitimation des Ankündigenden diskutiert.[222]

aa) Passivlegitimation

Da die Titelschutzanzeige ohne eine tatsächliche Benutzungsaufnahme des Titels für ein existierendes Filmwerk im geschäftlichen Verkehr das Recht am Filmtitel noch nicht entstehen lässt, ist ein Rechtsschutz Dritter nur über den vorbeugenden Rechtsschutz möglich. Voraussetzung für eine Inanspruchnahme des Ankündigenden im Rahmen einer vorbeugenden Unterlassungsklage ist eine drohende Beeinträchtigung des prioritätsälteren Titelrechts aufgrund der öffentlichen Ankündigung. Durch die öffentliche Ankündigung in branchenüblicher Weise bezweckt der Ankündigende, u.a. die beteiligten Verkehrskreise von einer beabsichtigten Ingebrauchnahme des Filmtitels zu informieren und diese gleichzeitig vor einer eigenen Benutzung des Filmtitels zu warnen. Der Verkehr muss mit der alsbaldigen Herstellung und Verbreitung des Filmwerks unter dem Filmtitel rechnen. Mit der Titelschutzanzeige dokumentiert der Ankündigende eine ernsthafte Benutzungsabsicht des Filmtitels, die eine spätere Verletzungshandlung des prioritätsälteren Titelrechts wahrscheinlich macht.[223] Bereits in der öffentlichen Ankündigung des Filmtitels in branchenüblicher Weise durch eine Titelschutzan-

---

[222] *Oelschlägel*, S. 107 ff.; *Sack*, S. 100 ff.; *W. Schmid*, FS *Erdmann*, S. 469, 476 ff.

[223] *Oelschlägel*, S. 109; *W. Schmid*, FS *Erdmann*, S. 469, 479; *Bosten/Prinz*, AfP 1991, 361, 362; *Russ*, Börsenblatt für den Deutschen Buchhandel 1991, 2502, 2504; *Arras*, GRUR 1988, 356, 359; dagegen *v. Linstow*, FS *Erdmann*, S. 375, 380 f., unter Betonung der Informationsfunktion („Notifizierungsfunktion") der Titelschutzanzeige.

zeige liegt damit eine drohend bevorstehende Rechtsverletzung des prioritätsälteren Titelrechts im Sinne einer Erstbegehungsgefahr vor.[224]

Bei der anonymisierten Titelschutzanzeige, d.h. der Titelschutzanzeige durch einen Dritten (z.B. Rechtsanwaltskanzleien oder Agenturen), ist umstritten, inwieweit auch der Dritte neben dem eigentlichen Auftraggeber im Hinblick auf den Unterlassungsanspruch aus § 15 Abs. 4 MarkenG und eine Kostenerstattung passivlegitimiert ist. Eine Passivlegitimation des Dritten wird in der Instanzrechtsprechung und von einem Teil der Literatur zumindest dann angenommen, wenn der Dritte die Nennung des Auftraggebers verweigert.[225] Dem steht jedoch entgegen, dass eine bevorstehende Benutzung des Titels nicht durch den Dritten sondern durch den Auftraggeber droht.[226] Kennzeichenrechtliche Ansprüche und solche auf Kostenerstattung bestehen gegenüber dem Dritten deshalb nicht. Auch Auskunftsansprüche gegen den Dritten, den Auftraggeber der Titelschutzanzeige zu offenbaren, bestehen nicht.[227] Die daraus folgende fehlende vorläufige Durchsetzungsmöglichkeit des Titelrechts gegenüber demjenigen, der sich einer anonymisierten Ankündigung bei der Schaltung von Titelschutzanzeigen bedient, ist für den Titelrechtsinhaber hinnehmbar und führt zu keiner unangemessenen Rechtsschutzlücke: Spätestens mit der tatsächlichen Benutzungsaufnahme des in der Titelschutzanzeige angekündigten Titels im geschäftlichen Verkehr für das dann fertiggestellte Werk tritt auch der passivlegitimierte Titelrechtsinhaber in Erscheinung und kann in Anspruch genommen werden.[228]

bb) Aktivlegitimation

Dagegen ist die Annahme einer schutzfähigen Rechtsposition des Ankündigenden gegenüber einer späteren Ankündigung oder Benutzung eines verwechslungsfähigen Titels proble-

---

[224] *BGH* GRUR 2001, 1054, 1055 – „Tagesreport"; *OLG München* UFITA 22 (1956), 235, 240 – „Der Herrscher"; *OLG München* UFITA 23 (1957), 217, 217 – „... bis daß der Tod euch scheidet"; *Ingerl/Rohnke*, MarkenG, § 15 Rd. 79; *Deutsch/Mittas*, Rd. 58 f., 71; *Mittas*, S. 61 f.; *Arras*, GRUR 1988, 356, 359; dagegen: *Klippel/Pahlow*, in: HK-Markenrecht, § 15 Rd. 70.

[225] *OLG Hamburg* ZUM-RD 2000, 181, 183 – „Superweib"; *OLG Köln* AfP 1991, 440, 441 – „Sex Press"; *OLG Frankfurt a. M.* ZUM 1991, 43, 44 – „Hessenfunk"; *LG München I* WRP 1999, 368, 369 – „Aber Hallo"; *Klippel/Pahlow*, in: HK-Markenrecht, § 15 Rd. 70; *Sack*, S. 199; *Oelschlägel*, S. 109 f.; *Deutsch/Mittas*, Rd. 58; *Mittas*, S. 62.

[226] *Russ*, S. 107; *Schmid*, FS *Erdmann*, S. 469, 480 f.; *v. Linstow*, FS *Erdmann*, S. 375, 383 f.

[227] *Russ*, S. 107; nach der Ansicht von *Schmid*, FS *Erdmann*, S. 469, 481, scheidet ein Auskunftsanspruch jedenfalls bei Rechtsanwälten aus, da einer solchen Auskunft die berufliche Verschwiegenheitspflicht (§§ 43a Abs. 2 BRAO, 2 BORA) entgegenstehe, die auch den Namen des Mandanten umfasse und im Hinblick auf eine Titelrechtsverletzung keiner Einschränkung unterliege; das *OLG Hamburg* WRP 1981, 30, 32 – „Woche aktuell" und *Ochs*, WRP 1987, 651, 657, vertreten dagegen, dass die Verschwiegenheitspflicht des Anwalts einer Offenbarung nicht entgegen steht, da die Verletzung des Titelrechts schwerer wiege als das Geheimhaltungsbedürfnis des Auftraggebers.

[228] Ebenso *Schmid*, FS *Erdmann*, S. 469, 481.

matisch. Ein Großteil der Literatur will auch dem Ankündigenden bereits die Titelschutzrechte aus § 15 Abs. 2 MarkenG zubilligen, denn nur dann werde der Zweck des vorverlegten Titelschutzes durch die öffentliche Ankündigung in branchenüblicher Weise erfüllt.[229] Bereits im Stadium der öffentlichen Ankündigung sei ein effektiver Interessenschutz notwendig, da eine Versagung des Schutzes zur Folge hätte, dass sämtliche Titelrechtsstreitigkeiten in den Zeitraum nach Erscheinen des Filmtitels für das fertige Filmwerk im geschäftlichen Verkehr verlagert würden. Dadurch würde aber der mit der Titelschutzanzeige bezweckte Investitionsschutz stark gefährdet.[230] Auch sei durch die zum Zeitpunkt der öffentlichen Ankündigung bereits vorhandenen Vorbereitungshandlungen eine Rechtsposition im Sinne des § 15 Abs. 2 MarkenG hinreichend substantiiert.[231] Teilweise wird der im Zeitpunkt der öffentlichen Ankündigung entstehende Rechtsschutz aus § 15 MarkenG auch damit begründet, dass schon im Augenblick der öffentlichen Ankündigung in brachenüblicher Weise ein zunächst vollwertiger, jedoch auflösend bedingter Schutz des Filmtitels entstehe. Der Titelschutz sei auflösend bedingt, da er mit Wirkung ex tunc entfalle, wenn der Filmtitel nicht in angemessener Zeit für das fertiggestellte Filmwerk im geschäftlichen Verkehr erscheint.[232]

Die Annahme einer Entstehung des Filmtitelrechts unter der auflösenden Bedingung der tatsächlichen Benutzung des Filmtitels für das fertiggestellte Filmwerk im geschäftlichen Verkehr ist jedoch nicht mit dem Grundsatz der Entstehungsakzessorietät zwischen Titel und Werk vereinbar.[233] Werktitelschutz entsteht erst mit der Benutzungsaufnahme des Werktitels im geschäftlichen Verkehr für ein fertiggestelltes konkretes Werk. Zum Zeitpunkt der öffentlichen Ankündigung existiert ein solches fertiges, konkretes Werk noch gar nicht. Die öffentliche Ankündigung führt bei Vorliegen der weiteren Voraussetzungen nur zu einer *Fiktion* der Benutzungsaufnahme auf den Zeitpunkt der öffentlichen Ankündigung, d.h. die öffentliche Ankündigung hat nur eine prioritätsvorverlegende Wirkung. Das Werktitelrecht ist ein sachliches Schutzrecht, für dessen Entstehung der Titelschutzanzeige keinerlei Bedeutung zu-

[229] *Deutsch/Mittas*, Rd. 59; *Mittas*, S. 61, 63; *Oelschlägel*, S. 107 f.; *Sack*, S. 100 f.; *Deutsch*, S. 38 f.; *Körner*, S. 99 f.; *Russ*, S. 91; *ders.*, Börsenblatt für den Deutschen Buchhandel 1991, 2502, 2503 f.; *Teplitzky*, GRUR 1997, 450, 452; *Bosten/Prinz*, AfP 1991, 361, 362; *dies.*, AfP 1989, 664, 667; das *OLG München* GRUR 1989, 356, 357 – „Sternstunden des Sports" lässt offen, ob § 16 Abs. 1 UWG a.F. anwendbar ist und begründet einen Anspruch aus § 1 UWG; *LG Stuttgart* AfP 1985, 229, 230 – „Chip".

[230] *Oelschlägel*, S. 108; *Sack*, S. 100; Russ, S. 91; *Deutsch*, S. 38 f.; *Körner*, S. 99 f.

[231] *Oelschlägel*, S. 108; *Ochs*, WRP 1987, 651, 655.

[232] *Teplitzky*, GRUR 1997, 450, 453; *Sack*, S. 89; so wohl auch *Bosten/Prinz*, AfP 1991, 361, 363 und *R. Schmid*, AfP 1985, 196, 196; anders wiederum *Körner*, S. 99 f., der von einem Anwartschaftsrecht ausgeht, das sich unter der auflösenden Bedingung der wirklichen nachfolgenden Benutzung des dem Titel zugrunde liegenden Substrats mit Wirkung ex tunc zum Vollrecht entfalte. *Körner* geht dabei entgegen seinen Ausführungen wohl eher von einer aufschiebenden Bedingung aus. Aus welchen Gründen mit der öffentlichen Ankündigung ein Anwartschaftsrecht entstehen soll, bleibt offen. Auch *Russ*, S. 92, geht von einem Anwartschaftsrecht des Ankündigenden aus, auf das § 16 Abs. 1 UWG a.F. analog anzuwenden sei.

[233] In dieser Deutlichkeit jetzt auch das *OLG Hamburg* in WRP 2002, 337, 338 – „Bremer Branchen"; ebenso *v. Linstow*, FS *Erdmann*, S. 375, 379; *W. Schmid*, FS *Erdmann*, S. 469, 476 ff.

kommt. Die Annahme eines auflösend bedingten Werktitelrechts aufgrund einer öffentlichen Ankündigung in branchenüblicher Weise ist daher abzulehnen[234].

Auch kommt dem Ankündigenden durch die Ankündigung keine gesicherte Rechtsposition ähnlich einem Anwartschaftsrecht zu: Voraussetzung eines Anwartschaftsrechts ist, dass von einem mehraktigen Entstehungstatbestand eines Rechts schon so viele Erfordernisse erfüllt sind, dass eine gesicherte Rechtsposition des Erwerbers besteht.[235] Die öffentliche Ankündigung hat für die Entstehung des Werktitelrechts jedoch keinerlei Bedeutung; sie führt nur zu einer Vorverlegung der Priorität des Werktitelrechts, sofern der Titelschutzanzeige die tatsächliche Benutzung des Titels für ein tatsächlich existentes Werk im geschäftlichen Verkehr in angemessener Zeit nachfolgt,[236] so dass durch die Titelschutzanzeige keine gesicherte Rechtsposition des Ankündigenden entsteht.[237]

Des Weiteren sind auch die Konsequenzen einer Anerkennung des Werktitelschutzes in dem Stadium vor der Fertigstellung des Werks, zu einem Zeitpunkt, zu dem noch keine Benutzungsaufnahme des Titels für dieses Werk im geschäftlichen Verkehr erfolgt ist, zu bedenken. So könnte der Ankündigende die Unterlassung der Ankündigung oder Benutzung eines verwechslungsfähigen Titels durch einen Dritten verlangen, obwohl gar nicht feststeht, dass der Ankündigende den Filmtitel auch in angemessener Zeit für ein fertiggestelltes Filmwerk im geschäftlichen Verkehr benutzen wird. Erkennt man mit dem *BGH* auch Sammeltitelschutzanzeigen als zulässige Form der öffentlichen Ankündigung an,[238] könnte der Ankündigende aus jedem einzelnen der in der Sammeltitelschutzanzeige aufgeführten Titel gegen Dritte vorgehen, obwohl feststeht, dass er letztlich nur einen der in der Titelschutzanzeige aufgeführten Titel für das sich noch in der Entstehung befindende Werk benutzen wird. Insoweit hat aber auch der Dritte ein berechtigtes Interesse, eine beabsichtigte Titelbenutzung öffentlich anzukündigen, solange nicht feststeht, dass der Konkurrent seinen angekündigten Titel auch tatsächlich in Gebrauch nimmt.

Die Annahme einer Aktivlegitimation des Ankündigenden führt noch zu einem weiteren Problem: Wird der Filmtitel nicht innerhalb angemessener Frist im geschäftlichen Verkehr benutzt, obwohl der Ankündigende bereits den Dritten auf Unterlassung in Anspruch genom-

---

[234] Ebenso bestehen Bedenken dagegen, dass der Eintritt der auflösenden Bedingung (keine tatsächliche Benutzungsaufnahme im geschäftlichen Verkehr innerhalb angemessener Frist) ex tunc-Wirkung entfalten soll, vgl. §§ 158 Abs. 2, 159 BGB.

[235] *Palandt/Heinrichs*, Einf. vor § 158 Rd. 9; *Westermann*, in: MüKo, § 161 Rd. 2.

[236] Dazu im 2. Abschnitt des 2. Kapitels unter III. 1. „Funktionen der Titelschutzanzeige".

[237] Dagegen *Russ*, S. 92: „Die Voraussetzungen für das Entstehen eines Anwartschaftsrechts am Titel als Immaterialgüterrecht sind gegeben, da der Ankündigende bereits eine schutzwürdige Position erlangt hat, das Recht am Titel noch nicht entstanden ist, und der Erwerb des Rechts nur noch von ihm selbst abhängt."

[238] *BGH* GRUR 1989, 760, 761 f. – „Titelschutzanzeige"; dazu im 2. Abschnitt des 2. Kapitels unter III. 3. „Sammeltitelschutzanzeigen".

men hat, entfällt nachträglich mit Rückwirkung die Grundlage des vermeintlichen Unterlassungsanspruchs. Um die damit verbundene Rechtsunsicherheit zu vermeiden, fordern Teile der Literatur, dass der Ankündigende nur dann gegen den Dritten vorgehen könne, wenn die Vorbereitungshandlungen für das geplante Filmwerk dargelegt werden und hinreichend glaubhaft gemacht wird, dass das Erscheinen des Filmtitels im geschäftlichen Verkehr für das konkrete Filmwerk innerhalb der angemessenen Frist möglich ist.[239] Ansonsten sei eine Klage auf Unterlassung abzuweisen.

Doch auch unter diesen Voraussetzungen ist die Ausdehnung des Werktitelschutzes abzulehnen, da dies zu einem abstrakten, d.h. vom zugrunde liegenden Werk unabhängigen Werktitelschutz bereits zum Zeitpunkt der Entstehung des Werktitelrechts führen würde.

Dem Ankündigenden verbleibt somit in dem Zeitraum zwischen der öffentlichen Ankündigung und der tatsächlichen Ingebrauchnahme des Filmtitels für das fertige Filmwerk ein Rest an unternehmerischem Risiko, was unter Berücksichtigung der wirtschaftlichen und wettbewerblichen Interessen der Konkurrenten an eigenen öffentlichen Ankündigungen auch gerechtfertigt ist. Eine Anwendung des Werktitelschutzrechts in diesem Stadium scheidet aus. Ein Schutz des Ankündigenden ist lediglich in Ausnahmefällen unter den Voraussetzungen des § 1 UWG zu erwägen.[240]

3. Sammeltitelschutzanzeigen

In der Praxis sind auch für Filmtitel Sammeltitelschutzanzeigen in diversen Filmfachzeitschriften oder der Zeitschrift „Der Titelschutzanzeiger" weit verbreitet. Darunter versteht man Titelschutzanzeigen, in denen eine Vielzahl an Titeln für ein in der Entstehung befindliches Werk in Anspruch genommen wird. Als Beispiel für eine Sammeltitelschutzanzeige wird ein Auszug aus der Zeitschrift „Der Titelschutzanzeiger", Nr. 616, Woche 18/2003 wiedergegeben:

Unter Hinweis auf § 5 Abs. 3 MarkenG nehmen wir Titelschutz in Anspruch für

Der große Brand

Bomben über Dresden

Feuersturm auf Dresden

Bombennächte über Dresden

---

[239] *Sack*, S. 101; *Oelschlägel*, S. 108; *Bosten/Prinz*, AfP 1991, 361, 362; dagegen *W. Schmid*, FS *Erdmann*, S. 469, 477 f.

[240] *OLG Hamburg* UFITA 21 (1956), 337, 344 – „Roman einer Siebzehnjährigen"; dazu im 5. Kapitel unter II. 1. „Der Schutz nach § 1 UWG".

Luftkrieg über Dresden

Luftschlacht über Dresden

Als der Himmel brannte

Die Nacht der Bomben

Das Höllenfeuer von Dresden

in allen Wortverbindungen, Zusammensetzungen, Abkürzungen, Darstellungsformen, grafischen Gestaltungen, Schreibweisen und mit allen Zusätzen für alle Medien, insbesondere Hörfunk, Film, Fernsehen und sonstige elektronische Medien und Netzwerke einschließlich Offline- und Online-Diensten, sonstige audiovisuelle Medien sowie Software-Erzeugnisse, CD-ROM, CD-I, Bild-, Ton- und Datenträger aller Art, Telekommunikationsdienstleistungen (einschließlich Unified Messaging Systems, SMS, WAP), Merchandising, öffentliche Veranstaltungen, Literatur- und Druckerzeugnisse.

TeamWorx Produktion für Kino und Fernsehen GmbH, Mommsenstraße 73, 10629 Berlin.

Der *BGH* hat die in der Praxis verbreitete Schaltung von Sammeltitelschutzanzeigen als rechtswirksame Titelschutzanzeigen anerkannt.[241] In der Begründung der Zulässigkeit von Sammeltitelschutzanzeigen stützt sich der *BGH* ausschließlich auf wirtschaftliche Erwägungen, indem er ausführt, dass in der Praxis ein Bedürfnis nach Sammeltitelschutzanzeigen bestehe. Die Zulassung von Sammeltitelschutzanzeigen führe zu einer größeren Planungssicherheit der beteiligten Verkehrskreise, denn diesen müsse es möglich sein, weitere Marktanalysen zur Auswahl des zugkräftigsten Titels durchzuführen und kurzfristig auf einen anderen ebenfalls durch Titelschutzanzeige gesicherten Titel ausweichen zu können. Eine unzumutbare Behinderung der Mitbewerber werde nach Ansicht des *BGH* dadurch vermieden, dass der Ankündigende den Filmtitel für das fertige Filmwerk innerhalb einer angemessenen Zeit im geschäftlichen Verkehr benutzen müsse und in der Sammeltitelschutzanzeige nicht so viele Filmtitel aufgeführt werden dürfen, dass dies zu einer „Titelblockade" führe.

Gegen diese ausschließlich die wirtschaftlichen Bedürfnisse der Titelschutzanzeigenden berücksichtigende Rechtsprechung lassen sich eine Reihe von rechtlichen und praktischen Argumenten anführen: Gegen die Zulässigkeit von Sammeltitelschutzanzeigen als öffentliche Ankündigung zur Vorverlegung der Priorität ist anzuführen, dass die Ankündigung mehrerer Titel durch Sammeltitelschutzanzeigen für ein einzelnes sich in der Vorbereitung befindendes Werk das Erfordernis des konkreten Werkbezugs des Titels, der auch bei einer Titelschutzan-

---

[241] *BGH* GRUR 1989, 760, 761 – „Titelschutzanzeige".

zeige gewährleistet sein muss,[242] missachtet: Die Anerkennung von Sammeltitelschutzanzeigen ist nicht mehr mit dem Grundsatz der Entstehungsakzessorietät zwischen Filmtitel und Filmwerk vereinbar. Zum Zeitpunkt der Sammeltitelschutzanzeige ist eine eindeutige Zuordnung zwischen einem bestimmten Filmtitel und dem sich in der Entstehung befindendes Filmwerk nicht möglich. Es besteht lediglich eine gewisse Wahrscheinlichkeit der tatsächlichen Benutzung eines der in der Sammeltitelschutzanzeige aufgeführten Titel für das Werk.[243] Damit kann der Filmtitel seiner Funktion als werkidentifizierendes Unterscheidungsmittel nicht gerecht werden. Die Vorverlegung des Titelschutzes auf den Zeitpunkt der öffentlichen Ankündigung durch die Sammeltitelschutzanzeige ist deshalb abzulehnen.

Auch eine Vielzahl hintereinander geschalteter Einzeltitelschutzanzeigen für das gleiche sich in der Herstellung befindliche Filmwerk ist nicht möglich, da sich die einzelnen Titel jeweils auf eben das gleiche Filmwerk beziehen und eine eindeutige Zuordnung nicht möglich ist.[244]

Des Weiteren begegnet die Zulassung von Sammeltitelschutzanzeigen durch den *BGH* erheblichen Bedenken im Hinblick auf eine daraus folgende Rechtsunsicherheit in den beteiligten Verkehrskreisen, die sich auch nicht durch die vom *BGH* für die Zulässigkeit von Sammeltitelschutzanzeigen genannten wirtschaftlichen Erwägungen rechtfertigen lässt: Für die beteiligten Verkehrskreise ist es nicht mehr möglich, das Ausmaß der geschalteten Titelschutzanzeigen zu überblicken; es muss auf professionelle Recherchedienste zurückgegriffen werden, um sich einen verlässlichen Überblick über bisher in Anspruch genommene Titel zu verschaffen.

Ferner entsteht eine erhebliche Planungsunsicherheit dadurch, dass zumindest nach überwiegender Ansicht in der Literatur aus der Titelschutzanzeige Werkkategorie und Werkart, für die der Titel in Anspruch genommen wird, nicht unbedingt hervorgehen muss.[245] Da zudem die angemessene Frist, die bis zum tatsächlichen Erscheinen des Titels im geschäftlichen Verkehr je nach Werkkategorie zwischen sechs Monaten (Zeitschriften) und anderthalb Jahren (Film) liegen kann, ist für die beteiligten Verkehrskreise nicht abschätzbar, wann in Anspruch genommene Titel gegebenenfalls wieder frei werden. Sofern der *BGH* erwartet, dass nicht benötigte Titel wieder freigeschaltet werden, um eine unnötige Titelblockade zu verhin-

242 Dazu im 2. Abschnitt des 2. Kapitels unter III. 2. c) „Öffentliche Ankündigung in branchenüblicher Weise".

243 *Oelschlägel*, S. 102; *Russ*, S. 104; *W. Schmid*, FS *Erdmann*, S. 469, 469 ff., 475 f.; *Ossing*, GRUR 1992, 85, 89.

244 *Arras*, GRUR 1988, 356, 357; *Ochs*, WRP 1987, 651, 655; *OLG Nürnberg*, AfP 1987, 445, 445 f. – „Titelschutzanzeige" (erfolgreiche Revision: *BGH* GRUR 1989, 760, 760 ff. – „Titelschutzanzeige").

245 *Deutsch/Mittas*, Rd. 56; *Loschelder*, FS *Vieregge*, S. 585, 602; *Sack*, S. 99; *Ossing*, GRUR 1992, 85, 89 f.; vgl. dagegen die Ausführungen im 2. Abschnitt des 2. Kapitels unter III. 2. c) „Öffentliche Ankündigung in branchenüblicher Weise."

dern, ist dieses praxisfern: Die Freischaltung selber ist mit Kosten verbunden und für den Fall einer Nichtfreischaltung sind keine rechtlichen Konsequenzen vorgesehen. Soweit ersichtlich wurde noch kein solcher Titelverzicht öffentlich angekündigt und damit den beteiligten Verkehrskreisen zugänglich gemacht.[246] Die vom *BGH* geforderte Freischaltung nicht benötigter Titel ist daher nicht geeignet, das Bedürfnis der beteiligten Verkehrskreise nach Planungssicherheit und Transparenz angemessen zu berücksichtigen, so dass im Hinblick auf die mit der Zulässigkeit von Sammeltitelschutzanzeigen verbundene Rechtsunsicherheit in den beteiligten Verkehrskreisen Sammeltitelschutzanzeigen als öffentliche Ankündigung mit der Wirkung der Prioritätsvorverlegung abzulehnen sind.[247]

4. Titelregister

Seit 1947 wird von der Spitzenorganisation der Filmwirtschaft e.V. (SPIO) über die freiwillige Selbstkontrolle der Filmwirtschaft (FSK) das Titelregister der deutschen Filmwirtschaft geführt, in das die Titel geplanter oder fertiggestellter Filmwerke eingetragen werden können.[248] Ursprünglich diente das Titelregister ausschließlich als Informationsquelle für die der SPIO angehörenden Produktions- und Verleihfirmen. Mittlerweile wird es von der gesamten Film- und Fernsehwirtschaft als Informationsquelle in Anspruch genommen.
Im Anschluss an die Darstellung und Untersuchung der Eintragungsvoraussetzungen des Filmtitels in das Register (a) ist zu fragen, welche rechtlichen Wirkungen eine Registereintragung des Filmtitels auslöst (b).

a) Eintragungsvoraussetzungen

Die Voraussetzungen und Wirkungen einer Eintragung des Filmtitels in das Titelregister sind den Richtlinien für das Filmtitelregister zu entnehmen:[249] Eintragungsfähig sind grundsätzlich nur Filmtitel. Darunter fallen auch Titel von Fernsehsendungen. Ausnahmsweise können auch die Titel von Literaturwerken und Tonwerken, insbesondere Rundfunksendungen eingetragen werden, wenn ihre Verfilmung beabsichtigt ist oder der Antragsteller über die Verfilmungsrechte verfügt; eine Prüfung erfolgt aber regelmäßig nicht. Für jedes Filmwerk

---

[246] *Deutsch/Mittas*, Rd. 55 Fn. 138; *Oelschlägel*, S. 104 f.; *W. Schmid*, FS *Erdmann*, S. 469, 480.
[247] *Russ*, S. 103 ff.; *Ochs*, WRP 1987, 651, 654 f.; *Arras*, GRUR 1988, 356, 357; *Ossing*, GRUR 1992, 85, 89 f.; differenzierend: *Oelschlägel*, S. 105; für die Zulässigkeit von Sammeltitelschutzanzeigen: *R. Schmid*, AfP 1985, 196, 197; *Bosten/Prinz*, AfP 1989, 666, 666 ff.; *dies.*, AfP 1991, 361, 362; *Teplitzky*, in: UWG GK, § 16 Rd. 102.
[248] Quelle: SPIO.
[249] Richtlinien für das Filmtitelregister, Fassung vom 1. Juli 1998.

kann nur ein Haupttitel eingetragen werden; die Eintragung eines Untertitels ist daneben möglich. Wird für Reprisen ein neuer Titel gewählt, so müssen sowohl der alte deutsche Titel als auch der neue Titel nebeneinander im Titelregister geführt werden. Die Anmeldung zur Eintragung in das Register ist freiwillig. Sie kann entweder unter dem Namen oder der Unternehmensbezeichnung des den Titel Beanspruchenden oder aber anonym durch Rechtsanwaltskanzleien erfolgen. Die Eintragung selber ist an die Zahlung einer Eintragungsgebühr gebunden und besteht für zwei Jahre ab dem Zeitpunkt der Eintragung.

Das Filmtitelregister wird in den Gruppen „Autoren", „Produzenten", „Verleiher" geführt. In das Titelregister „Autoren" werden die Filmtitel von Autoren aufgenommen. Der Anmeldung kann eine ausführliche Darstellung des Stoffes (Exposé, Treatment oder Drehbuch) in verschlossenem Umschlag beigefügt werden, auf dem u.a. der Filmtitel zu vermerken ist. Dieses Manuskript wird bei der SPIO für den Fall eines Rechtsstreits aufbewahrt. In der Praxis wird jedoch regelmäßig nur der Titel angemeldet. In das Titelregister „Produzenten" werden die Titel geplanter oder in Arbeit befindlicher Filme aufgenommen. In das Titelregister „Verleiher" werden die Titel von in- oder ausländischen Filmen eingetragen, die für den Vertrieb in der Bundesrepublik Deutschland bestimmt sind. Die Eintragung setzt voraus, dass der gleiche Titel nicht bereits im Register eingetragen ist. Die Eintragungen im Filmtitelregister werden ca. 4 Wochen nach der Anmeldung zur Eintragung in das Titelregister in der Fachzeitschrift „Blickpunkt: Film" veröffentlicht.

In der Rechtspraxis folgt auf einen Eintragungsantrag bei der SPIO neben einem Titelregisterabgleich eine Titelrecherche in Datenbanken der FSK durch die SPIO mit anschließender Mitteilung des Rechercheergebnisses an den Antragenden.[250] In der Vergangenheit erfolgte eine Eintragung oftmals nur, wenn der Filmtitel nicht bereits im geschäftlichen Verkehr benutzt wurde. Diese Eintragungspraxis hat sich mittlerweile geändert: Jeder Titel, der den Anforderungen der Richtlinien entspricht, wird eingetragen. Eine selbständige Einsichtnahme in das Titelregister durch den Antragenden ist bei der SPIO theoretisch möglich, erfolgt aber nur in Ausnahmefällen. Grundsätzlich ist das Titelregister nicht öffentlich einsehbar. Um die Wirkungen einer Titelschutzanzeige zu erreichen, ist es deshalb notwendig, den Filmtitel neben der Eintragung im Titelregister branchenüblich zu veröffentlichen. Diese branchenübliche Veröffentlichung des Filmtitels erfolgt ca. 4 Wochen nach der Eintragung im Titelregister in der Fachzeitschrift „Blickpunkt: Film".

Im Laufe der nächsten Jahre soll das Titelregister auch über das Internet abrufbar sein können und so dem einzelnen eine auf die Titelregistereintragungen beschränkte Recherche-

---

[250] Quelle: SPIO.

möglichkeit bieten.[251] Damit wird eine öffentliche Einsichtnahme in das Titelregister ermöglicht. Ein Abgleich des Filmtitels über die Datenbanken der FSK soll jedoch weiterhin nur auf Antrag erfolgen können. Die technischen Einzelheiten der Internetpräsentation sind noch unklar. Erwogen wird u.a. auch eine selbständige Titelregistereintragung des Antragenden zuzulassen, gegebenenfalls verbunden mit einem Hinweis, wenn der Filmtitel bereits eingetragen ist oder im geschäftlichen Verkehr benutzt wird. Die Filmtitel sollen über einen Zeitraum von 2 Jahren in diesem Register abrufbar und recherchierbar sein.

b) Rechtliche Wirkungen einer Registereintragung des Filmtitels

Das Titelregister dient vornehmlich als Informationsquelle der Film- und Fernsehwirtschaft. Ob eine Eintragung in das Register auch rechtliche Wirkungen entfalten kann, soll im Folgenden untersucht werden. Zunächst soll herausgearbeitet werden, dass die Titeleintragung in das Register keine schutzrechtsbegründende Wirkung haben kann (aa) und der Titeleintragung auch nicht die Wirkung einer öffentlichen Ankündigung entsprechend einer Titelschutzanzeige zukommt (bb). Anschließend ist zu untersuchen, ob und gegebenenfalls welche anderen rechtlichen Wirkungen der Titeleintragung zukommen können (cc).

aa) Keine rechtsbegründende Wirkung der Eintragung

Die Eintragung des Filmtitels in das Titelregister und die anschließende Veröffentlichung führen für sich genommen noch nicht zur Entstehung des Filmtitelschutzes. Dafür fehlt eine gesetzliche Grundlage.[252] § 5 Abs. 3 MarkenG regelt kein an ein förmliches Eintragungsverfahren gebundenes Schutzrecht, sondern ein sachliches Schutzrecht, das mit der Benutzungsaufnahme im geschäftlichen Verkehr entsteht. Insofern hat die Eintragung des Filmtitels in das Register keine titelschutzrechtsbegründende Wirkung;[253] es gelten die allgemeinen Grundsätze über die Entstehung des Werktitelrechts: Der unterscheidungskräftige Filmtitel muss für das existente Filmwerk im Verkehr benutzt werden.

---

[251] Quelle: SPIO.

[252] *OLG München* UFITA 20 (1955), 208, 211 ff. – „An der schönen blauen Donau"; *LG München I* UFITA 50 (1967), 277, 279 – „Der kupferner Götze"; *Deutsch/Mittas*, Rd. 57; *v. Hartlieb*, S. 301; *ders.*, Filmtitel, S. 48 f.; *Körner*, S. 102; *Metzger*, S. 91.

[253] *v. Hartlieb*, S. 302; *ders.*, Filmtitel, S. 48 f.; *Mittas*, S. 63 f.; *Metzger*, S. 91; *Röder*, S. 152 ff.; *Gerstenberg*, ZUM 1985, 346, 351; *Leinveber*, JR 1958, 371, 374; *Körner*, S. 102.

bb) Keine öffentliche Ankündigung

Das Titelregister ist grundsätzlich nicht öffentlich einsehbar und erreicht damit auch die mit einer Titelschutzanzeige verbundenen Warn-, Hinweis- und Schutzfunktionen nicht. Aus diesem Grund haben Rechtsprechung und Literatur erst der einer Registereintragung nachfolgenden Veröffentlichung in der Fachzeitschrift „Blickpunkt: Film“ die Bedeutung einer förmlichen Titelschutzanzeige zuerkannt. Zunächst hat das *OLG München* es explizit offengelassen, ob die Anmeldung zum Titelregister einer öffentlichen Ankündigung gleichzustellen ist.[254] In der späteren Entscheidung „An der schönen blauen Donau“ hat dasselbe Gericht dann ausgeführt, dass für die Entstehung des Titelschutzes aus Gründen des Verkehrsbedürfnisses die vor dem tatsächlichen Erscheinen erfolgte öffentliche Ankündigung eines Filmwerks unter seinem Titel der tatsächlichen Benutzungsaufnahme im geschäftlichen Verkehr gleichzusetzen sei, wenn und soweit diese nachfolge. Auch die Praxis der Eintragung in das Filmtitelregister führe nicht zu einer anderen Beurteilung, denn die Eintragung sei im Hinblick auf § 16 Abs. 1 UWG a.F., § 5 Abs. 3 MarkenG ohne Belang.[255] Bedeutung erlange die Eintragung erst durch die nachfolgende Veröffentlichung der Eintragung, die als öffentliche Ankündigung des Titels betrachtet werden müsse. Für die Vorverlegung des Titelschutzes ist nach der Ansicht des *OLG München* entscheidend, dass nach der öffentlichen Ankündigung des Titels dieser für das Filmwerk in angemessener Frist in Gebrauch genommen wird. In der Eintragung im Titelregister sieht es nicht eine solche öffentliche Ankündigung.[256]

Dieser Ansicht des *OLG München* ist wegen der fehlenden Publizität des Titelregisters zuzustimmen. Fraglich ist aber, ob nicht die Absicht der SPIO, das Titelregister über das Internet frei zugänglich zu gestalten und damit für jedermann einsehbar zu machen, auch Auswirkungen auf die Anerkennung der Titeleintragung im Register als öffentliche Ankündigung des Filmtitels hat.

Der *BGH* hat die Anforderungen, die an eine prioritätsbegründende öffentliche Ankündigung des Werks zu stellen sind, präzisiert.[257] Er verlangt als Voraussetzung einer Vorverlegung des prioritätsbegründenden Zeitpunkts die öffentliche Ankündigung des Titels in branchenüblicher Weise, da nur dann mit einer breiten Kenntnisnahme der interessierten Ver-

---

[254] *OLG München* UFITA 21 (1956), 81, 85 – „Am Brunnen vor dem Tore“.

[255] *OLG München* UFITA 20 (1955), 208, 210 f. – „An der schönen blauen Donau“; *OLG Hamburg* WRP 1991, 177, 183 – „Guldenburg“; *OLG München* UFITA 21 (1956), 81, 85 – „Am Brunnen vor dem Tore“; *LG München I* UFITA 50 (1967), 277, 279 – „Der kupferne Götze“; *LG Hamburg* UFITA 26 (1958), 358, 362 – „Petersburger Nächte“.

[256] *OLG München* UFITA 20 (1955), 208, 211 – „An der schönen blauen Donau“; *LG Hamburg* UFITA 26 (1958), 358, 362 – „Petersburger Nächte“; *Krause*, GRUR 1959, 346, 357; *Röder*, S. 33; *Deutsch*, S. 55.

[257] *BGH* WRP 1998, 877, 879 f. – „WINCAD“; *BGH* GRUR 1989, 760, 762 – „Titelschutzanzeige“.

kehrskreise gerechnet werden könne.[258] An die öffentliche Ankündigung sind deshalb strenge Anforderungen zu stellen.[259] Unter Berücksichtigung sowohl des Interesses des den Titel in Anspruch Nehmenden als auch der zu wahrenden Interessen der von der Vorverlegung betroffenen Verkehrskreise kann nicht jede irgendwie öffentlich zugängliche Ankündigung ausreichen, denn die weitreichenden Folgen, die mit der Ankündigung verbunden sind, erfordern es, nur solche Ankündigungen ausreichen zu lassen, die in branchenüblicher Weise veröffentlicht worden sind. Die öffentliche Ankündigung muss in einer Art und Weise erfolgen, dass es den interessierten Mitbewerbern möglich ist, auf einfache Weise von derartigen Ankündigungen Kenntnis erlangen zu können, ohne dass sie gezwungen werden, in der allgemeinen Presse oder in anderen Medien nach entsprechenden Ankündigungen zu recherchieren. Eine solche Möglichkeit der Kenntnisnahme besteht aber nur bei einer öffentlichen Ankündigung in branchenüblicher Weise.

Branchenüblich ist auch die Eintragung eines Filmtitels in das Titelregister der SPIO. Die Eintragung in das dann im Internet abrufbare Titelregister wird es ermöglichen, den Titelbestand auf einfache Weise zu ermitteln. Die Reihenfolge der Anmeldungen zur Eintragung wird leicht festzustellen sein, so dass tatsächlich klare Prioritäten geschaffen werden. Durch die für jedermann in Zukunft bestehende Möglichkeit, das Titelregister über das Internet einsehen zu können, ist das Titelregister frei zugänglich gestaltet und erfüllt das vom *BGH* hervorgehobene Kriterium einer Veröffentlichung in brachenüblicher Weise. Die Möglichkeit der Kenntnisnahme für die interessierten Verkehrskreise ist daher bereits ab der Eintragung in das Register problemlos möglich, ohne dass es einer nachfolgenden Veröffentlichung in den Fachzeitschriften bedarf.

Die Eintragung in dem im Internet abrufbaren Titelregister ist noch eher als die Ankündigung des Filmtitels in Fachzeitschriften geeignet, die der Titelschutzanzeige zukommenden Schutz-, Warn- und Informationsfunktionen zu erfüllen. Aus der Eintragung gehen die Titelregisternummer, das Datum der Eintragung, der Filmtitel und der Antragende hervor. Die Eintragung in das Titelregister im Internet ist daher in Zukunft ebenso wie die Titelschutzanzeige in branchenüblichen Fachzeitschriften als öffentliche Ankündigung des Filmtitels zu behandeln. Sofern der Filmtitel innerhalb angemessener Frist nach der Eintragung im Titelregister im Internet im geschäftlichen Verkehr für das existente Filmwerk benutzt wird, wird der prioritätsbegründende Zeitpunkt auf den Zeitpunkt der Eintragung des Filmtitels in das Titelregister vorverlegt.

---

[258] Dazu im 2. Abschnitt des 2. Kapitels unter III. 2. c) „Öffentliche Ankündigung in branchenüblicher Weise".
[259] *BGH* WRP 1998, 877, 880 – „WINCAD".

Mit der Veröffentlichung des Titelregisters im Internet wird eine dann erfolgende Registereintragung die Wirkung einer Titelschutzanzeige haben. Solange eine Veröffentlichung des Titelregisters im Internet nicht erfolgt ist, kann jedoch wegen fehlender Publizität der Eintragung in das Register nicht die Wirkung einer Titelschutzanzeige zukommen.

cc) Sonstige rechtliche Wirkungen

Obwohl die Eintragung des Filmtitels in das Titelregister weder rechtsbegründend wirkt noch, solange das Titelregister nicht im Internet veröffentlicht ist, nicht die Wirkung einer Titelschutzanzeige hat, ist umstritten, ob der Titeleintragung daneben nicht doch eine rechtserhebliche Wirkung zukommt.

Rechtsprechung und Literatur sind der Ansicht, dass bereits die Titelregistereintragung und nicht erst die Veröffentlichung der Registereintragung das Rechtsschutzinteresse einer Unterlassungsklage begründet. So stellen das *OLG München* und das *KG Berlin* fest, dass die Eintragung eines Filmtitels im Titelregister der SPIO das Rechtsschutzinteresse einer Unterlassungsklage rechtfertige, da bereits in der Eintragung in das Titelregister eine drohend bevorstehende Verletzung (Erstbegehungsgefahr) der Titelrechte zu sehen sei:[260] Nach der Eintragung eines Filmtitels im Titelregister müsse mit der alsbaldigen Herstellung und Verbreitung des Films gerechnet werden, weil die Priorität, die durch die Eintragung gesichert werden soll, anders nicht gewahrt werden könne. Damit widerspricht das *OLG München* seiner vorhergehenden Entscheidung,[261] in der es die Eintragung des Filmtitels in das Titelregister im Hinblick auf § 16 Abs. 1 UWG a.F., § 5 Abs. 3 MarkenG für rechtlich unerheblich erklärt hatte.

Gegen die Annahme einer Erstbegehungsgefahr einer Titelschutzverletzung durch die Eintragung des Filmtitels in das Titelregister spricht, dass die Titeleintragung weder eine rechtsbegründende Wirkung entfaltet noch ihr, solange das Titelregister nicht im Internet einsehbar ist, die Funktion einer Titelschutzanzeige zukommt, die unter bestimmten Voraussetzungen eine prioritätsvorverlegende Wirkung entfalten kann. Einer nur aufgrund der Titeleintragung erhobenen vorbeugenden Unterlassungsklage fehlt mithin das Rechtsschutzinteresse.

In der Literatur wird ferner die Ansicht vertreten, dass die Eintragung in das Titelregister zwar keine rechtsbegründende Wirkung habe, sie aber im Rahmen von Titelstreitigkeiten zu

---

[260] *OLG München* UFITA 23 (1957), 217, 217 – „... bis daß der Tod euch scheidet"; *KG Berlin* UFITA 76 (1976), 348, 352 – „Ich hab mein Hos' in Heidelberg verloren"; *Ingerl/Rohnke*, MarkenG, § 15 Rd. 79.

[261] *OLG München* UFITA 20 (1955), 208, 211 – „An der schönen blauen Donau".

einer Beweislastumkehr führen könne.[262] Aufgrund der Eintragung soll widerlegbar vermutet werden können, dass der früher angemeldete und eingetragene Titel auch früher in Gebrauch genommen worden sei und ihm deshalb Schutz und Priorität zukomme.[263] Ein Filmtitel kann nach dieser Auffassung folglich gegenüber einem früher in das Titelregister eingetragenen Filmtitel trotzdem Schutz beanspruchen, wenn er nachweisbar vor dem eingetragenen Titel in der Öffentlichkeit (z.B. in der Filmfachpresse) angekündigt worden ist.[264]

Die Wirkung einer Beweislastumkehr der Titeleintragung in Titelrechtsstreitigkeiten in Bezug auf die Priorität ist folgerichtig: Sofern nicht eindeutig feststellbar ist, wann es zu einer erstmaligen schutzbegründenden Benutzungsaufnahme des Titels im geschäftlichen Verkehr für ein existentes Filmwerk gekommen ist, geht dies zu Lasten desjenigen, dem die Beweislast obliegt. Ist eine Titeleintragung und die sich daran anschließende Veröffentlichung der Eintragung früher als eine andere erfolgt, so ist dieses zumindest ein Indiz dafür, dass der früher eingetragene und veröffentlichte Titel auch früher im geschäftlichen Verkehr für ein existentes Filmwerk benutzt worden ist, was eine Beweislastumkehr rechtfertigt.

Als Ergebnis ist festzuhalten, dass die Beweislastumkehr in Titelrechtsstreitigkeiten die einzige rechtliche Wirkung ist, die eine Titeleintragung in das Register mit sich daran anschließender Veröffentlichung der Eintragung entfalten kann.

3. Abschnitt: Das Recht am Filmtitel im Rechtsverkehr

Die rechtliche Beziehung und Abhängigkeit zwischen Filmtitel und Filmwerk wird durch den Grundsatz der Akzessorietät verdeutlicht.[265] Diesem aus der Unterscheidungsfunktion des Titels folgenden Grundsatz ist die enge Bindung des Filmtitels an das konkrete Filmwerk zu entnehmen. Ein abstrakter Filmtitelschutz, d.h. ein Schutz des Filmtitels ohne zugrunde liegendes Filmwerk, ist danach nicht möglich. Diese Abhängigkeit des Filmtitels von dem konkreten Filmwerk soll in gleichem Maße bei Entstehung, Übertragung und Beendigung des Filmtitelrechts gelten.[266] Für die Entstehung des Filmtitelrechts wurde das Erfordernis eines konkreten Werkbezuges bereits herausgestellt.[267] Im Folgenden soll untersucht werden, ob der Grundsatz der Akzessorietät auch bei der Übertragung des Werktitelrechts gilt, oder ob das

---

[262] *v. Hartlieb*, S. 302; *ders.*, Filmtitel, S. 48 f.; *Mittas*, S. 63 f.; *Metzger*, S. 91; *Röder*, S. 152 ff.; *Gerstenberg*, ZUM 1985, 346, 351; *Leinveber*, JR 1958, 371, 374; *Körner*, S. 102.

[263] *v. Hartlieb*, S. 302.

[264] *v. Hartlieb*, S. 301; *Mittas*, S. 64; *Tovote*, FuR 1968, 120, 123; *OLG München* UFITA 20 (1955), 208, 210 f. – „An der schönen blauen Donau".

[265] Dazu im 1. Abschnitt des 1. Kapitels unter I. „Unterscheidungsfunktion".

[266] *Teplitzky*, GRUR 1997, 450, 452; *Deutsch*, WRP 1998, 14, 15 f.; *Sack*, S. 110 ff., 186 ff., 189.

[267] Dazu im 2. Abschnitt des 2. Kapitels unter II. 2. b) „Entstehungsakzessorietät zwischen Titel und Werk".

Werktitelrecht isoliert vom zugrunde liegenden Werk übertragen werden kann. Da das Markengesetz keine rechtliche Regelung im Hinblick auf die Übertragbarkeit des Werktitelrechts vorsieht, stellt sich die Frage, ob nicht § 27 Abs. 1 MarkenG, der die freie Übertragbarkeit der Marke regelt, analog auf das Werktitelrecht angewendet werden kann (I.). Im Zusammenhang mit der Untersuchung der isolierten Übertragbarkeit des Werktitelrechts stellt sich auch die Frage, ob dingliche Lizenzen an einem Werktitelrecht in analoger Anwendung des § 30 Abs. 1 MarkenG entstehen können, da die dingliche Lizenz ebenso wie die Übertragung eine Verfügung über das Werktitelrecht darstellt (II.).

I. Übertragung des Filmtitelrechts

Fordert man eine strikte Bindung des Filmtitelrechts an das gekennzeichnete Filmwerk auch bei der Übertragung des Filmtitelrechts, so ist eine Übertragung nur im Zusammenhang mit dem zugrunde liegenden Filmwerk möglich. Der Grundsatz der Akzessorietät verhindert damit eine eigenständige wirtschaftliche Verwertung des Filmtitels. Fraglich ist deshalb, ob sich der Grundsatz der Akzessorietät auch auf den Fortbestand des Rechts im Verkehr erstreckt. Zu untersuchen ist, ob aus dem Erfordernis des konkreten Werkbezugs bei der Entstehung des Filmtitelrechts notwendigerweise auch folgt, dass die Akzessorietät des Filmtitelrechts nach der Entstehung weiter bestehen muss.

Auffallend ist zunächst, dass der Grundsatz der Akzessorietät bereits bei der Entstehung des Filmtitelrechts durch das Rechtsinstitut der Titelschutzanzeige stark gelockert ist, da zum Zeitpunkt der Titelschutzanzeige noch kein konkretes fertiges Filmwerk existiert. Gleiches gilt für die Einbeziehung von Filmserien und Filmreihen in den Werktitelschutz, denn die konkrete Einzelsendung ist oft noch gar nicht produziert und ihr Inhalt noch offen: Einzelsendungen einer erfolgreichen Filmreihe können über Jahrzehnte mit unterschiedlichen Hauptdarstellern produziert werden (z.B. „Tatort"), so dass die Akzessorietät zwischen Filmtitel und Filmwerk bereits stark gelockert ist.[268] Welcher Produzent letztlich die einzelne Sendung produziert, ist unerheblich; dem Filmtitel kommt im Werktitelrecht nicht die Funktion eines Herkunftshinweises zu, auch wenn der Verkehr im Einzelfall in ihm einen solchen Herkunftshinweis, wie das beispielsweise bei einer Fernsehsendung der Fall sein kann, sehen mag. Folglich kann der Filmtitel auch isoliert auf einen Dritten übertragen werden, der dann weitere Einzelsendungen unter dem gleichen Filmtitel produziert.

---

[268] *v. d. Decken*, FS *Engelschall*, S. 206, 213 f.; *Fuchs*, GRUR 1999, 460, 466 f.

Die Rechtsprechung lehnt eine isolierte Übertragung des Werktitels ab:[269] In einer die Übertragung von Titelrechten betreffenden Entscheidung hat der *BGH* die enge Verbindung von Werk und Titel herausgestellt und die Möglichkeit einer selbständigen Übertragung des Titels ohne das zugrunde liegende Werk verneint, da dieses zu einem abstrakten Titelschutz ohne konkretes Werk hinauslaufen würde. Diese Ansicht hat bereits das *KG Berlin* in der Entscheidung „Queen Kong" vertreten.[270] Eine isolierte Übertragung des Titelrechts sei aufgrund der engen Verbindung von Titel und Werk unwirksam, und die Titelrechte verblieben beim Veräußerer. Eine solche unwirksame Rechtsübertragung könne jedoch in einen schuldrechtlichen Verzicht des Veräußerers auf die Geltendmachung von Unterlassungsansprüchen umgedeutet werden. Durch die Benutzung des Filmtitels im geschäftlichen Verkehr erwerbe der vermeintliche Erwerber dann ein eigenes Recht an dem Filmtitel mit neuer Priorität.[271]

Diese Entscheidungen verdeutlichen, dass von der Rechtsprechung eine isolierte Verwertung des Filmtitels bisher nur im Rahmen schuldrechtlicher Lizenzen zugelassen wurde, um die Akzessorietät des Filmtitels zum zugrunde liegenden Filmwerk zu wahren. Inhalt und Umfang der schuldrechtlichen Lizenz ergeben sich dabei aus dem Lizenzvertrag zwischen den Vertragsparteien, wobei die Rechtsnatur der rein schuldrechtlichen Lizenz als lediglich schuldrechtliche Gebrauchsüberlassung zu beachten ist. Die Möglichkeit der Einräumung eines nur schuldrechtlichen Benutzungsrechts an den Lizenznehmer bedeutet, dass dieser gegenüber dem Lizenzgeber und anderen Lizenznehmern nur ein relatives Benutzungsrecht erwirbt.[272] Der Lizenzgeber verzichtet im Rahmen der Einräumung des schuldrechtlichen Benutzungsrechts auf die Geltendmachung von Unterlassungsansprüchen aus einer vermeintlichen Titelrechtsverletzung durch den Lizenznehmer. Die schuldrechtliche Lizenz gibt dem Lizenznehmer weder ein Klagerecht bei einer Titelrechtsverletzung, noch schützt sie den Lizenznehmer vor einem Rechtsübergang des Titelrechts an einen Dritten, da der schuldrechtlichen Lizenz nur eine relative Wirkung zukommt.

In der Literatur wird als Argument gegen die freie Übertragbarkeit des Werktitels unter anderem die Regelung in § 23 HGB angeführt, die eine Übertragung der Firma nur zusammen mit dem Unternehmen zulässt: Da der Werktitel nach § 5 Abs. 1 MarkenG unter den Oberbegriff der geschäftlichen Bezeichnung falle, könne auch eine Übertragung des Werktitels ebenso wie die eines Unternehmenskennzeichens nur zusammen mit dem zugehörigen Unter-

[269] *BGH* GRUR 1990, 218, 220 – „Verschenktexte I".
[270] *KG Berlin* UFITA 81 (1978), 214, 221 – „Queen Kong".
[271] *KG Berlin* UFITA 81 (1978), 214, 221 – „Queen Kong"; *OLG Hamburg* UFITA 27 (1959), 77, 86 – „Kleine Leute – Große Reise"; *Deutsch*, WRP 1998, 14, 16; *Sack*, S. 114.
[272] *Deutsch*, WRP 1998, 14, 16; *Starck*, WRP 1994, 698, 703; *Sack*, S. 114 f.

nehmen erfolgen.[273] Der Werktitel ist im Gegensatz zum Unternehmenskennzeichen aber ohnehin nicht an ein Unternehmen gebunden, in Frage steht nur sein akzessorisches Verhältnis zum zugrunde liegenden Werk und nicht zum Unternehmen. Insoweit kann aber § 23 HGB nicht als Argumentationshilfe für oder gegen eine Übertragbarkeit des Werktitels ohne Werk herangezogen werden, da er im Werktitelrecht nicht anwendbar ist.

Des Weiteren verweisen Teile der Literatur auf die Amtliche Begründung zum Markengesetz, aus der hervorgehen soll, dass sich der Gesetzgeber gegen eine Übertragbarkeit des Werktitelrechts entschieden habe. In dieser Konsequenz habe er auch in § 27 Abs. 1 MarkenG ausdrücklich nur die freie Übertragbarkeit der Marke und nicht auch die der geschäftlichen Bezeichnungen und somit des Werktitels regelt.[274] Ausdrücklich ergibt sich aus der Amtlichen Begründung zum Markengesetz jedoch nur, dass der Gesetzgeber ursprünglich eine Regelung zur Übertragung des Werktitelrechts vorgesehen hatte, diese aber nicht in das Markengesetz aufgenommen hat. Der Diskussionsentwurf zum Markengesetz hatte in § 148 Abs. 2 DE noch eine freie Übertragbarkeit des Werktitelrechts vorgesehen:[275] Das Recht am Werktitel sollte „unabhängig von der Übertragung oder dem Übergang des Geschäftsbetriebs oder des Teils des Geschäftsbetriebs, zu dem das Kennzeichen gehört, auf andere übertragen werden oder übergehen" können. Nach seinem Wortlaut bezog sich § 148 Abs. 2 DE auf eine Loslösung der Bindung des Werktitels an den Geschäftsbetrieb und nicht auf eine Loslösung vom zugrunde liegenden Werk. Da die Entstehung des Werktitelrechts nach § 16 Abs. 1 UWG a.F., § 5 Abs. 3 MarkenG aber nicht einmal den Hinweis auf eine etwaige betriebliche Herkunft erforderte und erfordert, dem Werktitel also keine Herkunftsfunktion zukommt, besteht ohnehin keine Bindung des Werktitels an ein Unternehmen oder einen Geschäftsbetrieb. Aus diesem Grund wurde der Regelungsgehalt des § 148 Abs. 2 DE im Sinne einer vom zugrunde liegenden Werk unabhängigen Übertragbarkeit des Werktitels verstanden.[276] Der Gesetzgeber hat diese Regelung ebenso wie weitere detaillierte, im Diskussionsentwurf noch vorhandene Regelungen nicht in das Markengesetz übernommen. Aus der Gesetzesbegründung ergibt sich, dass der Gesetzgeber insgesamt von einer detaillierten Regelung des Werktitelrechts abgesehen hat, um den teilweise vorgebrachten Bedenken gegenüber einer umfassenden Regelung als nicht gerechtfertigte Abkehr von dem insgesamt als ausgewogen angesehenen Stand der deutschen Rechtsentwicklung Rechnung zu tragen.[277] Aus der Nichtberück-

[273] *Deutsch*, WRP 1998, 14, 15; *Starck*, WRP 1994, 698, 701.
[274] *Deutsch/Mittas*, Rd. 189, 192 f.
[275] GRUR 1993, 599, 623 ff.
[276] *Schricker*, FS *Vieregge*, S. 775, 788; *Fezer*, MarkenG, § 15 Rd. 168c; *Pahlow*, in HK-Markenrecht, Vor §§ 27 – 30 Rd. 10.
[277] Amtl. Begr., BT-Drucks. 12/6581, S. 61.

sichtigung u.a. dieser Regelung im Markengesetz kann jedoch nicht gefolgert werden, dass sich der Gesetzgeber gegen eine Loslösung der Bindung des Werktitels an das zugrunde liegende Werk ausgesprochen hat.[278] Vielmehr verzichtet der Gesetzgeber überhaupt auf eine detaillierte Regelung des Werktitelrechts, ohne damit eine Grundaussage für oder gegen die Übertragbarkeit des Werktitelrechts zu tätigen. Folglich kann von einer Regelungslücke in Bezug auf die Übertragbarkeit des Werktitelrechts ausgegangen werden.

Trotz der fehlenden ausdrücklichen Regelung der Übertragbarkeit des Werktitelrechts hat der Gesetzgeber durch die Regelungen des Markengesetzes die Richtung einer allgemeinen Rechtsentwicklung vorgegeben: In § 27 Abs. 1 MarkenG hat der Gesetzgeber das Prinzip der freien Übertragbarkeit der Marke geregelt, wodurch die Marke ohne Übergang des Geschäftsbetriebs des Markeninhabers übertragen werden kann. Die freie Übertragbarkeit ist nicht auf die eingetragene Marke (§ 4 Nr. 1 MarkenG) beschränkt, sondern sie gilt auch für die kraft Verkehrsgeltung entstandene Marke (§ 4 Nr. 2 MarkenG) und die notorisch bekannte Marke (§ 4 Nr. 3 MarkenG). Fraglich ist, ob die Regelung des § 27 Abs. 1 MarkenG auch eine analoge Anwendung auf Werktitel finden kann. Nach der Ansicht von *Schricker* ergibt sich als Konsequenz einer freien Übertragbarkeit der Marke als Herkunftskennzeichen auch eine isolierte Übertragbarkeit des Werktitels, da dieser im Gegensatz zur Marke keine Herkunftsfunktion besitze.[279] Insbesondere die Anwendung des § 27 MarkenG auf die kraft Verkehrsgeltung entstandene Benutzungsmarke nach § 4 Nr. 2 MarkenG spricht auch dafür, § 27 Abs. 1 MarkenG analog auf das Werktitelrecht anzuwenden, denn ebenso wie die Entstehung des Werktitelrechts ist die Entstehung des Markenrechts nach § 4 Nr. 2 MarkenG an die Benutzung des Kennzeichens für konkrete Produkte gebunden.[280]

Insoweit sah auch der 5. Teil des Diskussionsentwurfs zum Markengesetz eine parallele Regelung u.a. von nicht eingetragenen Marken und Werktiteln vor.[281] Als werkidentifizierendes Unterscheidungsmittel dient der Werktitel gleichermaßen der Kennzeichnung unternehmerischer Leistungen wie die Marke als produktidentifizierendes Unterscheidungsmittel.[282] Trotz des gemeinsamen Oberbegriffes der geschäftlichen Bezeichnung in § 5 Abs. 1 MarkenG steht der Werktitel aufgrund der Ähnlichkeit des Kennzeichnungsobjekts der Marke näher als

[278] *Schricker*, FS *Vieregge*, S. 775, 788; *Ingerl/Rohnke*, MarkenG, Vor §§ 27-31, Rd. 4; *Pahlow*, in: HK-Markenrecht, Vor §§ 27 – 30 Rd. 10; *Jacobs*, GRUR 1996, 601, 606, der sogar davon ausgeht, dass der Gesetzgeber eine Regelung für überflüssig erachtet hat, da diese selbstverständlich sei.
[279] *Schricker*, FS *Vieregge*, S. 775, 787 f.
[280] *Schricker*, FS *Vieregge*, S. 775, 787 f.; *Ingerl/Rohnke*, MarkenG, Vor §§ 27-31 Rd. 4.
[281] GRUR 1993, 599, 623 ff.
[282] *Schricker*, FS *Vieregge*, S. 775, 788; *Fezer*, MarkenG, § 15 Rd. 168c.

den Unternehmenskennzeichen.[283] Diese Vergleichbarkeit von Marke und Werktitel rechtfertigt eine analoge Anwendung des § 27 Abs. 1 MarkenG auch auf den Werktitel.

Nach der Ansicht von *Sack* sprechen die bei einer isolierten Übertragung des Filmtitels auftretenden Probleme der Erstreckung der Priorität und des zuzubilligenden Schutzumfangs vor Verwechslungsgefahr gegen eine vom zugrunde liegenden Filmwerk losgelöste Übertragbarkeit des Filmtitels.[284] Es sei unbillig, dass der Filmtitel unter Wahrung der ursprünglichen Priorität für ein Werk einer anderen Werkkategorie verwendet werden könne, und auch eine Beschränkung auf den Werkähnlichkeitsbereich des ursprünglich dem Filmtitel zugrunde liegenden Filmwerks sei nicht praktikabel. Ebenso führe die Bestimmung des Schutzumfangs des Titels vor Verwechslungsgefahr zu Rechtsunsicherheit, da unklar sei, ob sich der neue Rechtsinhaber mit alter Priorität auf den Schutzumfang des alten Werks und mit neuer Priorität auf den seines Werks berufen könne.

Gegen die Ansicht von *Sack* sprechen jedoch folgende Argumente: Durch die analoge Anwendung des § 27 Abs. 1 MarkenG auf Werktitel ist die Übertragbarkeit des Werktitels in Anlehnung an die Übertragbarkeit der Marke zu bestimmen. Das Markenrecht kann nach § 27 Abs. 1 MarkenG für alle oder für einen Teil der Waren oder Dienstleistungen, für die die Marke Schutz genießt, auf andere übertragen werden oder übergehen. Damit wird der Schutzumfang der Marke auch bei einer Übertragung des Markenrechts nicht auf neue Produkte, für die ursprünglich kein Markenschutz bestand, ausgedehnt. Ebenso ist das Filmtitelrecht zunächst werkbezogen entstanden und kann auch nur für diese Werkkategorie (Filmwerk) mit Prioritätswahrung übertragen werden. Folglich ist die Befürchtung von *Sack* unbegründet, dass es durch die isolierte Übertragung des Filmtitels zu einer Beanspruchung der ursprünglichen Priorität auch für Werke einer anderen Werkkategorie (z.B. Druckschrift) kommen könne. Wird das ursprünglich als Filmtitel verwendete Kennzeichen anderweitig für eine andere Werkkategorie oder sonst wie als Kennzeichen verwendet, so entsteht eine neue Priorität nach den allgemeinen Grundsätzen. Werktitelschutz mit ursprünglicher Priorität besteht also nur für den ein Filmwerk kennzeichnenden Filmtitel. Nur mittelbar erfasst der Filmtitelschutz über den Verwechslungsschutz aus § 15 Abs. 2 MarkenG und den Bekanntheitsschutz aus § 15 Abs. 3 MarkenG auch andere Werkkategorien oder eine sonstige Verwendung des Kennzeichens, da die Verwendung eines identischen oder ähnlichen Kennzeichens bei Vorliegen der tatbestandlichen Voraussetzungen untersagt werden kann. Dadurch wird dem Titelerwerber eine weitreichende Verwertungsmöglichkeit garantiert.

---

[283] *Fezer*, MarkenG, § 15 Rd. 168c; *Ingerl/Rohnke*, MarkenG, Vor §§ 27-31 Rd. 4; *A/S/K/Klaka*, MarkenG, § 5 Rd. 76; *Klippel/Eisfeld*, in: HK-Markenrecht, § 5 Rd. 78; nach *Jacobs*, GRUR 1996, 601, 606.
[284] *Sack*, S. 112.

Die Bedenken von *Sack* im Hinblick auf den Schutzumfang des Titels vor Verwechslungsgefahr sind ebenso unbegründet. Zum einen wird der Schutzumfang vor Verwechslungsgefahr nur mittelbar über das Kriterium der Branchennähe bzw. Werkähnlichkeit vom zugrunde liegenden Werk beeinflusst, so dass sich der Schutzumfang nicht primär nach dem Werk, sondern nach dem Titel richtet.[285] Auch die Befürchtung, dass sich der neue Rechtsinhaber mit alter Priorität auf den Schutzumfang des alten Werks berufen könne, ist angesichts der bereits gemachten Ausführungen zur Priorität unbegründet: Die ursprüngliche Priorität kann der neue Rechtsinhaber nur geltend machen, wenn der Titel für die gleiche Werkkategorie verwendet wird. Im Rahmen der Verwechslungsgefahr nach § 15 Abs. 2 MarkenG bestimmt sich der Schutzumfang des Titels dann mittelbar über das zu berücksichtigende Kriterium der Branchennähe in Bezug auf das neue Werk. Das alte Werk spielt hingegen bei der Ermittlung des Schutzumfangs keinerlei Rolle.

Als Argument für die Anerkennung der freien Übertragbarkeit des Werktitels lässt sich vor allem der Gesichtspunkt der Einheitlichkeit des Kennzeichenschutzes anführen.[286] Filmtitel können als Dienstleistungsmarke für die Produktion oder Ausstrahlung bzw. Aufführung eines Filmwerks eingetragen werden, sofern sie die markenrechtlichen Voraussetzungen, die für eine Eintragung in das vom *DPMA* geführte Markenregister bestehen, erfüllen.[287] Ebenso besteht die Möglichkeit der Entstehung eines Markenrechts kraft Verkehrsgeltung im Sinne des § 4 Nr. 2 MarkenG, wenn der Filmtitel als produktidentifizierendes Unterscheidungsmittel Verkehrsgeltung erlangt hat. Der Schutz des Filmtitels nach Werktitelrecht steht dann neben einem Schutz des Filmtitels nach Markenrecht. Lehnt man die isolierte Übertragbarkeit des Werktitels ab, hätte das zur Konsequenz, dass der Filmtitel zwar als Marke nach § 27 Abs. 1 MarkenG frei übertragbar wäre, eine solche vom konkreten Filmwerk losgelöste Übertragung aber nicht mit dem Werktitelrecht zu vereinbaren wäre. Da sich der Schutz eines Kennzeichens als Marke und als Werktitel nicht gegenseitig ausschließen und das Markengesetz auch keinen Vorrang des Markenrechts oder des Werktitelrechts vorsieht, ist aufgrund einer systematischen Auslegung des Markengesetzes auch von einer Übertragbarkeit des Werktitelrechts auszugehen. Eine solche Auslegung entspricht auch dem Willen des Gesetzgebers, mit dem Markengesetz eine einheitliche und auch widerspruchsfreie Systematik der Kennzeichenrechte zu schaffen.[288]

---

[285] Dazu im 5. Abschnitt des 2. Kapitels unter II. 2. c) „Kriterien der Verwechslungsgefahr".
[286] *v. d. Decken*, FS *Engelschall*, S. 205, 215; *Fezer*, MarkenG, § 15 Rd. 168c.
[287] Dazu im 3. Abschnitt des 3. Kapitels „Der Filmtitel als Marke".
[288] Amtl. Begr., BT-Drucks. 12/6581, S. 55, S. 67.

Auch die Neuregelung des Werktitelrechts im Markengesetz deutet darauf hin, dass sich die Akzessorietät des Werktitelrechts auf seine Entstehung beschränkt: In § 15 Abs. 3 MarkenG wird die Werbefunktion des Werktitels gesetzlich und damit als rechtlich erhebliche Funktion des Werktitels neben der Unterscheidungsfunktion anerkannt.[289] Der Schutz bekannter Werktitel wird durch § 15 Abs. 3 MarkenG auf bestimmte, von einer Verwechslungsgefahr unabhängige Beeinträchtigungshandlungen erweitert. Das im Rahmen der Verwechslungsgefahr nach § 15 Abs. 2 MarkenG zu berücksichtigende Kriterium der Branchen- bzw. Werknähe ist nicht Voraussetzung für den Schutz des bekannten Werktitels nach § 15 Abs. 3 MarkenG. Daraus ergibt sich ein vom zugrunde liegenden Werk unabhängiger Schutzbereich für den Werktitel, der sich aus dessen Werbefunktion erklärt. Geschützt wird der Titel nicht in seiner Funktion als werkidentifizierendes Unterscheidungsmittel, sondern aufgrund der aus seiner Bekanntheit folgenden besonderen Wertschätzung im Verkehr. Diese Loslösung des Schutzbereichs des Werktitels vom konkreten Werk verdeutlicht die immaterialgüterrechtliche Selbständigkeit und damit Unabhängigkeit des einmal entstandenen Werktitels vom zugrunde liegenden Werk mit der Folge, dass auch eine isolierte Übertragung des Werktitels ohne Werk möglich sein muss.[290]

Als Ergebnis ist festzuhalten, dass eine gesetzessystematische und teleologische Auslegung des Werktitelrechts im Verhältnis zur Marke und die Anerkennung als selbständiges Vermögensrecht eine analoge Anwendung des § 27 Abs. 1 MarkenG auf das Werktitelrecht rechtfertigen.[291] Während sich das Werktitelrecht in seiner Entstehung akzessorisch zum zu kennzeichnenden Werk verhält, ist der Fortbestand des Werktitelrechts nicht akzessorisch zum gekennzeichneten Werk, so dass das Werktitelrecht frei übertragbar ist.

Die freie Übertragbarkeit des Filmtitelrechts ermöglicht dessen umfassende Verwertung für den Inhaber des Filmtitels. Diese Verwertungsmöglichkeit beschränkt sich nicht auf eine Verwendung als Filmtitel; dem Erwerber des Filmtitelrechts stehen vielfältige Möglichkeiten der Verwertung insbesondere auch für Merchandisingprodukte offen. Ferner kann der Filmtitel auch als Kennzeichen für andere Werke benutzt werden. Diese weitgehende Verwertungsmöglichkeit durch den Erwerber ergibt sich aus dem Schutzbereich des Filmtitelrechts nach § 15 Abs. 2 und Abs. 3 MarkenG und der Wahrung der ursprünglichen Priorität des Filmtitelrechts durch die Übertragung.

---

[289] Dazu im 1. Abschnitt des 1. Kapitels unter II. „Werbefunktion".
[290] *Schricker*, FS *Vieregge*, S. 775, 788.
[291] *Ingerl/Rohnke*, MarkenG, Vor §§ 27-31 Rd. 4; *Fezer*, MarkenG, § 15 Rd. 168c; *A/S/K/Klaka*, MarkenG, § 5 Rd. 76; nach *Pahlow*, in: HK-Markenrecht, Vor §§ 27 – 30 Rd. 10, lässt sich aus den §§ 27 ff. MarkenG zumindest im Umkehrschluss nicht entnehmen, dass der Gesetzgeber eine freie Übertragbarkeit nach den allgemeinen Vorschriften (§§ 398, 413 BGB) abbedingen wollte.

Sowohl die freie Übertragbarkeit der Marke als auch die des Werktitels können jedoch zu einer Täuschung des Verkehrs über die Produktidentität führen. Eine Grenze findet die freie Übertragbarkeit des Werktitels deshalb ebenso wie die der Marke in § 3 UWG, dem die Funktion eines Korrektivs zukommt.[292]

II. Dingliche Lizenz

Aus den gleichen Gründen, die für eine freie Übertragbarkeit des Werktitels sprechen, ist in Analogie zu § 30 Abs. 1 MarkenG auch eine dingliche Lizenz an dem isolierten Werktitelrecht zuzulassen. Ebenso wie die Übertragung ist die dingliche Lizenz eine Verfügung über das Werktitelrecht, jedoch gegenüber der Übertragung ein Minus, so dass aus der Anerkennung der freien Übertragbarkeit des Werktitelrechts auch die Anerkennung der dinglichen Lizenz am Werktitelrecht folgt.[293] Im Rahmen einer Rechtsfortbildung rechtfertigt die Vergleichbarkeit und Ähnlichkeit des Werktitels mit der Marke eine Analogie zu § 30 Abs. 1 MarkenG.[294] Sofern der Filmtitel auch als Marke eingetragen ist, könnte ansonsten eine dingliche Lizenz nach Markenrecht jedoch nicht nach Werktitelrecht an diesem entstehen. Unter Berücksichtigung des Willens des Gesetzgebers nach einer Vereinheitlichung und Systematisierung des Kennzeichenrechts durch das Markengesetz ist daher auch eine dingliche Lizenz an dem Werktitelrecht zuzulassen.

In § 150 Abs. 2 des Diskussionsentwurfs zum Markengesetz war noch eine der dinglichen Markenlizenz vergleichbare Werktitellizenz geregelt,[295] die aber nicht in das Markengesetz übernommen worden ist. Die Gesetzesbegründung zum Markengesetz überlässt die Anerkennung dinglicher Lizenzen der Rechtsentwicklung:[296] „Von einer Einbeziehung der Lizenzen an geschäftlichen Bezeichnungen wird abgesehen, weil die Rechtslage hierzu von der für Markenlizenzen gegenwärtig abweicht." Eine Aussage dahingehend, dass Lizenzen an geschäftlichen Bezeichnungen, die weit verbreitet sind, künftig unzulässig wären oder auch künftig ausschließlich schuldrechtlicher Natur sein müssten, ist damit nicht verbunden.

---

[292] *Schricker*, FS *Vieregge*, S. 775, 788; *Fezer*, MarkenG, § 15 Rd. 168c; *Körner*, S. 119 f.

[293] *Fezer*, MarkenG, § 15 Rd. 168g f.; *Schricker*, FS *Vieregge*, S. 775, 789; diesen Schluss ziehen auch *Deutsch/Mittas*, Rd. 195, die im Ergebnis aber sowohl die Möglichkeit der freien Übertragbarkeit als auch der dinglichen Lizenz ablehnen.

[294] *A/S/K/Klaka*, MarkenG, § 5 Rd. 76; *Jacobs*, GRUR 1996, 601, 606; *Schricker*, FS *Vieregge*, S. 775, 789; *Fezer*, MarkenG, § 15 Rd. 168g f.; *Pahlow*, in: HK-Markenrecht, Vor §§ 27 – 39 Rd. 10; *Fuchs*, GRUR 1999, 460, 467, will eine isolierte dingliche Werktitellizenz nur bei sogenannten Rahmenwerken anerkennen, da diese auf Dauer angelegt seien und verschiedene konkret-individuelle, periodisch erscheinende Einzelwerke mit jeweils unterschiedlichem konkreten Inhalt gewissermaßen unter einem Dachtitel zusammenfassen.

[295] GRUR 1993, 599, 625.

[296] Amtl. Begr., BT-Drucks. 12/6581, S. 86.

Für die Erstreckung dinglicher Lizenzen in Analogie zu § 30 Abs. 1 MarkenG auf das Werktitelrecht spricht auch die Neuregelung des Markengesetzes in § 15 Abs. 3 MarkenG in Bezug auf den Schutz bekannter Werktitel vor der unlauteren Beeinträchtigung oder Ausnutzung der Unterscheidungskraft oder Wertschätzung: Durch diese Regelung ist die Werbefunktion als weitere rechtliche Funktion des Werktitels neben der Unterscheidungsfunktion gesetzlich anerkannt worden.[297] Der Bekanntheitsschutz des Werktitels besteht einzig und allein aufgrund der Bekanntheit des Werktitels, ohne dass es auf einen konkreten Werkbezug des Titels ankommt. Aus der Integration des § 15 Abs. 3 MarkenG in das Markengesetz kann folglich indirekt die Anerkennung des Werktitels als in seinem Fortbestand verselbständigtes Vermögensrecht durch den Gesetzgeber hergeleitet werden. Folge der rechtlichen Verselbständigung des Werktitelrechts ist, dass an ihm auch dingliche Lizenzen entstehen können.

4. Abschnitt: Die Beendigung des Rechts am Filmtitel

Das Markengesetz sieht für das Werktitelrecht keine zeitliche Begrenzung vor. Im Gegensatz zum Urheberrecht (§§ 64 f. UrhG) und den meisten formellen Schutzrechten (Patent-, Gebrauchsmuster-, Geschmacksmuster- und Halbleiterrecht) ist das Werktitelrecht nicht auf eine bestimmte Schutzdauer beschränkt. Ebenso wie die Entstehung des Werktitelrechts von der tatsächlichen Benutzung des unterscheidungskräftigen Werktitels im geschäftlichen Verkehr abhängig ist, ist die Benutzung eines unterscheidungskräftigen Werktitels im geschäftlichen Verkehr auch für den Fortbestand des Werktitelrechts entscheidend: Das Werktitelrecht und damit auch das Filmtitelrecht erlischt bei einer Nichtbenutzung des unterscheidungskräftigen Filmtitels im geschäftlichen Verkehr. Zu fragen ist deshalb, wann eine Nichtbenutzung im geschäftlichen Verkehr und damit ein Erlöschen des Filmtitelrechts vorliegt. Literatur und Rechtsprechung unterscheiden bei den Erlöschensgründen zwischen der willensabhängig eintretenden Titelaufgabe und dem willensunabhängig eintretenden Titelverlust.[298] Damit stellt sich die Frage, unter welchen Voraussetzungen die Erlöschensgründe der Titelaufgabe (I.) und des Titelverlusts (II.) eintreten. Ferner ist zu untersuchen, ob auch die Gemeinfreiheit des betitelten Werks, wie von Teilen der Literatur vertreten, einen Erlöschensgrund für den Werktitelschutz darstellt (III.).

---

[297] Dazu im 1. Abschnitt des 1. Kapitels unter II. „Werbefunktion".

[298] *OLG Hamburg* UFITA 27 (1959), 77, 85 – „Kleine Leute – Große Reise"; *LG Hamburg* UFITA 38 (1962), 81, 88 – „Stahlnetz"; *Mittas*, S. 70; *Oelschlägel*, S. 140 ff.; *Deutsch/Mittas*, Rd. 62 ff.; *Metzger*, S. 93 ff.; *Bork*, UFITA 110 (1989), 35, 50 f.; *Gerstenberg*, ZUM 1985, 346, 351 f.

I. Titelaufgabe

Erlöschensgrund für das Werktitelrecht ist zunächst die willentliche Titelaufgabe. Die Titelaufgabe kann ausdrücklich durch den Titelrechtsinhaber erklärt werden, oder sie kann sich aus besonderen Umständen, insbesondere dem Verhalten des Titelrechtsinhabers, das auf eine Titelaufgabe schließen lässt, ergeben.[299] Nach der Ansicht von Literatur und Rechtsprechung ist von einer Titelaufgabe auszugehen, wenn der Filmtitel nicht mehr im geschäftlichen Verkehr benutzt wird und der Verkehr auch nicht mit einer weiteren Benutzung rechnet, was bei einer längeren Nichtbenutzung der Fall sei.[300]

Bei der Untersuchung der Voraussetzungen der Titelaufgabe stellt sich zum einen die Frage, ob sich das Erlöschen des Filmtitelrechts unabhängig vom zugrunde liegenden Werk beurteilt, oder ob unter der Prämisse einer strengen Akzessorietät zwischen Filmtitel und Filmwerk eine Titelaufgabe auch anzunehmen ist, wenn das Werk unter dem Titel nicht mehr im geschäftlichen Verkehr benutzt wird[301] oder die Nichtbenutzung zumindest so lange andauert, dass der Verkehr nicht mehr mit einer weiteren Benutzung rechnet[302] (1.). Des Weiteren ist fraglich, unter welchen Voraussetzungen eine nur vorübergehende, d.h. nicht zum Erlöschen des Titelrechts führende Nichtbenutzung vorliegt (2.).

1. Auswirkungen der Nichtakzessorietät auf die Titelaufgabe

Als Konsequenz der Nichtakzessorietät des einmal entstandenen Filmtitelrechts in seinem Fortbestand[303] folgt zunächst, dass das Schicksal des betitelten Werks keine Auswirkungen auf den Erlöschensgrund der Titelaufgabe haben kann.[304] Oftmals gehen Benutzungsaufgabe von Filmwerk und Filmtitel zwar einher, wenn keine eigenständige Verwertung des Filmtitelrechts vorgesehen ist und der Filmtitel nur Bedeutung im Zusammenhang mit dem ursprünglichen Filmwerk erlangt hat. Entscheidend für die Beurteilung der endgültigen Titelaufgabe ist aufgrund der Auflösung der Akzessorietät im Fortbestand des Filmtitelrechts aber die Benutzung des Filmtitels im geschäftlichen Verkehr, so dass der Titelschutz mit endgültiger Aufgabe des Filmtitels und nicht des Filmwerks endet: Als selbständiges und übertragbares Immaterialgüterrecht kann das einmal entstandene Filmtitelrecht auch ohne das ursprüngliche

[299] *Oelschlägel*, S. 141; *Russ*, S. 188 f.
[300] *BGH* GRUR 1959, 541, 542 – „Nussknacker"; *Sack*, S. 187 f.; *Deutsch/Mittas*, S. 63; *Metzger*, S. 94 ff.
[301] *BGH* GRUR 1993, 769, 770 – „Radio Stuttgart"; *Kraemer*, S. 48 f.
[302] *OLG Hamburg* UFITA 27 (1959), 77, 85 – „Kleine Leute – Große Reise"; *Oelschlägel*, S. 141; *Sack*, S. 186 ff.; *Gerstenberg*, ZUM 1985, 346, 352.
[303] Dazu im 3. Abschnitt des 2. Kapitels unter I. „Übertragung des Filmtitelrechts".
[304] *Ingerl/Rohnke*, MarkenG, § 5 Rd. 62; *Fezer*, MarkenG, § 15 Rd. 170.

Filmwerk im geschäftlichen Verkehr existieren;[305] der Filmtitel besitzt insbesondere bei bekannten Einzelfilmwerken und bei über einen längeren Zeitraum ausgestrahlten Filmserien oder Filmreihen auch nach dem Einstellen des konkreten Filmwerks eine bleibende Assoziationswirkung im Verkehr. Nicht zu folgen ist daher der Ansicht des *BGH* in der Entscheidung „Radio Stuttgart“[306], dass in der Einstellung einer Sendereihe eine sofortige und endgültige Titelaufgabe liegt, denn der *BGH* geht davon aus, dass der Bestand des Schutzrechts die Benutzung des Titels in Verbindung mit einem konkreten Werk voraussetzt.

2. Vorübergehende Nichtbenutzung im geschäftlichen Verkehr

Einigkeit besteht in Rechtsprechung und Literatur darüber, dass eine nur vorübergehende Nichtbenutzung des Filmtitels im geschäftlichen Verkehr noch nicht zu einer endgültigen Titelaufgabe führt.[307] Erst bei einer längeren Nichtbenutzung im geschäftlichen Verkehr gerät der Filmtitel in Vergessenheit, mit der Folge, dass der Verkehr nicht mehr mit einer Wiederaufnahme der Benutzung des Filmtitels rechnet, so dass von einer Titelaufgabe auszugehen ist. Fraglich ist somit, unter welchen Umständen von einer nur vorübergehenden Nichtbenutzung gesprochen werden kann.

Die Rechtsprechung ist im Hinblick auf die Kriterien, die zu der Annahme einer Titelaufgabe führen, uneinheitlich. Insbesondere die Frage, wann eine nur vorübergehende Nichtbenutzung des Filmtitels im geschäftlichen Verkehr vorliegt, ist umstritten. So hat das *KG Berlin* in der Entscheidung „Queen Kong“ ausgeführt, dass eine Titelaufgabe für den Filmtitel „King Kong und die weiße Frau“ des 1933 uraufgeführten Filmwerks ausscheide, da sich das Filmwerk auch 1976 noch im Verleih befinde.[308] Ferner sei das Filmwerk 1970 im Fernsehen ausgestrahlt worden; ein Erinnerungsvermögen des Publikums sei daher nach wie vor vorhanden. Auch nach der Auffassung des *OLG Düsseldorf* führt eine 15jährige Nichtausstrahlung

---

[305] Dazu im 3. Abschnitt des 2. Kapitels unter I. „Übertragbarkeit“; *Fezer*, MarkenG, § 15 Rd. 170; *Schricker*, FS *Vieregge*, S. 775, 788; *Ingerl/Rohnke*, MarkenG, § 5 Rd. 62; *Mittas*, S. 71, lehnt eine Lockerung der Akzessorietät bei der Beendigung des Werktitelrechts ab, sieht in der Bekanntheit bzw. Verkehrsgeltung des Titels aber ein Indiz dafür, ob ein Wiederverwendungswille des Titelinhabers angenommen werden kann, der eine endgültige Titelaufgabe bei Nichtgebrauch des Titels verhindert: „Je höher die Verkehrsgeltung bei Benutzungsende war, desto geringer ist die Wahrscheinlichkeit, dass der Berechtigte den wertvollen Titel aufgeben wollte.“; ebenso *Körner* S. 65 f.; *Deutsch*, S. 44.

[306] *BGH* GRUR 1993, 769, 770 – „Radio Stuttgart.

[307] *BGH* GRUR 1959, 541, 542 – „Nussknacker“; *Sack*, S. 187 f.; *Mittas*, S. 71 f.; *Deutsch/Mittas*, S. 63; *Metzger*, S. 94 ff.; *Russ*, S. 189 ff.; *Teplitzky*, in: UWG GK, § 16 Rd. 124.

[308] *KG Berlin* UFITA 81 (1978), 214, 222 – „Queen Kong“.

eines Filmwerks unter seinem Titel noch nicht zu einem Erlöschen des Filmtitelrechts.[309]

In einer 1986 ergangenen Entscheidung ist das *KG Berlin* dagegen bei einer 15jährigen Nichtbenutzung eines Titelrechts nach der Ausstrahlung des Filmwerks unter dem Titel in der ARD davon ausgegangen, dass das Titelrecht erloschen ist:[310] Selbst eine gelegentliche Ausleihe in diesem Zeitraum an ein Kinderdorf, einen Filmclub, ein Institut, eine Evangelische Gemeinde und ein Pflegeheim seien nicht als filmwirtschaftlich-geschäftliche Auswertung anzusehen, was eine Titelkontinuität mit der Folge einer Aufrechterhaltung des alten Titelrechts rechtfertige. Eine weitere allerdings regional beschränkte Fernsehausstrahlung in den Dritten Programmen von SFB/NDR/RB nach ca. 18 Jahren seit der Ausstrahlung in der ARD falle daher ebenso nicht mehr in eine Periode filmwirtschaftlich-geschäftlicher Auswertung wie weitere Kinoauswertungen nach 15 bzw. 16 Jahren.

Mit dem Kriterium einer tatsächlichen filmwirtschaftlich-geschäftlichen Auswertung stellt das *KG Berlin* jedoch zu hohe Anforderung an die Aufrechterhaltung des Titelrechts: Gerade das auch noch nach einem so langen Zeitraum nach der Ausstrahlung in der ARD bestehende Interesse an einer Kinoauswertung und Ausstrahlung im Fernsehen unter demselben Titel verdeutlicht, dass das Filmwerk unter seinem ursprünglichen Titel noch im Bewusstsein der angesprochenen Verkehrskreise existiert.[311] Absurde Folge wäre ansonsten, dass das Filmwerk unter einem neuen und unbekannten Titel erscheinen müsste. Damit wären aber auch gleichzeitig die Erfolgsaussichten des Filmwerks, von der Zugkraft des ursprünglichen Titels

---

[309] Das *OLG Düsseldorf* führt in seiner Entscheidung WRP 1985, 638, 640 – „Mädchen hinter Gittern" aus, dass Filme dauerhafte Werke sind, die immer und immer wieder aufgeführt oder ausgestrahlt werden können. Ein zunächst erlahmendes Publikumsinteresse nach der Erstausstrahlung oder Uraufführung stehe dem nicht entgegen, denn im Hinblick auf die nächste Generation von Kinobesuchern oder Fernsehzuschauern bestehe eine Hoffnung oder Erwartung, das Filmwerk selbst nach Jahren wieder aufführen zu können. Auch erwarte insbesondere das Fernsehpublikum, auch ältere Filmwerke sehen zu können. Aus diesen Gründen gehen nach der Auffassung des Gerichts sowohl das allgemeine Publikum als auch die dies alles wissenden Fachkreise davon aus, dass ein Filmwerk, das noch körperlich vorhanden ist, bei Bedarf zur Ausstrahlung zur Verfügung steht. Deshalb schade auch eine 15jährige Nichtausstrahlung des Filmwerks unter seinem Titel nicht. Handelt es sich um ein prämiertes Filmwerk, so könne regelmäßig davon ausgegangen werden, dass es nicht nur zufällig über einen langen Zeitraum der Nichtausstrahlung erhalten geblieben sei, sondern in den Zeiten der Nichtausstrahlung unter seinem Titel zum Verleih bereit gehalten worden ist. Für diesen Umstand spreche auch, dass das Filmwerk nach 15jähriger Nichtausstrahlung mit dem ZDF einen Abnehmer gefunden habe; zustimmend *Klippel/Eisfeld*, in: HK-Markenrecht, § 5 Rd. 107.

[310] *KG Berlin* AfP 1986, 342, 342 – „Die Nervensäge"; ebenso *LG Berlin* UFITA 26 (1958), 358, 361 – „Petersburger Nächte": Für ein 1935 uraufgeführtes Filmwerk, das nicht wiederverfilmt, nachausgewertet oder sonst wie wieder in den Verkehr gebracht worden ist, ist 1957/58, zum Zeitpunkt einer vermeintlichen Titelkollision, das Filmtitelrecht bereits erloschen.

[311] Erst im Jahre 2002 ist das seit seiner mäßigen Kinopremiere 1962 unter dem Titel „Der rote Rausch" verschollene Filmwerk mit dem sein Filmdebüt gebenden Schauspieler *Klaus Kinski* wieder aufgetaucht. Dennoch ist mit der Entdeckung ein ungeheures Medien- und Publikumsinteresse an dem Filmwerk ausgelöst worden, wobei der Titel eine maßgebliche Rolle spielte: Grund für die jahrelange Unauffindbarkeit des Filmwerks unter seinem Titel „Der rote Rausch" war die Lagerung im Archiv von *Leo Kirch* unter falschem Titel im falschen Regal (Quelle: Fernsehmagazin „aspekte" [ZDF] vom 15.3.2002). Unter der Berücksichtigung dieser Umstände kann nicht davon ausgegangen werden, dass das Titelrecht an dem Filmwerk irgendwann nach 1962 erloschen ist. Die Erinnerung an den konkreten Titel und eine damit einhergehende inhaltliche und qualitative Vorstellung hat sich bis in die Gegenwart gehalten.

zu profitieren und höhere Besucherzahlen und Einschaltquoten zu erreichen, stark geschmälert. Ferner besteht sogar die Gefahr der Irreführung des Publikums, sofern dem Filmwerk unter dem neuen Titel nicht ausdrücklich noch ein Hinweis auf den alten Filmtitel entnommen werden kann; zu berücksichtigen ist aber, dass der ergänzende Hinweis unter Umständen eine Verwechslungsgefahr nach § 15 Abs. 2 MarkenG im Hinblick auf den identischen oder ähnlichen Titel eines anderen Filmwerks hervorrufen kann und somit einen Unterlassungsanspruch begründet, § 15 Abs. 4 MarkenG. § 23 MarkenG findet auf eine solche Konstellation keine Anwendung.

Für eine angemessene Beurteilung der für eine Titelaufgabe notwendigen längeren Nichtbenutzung des Filmtitels im geschäftlichen Verkehr sind folglich filmspezifische Besonderheiten zu beachten: Grundsätzlich sind der Wille des Titelinhabers an einer Weiterbenutzung des Filmtitels im geschäftlichen Verkehr und die Verkehrsanschauung für die Annahme einer endgültigen Titelaufgabe entscheidend, wobei der Wille des Titelberechtigten an einer Weiterbenutzung des Filmtitels nach außen hervortreten muss.[312] Das kann durch die Ankündigung von weiteren Filmprojekten wie Fortsetzungsfilmwerken, neuen Magazinen mit ähnlicher Thematik oder der Verwertung eines Kinofilmwerks als Fernsehserie erfolgen. Ein wichtiges Indiz für den Willen des Titelberechtigten an einer Weiterbenutzung des Filmtitels im geschäftlichen Verkehr ist die Bekanntheit des Filmtitels.[313] Besitzt das Filmwerk einen bekannten Filmtitel, so hält sich dieser Filmtitel auch länger im Bewusstsein der beteiligten Verkehrskreise. Auch liegt es nahe, dass der Titelinhaber an einer weiteren Verwertung des Filmtitels interessiert ist, was gegen eine Titelaufgabe spricht. Allgemein rechnet der Verkehr bei Filmwerken auch mit einer Zweitverwertung durch die Ausstrahlung im Fernsehen, die Bezugsmöglichkeit in Videotheken oder die Veräußerung auf Videokassetten und DVDs, was bei der Annahme einer endgültigen Titelaufgabe zu berücksichtigen ist.[314]

Insbesondere populäre Einzelfilmwerke und Filmserien oder Filmreihen werden unter ihrem ursprünglichen Titel noch Jahrzehnte nach ihrer Uraufführung oder Erstaustrahlung wie-

---

312 *OLG Hamburg* AfP 1999, 170, 171 – „Aber Hallo"; *Sack*, S. 187; *Gerstenberg*, ZUM 1985, 346, 352; *Kröner*, FS *Hertin*, S. 565, 576 f.; *Röder*, S. 65 ff.; *Mittas*, S. 71 f.; *Fezer*, MarkenG, § 15 Rd. 169; *Seibt*, in: Hdb. WbR, § 61 Rd. 12.

313 *OLG Hamburg* UFITA 27 (1959), 77, 85 – „Kleine Leute – Große Reise"; *v. Hartlieb*, S. 292; *Mittas*, S. 71; *Gerstenberg*, ZUM 1985, 346, 352; *Tovote*, FuR 1968, 120, 125; *Deutsch*, S. 44.

314 *Deutsch/Mittas*, Rd. 63; *Bork*, UFITA 110 (1989), 35, 51; *KG Berlin* UFITA 81 (1978), 214, 222 – „Queen Kong"; *Kraemer*, S. 46 ff., geht in seiner Monographie „Der Schutz des Filmtitels" von 1936 von einer sehr kurzen Verwertungsdauer bei Filmwerken aus (S. 47 Fn. 33: „Die tatsächliche Verwertungsdauer beträgt aber heute kaum mehr zwei Jahre."), da ihnen durch die Technik und den Zeitgeschmack in weit höherem Maße wie anderen Werken Grenzen gesetzt seien. Bedingt ist diese Ansicht zum einen durch die rasante Verdrängung des Stummfilmes durch den Tonfilm mit dessen Einführung 1928/29, zum anderen fehlten in dieser Zeit weitere Verwertungsmöglichkeiten.

der in ihrer Original- oder einer bearbeiteten Fassung aufgeführt oder ausgestrahlt.[315] Selbst die kurzfristige Nichtbenutzung des ursprünglichen Filmtitels für eine Sendereihe führt nicht zu einem Erlöschen des Filmtitelrechts, wenn zwischenzeitlich andere Filmtitel für die gleiche Sendereihe benutzt werden. So führt das *OLG Hamburg* in seiner Entscheidung „Kleine Leute - Große Reise" aus, dass selbst die zwischenzeitliche Benutzung von anderen Filmtiteln für die Fortführung der Sendereihe nicht bedeute, dass dadurch der ursprüngliche Filmtitel aufgegeben werde und nicht mehr verwendet werden soll.[316] Der Titelinhaber nutze berechtigterweise die Werbewirkung des ursprünglichen Filmtitels aus, so dass auch weiterhin von der ursprünglichen Priorität auszugehen sei. Der einmal geschaffene Besitzstand an dem Titel gehe auch nicht dadurch verloren, dass die Sendereihe zwischenzeitlich abgeschlossen sei. Da die Reihe später fortgesetzt werden soll, bleibe das Recht an dem Filmtitel, durch den die Filmreihe besonders volkstümlich geworden sei, weiterhin geschützt.

Der Erlöschensgrund der Titelaufgabe lässt sich im Filmtitelrecht somit nicht einheitlich definieren, sondern ist in jedem Einzelfall aufgrund der Verkehrsanschauung zu ermitteln. Dabei ist zu berücksichtigen, dass auch der hohe Filmbedarf der Fernsehanstalten, die Verwertung von Filmwerken durch Videotheken und die Möglichkeit des Erwerbs von mit dem Filmwerk bespielten Videokassetten und DVDs dazu beitragen, dass Filmwerke auch nach längerer Nichtaufführung oder -ausstrahlung weiterhin unter ihrem Titel präsent sind. Daraus, aus der Anerkennung des Filmtitels als selbständiges Vermögensrecht und dem Schutzzweck des Filmtitelrechts, den Verkehr vor Täuschungen zu schützen, ist zu folgern, dass auch eine längere Nichtbenutzung des Filmtitels nicht zum Erlöschen des Filmtitelrechts führen kann.[317]

II. Titelverlust

Als weiterer Erlöschensgrund führt auch der Titelverlust zu einer Beendigung des Titelrechts. Der Titelverlust erfasst die Fälle einer unfreiwilligen Beendigung des Filmtitelrechts,

---

[315] So enthielt das Fernsehprogramm vom 9. bis 15.3.2002 eine Vielzahl von Filmwerken, deren Uraufführung oder Erstausstrahlung zum Teil schon über 70 Jahre her ist, deren Filmtitel aber nichtsdestotrotz weiterhin im Bewusstsein des Publikums vorhanden sind. Beispielhaft seien genannt: „Die Drei von der Tankstelle", deutsche Musikkomödie mit *Heinz Rühmann* von 1930 (NDR am 9.3.2002); „Die Brüder Karamasow", eine Literaturverfilmung nach *F. M. Dostojewski* von 1957 (ARD am 10.3.2002); „Das süße Leben", *Fellini*-Klassiker von 1959 (Arte am 11.3.2002); „Tarantula", amerikanischer Horrorfilm von 1955 (WDR am 12.3.2002); „Die Teufelsinsel", amerikanischer Gefängnisfilm von 1940 (SWR am 13.3.2002); „Endstation Sehnsucht", amerikanisches Psychodrama von 1951 (ZDF am 14.3.2002); „La Habanera", deutsches Melodram von 1937 zum 95. Geburtstag von *Zarah Leander* (BR am 15.3.2002).

[316] *OLG Hamburg* UFITA 27 (1959), 77, 85 – „Kleine Leute – Große Reise".

[317] *KG Berlin* UFITA 81 (1976), 214, 222 – „Queen Kong"; *OLG Düsseldorf* WRP 1985, 638, 639 f. – „Mädchen hinter Gittern"; *Klippel/Eisfeld*, in: HK-Markenrecht, § 5 Rd. 107; *v. Hartlieb*, S. 292; *Gerstenberg*, ZUM 1990, 346, 352; *Bork*, UFITA 110 (1989), 35, 51; *Tovote*, FuR 1968, 120, 125.

d.h. Fälle, auf die der Inhaber des Filmtitelrechts keinen Einfluss hat:[318] Das Recht am Filmtitel erlischt, wenn der Filmtitel seine Unterscheidungskraft verliert und nicht mehr die Anforderungen an ein werkidentifizierendes Unterscheidungsmittel im geschäftlichen Verkehr erfüllt. Bei originär unterscheidungskräftigen Filmtiteln kann die Unterscheidungskraft aufgrund der Entwicklung des Filmtitels zur Gattungsbezeichnung verloren gehen;[319] beispielsweise wenn eine Schwächung der Kennzeichnungskraft des Titels durch Dritttitel, gegen die der Titelberechtigte nicht rechtzeitig vorgeht, eintritt, mit der Folge, dass der Filmtitel nicht mehr werkidentifizierend wirkt. Bei nur aufgrund von Verkehrsgeltung geschützten Filmtiteln führt der Wegfall der Verkehrsgeltung zum Erlöschen des Titelrechts.[320]

III. Gemeinfreiheit des betitelten Filmwerks

Ein Teil der Literatur stellt eine zeitliche Abhängigkeit zwischen Werktitel- und damit auch Filmtitelschutz und dem Urheberrecht an dem zugrunde liegenden Werks her, mit der Folge, dass die urheberrechtliche Gemeinfreiheit des Werks auch zu einem Ende des Titelschutzes führt.[321] Befürchtet wird, dass sich ansonsten die urheberrechtliche Schutzfrist auf dem Umweg des § 16 Abs. 1 UWG a.F., § 5 Abs. 3 MarkenG für unbegrenzte Zeit verlängere.

Zu fragen ist, ob der Ablauf der Schutzfrist des Urheberrechts an dem gekennzeichneten Filmwerk tatsächlich einen Erlöschensgrund für das Filmtitelrecht darstellt. Diese Frage ist in Übereinstimmung mit der überwiegenden Literatur und der Rechtsprechung aus mehreren Gründen zu verneinen:[322] Die urheberrechtliche Gemeinfreiheit des Filmwerks hat nur zur Folge, dass das Filmwerk unter seinem Filmtitel durch Dritte verwertet werden kann. Die Verwertung des Filmwerks unter seinem Filmtitel wird während der Schutzdauer des Urheberrechts und auch ab der Entstehung der Gemeinfreiheit nicht vom Werktitelschutz erfasst, sondern ist nur nach Urheberrecht zu beurteilen:[323] Denn jedes Mal wird der identische Filmtitel für das identische Filmwerk benutzt, so dass der Verkehr weder der Gefahr einer Verwechslung ausgesetzt ist, noch die Bekanntheit des Filmtitels in unlauterer Weise im Sinne

318 *Oelschlägel*, S. 140; *Mittas*, S. 69 f.; *Metzger*, S. 93.
319 *Bork*, UFITA 110 (1989), 35, 50 f.; *Oelschlägel*, S. 142; *Mittas*, S. 70; *Metzger*, S. 93; *Röder*, S. 68.
320 *Russ*, S. 187; *Teplitzky*, in: UWG GK, § 16 Rd. 232 ff.
321 *Hertin*, WRP 2000, 889, 890; *Leinveber*, GRUR 1956, 64, 65; *Seligsohn*, UFITA 6 (1933), 124, 138; *v. Hartlieb*, Filmtitel, S. 8 f.
322 *BGH* GRUR 2003, 440, 441 – Winnetous Rückkehr"; *BGH* GRUR 2000, 882, 882 f. – „Bücher für eine bessere Welt"; *OLG Nürnberg* WRP 2000, 1168, 1171 – „Winnetou"; *Deutsch*, WRP 2000, 1375, 1376; *Sack*, S. 190 ff.; *Mittas*, S. 36; *Deutsch/Mittas*, Rd. 181; *Deutsch*, S. 49 f.; *Kraemer*, S. 48; *Russ*, S. 195; *Fezer*, MarkenG, § 15 Rd. 169; *A/S/K/Klaka*, MarkenG, § 5 Rd. 16; *Ingerl/Rohnke*, MarkenG, § 5 Rd. 59; *Klippel/Eisfeld*, in: HK-Markenrecht, § 5 Rd. 80; *Kröner*, FS *Hertin*, S. 565, 575 Fn. 58; *v. Hartlieb*, S. 291 f.; *Gerstenberg*, ZUM 1985, 346, 351 f.; *Seibt*, in: Hdb. WbR, § 61 Rd. 4; *Bappert*, GRUR 1949, 189, 194.
323 *Sack*, S. 191; *Deutsch*, WRP 2000, 1375, 1376; *Teplitzky*, in: UWG GK, § 16 Rd. 138.

des § 15 Abs. 3 MarkenG ausgenutzt oder beeinträchtigt wird. Sofern jedoch eine Verwertung des Filmtitels für andere Werke oder in sonstiger Weise in Frage steht, wird diese vom Schutzzweck des Werktitelrechts erfasst.

Ferner spricht gegen eine Abhängigkeit des Werktitelrechts vom Urheberrecht, dass das Filmtitelrecht aus § 5 Abs. 3 MarkenG auch an Filmwerken entstehen kann, die keinen urheberrechtlichen Schutz genießen. Regelmäßig unterliegt das Filmwerk als persönliche geistige Schöpfung gemäß § 2 Abs. 2 UrhG zwar dem Schutzbereich des Urheberrechts, wenn es durch Motivauswahl, Aufnahmetechnik und szenische und inhaltliche Gestaltung eine eigentümliche Umsetzung eines Vorgangs oder einer Handlung in eine bewegte Bildfolge darstellt. Filmwerke, die sich dagegen auf ein bloßes Abfilmen von politischen, wirtschaftlichen oder kulturellen Ereignissen mittels feststehender Kameras beschränken, ohne dass die Auswahl und Zusammenstellung der Ereignisse und des Filmmaterials sowie die Form der Darbietung eine eigenschöpferische Qualität erreichen, erfüllen nicht den erforderlichen Eigentümlichkeitsgrad, um den Anforderung des § 2 Abs. 2 UrhG zu genügen.[324] Solche Filmwerke sind Laufbilder im Sinne des § 95 UrhG an denen kein Urheberrecht sondern nur ein Leistungsschutzrecht besteht.[325]

Auch Filmwerke, die nur Laufbilder im urheberrechtlichen Sinne sind, sind Filmwerke nach § 5 Abs. 3 MarkenG. Der markenrechtliche Werkbegriff ist nicht mit dem urheberrechtlichen Werkbegriff des § 2 Abs. 2 UrhG identisch.[326] Sofern Filmwerke, die nicht den Anforderungen an den urheberrechtlichen Werkbegriff genügen, einen unterscheidungskräftigen Filmtitel besitzen, sind auch diese Titel dem Werktitelschutz nach § 5 Abs. 3 MarkenG zugänglich.[327] Der kennzeichenrechtliche Titelschutz ist damit unabhängig vom Schutz des zugrunde liegenden Werks nach dem Urheberrechtsgesetz.

Würde man das Ende des Titelschutzes an die Schutzdauer der Rechte nach dem Urheberrechtsgesetz anlehnen, hätte dies merkwürdige Konsequenzen, da die Schutzdauer für urheberrechtsfähige und nur leistungsschutzrechtsfähige Filmwerke auseinander fällt. Die Dauer des Urheberrechtsschutzes für Filmwerke im Sinne des § 2 Abs. 2 UrhG bestimmt sich nach den §§ 64 und 65 Abs. 2 UrhG und beträgt regelmäßig 70 Jahre ab dem Tod des Längstlebenden. Dagegen ist die Dauer der Leistungsschutzrechte an Laufbildern nach § 95 i.V.m. § 94 Abs. 3 UrhG auf 50 Jahre nach dem Erscheinen bzw. der erlaubten öffentlichen Wiedergabe

---

324 *Reupert*, S. 53 ff.; *Möhring/Nicolini/Gass*, UrhG, § 2 Rd. 142 f.

325 Trotz der Verweisung des § 95 UrhG auf § 94 UrhG besteht das Leistungsschutzrecht nicht nur an der Erstfixierung der Bild- und Tonfolge in Gestalt des Filmträgers, sondern an dem Filmwerk als solchem.

326 Amtl. Begr., BT-Drucks. 12/6581, S. 67.

327 *BGH* GRUR 2003, 440, 441 – „Winnetous Rückkehr"; *OLG Nürnberg* WRP 2000, 1168, 1171 – „Winnetou"; *Deutsch*, WRP 2000, 1375, 1376; *Metzger*, S. 93 f. für Reihentitel; ebenso *Oelschlägel*, S. 143.

oder auf 50 Jahre nach der Herstellung bei Nichterscheinen oder fehlender erlaubter öffentlicher Wiedergabe innerhalb dieser Frist beschränkt. Eine Übertragung auf die Schutzdauer des Filmtitels hätte zur Folge, dass diese von dem Eigentümlichkeitsgrad des zugrunde liegenden Filmwerks abhängig wäre. Eine solche Annahme widerspricht schon den unterschiedlichen Werkbegriffen im Urheberrechts- und Markengesetz.

Ebenso spricht die rechtliche Eigenständigkeit des Werktitelrechts gegen eine Abhängigkeit von dem Urheberrecht des zugrunde liegenden Werks. Folglich kann der Ablauf des Urheberrechtsschutzes des betitelten Filmwerks keine Auswirkungen auf den kennzeichenrechtlichen Titelschutz haben.[328]

5. Abschnitt: Der Schutzbereich des Rechts am Filmtitel

Die Untersuchung des Schutzbereichs des Filmtitelrechts gliedert sich in eine Untersuchung des räumlichen und des sachlichen Schutzbereichs. Der räumliche Schutzbereich erfasst den territorialen Geltungsbereich des Filmtitelrechts (I.). Im Hinblick auf den sachlichen Schutzbereich ist zu untersuchen, gegen welche Verletzungshandlungen der Filmtitel geschützt ist (II.).

I. Der räumliche Schutzbereich

Der räumliche Schutzbereich des Filmtitelrechts erstreckt sich bei originär unterscheidungskräftigen Filmtiteln aufgrund des territorialen Geltungsbereichs des Markengesetzes auf das

---

[328] *BGH* GRUR 2003, 440, 441 – „Winnetous Rückkehr"; *Sack*, S. 191 f.; *Deutsch/Mittas*, Rd. 181; *Mittas*, S. 63; *Deutsch*, WRP 2000, 1375, 1376; *v. Hartlieb*, S. 291 f.; *Hillig*, Bd. 1, Gutachten Nr. 301, S. 332 f.; *Delp*, WRP 2000, 1086, 1087 f. und *Metzger*, S. 93, wollen die Unzulässigkeit der Verwendung des Titels eines gemeinfreien Werks für ein anderes Werk aus den §§ 1 und 3 UWG herleiten, da fälschlich ein Zusammenhang mit dem gemeinfreien Werk behauptet und am guten Ruf dieses Werks schmarotzt werde. Unklar bleibt, warum der Titelschutz nicht aus dem markengesetzlichen Werktitelschutz hergeleitet wird. Es kann nur vermutet werden, dass auch *Delp* auf S. 1086 aus der Prämisse, dass der Urheberrechtsschutz das Gesamtwerk einschließlich den vom Urheber stammenden Titel umfasse, schließt, dass das Erlöschen des Urheberrechts auch zu einem Erlöschen des Werktitelrechts führt. Dabei wird aber verkannt, dass der aus einem Wort oder einer Wortfolge bestehende Werktitel nur dann als Werkteil oder eigenständiges Werk urheberrechtsfähig ist, wenn er isoliert betrachtet eine persönliche geistige Schöpfung im Sinne von § 2 Abs. 2 UrhG darstellt. Das ist regelmäßig nicht der Fall. Offen bleibt auch der Schutz der Titel von nicht dem Urheberrecht unterfallenden Werken. Nicht überzeugen kann auch die Ansicht von *Leinveber* in JR 1958, 371, 372, dass die Titel gemeinfreier Werke keinen rechtlichen Schutz genießen, dies jedoch ausnahmsweise wieder dann gelten soll, wenn sie für andere, nicht mit dem gemeinfreien Werk in Beziehung stehenden Werken benutzt werden, wobei dies nicht für solche Titel gelten könne, die für eine Bearbeitung des gemeinfreien Werks (z.B. Verfilmung eines Buches) benutzt werden. Auch die Bearbeitung eines gemeinfreien Werks ist ein Werk, dessen unterscheidungskräftiger Titel nach den §§ 5 und 15 MarkenG Titelschutz genießt.

Gebiet der Bundesrepublik Deutschland.[329] Aufgrund von Verkehrsgeltung unterscheidungskräftige Filmtitel sind dagegen in ihrem räumlichen Schutzbereich auf das Gebiet begrenzt, in dem sie Verkehrsgeltung besitzen, da sie erst mit dem Erreichen von Verkehrsgeltung als werkidentifizierendes Unterscheidungszeichen angesehen werden.[330] So kann dies der Fall sein bei nicht originär unterscheidungskräftigen Titeln von Fernsehsendungen der Regionalprogramme, die in anderen Regionen Deutschlands nicht empfangen werden können, aber in dem Sendegebiet aufgrund ihrer Bekanntheit filmwerkidentifizierend wirken.

II. Der sachliche Schutzbereich

Der sachliche Schutzbereich des Filmtitelrechts bestimmt sich nach § 15 Abs. 2 und Abs. 3 MarkenG. Nach § 15 Abs. 2 MarkenG ist es Dritten untersagt, die geschäftliche Bezeichnung oder ein ähnliches Zeichen im geschäftlichen Verkehr unbefugt in einer Weise zu benutzten, die geeignet ist, Verwechslungen mit der geschützten Bezeichnung hervorzurufen. § 15 Abs. 3 MarkenG bestimmt, dass es Dritten ferner untersagt ist, im Inland bekannte geschäftliche Bezeichnungen oder ähnliche Zeichen im geschäftlichen Verkehr zu benutzen, wenn keine Gefahr von Verwechslungen im Sinne des Absatzes 2 besteht, soweit die Benutzung des Zeichens die Unterscheidungskraft oder die Wertschätzung der geschäftlichen Bezeichnung ohne rechtfertigenden Grund in unlauterer Weise ausnutzt oder beeinträchtigt.

Der Wortlaut des § 15 Abs. 2 und Abs. 3 MarkenG setzt eine Benutzung des kollidierenden Zeichens im geschäftlichen Verkehr voraus. Damit stellt sich die Frage, welche rechtsverletzenden Benutzungshandlungen vom sachlichen Schutzbereich des Filmtitelrechts erfasst werden. Insbesondere ist fraglich, ob auch nicht kennzeichenmäßig erfolgte Benutzungshandlungen in den Schutzbereich des § 15 Abs. 2 und Abs. 3 MarkenG fallen (1.). Anschließend werden die tatbestandlichen Voraussetzungen des Schutzes vor Verwechslungsgefahr (2.) und des Schutzes des bekannten Filmtitels vor einer unlauteren Ausnutzung oder Beeinträchtigung der Unterscheidungskraft oder Wertschätzung (3.) untersucht.

---

[329] *Deutsch/Mittas*, Rd. 39; *Oelschlägel*, S. 139; *Russ*, Börsenblatt für den Deutschen Buchhandel 1991, 2502, 2505.

[330] *Oelschlägel*, S. 139; *Mittas*, S. 76; *Metzger*, S. 80; *Emmerich*, S. 266; *Seibt*, in: Hdb. WbR, § 61 Rd. 19; *Klipel/Pahlow*, in: HK-Markenrecht, § 15 Rd. 13.

1. Rechtsverletzende Benutzungshandlungen im geschäftlichen Verkehr

Zu untersuchen ist zunächst, welche Voraussetzungen an eine rechtsverletzende Benutzung des Filmtitels im geschäftlichen Verkehr zu stellen sind: Fraglich ist, ob das in § 15 Abs. 2 MarkenG genannte Kriterium „unbefugte Benutzung" auch auf § 15 Abs. 3 MarkenG übertragbar ist und was unter diesem Kriterium zu verstehen ist (a). Da die unbefugte Benutzung im geschäftlichen Verkehr stattfinden muss, ist ferner zu fragen, welche Benutzungshandlungen als solche im geschäftlichen Verkehr zu werten sind (b). Des Weiteren stellt sich angesichts der Neureglung des Werktitelrechts im Markengesetz die Frage, ob § 15 Abs. 2 und Abs. 3 MarkenG ebenso wie die Regelung des § 16 Abs. 1 UWG a.F. nur eine kennzeichenmäßige Benutzung des kollidierenden Zeichens als rechtsverletzende Benutzungshandlung erfasst oder ob sich Anhaltspunkte dafür ergeben, dass auch nicht kennzeichenmäßig erfolgte Benutzungshandlungen vom Schutzbereich des § 15 Abs. 2 und Abs. 3 MarkenG erfasst werden (c).

a) Unbefugte Benutzung

Verglichen mit § 14 Abs. 2 MarkenG fehlt in § 15 Abs. 2 und Abs. 3 MarkenG das zusätzliche Merkmal „ohne Zustimmung des Inhabers der Marke". Dagegen fehlt in der § 15 Abs. 2 MarkenG entsprechenden Regelung des § 14 Abs. 2 Nr. 2 MarkenG das Merkmal der „unbefugten Benutzung". Fraglich ist, ob diese Tatbestandsmerkmale trotz des unterschiedlichen Wortlauts übereinstimmen. Für eine einheitliche Auslegung dieser Tatbestandsmerkmale spricht das gesetzgeberische Anliegen nach einer Vereinheitlichung der kennzeichenrechtlichen Verletzungstatbestände. Ferner ergibt sich aus der Systematik des Markengesetzes, dass das Merkmal der „unbefugten Benutzung" ebenso wie das Merkmal „ohne Zustimmung des Inhabers der Marke" nur die Fälle einer fehlenden Gestattung erfasst. Nicht erfasst wird dagegen die Rangfolge der Priorität, denn das Prioritätsprinzip liegt dem gesamten Kennzeichenrecht zugrunde und gilt auch innerhalb von Tatbeständen, die nicht das Merkmal einer „unbefugten Benutzung" enthalten, wie § 14 MarkenG.[331]

Für eine Ausweitung des nur in § 15 Abs. 2 MarkenG erwähnten Merkmals der „unbefugten Benutzung" auch auf § 15 Abs. 3 MarkenG spricht die Gesetzesbegründung:[332] Danach sind „die Tatbestände des § 15 Abs. 2 und Abs. 3 MarkenG [...] von vornherein so gefasst, dass sie allgemein die unbefugte Benutzung des anderen Zeichens im geschäftlichen Verkehr zum Gegenstand haben [...]."

[331] *Ingerl/Rohnke*, MarkenG, § 15 Rd. 16; *Klippel/Pahlow*, in: HK-Markenrecht, § 15 Rd. 22.
[332] Amtl. Begr., BT-Drucks. 12/6581, S. 76 f.

b) Geschäftlicher Verkehr

Beschränkt wird der sachliche Schutzbereich des Filmtitelrechts nach dem Wortlaut des § 15 Abs. 2 und Abs. 3 MarkenG durch das Erfordernis der Benutzung des kollidierenden Zeichens im geschäftlichen Verkehr. Darunter fällt jede wirtschaftliche Betätigung, mit der in Wahrnehmung oder Förderung eigener oder fremder Geschäftsinteressen am Erwerbsleben teilgenommen wird.[333] Eine rein private, betriebsinterne oder hoheitliche Benutzung des Filmtitels ist nicht tatbestandlich im Sinne des § 15 Abs. 2 und Abs. 3 MarkenG.[334] Aus der Gesetzesbegründung ergibt sich, dass bei der Auslegung des Begriffes „im geschäftlichen Verkehr" in § 15 MarkenG die in § 14 Abs. 3 und Abs. 4 MarkenG ausdrücklich angeführten Einzelfälle ebenfalls berücksichtigt werden sollen.[335] Das Kriterium des geschäftlichen Verkehrs ist weit auszulegen und entfällt nur ausnahmsweise. Entscheidend ist die erkennbar nach außen hervortretende Zielrichtung des Handelnden.[336]

Eine rechtsverletzende Benutzung im geschäftlichen Verkehr ist auch bei politischen, karitativen oder sonstigen ideellen Veranstaltungen anzunehmen, sobald irgendeine geschäftliche Motivation hinzutritt.[337] Fehlt jedoch eine geschäftliche Motivation bei der Benutzung des Kennzeichens im Rahmen solcher Veranstaltungen, liegt eine Benutzung im geschäftlichen Verkehr nicht vor. So hat das *LG München I* in der Entscheidung „Jetzt red'i" die Verwendung des Filmtitels „Jetzt red'i" für eine politische Veranstaltung nicht als Benutzung im geschäftlichen Verkehr angesehen:[338] Der Bayerische Rundfunk hatte gegen einen ehemaligen Moderator der vom Bayerischen Rundfunk produzierten Fernsehreihe mit dem Filmtitel „Jetzt red'i" auf Unterlassung der Benutzung des Kennzeichens für Wirtshausdiskussionen im Anschluss an Parteiveranstaltungen der Partei „Die Republikaner" geklagt. Das Gericht hat dazu ausgeführt, dass Wahlkampfveranstaltungen von Parteien als solche nicht dem geschäftlichen Verkehr zuzurechnen seien, da sie nicht der Förderung eines Geschäftszwecks dienten. Der unterhaltende und informative Charakter der Veranstaltung mit dem diese in Konkurrenz zu anderen im geschäftlichen Verkehr agierenden Anbietern von Unterhaltung und Information tritt, lasse keinen Rückschluss auf eine geschäftliche Betätigung zu, da weder unmittelbar noch mittelbar geschäftliche Zwecke gefördert werden. Dennoch sei der Rechtsinhaber an

[333] *BGH* GRUR 2002, 622, 624 – „shell.de"; *Klippel/Pahlow*, in: HK-Markenrecht, § 15 Rd. 12; *A/S/K/Klaka*, MarkenG, § 15 Rd. 14; *Sack*, S. 121 f.
[334] *A/S/K/Klaka*, MarkenG, § 15 Rd. 16; *Sack*, S. 121 f.; *Mittas*, S. 74; *Metzger*, S. 65.
[335] Amtl. Begr., BT-Drucks. 12/6581, S. 76 f.
[336] *BGH* GRUR 2002, 622, 624 – „shell.de".
[337] *BGH* GRUR 1975, 320, 321 – „Werbegeschenke"; *BGH* GRUR 1962, 254, 255 – „Fußball-Programmheft"; *Kröner*, FS *Hertin*, S. 565, 587.
[338] *LG München I* ZUM 1985, 105, 107 f. – „Jetzt red'i".

dem Filmtitel nicht rechtlos gestellt, sondern könne gegenüber einer rechtsverletzenden Benutzung im außergeschäftlichen Verkehr Unterlassung nach den §§ 1004 Abs. 1, 823 Abs. 1 und 826 BGB verlangen.[339]

c) Kennzeichen- und nicht kennzeichenmäßig erfolgte Benutzungshandlungen

Umstritten ist, ob sich der sachliche Schutzbereich des § 15 Abs. 2 und Abs. 3 MarkenG auf eine kennzeichenmäßige Verwendung des Filmtitels beschränkt. Die Gesetzesbegründung zu § 15 Abs. 2 MarkenG führt aus, dass die Regelung des § 15 Abs. 2 MarkenG der des § 16 Abs. 1 UWG a.F. entspreche, so dass Rechtsprechung und Praxis auch insoweit nahtlos an die bisherige Rechtslage anknüpfen können.[340] Die Rechtsverletzung setzte nach der Rechtsprechung zu § 16 Abs. 1 UWG a.F. eine kennzeichenmäßige im Sinne einer titelmäßigen Verwendung des Kennzeichens voraus: Das Kennzeichen musste derart benutzt werden, dass ein nicht unerheblicher Teil des angesprochenen Verkehrs darin die Bezeichnung eines Werks zur Unterscheidung von einem anderen Werk erkannte.[341] Allerdings hat die Rechtsprechung unter der Voraussetzung, dass dem Filmtitel auch ein Herkunftshinweis entnommen werden konnte, ebenso die unbefugte Benutzung des Filmtitels als Marke, Produkt- oder Unternehmenskennzeichen als mögliche Verletzungshandlung nach § 16 Abs. 1 UWG a.F. anerkannt; in diesen Fällen musste die Verwendung der Zeichen zu einer mittelbaren Verwechslungsgefahr im engeren Sinne oder einer Verwechslungsgefahr im weiteren Sinne mit dem Filmtitel führen können:[342] Aufgrund der Identität oder Ähnlichkeit der kollidierenden Zeichen muss der Verkehr bei der Verwendung des Zeichens als Marke, Produkt- oder Unternehmenskennzeichen zu der Annahme veranlasst werden, dass die gekennzeichneten Produkte aus demselben Unternehmen stammen oder zumindest lizenzrechtliche, organisatorische oder sonstige wirtschaftliche Zusammenhänge zwischen den beteiligten Unternehmen bestehen.[343] Eine titelmäßige Verwendung des Filmtitels liegt in diesen Fällen aber nicht vor, da der Filmtitel nicht werkidentifizierend, sondern produkt- oder unternehmensidentifizierend gebraucht wird.

339 Dazu im 6. Kapitel unter I. „Deliktische und quasinegatorische Ansprüche".
340 Amtl. Begr., BT-Drucks. 12/6581, S. 76.
341 *BGH* GRUR 1994, 908, 910 – „Wir im Südwesten".
342 *BGH* GRUR 1993, 692, 693 ff. – „Guldenburg"; *BGH* GRUR 1991, 331, 332 - „Ärztliche Allgemeine"; *BGH* AfP 1978, 45, 48 – „Der 7. Sinn".
343 *BGH* GRUR 1993, 692, 693 – „Guldenburg"; *Ingerl/Rohnke*, MarkenG, § 15 Rd. 82, 93; *Sack*, S. 131 f.; *Oelschlägel*, S. 136.

Diese zu § 16 Abs. 1 UWG a.F. ergangene Rechtsprechung hat sich auch unter Geltung des § 15 MarkenG fortgesetzt.[344]. Ob diese Übertragung mit dem Wortlaut, der Gesetzessystematik und dem Sinn und Zweck des Markengesetzes zu vereinbaren ist, erscheint fraglich: Das Erfordernis einer titel- oder kennzeichenmäßigen Benutzung des Filmtitels lässt sich aus § 15 Abs. 2 und Abs. 3 MarkenG nicht herleiten. Der Wortlaut spricht davon, dass die geschäftliche Bezeichnung oder ein ähnliches Zeichen im geschäftlichen Verkehr *benutzt* wird, ohne die Benutzung auf eine kennzeichenmäßige Benutzung zu beschränken. Voraussetzung ist vielmehr nur, dass die geschäftliche Bezeichnung im geschäftlichen Verkehr benutzt wird. Auch eine systematische Auslegung zwischen dem in § 15 Abs. 2 und Abs. 3 MarkenG gewährten Schutzbereich und den Schutzrechtsschranken in § 23 MarkenG legt nahe, dass der Umstand einer kennzeichenmäßigen Benutzung nicht Voraussetzung für eine Schutzrechtsverletzung ist, denn im Gegensatz zu der vor Inkrafttreten des Markengesetzes geltenden Schutzrechtsschranke des § 16 WZG gestattet § 23 Nr. 2 MarkenG jede Benutzung einer Marke oder geschäftlichen Bezeichnung als beschreibende Angabe ohne Beschränkung auf eine „nicht warenzeichenmäßige" Benutzung.[345] Auch die Gesetzesbegründung spricht gegen eine kennzeichenmäßigen Benutzung als Voraussetzung einer Rechtsverletzung, denn eine Beschränkung des § 23 Nr. 2 MarkenG auf eine nicht kennzeichenmäßige Benutzung wurde bewusst nicht vorgenommen.[346]

Ebenso lässt der Hinweis in der Gesetzesbegründung, dass für die Auslegung des § 15 Abs. 2 MarkenG auch die Regelungen des § 14 Abs. 3 und Abs. 4 MarkenG maßgeblich seien,[347] darauf schließen, dass eine kennzeichenmäßige Benutzung nicht Voraussetzung einer Rechtsverletzung ist: Die als Rechtsverletzungen in § 14 Abs. 3 MarkenG aufgeführten Benutzungshandlungen sind nicht abschließend und auch nicht auf eine kennzeichenmäßige Benutzung beschränkt.[348]

Das Kriterium einer kennzeichenmäßigen Verwendung des Werktitels ist für die Beurteilung einer Verwechslungsgefahr im Sinne von § 15 Abs. 2 MarkenG auch ungeeignet, denn durch eine von Schutzerwägungen geleitete, unberechenbare Rechtsprechung ist dieses Krite-

[344] *BGH* WRP 1999, 1279, 1280 f. – „Szene"; die Amtl. Begr., BT-Drucks. 12/6581, S. 76, führt dazu aus: „Auch daran, dass zum Beispiel aus einer geschäftlichen Bezeichnung gegen die Benutzung einer Marke vorgegangen werden kann, ändert sich nichts."

[345] *A/S/K/Klaka*, MarkenG, § 23 Rd. 5 f.; *Fezer*, MarkenG, § 23 Rd. 8 f.; *Sack*, S. 125; *Kröner*, FS *Hertin*, S. 565, 589; *Deutsch*, GRUR 2002, 308, 312.

[346] Amtl. Begr., BT-Drucks. 12/6581, S. 80.

[347] Amtl. Begr., BT-Drucks. 12/6581, S. 76 f.

[348] *Fezer*, MarkenG, § 15 Rd. 20 mit Verweis auf § 14 Rd. 460; *Deutsch/Mittas*, Rd. 132; *Emmerich*, S. 278 f.

rium weitgehend konturenlos geworden.[349] Aus dem Schutzzweck des Werktitelrechts ergibt sich, dass es nur darauf ankommen kann, ob der geschäftliche Verkehr durch die Benutzung der geschäftlichen Bezeichnung oder eines ähnlichen Zeichens der Gefahr einer Fehlvorstellung und Verwechslung ausgesetzt ist.[350]

Auch die Einbeziehung des Schutzes bekannter Filmtitel vor einer unlauteren Ausnutzung oder Beeinträchtigung der Unterscheidungskraft oder Wertschätzung durch § 15 Abs. 3 MarkenG in das Werktitelrecht spricht gegen eine Beschränkung der Verletzungshandlungen auf eine kennzeichenmäßige Benutzung. Durch die Eingliederung in das Markengesetz wird der Gesetzgeber dem hohen Schutzbedarf bekannter Filmtitel vor Rufausbeutung und Rufschädigung gerecht. Dieser Schutzbedarf erstreckt sich aber auch auf nicht kennzeichenmäßige Verletzungshandlungen wie beispielsweise die indirekte Bezugnahme in der Werbung oder die parodierende Verwendung für Merchandisingartikel, durch die versucht wird, an dem wirtschaftlichen Potenzial des Filmtitels zu partizipieren.[351]

Durch eine Beschränkung des Werktitelschutzes aus § 15 Abs. 3 MarkenG auf kennzeichenmäßig erfolgte Verletzungshandlungen müsste bei nicht kennzeichenmäßig erfolgten Verletzungshandlungen auf den außerkennzeichenrechtlichen Schutz insbesondere durch § 1 UWG zurückgegriffen werden. Gegenüber der Generalklausel des § 1 UWG stellt das Werktitelrecht jedoch einen konkreter ausgestalteten und flexibleren kennzeichenrechtlichen Schutztatbestand mit schärferen Rechtsfolgen dar (§§ 18, 19, 143, 146 MarkenG), was aufgrund des hohen Schutzbedarfs bekannter Werktitel einen angemesseneren Schutz bewirkt.[352]

2. Der Schutz vor Verwechslungsgefahr

Der Tatbestand des § 15 Abs. 2 MarkenG spricht von der Eignung einer geschäftlichen Bezeichnung oder eines ähnlichen Zeichens im geschäftlichen Verkehr Verwechslungen mit der geschützten Bezeichnung hervorzurufen. Diese Eignung eines Kennzeichens zum Hervor-

---

[349] *OLG Köln* GRUR 1997, 663, 664 – „FAMILY“; *BGH* GRUR 1994, 635, 636 – „Pulloverbeschriftung“; *BGH* GRUR 1994, 908, 910 – „Wir im Südwesten“; *BGH* GRUR 1993, 151, 153 – „Universitätsemblem“; *BGH* GRUR 1979, 564, 565 – „Metall-Zeitung“; *BGH* GRUR 1968, 259, 260 f. – „NZ“.

[350] *Sack*, S. 125; *Kröner*, FS *Hertin*, S. 565, 589.

[351] So in Bezug auf bekannte Marken: *BGH* GRUR 1995, 57, 58 ff. – „Markenverunglimpfung II (Nivea)“; *BGH* GRUR 1994, 635, 636 f. – „Pulloverbeschriftung“; *BGH* GRUR 1986, 759, 760 f. – „BMW“; *BGH* GRUR 1984, 684, 685 ff. – „Mordoro“; *OLG Frankfurt a. M.* GRUR 1982, 319, 320 f. – „Lusthansa“; dazu *Fezer*, MarkenG, § 14 Rd. 434 ff.; *Grünberger*, S. 29 ff., 179, 198 ff., 210 ff.; auch in der Rechtsprechung des *EuGH* sind Voraussetzungen und Umfang einer kennzeichenmäßigen Verwendung des kollidierenden Drittzeichens noch nicht abschließend geklärt, vgl. die uneinheitlichen Entscheidungen *EuGH* WRP 2002, 1415, 1419 – „Arsenal/Reed“, *EuGH* WRP 2002, 664, 665 – „Hölterhoff“ und *EuGH* GRUR Int. 1999, 438, 440 f. – „BMW/Deenik“; dazu *Lange*, WRP 2003, 323, 325 ff., 330 f.

[352] *Ingerl/Rohnke*, MarkenG, § 15 Rd. 104; *Sack*, S. 124.

rufen einer Verwechslung wird allgemein als Verwechslungsgefahr umschrieben.[353] Der Wortlaut des § 15 Abs. 2 MarkenG weicht insofern von dem des § 14 Abs. 2 Nr. 2 MarkenG ab, der ausdrücklich die Gefahr von Verwechslungen erwähnt. Während der Gesetzgeber im Rahmen des Markenschutzes weiter zwischen dem Identitätsschutz der Marke in § 14 Abs. 2 Nr. 1 MarkenG und dem Schutz der Marke vor der Gefahr von Verwechslungen in § 14 Abs. 2 Nr. 2 MarkenG differenziert, umfasst § 15 Abs. 2 MarkenG von seinem Wortlaut sowohl den Identitätsschutz als auch den Schutz des Filmtitels vor der Gefahr von Verwechslungen. Diese abweichende gesetzestechnische Systematik ergibt sich aus der Anlehnung des § 15 Abs. 2 MarkenG an § 16 Abs. 1 UWG a.F.[354] Dennoch hat sich der Gesetzgeber bei der Neuregelung des werktitelrechtlichen Schutzbereichs in § 15 Abs. 2 MarkenG aber an der auf Art. 5 Abs. 1 MRRL beruhenden markenrechtlichen Regelung des § 14 Abs. 2 MarkenG orientiert.[355]

Angesichts der vom Gesetzgeber bezweckten Anlehnung des § 15 Abs. 2 MarkenG an die Regelung des § 14 Abs. 2 Nr. 2 MarkenG stellt sich die Frage, ob der werktitelrechtliche Tatbestand der Verwechslungsgefahr ebenso wie der auf Art. 5 Abs. 1 lit. b MRRL beruhende markenrechtliche Tatbestand der Verwechslungsgefahr richtlinienkonform auszulegen ist. Insbesondere ist zu fragen, ob das Merkmal der Verwechslungsgefahr in § 15 Abs. 2 MarkenG entsprechend der Rechtsprechung des *EuGH* anhand der berechtigten Erwartungen eines aufmerksamen und verständigen Durchschnittsverbrauchers zu beurteilen ist (a).

Rechtsprechung und Literatur haben im Markenrecht verschiedene Arten der Verwechslungsgefahr entwickelt: Neben der unmittelbaren Verwechslungsgefahr im engeren Sinne, der der Verkehr unterliegt, wenn es aufgrund der Ähnlichkeit der Kennzeichen zu einer Verwechslung der mit ihnen gekennzeichneten Dienstleistungen oder Waren bzw. Werke kommt, besteht die Möglichkeit einer mittelbaren Verwechslungsgefahr im engeren Sinne oder einer Verwechslungsgefahr im weiteren Sinne, wenn dem Kennzeichen ein Herkunftshinweis auf ein bestimmtes Unternehmen entnommen werden kann. Da der Filmtitel im Unterschied zur Marke nicht auch eine Herkunftsfunktion besitzt,[356] stellt sich die Frage, ob und unter welchen Voraussetzungen der Filmtitel auch vor einer mittelbaren Verwechslungsgefahr im engeren Sinne und einer Verwechslungsgefahr im weiteren Sinne geschützt ist (b).

---

[353] *Ingerl/Rohnke*, MarkenG, § 15 Rd. 30.

[354] Amtl. Begr., BT-Drucks. 12/6581, S. 76; *Ingerl/Rohnke*, MarkenG, § 15 Rd. 31; *Sack*, S. 128.

[355] Amtl. Begr., BT-Drucks. 12/6581, S. 76: „Die Absätze 2 und 3, die den Inhalt des Ausschlussrechts bestimmen, sind in gleicher Weise und aus denselben Gründen wie § 14 Abs. 2 bis 4 als Untersagungstatbestände formuliert."; *Teplitzky*, WRP 2003, 415, 415 f.

[356] Dazu im 1. Abschnitt des 1. Kapitels unter III. „Herkunftsfunktion".

Als normativ zu bestimmender Rechtsbegriff ist die Verwechslungsgefahr selbst nicht der Beweiserhebung zugänglich.[357] Dem steht nicht entgegen, dass die richterliche Beurteilung der Verwechslungsgefahr an Tatsachen wie den Bekanntheitsgrad oder die Verkehrsgeltung eines Kennzeichens anknüpfen muss und diese gegebenenfalls durch Meinungsumfragen ermittelt werden müssen.[358] Ob eine Verwechslungsgefahr vorliegt, erfolgt vielmehr aufgrund einer Gesamtabwägung unter Berücksichtigung aller Umstände des Einzelfalles objektiv nach der Verkehrsauffassung. Maßgebend ist insofern die Wechselwirkung zwischen den Kriterien der Kennzeichnungskraft des Filmtitels, der Werkähnlichkeit und der Zeichenähnlichkeit.[359] Lediglich das Kriterium der Zeichenähnlichkeit oder -identität ist in § 15 Abs. 2 MarkenG ausdrücklich genannt, während die anderen Kriterien zur Beurteilung der Verwechslungsgefahr von der Rechtsprechung entwickelt worden sind. Zu fragen ist, warum diese Kriterien für die Ermittlung der Verwechslungsgefahr eine Rolle spielen und welche Auswirkungen diese Kriterien im einzelnen auf die Beurteilung der Verwechslungsgefahr haben (c).

a) Verbraucherleitbild des *EuGH*

Im Gegensatz zu den Regelungen zum Markenschutz im Markengesetz beruht das Werktitelrecht nicht auf der MRRL und hat trotz der Einbeziehung in das Markengesetz nach der Auffassung des Gesetzgebers keine sachliche Änderung erfahren.[360] Trotz gewisser Besonderheiten der einzelnen im Markengesetz geregelten Kennzeichenrechte ist bei der Auslegung der verschiedenen Normen die gesetzgeberische Intention einer Vereinheitlichung der Kennzeichenrechte durch das Markengesetz zu berücksichtigen. Die parallele Ausgestaltung des Schutzes von Marke und Werktitel im Markengesetz und eine damit einhergehende Rechtsfortbildung des Werktitelschutzes (z.B. Anlehnung der Werktitelformen an die Markenformen des § 3 Abs. 1 MarkenG, Übertragbarkeit des Werktitelrechts in Analogie zu § 27 Abs. 1 MarkenG) legen es nahe, auch das Merkmal der Verwechslungsgefahr einheitlich unter Be-

---

357 *OLG Hamburg* AfP 1999, 492, 494 – „Blitz"; *Sack*, S. 134; *Oelschlägel*, S. 131; *A/S/K/Klaka*, MarkenG, § 15 Rd. 67 i.V.m. Rd. 56; *Teplitzky*, WRP 2003, 415, 416; *ders.*, in: UWG GK, § 16 Rd. 316; *Deutsch/Mittas*, Rd. 101, mit Hinweis auf die ständige Rechtsprechung des *BGH* und die insoweit unklare Entscheidung in *BGH* GRUR 1982, 431, 433 – „Point", in der der *BGH* unter Zurückverweisung der Sache das Berufungsgericht auffordert, die Bestimmung der Verwechslungsgefahr konkret mittels Meinungsumfrage in den betroffenen Verkehrskreisen durchzuführen. Dagegen *v. Hartlieb*, S. 283: „Ist die Verwechslungsgefahr streitig, so wird diese im Rechtsstreit in der Regel durch eine Meinungsumfrage ermittelt."

358 *Sack*, S. 134; *Deutsch/Mittas*, Rd. 101 f.; *Teplitzky*, in: UWG GK, § 16 Rd. 317.

359 *BGH* GRUR 2001, 1050, 1051 f. – „Tagesschau"; *BGH* GRUR 2001, 1054, 1056 – „Tagesreport"; *A/S/K/Klaka*, MarkenG, § 15 Rd. 67 i.V.m. Rd. 54; *Ingerl/Rohnke*, MarkenG, § 15 Rd. 43; *Deutsch*, GRUR 2002, 308, 311.

360 Amtl. Begr., BT-Drucks. 12/6581, S. 67.

rücksichtigung der Rechtsprechung des *EuGH* zur MRRL auszulegen.[361] Insbesondere ist zu fragen, ob entgegen der bisherigen Rechtsprechung und Literatur das Merkmal der Verwechslungsgefahr im Werktitelrecht ebenso wie im Markenrecht normativ anhand der berechtigten Erwartungen eines aufmerksamen und verständigen Durchschnittsverbrauchers zu beurteilen ist.[362]

Nach bisheriger Rechtsprechung deutscher Gerichte zum Merkmal der Verwechslungsgefahr muss für einen nicht ganz unerheblichen Teil des interessierten und angesprochenen Verkehrs die Gefahr von Verwechslungen bestehen.[363] Der maßgebliche Personenkreis sind die interessierten und angesprochenen Verkehrskreise, also nicht nur jene, die nur tatsächlich und bestimmungsgemäß sondern auch jene, die potentiell mit dem Filmtitel in Berührung kommen. In neueren Entscheidungen zum Filmtitelschutz aus § 15 Abs. 2 MarkenG stellt der *BGH* mittlerweile darauf ab, dass erhebliche Teile des Verkehrs der Gefahr einer Verwechslung unterliegen müssen.[364] Ob der *BGH* mit der Änderung der Formulierung von „nicht ganz unerhebliche Teile des Verkehrs" in „erhebliche Teile des Verkehrs" auch höhere quantitative Anforderungen an eine Verwechslungsgefahr im Bereich der Filmtitel stellt, bleibt unklar. Zumindest stellt er heraus, dass der Verkehr ähnlich wie bei Zeitungs- und Zeitschriftentiteln auch bei den Titeln von Nachrichtensendungen gewohnt ist, auf bestehende Unterschiede zu achten.

In der Entscheidung „Guldenburg", in der es u.a. um die Verwechslungsgefahr im weiteren Sinne nach § 16 Abs. 1 UWG a.F. zwischen dem Titel der Fernsehsendung „Das Erbe der Guldenburgs" und der eingetragenen Marke „Guldenburg" für bestimmte Getränke und Schmuckwaren ging, versucht der *BGH* das Kriterium der „nicht unerheblichen Teile des Verkehrs" näher zu erläutern.[365] Er führt aus, dass die Bestimmung der Erheblichkeit anhand normativer Kriterien erfolge und von den Umständen des Einzelfalls abhängig sei: „Unter derartigen Umständen kommt auch dem Grad der Gefährdung, die von einer Fehlvorstellung

---

361 *Fezer*, MarkenG, § 15 Rd. 3; *Ingerl/Rohnke*, MarkenG, § 15 Rd. 33; *A/S/K/Klaka*, MarkenG, § 15 Rd. 7; *v. Schultz/Gruber*, MarkenG, § 15 Rd. 4; *Teplitzky*, WRP 2003, 415, 415 f.; *Keller*, GRUR 1996, 607, 608.

362 Bejahend das *OLG Hamburg* GRUR-RR 2002, 231, 231 – „Tigertom"; kritisch *Deutsch*, GRUR 2002, 308, 311 f.; zum Kriterium des durchschnittlich informierten, aufmerksamen und verständigen Durchschnittsverbrauchers im Markenrecht: *BGH* GRUR 2000, 506, 508 – „ATTACHÉ/TISSERAND"; *EuGH* MarkenR 1999, 236, 239 – „Lloyd/Loints".

363 *BGH* GRUR 1993, 692, 693 f.- „Guldenburg": „nicht unerheblicher Teil des Verkehrs"; *BGH* AfP 1978, 45, 48 – „Der 7. Sinn": „nicht unerheblicher Teil der interessierten Publikumskreise"; *KG Berlin* UFITA 76 (1976), 348, 350 – „Ich hab mein Hos' in Heidelberg verloren": „nicht ganz unbeträchtlicher Teil der Verkehrskreise"; *OLG München* UFITA 22 (1956), 235, 238 – „Der Herrscher": „nicht ganz unerheblicher Teil des Publikums, das an Literatur, Bühne und Film mindestens passiv teilnimmt"; *v. Hartlieb*, S. 283: „nicht unbeträchtlicher Teil der angesprochenen und interessierten Publikumskreise"; *Kröner*, FS *Hertin*, S. 565, 590: „relevanter Teil der angesprochenen Verkehrskreise".

364 *BGH* GRUR 2001, 1050, 1052 – „Tagesschau"; *BGH* GRUR 2001, 1054, 1056 – „Tagesreport".

365 *BGH* GRUR 1993, 692, 694 – „Guldenburg".

des Verkehrs ausgehen kann, Bedeutung zu. Dazu ist vorliegend zu berücksichtigen, dass lediglich eine Verwechslungsgefahr im allerweitesten Sinne, nämlich in dem einer Annahme von Lizenzbeziehungen, in Frage steht, und zwar einer Lizenzbeziehung zwischen Herstellern von so unterschiedlichen Waren bzw. Leistungen, dass eine Übertragung von Qualitätsvorstellungen irgendwelcher Art nicht in Betracht kommt und auch die Möglichkeit einer Einflussnahme oder Überwachung der Warenqualität durch den Lizenzgeber fern liegt. Bei damit bestehender weitgehender inhaltlicher Dürftigkeit einer etwaigen Fehlvorstellung darf der für eine rechtlich relevante Verwechslungsgefahr erforderliche Teil des Verkehrs aber nicht zu niedrig angesetzt werden."

Diese Kumulation normativer Kriterien macht die Bestimmung der Verwechslungsgefahr kaum vorhersehbar und ist damit dem Interesse des Verkehrs nach Rechtsklarheit und Rechtssicherheit nicht dienlich. In seiner neueren Rechtsprechung zum Filmtitelschutz deutet der *BGH* bereits an, dass er für die Beurteilung der Verwechslungsgefahr auf einen aufmerksamen Verbraucher abstellt, dem auch geringe Unterschiede in der Titelaufmachung bereits auffallen: Bei der Beurteilung der Verwechslungsgefahr von Filmtiteln ist der *BGH* der Auffassung, dass bereits geringe Abweichungen genügen, um eine Verwechslungsgefahr auszuschließen; der Verkehr sei ähnlich wie bei Zeitungs- und Zeitschriftentiteln daran gewohnt, auf bestehende Unterschiede genau zu achten.[366] Des Weiteren stellt der *BGH* bei der Beurteilung der Verwechslungsgefahr im weiteren Sinne auf die Kriterien des § 14 Abs. 2 Nr. 2 MarkenG ab, was auf eine einheitliche Auslegung markenrechtlicher und werktitelrechtlicher Tatbestände hindeutet:[367] „Zwar erscheint es möglich, dass das Publikum, wenn es dem Titel ‚Tagesreport' oder ‚SAT.1-News Tagesreport' zum ersten Mal begegnet, eine gedankliche Verbindung zu ‚Tagesschau' oder zu den ‚Tagesthemen' des Klägers herstellt. Eine solche bloße Assoziation reicht indessen im Rahmen des Titelschutzes – ebenso wie im Rahmen des § 14 Abs. 2 Nr. 2 MarkenG – für die Annahme einer Verwechslungsgefahr nicht aus."

Damit eröffnet sich der *BGH* die Möglichkeit, sich in Zukunft von dem normativen Kriterium des nicht ganz unerheblichen Teils des Verkehrs, für den eine Verwechslungsgefahr bestehen muss, zu lösen. Eine solche Entwicklung entspricht auch der neueren Rechtsprechung des *BGH* zur Beurteilung der Verwechslungsgefahr im Markenrecht in Anlehnung an die Rechtsprechung des *EuGH*.[368]

366 *BGH* GRUR 2001, 1050, 1052 – „Tagesschau"; *BGH* GRUR 2001, 1054, 1056 – „Tagesreport".
367 *BGH* GRUR 2001, 1050, 1052 – „Tagesschau"; *BGH* GRUR 2001, 1054, 1057 – „Tagesreport".
368 In WRP 1998, 990, 992 – „ALKA SELTZER" lehnt der *BGH* die Gebrauchsgewohnheiten des flüchtigen Verbrauchers als maßgebende Sicht des Verkehrs für die Beurteilung der zeichenrechtlichen Verwechslungsgefahr noch ab; in GRUR 2000, 506, 508 – „ATTACHÉ/TISSERAND" geht der *BGH* jedoch bereits von einem durchschnittlich informierten, aufmerksamen und verständigen Durchschnittsverbraucher aus.

Die Hinwendung zu einem objektivierten Verbrauchertypus trägt zu einer den tatsächlichen Gegebenheiten angepassten Beurteilung der Verwechslungsgefahr von Filmtiteln bei, vermeidet Unwägbarkeiten im Verwechslungsschutz von Filmtiteln und dient damit der Rechtssicherheit. Das Abstellen auf einen verständigen und aufmerksamen Durchschnittsverbraucher als Maßstab für die Beurteilung der Verwechslungsgefahr von Filmtiteln ermöglicht die Berücksichtigung der Tatsache, dass die Menge möglicher Filmtitel für Filmwerke, insbesondere für stark inhaltsbeschreibende Sendungen, beschränkt ist. Ferner fördert es die wettbewerbliche Chancengleichheit zwischen den etablierten und neu hinzukommenden Fernsehsendern dadurch, dass der aufmerksame und verständige Durchschnittsverbraucher auch noch in der Lage ist, verschiedene Filmtitel trotz starker Ähnlichkeit auseinander zu halten. Nicht zuletzt ist ein solches Verbraucherleitbild der Rechtsprechung des *EuGH* angenähert, die grundsätzlich von einem durchschnittlich informierten, aufmerksamen und verständigen Durchschnittsverbraucher ausgeht.[369]

Da der markenrechtliche Begriff der Verwechslungsgefahr durch die MRRL vorgegeben und somit eine richtlinienkonforme Auslegung des Begriffes geboten ist, erfordert die einheitliche Auslegung der kennzeichenrechtlichen Tatbestände auch eine Übertragung dieser Auslegung auf den Begriff der Verwechslungsgefahr im Werktitelrecht.

b) Arten der Verwechslungsgefahr bei Filmtiteln

Rechtsprechung und Literatur differenzieren im Marken- und Werktitelrecht zwischen verschiedenen Arten der Verwechslungsgefahr: Eine unmittelbare Verwechslungsgefahr im engeren Sinne besteht, wenn die Ähnlichkeit der Titel zu einer Verwechslung der mit ihnen gekennzeichneten Werke führt (aa). Die mittelbare Verwechslungsgefahr im engeren Sinne und die Verwechslungsgefahr im weiteren Sinne setzen dagegen voraus, dass dem Filmtitel ein Herkunftshinweis zu entnehmen ist, so dass es aufgrund der Ähnlichkeit der kollidierenden Zeichen zu einer fehlerhaften Zuordnung des Kennzeichnungsobjekts zu verschiedenen Unternehmen bzw. zu der Annahme von geschäftlichen, wirtschaftlichen oder sonstigen Zusammenhängen zwischen erkennbar verschiedenen Unternehmen im Verkehr kommt. Fraglich ist, unter welchen Voraussetzungen der Filmtitel auch einen Herkunftshinweis enthält, so dass es zu einer mittelbaren Verwechslungsgefahr im engeren Sinne (bb) oder zu einer Verwechslungsgefahr im weiteren Sinne (cc) kommen kann.

---

369 *EuGH* MarkenR 1999, 236, 239 – „Lloyd/Loint's"; *EuGH* WRP 1999, 307, 311 – „Sektkellerei Kessler"; *EuGH* WRP 1998, 848, 850 – „Gut Springenheide".

aa) Unmittelbare Verwechslungsgefahr im engeren Sinne

Filmtitel sind filmwerkidentifizierende Unterscheidungszeichen. Im Unterschied zur Marke haben sie nicht die zusätzliche Funktion eines Herkunftshinweises auf ein bestimmtes Unternehmen.[370] Eine Verwechslungsgefahr zwischen dem Filmtitel und Drittzeichen liegt deshalb grundsätzlich nur vor, wenn der Verkehr aufgrund der Identität oder Ähnlichkeit der Zeichen die gekennzeichneten Werke miteinander verwechselt, somit das eine Werk für das andere halten kann. Eine solche Verwechslungsgefahr besteht für den Verkehr nur bei Identität der Werkkategorien (Filmwerke). Da Filmwerke ein und derselben Medienkategorie angehören, werden Titelstreitigkeiten innerhalb dieser Kategorie auch als „intramediäre" Titelkonflikte bezeichnet.[371] Unerheblich ist dagegen die Zugehörigkeit zu einer bestimmten Werkart (z.B. Spiel- oder Dokumentarfilm) innerhalb dieser Werkkategorie. Es kommt allein auf die Titel der Filmwerke an, nicht auf deren Inhalt oder Charakter, denn der genaue Werkinhalt ist dem Publikum oftmals unbekannt, wenn es ausschließlich den Titeln der Werke begegnet.[372]

Diese Verwechslungsgefahr wird als unmittelbare Verwechslungsgefahr im engeren Sinne bezeichnet.[373] Eine solche besteht zum Beispiel zwischen einem Spielfilm und einer Fernsehreihe mit dem identischen Titel „Kleine Leute – Große Reise". Die Tatsache, dass mit der Sendereihe für eine Lotterie zur Ferienverschickung Berliner Kinder geworben wird und in dem Spielfilm vier Berliner Kinder mitspielen, die ihre Ferien in einer kleinen Stadt verleben, macht nach der Auffassung des *OLG Hamburg* die Filmwerke nicht gleich. Das Publikum werde daher infolge des gleichen Titels für beide Werke getäuscht, so dass eine Verwechslungsgefahr zu bejahen sei.[374] Ebenso besteht nach Ansicht des *KG Berlin* eine unmittelbare Verwechslungsgefahr im engeren Sinne zwischen den ähnlichen Filmtiteln „Zum Paradies der Damen" und „Frauenparadies".[375]

---

[370] *BGH* GRUR 2001, 1050, 1052 – „Tagesschau"; *BGH* GRUR 2001, 1054, 1056 – „Tagesreport"; *BGH* GRUR 1994, 908, 910 – „Wir im Südwesten"; *v. Schultz/Gruber*, MarkenG, § 15 Rd. 35.

[371] *Kröner*, FS *Hertin*, S. 565, 593.

[372] *Fezer*, MarkenG, § 15 Rd. 171; *Sack*, S. 130; *Mittas*, S. 84 f.; in der älteren Literatur wird insbesondere die Verwechslungsgefahr zwischen unter gleichem Titel erscheinenden Stumm- und Tonfilmwerken diskutiert. *Kraemer*, S. 46, führt dazu aus, dass eine Verwechslungsgefahr in einer gewissen Übergangszeit (d.h. ab 1928/29) anzunehmen war, jedoch bereits einige Jahre später infolge der besonderen Eigenart des raschlebigen Films völlig ausgeschlossen sei, da Stummfilme längst in Vergessenheit geraten und zudem nicht mehr auswertbar seien. Das Durchschnittspublikum wisse, selbst wenn es sich an den Stummfilm erinnere, dass es sich bei der Ankündigung eines Filmwerks unter einem Titel, den früher ein Stummfilm geführt hat, nicht um diesen handele und damit auch keine Verwechslungsgefahr bestehe.

[373] *BGH* GRUR 2001, 1050, 1052 – „Tagesschau"; *BGH* GRUR 2001, 1054, 1057 – „Tagesreport".

[374] *OLG Hamburg* UFITA 27 (1959), 77, 83 – „Kleine Leute – Große Reise"; ebenso *OLG Hamburg* UFITA 21 (1956), 337, 341 f. – „Roman einer Siebzehnjährigen".

[375] *KG Berlin* GRUR 1923, 20, 22 f. – „Zum Paradies der Damen"; weitere Beispiele bei *v. Hartlieb*, Filmtitel, S. 26 ff.

Ein besonderes Problem stellt die mehrfache Verfilmung filmunabhängiger vorbestehender Werke unter gleichem Titel dar, wenn diese gemeinfrei geworden sind oder die Erstverfilmungsrechte zeitlich beschränkt sind (s.a. § 88 Abs. 2 S. 2 UrhG). Da jede Verfilmung für sich genommen aufgrund ihrer eigenständigen Bearbeitung des ursprünglichen Werks ein Filmwerk darstellt, kann die Benutzung identischer oder ähnlicher Titel für die Verfilmungen zu einem „intramediären" Titelkonflikt führen. Eine Lösung dieses Konflikts mittels des Prioritätsprinzips erscheint nach der Auffassung von *Deutsch/Mittas* nicht interessengerecht, da eine nicht mit dem Originaltitel des bearbeiteten Werks übereinstimmende Titelwahl für das Filmwerk den Eindruck vermittele, es handele sich um ein völlig anderes Werk.[376] Der prioritätsältere Titelinhaber könne jedoch nach den Grundsätzen der Gleichnamigkeit die Aufnahme aufklärender oder unterscheidender Zusätze in den Titel verlangen.

Zu beachten ist jedoch, dass eine Verfilmung mit dem ursprünglichen Werk außer einem in Ansätzen übereinstimmenden Handlungsstrang oftmals keine Berührungspunkte aufweist. Die filmische Bearbeitung entfernt sich regelmäßig von dem zugrundeliegenden Werk, so dass keine Bedenken bestehen, auch in Titelkonflikten dieser Art nach dem Grundsatz der Priorität zu verfahren.[377]

bb) Mittelbare Verwechslungsgefahr im engeren Sinne

Neben der unmittelbaren Verwechslungsgefahr im engeren Sinne haben Rechtsprechung und Literatur die Fallgruppen einer mittelbaren Verwechslungsgefahr im engeren Sinne und einer Verwechslungsgefahr im weiteren Sinne entwickelt.

Der Verkehr unterliegt einer mittelbaren Verwechslungsgefahr im engeren Sinne, wenn er aufgrund der Ähnlichkeit der Filmtitel oder Kennzeichen zu der Ansicht kommen kann, dass die erkennbar verschiedenen Werke demselben Unternehmen (z.B. Sendeanstalt oder Produzent) zuzuordnen sind.[378] Das ist nur der Fall, wenn der Filmtitel neben einer Unterscheidungsfunktion auch eine Herkunftsfunktion besitzt: Der Filmtitel muss bei den angesprochenen Verkehrskreisen eine unternehmensbezogene Herkunftsvorstellung auslösen.[379]

---

[376] *Deutsch/Mittas*, Rd. 73; *Deutsch*, S. 54; *v. Hartlieb*, Filmtitel, S. 9, will dagegen aus Gründen der Lauterbarkeit des Wettbewerbs und den Interessen der Allgemeinheit die Benutzung verwechslungsfähiger identischer und ähnlicher Titel für Bearbeitungen zulassen.

[377] *Kraemer*, S. 48, begründet dies mit der jeweiligen Eigenständigkeit von Urheber- und Wettbewerbsrecht.

[378] *Bosten*, WRP 2000, 836, 836; *Sack*, S. 132; *Mittas*, S. 81; *Ingerl/Rohnke*, MarkenG, § 15 Rd. 82; *Schultz-Süchting*, in: Hdb. WbR, § 58 Rd. 9.

[379] *BGH* GRUR 2001, 1050, 1052 – „Tagesschau"; *BGH* GRUR 2001, 1054, 1057 – „Tagesreport"; *KG Berlin* WRP 2001, 551, 553 – „Alex/live vom Alex"; *LG Köln* AfP 2003, 171, 172 – „Monitor".

Die Bezeichnung der mittelbaren Verwechslungsgefahr im engeren Sinne entstammt der Rechtsprechung zur Verwechslungsgefahr bei Marken. Die Übertragung der mittelbaren Verwechslungsgefahr als Unterfall der Verwechslungsgefahr im engeren Sinne auf Filmtitel ist nicht unproblematisch, da der Werktitelschutz von Filmtiteln als filmwerkidentifizierende Unterscheidungszeichen im Gegensatz zu Marken keinen Herkunftshinweis auf ein Unternehmen erfordert. Teilweise wird deshalb vorgeschlagen, die mittelbare Verwechslungsgefahr im Werktitelrecht als eigenständigen Sonderfall anzusehen.[380] Aufgrund der Parallelität der Begriffe im Marken- und Werktitelrecht und wegen des Bedürfnisses einer weitgehend einheitlichen Auslegung des Markengesetzes ist jedoch weiterhin an der Bezeichnung der mittelbaren Verwechslungsgefahr im engeren Sinne festzuhalten.

Unter die mittelbare Verwechslungsgefahr im engeren Sinne fällt auch die Gefahr, dass der Verkehr aufgrund der Titelähnlichkeit die verschiedenen Filmwerke als Fortsetzungswerke oder Teil einer Serie zuordnet, sogenannte Serienverwechslungsgefahr.[381] So besteht die Gefahr, dass der Verkehr in den mit den kollidierenden Filmtiteln „King Kong" und „Queen Kong" bezeichneten Werken eine inhaltliche oder thematische Anknüpfung im Sinne einer Fortsetzung sieht.[382]

Nach der Rechtsprechung kann regelmäßig bekannten Serien- und Reihentiteln ein Herkunftshinweis entnommen werden.[383] Als Folge der Bekanntheit eines Serien- und Reihentitels und der regelmäßigen Ausstrahlung in dem gleichen Programm ordne der angesprochene Verkehr diesen Filmtitel auch einer bestimmten Sendeanstalt zu, so dass der Filmtitel auch als betrieblicher Herkunftshinweis verstanden werde. Die Bekanntheit des Titels bedarf nach der Auffassung des *KG Berlin* einer besonderen Feststellung; ausreichend sei nicht die Feststellung, dass eine Sendung seit zehn Jahren wöchentlich gesendet werde.[384]

Fraglich ist, ob die Bekanntheit des Titels tatsächlich Voraussetzung ist, um dem Titel einen Herkunftshinweis zu entnehmen. Dagegen spricht, dass selbst bei nicht bekannten Fernsehsendungen der Zuschauer regelmäßig aufgrund der vorgenommenen Senderwahl und der während der Sendung erscheinenden Senderlogos weiß, zu welcher Sendeanstalt die laufende Sendung gehört. Einer besonderen Bekanntheit des Filmtitels bedarf es nicht; auch ist nicht

---

[380] *Sack*, S. 133.

[381] *BGH* GRUR 2001, 1050, 1052 – „Tagesschau"; *BGH* GRUR 2001, 1054, 1057 – „Tagesreport"; *KG Berlin* AfP 1986, 342, 342 – „Die Nervensäge"; *OLG München* ZUM 1986, 353, 353 – „Die Killer-Akademie", das allerdings die Serienverwechslungsgefahr als Verwechslungsgefahr im weiteren Sinne einordnet; *KG Berlin* UFITA 81 (1978), 214, 220 – „Queen Kong"; *Mittas*, S. 81; *Schultz-Süchting*, in: Hdb. WbR, § 58 Rd. 11 f.

[382] *KG Berlin* UFITA 81 (1978), 214, 220 – „Queen Kong".

[383] *BGH* GRUR 2001, 1050, 1052 – „Tagesschau"; *BGH* GRUR 2001, 1054, 1056 – „Tagesreport"; *BGH* GRUR 1993, 692, 693 – „Guldenburg"; *BGH* AfP 1978, 45, 48 – „Der 7. Sinn"; *KG Berlin* WRP 2001, 551, 553 – „Alex/live vom Alex".

[384] *KG Berlin* WRP 2001, 551, 553 – „Alex/live vom Alex".

erforderlich, dass es sich um die Titel von Filmserien oder Filmreihen handelt.[385] So kann beispielsweise eine Serienverwechslungsgefahr vorliegen, wenn durch die Verwendung prägender Titelbestandteile der Eindruck erweckt wird, dass es sich um eine Fortsetzung des Filmwerks handelt, unabhängig davon, ob das Filmwerk unter seinem Filmtitel bekannt ist oder nicht. Bei den Titeln von Filmreihen kommt hinzu, dass der Titel die einzelnen inhaltlich unabhängigen Sendungen der Reihe zu einer Einheit verbindet und diese Einheit im Regelfall nur durch ein unternehmerisches Subjekt gewährleistet wird.[386] Der Verkehr ist sich auch regelmäßig bewusst, dass hinter der Filmreihe ein Unternehmen (z.B. Produzent oder Sendeanstalt) steht.

Ferner könnten unter der Prämisse der Bekanntheit nur die wenigsten Kennzeichen als Marke eingetragen werden, denn die Eintragung eines Kennzeichens als Marke setzt voraus, dass diesem auch eine Herkunftsfunktion zukommt.[387]

Letztlich führt die von der Rechtsprechung geforderte Bekanntheit des Filmtitels auch im Bereich der Verwechslungsgefahr zu einer nicht mit der Gesetzessystematik zu vereinbarenden Verschiebung von Tatbestandsmerkmalen: Nur § 15 Abs. 3 MarkenG setzt die Bekanntheit des Filmtitels voraus, nicht hingegen § 15 Abs. 2 MarkenG. Auch in der Entscheidung „Alex/live vom Alex" des *KG Berlin* wird insofern die Schutzrichtung des § 15 Abs. 2 MarkenG verkannt, wenn das Gericht darauf abstellt, dass es bei herkunftsbezogenen Assoziationen um einen Transfer von Wertvorstellungen gehe und in diesem Zusammenhang ein Bekanntheitsgrad erforderlich sei, der sich an den Bekanntheitsgraden bei der Ausnutzung des guten Rufs orientiere und somit mindestens 30 % des angesprochenen Verkehrskreises erreichen müsse.[388]

cc) Verwechslungsgefahr im weiteren Sinne

Bei der Verwechslungsgefahr im weiteren Sinne erkennen die angesprochenen Verkehrskreise, dass es sich um verschiedene Werke und Produkte aus unterschiedlichen Unternehmen handelt. Die Verwechslungsgefahr im weiteren Sinne erfasst die Gefahr, dass die angesprochenen Verkehrskreise aufgrund der Zeichenähnlichkeit Fehlvorstellungen über Beziehungen geschäftlicher, wirtschaftlicher oder sonstiger Art zwischen verschiedenen Unternehmen un-

---

385 *Bosten*, WRP 2000, 836, 839 ff.; kritisch zum Erfordernis der Bekanntheit: *Kröner*, FS *Hertin*, S. 565, 596; *Fezer*, MarkenG, § 15 Rd. 171, 175; dagegen: *Teplitzky*, WRP 2003, 415, 422.

386 *Kröner*, FS *Hertin*, S. 565, 596.

387 Dazu im 3. Abschnitt des 3. Kapitels unter II. „Konkrete Unterscheidungskraft".

388 *KG Berlin* WRP 2001, 551, 553 – „Alex/live vom Alex".

terliegen.[389] Ebenso wie bei der mittelbaren Verwechslungsgefahr im engeren Sinne ist erforderlich, dass dem Filmtitel ein Herkunftshinweis entnommen werden kann. Daneben muss der angesprochene Verkehr aufgrund der zumindest ähnlichen Bezeichnung und gewisser sachlicher Berührungspunkte auf irgendwelche Zusammenhänge schließen, beispielsweise auf eine Bearbeitung des Filmwerks mit einhergehender Übertragung in eine andere Werkkategorie. Dabei spielen auch inhaltliche und zweckbezogene Berührungspunkte zwischen den verschiedenen Werkkategorien eine Rolle.

Ob eine Verwechslungsgefahr im weiteren Sinne auch bei „intermediären" Titelkonflikten, d.h. bei Titelkonflikten zwischen verschiedenen Werkkategorien, auftreten kann, ist umstritten, jedoch im Grundsatz möglich, da aufgrund der Zeichenähnlichkeit geschäftliche, wirtschaftliche oder sonstige Beziehungen im Verkehr vermutet werden können.[390]

Auch im Bereich der „intramediären" Titelkonflikte, d.h. bei Titelkonflikten innerhalb einer Werkkategorie, ist grundsätzlich eine Verwechslungsgefahr im weiteren Sinne denkbar. Der *BGH* hat eine solche in der Entscheidung „Tagesschau" zwischen den Titeln „Tagesschau" und „Tagesthemen" von Nachrichtensendungen der ARD und den Titeln „Tagesbild" und „Pro 7-Tagesbilder" der privaten Sendeanstalt Pro 7 allerdings verneint:[391] Eine bloße Assoziation der Titel aufgrund der identischen Titelbestandteile „Tages-" reiche zur Annahme einer Verwechslungsgefahr im weiteren Sinne nicht aus; die gedankliche Verbindung müsse vielmehr dazu führen, dass eine organisatorische oder wirtschaftliche Verbindung zwischen den Produzenten der Filmwerke angenommen werden kann. Anhaltspunkte dafür, dass der Verkehr aufgrund der Übereinstimmung im Bestandteil „Tages-" eine solche – etwa lizenzvertragliche – Verbindung annehme, bestünden nicht.

Aber auch die Verwendung des Filmtitels für andere Produkte oder Unternehmen kann eine Verwechslungsgefahr im weiteren Sinne begründen, wenn zwischen dem Filmwerk und dem Produkt bzw. dem Unternehmen sachliche Zusammenhänge bestehen (sogenannte „supramediäre" Titelkonflikte). Die branchenfremde Benutzung des Filmtitels kann zu einer Verwechslungsgefahr im weiteren Sinne führen, wenn die Möglichkeit besteht, dass die angesprochenen Verkehrskreise zwischen der Produktionsgesellschaft, der Fernsehanstalt oder dem hinter dem Filmwerk stehenden Unternehmen und dem Verletzer geschäftliche Beziehungen nach Art von Lizenz- oder Kooperationsvereinbarungen annehmen. Eine solche Annahme verlangt nach der Rechtsprechung gewisse Anstöße oder erkennbare gedankliche Brü-

[389] *BGH* GRUR 1993, 692, 693 f. – „Guldenburg"; *BGH* AfP 1978, 45, 48 – „Der 7. Sinn"; *Sack*, S. 131; *Mittas*, S. 81; *Bosten*, WRP 2000, 636, 636; *Schultz-Süchting*, in: Hdb. WbR, § 58 Rd. 10.

[390] Dazu im 5. Abschnitt des 2. Kapitels unter II. 2. c) cc) (2) „Intermediäre Titelkonflikte".

[391] *BGH* GRUR 2001, 1050, 1052 – „Tagesschau"; *BGH* GRUR 2001, 1054, 1057 – „Tagesreport".

cken zwischen der Wahrnehmung der Kennzeichen im täglichen Geschäftsleben und der daraus gezogenen Folgerung des Verkehrs nach organisatorischen, wirtschaftlichen oder sonstigen Zusammenhängen zwischen den Unternehmen. Das ist insbesondere der Fall, wenn die angesprochenen Verkehrskreise bei entsprechend deutlichen Hinweisen eine Tendenz zu einem Merchandising annehmen können.

In der Entscheidung „Der 7. Sinn" hat der *BGH* aufgrund von bestehenden sachlichen Berührungspunkten zwischen einer jeweils mit „Der 7. Sinn" gekennzeichneten Fernsehreihe und einem Verkehrs-Würfelspiel für Kinder eine Verwechslungsgefahr im weiteren Sinne angenommen:[392] Sowohl die Fernsehreihe als auch das Würfelspiel für Kinder befassten sich mit dem Thema Verkehrserziehung und -aufklärung. Diese sachlichen Berührungspunkte rechtfertigen nach der Auffassung des Gerichts die Annahme von geschäftlichen Beziehungen oder sonstigen Zusammenhängen zwischen den Herstellern, da zu der Fernsehreihe über eine Gesellschaft zur Hebung der Sicherung im Straßenverkehr mbH auch Lehr- und Anschauungsmaterial zur Verkehrserziehung verbreitet werde, und die angesprochenen Verkehrskreise annehmen müssen, dass eine Einflussnahme bei der Gestaltung des Verkehrswürfelspiels durch die Produzenten der Verkehrsfernsehsendung erfolgt ist.

Dagegen hat der *BGH* in der Entscheidung „Guldenburg" eine Verwechslungsgefahr im weiteren Sinne zwischen dem Titel „Das Erbe der Guldenburgs" einer Fernsehserie und der für Getränke und Schmuck eingetragenen Marke „Guldenburg" abgelehnt, da kein hinreichender sachlicher Zusammenhang zwischen dem Inhalt der Fernsehserie und den angemeldeten Waren bestehe.[393] Obwohl es in der Fernsehserie um das Schicksal zweier adeliger Bierbrauerfamilien ging und Drehort u.a. auch das Schloss des Markenanmelders war, fehlt es nach der Auffassung des *BGH* an einem wirklichen Sachzusammenhang, wobei auch wirtschaftliche Beziehungen in Form von Lizenzbeziehungen fern liegen. Außerdem habe der Markeninhaber als Marke nicht den in seiner Gesamtheit originellen und einprägsamen Titel der Sendung gewählt, sondern allein das Wort „Guldenburg". Diesem komme aber nicht die besondere Originalität, Einprägsamkeit und außergewöhnliche Bekanntheit zu, die erforderlich sei, um die angesprochenen Verkehrskreise zu der Annahme zu veranlassen, dass aufgrund der Verwendung der Titelbestandteile als Marke für fernab der Fernsehsendung liegende Warenbereiche wirtschaftliche Zusammenhänge zwischen dem Markeninhaber und der Sendeanstalt oder dem Produzenten bestehen. Der Verkehr sehe in dem Kennzeichen „Guldenburg" zunächst nur einen Eigennamen; eventuelle, aber nicht notwendigerweise anzunehmende Assoziationen mit der Fernsehsendung führten nicht bereits zu einer Übertragung von

---

[392] *BGH* AfP 1978, 45, 48 f. – „Der 7. Sinn".
[393] *BGH* GRUR 1993, 692, 693 f. – „Guldenburg".

Qualitätsvorstellungen oder der Möglichkeit einer Einflussnahme oder Überwachung der Warenqualität. Demnach scheide auch eine Verwechslungsgefahr im allerweitesten Sinne, nämlich die Annahme von Lizenzbeziehungen, aus.[394]

Diese Sichtweise des *BGH* ist berechtigterweise auf Kritik gestoßen:[395] Mit der Anmeldung des Wortes „Guldenburg" als Marke wird der den Fernsehserientitel „Das Erbe der Guldenburgs" maßgebliche und prägende Bestandteil durch den Markenanmelder herausgegriffen. Diesem Bestandteil kommt eine den Filmtitel in seiner Gesamtheit prägende erhöhte Kennzeichnungskraft zu; eine Zeichenähnlichkeit ist gegeben. Ferner besteht auch entgegen der Annahme des *BGH* ein sachlicher Zusammenhang zwischen dem Inhalt der Fernsehserie und Getränken und Schmuckwaren, für die die Marken angemeldet wurden.[396] Gerade Produkte aus den Bereichen Getränke und Schmuck werden im Hinblick auf das in der Fernsehserie thematisierte Schicksal zweier adeliger Bierbrauerfamilien in besonderem Maße bei dem Verbraucher Assoziationen mit der Fernsehserie hervorrufen und sachliche Berührungspunkte zwischen der Fernsehserie und den unter der Marke „Guldenburg" vertriebenen Produkten vermuten lassen. Aus diesem Grund wird auch die Markenanmeldung durch den Gutsbesitzer erfolgt sein.

Eine Verwechslungsgefahr im weiteren Sinne ist daher entgegen der Ansicht des *BGH* anzunehmen. Gegen diese Sichtweise lassen sich auch nicht die Ausführungen des *BVerfG* anführen, das eine auf Art. 5 Abs. 1 S. 2 GG gestützte Verfassungsbeschwerde des ZDF gegen das letztinstanzliche Urteil des *BGH* nicht zur Entscheidung angenommen hat.[397] Dort wird lediglich festgestellt, dass es keinen verfassungsrechtlichen Bedenken begegnet, dass der *BGH* das Titelmerchandising für gänzlich rundfunkferne Produkte wie Lebens- und Genussmittel sowie Schmuck nicht mehr als von der Rundfunkfreiheit gesichert angesehen habe. Ferner führt das *BVerfG* aus, dass es nicht zu beanstanden sei, dass der *BGH* außerhalb des Verwechslungsbereichs eine nach § 1 UWG schützenswerte Rechtsposition zum Titelmerchandising für fernerliegende Warenbereiche gerade unter Berufung auf die Rundfunkfreiheit nicht zugebilligt habe.

Auch wenn das Titelmerchandising nach Ansicht von *BGH* und *BVerfG* nicht von der Rundfunkfreiheit des Art. 5 Abs. 1 S. 2 GG erfasst ist, so hat dies doch keinerlei Auswirkungen auf die rein zivilrechtliche Beurteilung der Kriterien einer Verwechslungsgefahr im weiteren Sinne nach § 15 Abs. 2 MarkenG. Das ergibt sich bereits aus dem Prüfungsumfang der

---

[394] *BGH* GRUR 1993, 692, 694 – „Guldenburg".
[395] *Kröner*, FS *Hertin*, S. 565, 604 f.; *Ruijsenaars*, ZUM 1993, 353, 355; *Deutsch*, GRUR 1994, 673, 676 f.; *Deutsch/Mittas*, Rd. 124; *Russ*, S. 142 f.
[396] *Ruijsenaars*, ZUM 1993, 353, 355; *Russ*, S. 142 f.
[397] *BVerfG* WRP 1999, 172, 174 f. – „Guldenburg".

Verfassungsbeschwerde. So leitet auch das *BVerfG* seine Begründetheitsprüfung zu Art. 5 Abs. 1 S. 2 GG mit der Feststellung ein, dass die Verfassungsbeschwerde einen Zivilrechtsstreit betreffe, der sich nach zivilrechtlichen Vorschriften beurteile, deren Auslegung und Anwendung Sache der Zivilgerichte sei. Das *BVerfG* prüfe lediglich nach, ob dabei der Einfluss der Grundrechte hinreichend beachtet worden sei. Dass der *BGH* im Ausgangsverfahren eine Verwechslungsgefahr verneint hat, entziehe sich als Würdigung des Sachverhalts und Anwendung einfachen Rechts der Nachprüfung durch das *BVerfG*.

c) Kriterien der Verwechslungsgefahr

Die Beurteilung der Verwechslungsgefahr erfolgt aufgrund einer Gesamtabwägung aller Umstände des Einzelfalles. Als maßgebliche Beurteilungskriterien haben sich in Rechtsprechung und Literatur die Kennzeichnungskraft des Filmtitels (aa), die Zeichenähnlichkeit (bb) und die Werkidentität oder -ähnlichkeit (cc) herausgebildet. Zwischen diesen Kriterien besteht eine Wechselwirkung.[398]

aa) Kennzeichnungskraft

Die Kennzeichnungskraft beschreibt den Grad der Eignung des Filmtitels, sich aufgrund seiner Eigenart und seines durch Benutzung erlangten Bekanntheitsgrades dem Verkehr als Unterscheidungsmittel eines Filmwerks von anderen Werken einzuprägen.[399] Je größer die Kennzeichnungskraft des Filmtitels ist, desto größer ist grundsätzlich auch der sich aus einer Verwechslungsgefahr ergebende Schutzumfang, den dieser in Anspruch nehmen kann.[400] Dadurch unterscheidet sich die Kennzeichnungskraft von der Unterscheidungskraft des Filmtitels, so dass zwischen beiden Begriffen zu differenzieren ist:[401] Im Gegensatz zur Unterscheidungskraft ist die Kennzeichnungskraft kein feststehendes Kriterium. Entsprechend der Benutzungslage im Verkehr kann die Kennzeichnungskraft aufgrund der Charakteristik des Zeichens wie Eigenart und Einprägsamkeit variieren.

Da die Anforderungen an die originäre Unterscheidungskraft von Filmtiteln gering sind, wird auch die Kennzeichnungskraft der Mehrzahl der Filmtitel gering sein. Folglich werden

---

[398] *BGH* GRUR 2001, 1050, 1051 f. – „Tagesschau"; *BGH* GRUR 2001, 1054, 1056 – „Tagesreport"; *Deutsch*, GRUR 2002, 308, 311; *Teplitzky*, in: UWG GK, § 16 Rd. 322.

[399] *Sack*, S. 137 f.; *Deutsch/Mittas*, Rd. 110 ff.; *Ingerl/Rohnke*, MarkenG, § 15 Rd. 84.

[400] *BGHZ* 26, 52, 62 – „Sherlock Holmes"; *Oelschlägel*, S. 133; *Deutsch/Mittas*, Rd. 110 ff.; *Fezer*, MarkenG, § 15 Rd. 158, 171.

[401] Dazu auch im 2. Abschnitt des 2. Kapitels unter I. 1. „Begriffliche Abgrenzung von Unterscheidungskraft und Kennzeichnungskraft."

Filmtitel oftmals auch nur einen beschränkten Schutzumfang haben. Das gilt vor allem für kurze Worttitel. Je individueller und einprägsamer die als Filmtitel benutzte Wortfolge ist, desto stärker ist auch die Kennzeichnungskraft des Filmtitels.[402] Als Filmtitel benutzte Bilder, Tonfolgen und Bewegungsabläufe besitzen aufgrund ihrer Komplexität dagegen regelmäßig eine starke Kennzeichnungskraft.

(1) Stärkung und Schwächung der Kennzeichnungskraft

Filmtitel, die zunächst nur einen geringen Grad an Kennzeichnungskraft besitzen, können, beispielsweise durch entsprechende Werbemaßnahmen oder durch eine Platzierung zu einer besonderen Sendezeit, im Nachhinein einen hohen Bekanntheitsgrad erreichen und sich dem Publikum besonders einprägen. So zeichnen sich die Titel „Tagesschau" und „Tagesthemen" aufgrund der jahrzehntelangen Benutzung und aufgrund der durch hohe Einschaltquoten belegten Aufmerksamkeit des Verkehrs durch eine starke Kennzeichnungskraft aus.[403]

Fraglich ist, welcher Kennzeichnungsgrad, sofern sich dieser in einem bestimmten Zeitraum verändert, bei einer Titelkollision zur Bestimmung der Verwechslungsgefahr maßgeblich ist. Nach der Ansicht des *OLG Hamburg* soll für den Titel einer Fernsehfamilienserie nicht die Kennzeichnungskraft zum Zeitpunkt der Kollision maßgeblich sein, sondern auch eine typische zukünftige Entwicklung des Bekanntheitsgrades berücksichtigt werden. Aufgrund der Erfahrung mit anderen Familienserien sei schon im Zeitpunkt der Zeichenkollision damit zu rechnen, dass der Titel einen hohen Bekanntheitsgrad erlangen werde.[404]

Diese Rechtsprechung begegnet zum einen bereits deshalb erheblichen Bedenken, da das *OLG Hamburg* in der Entscheidung den Titelschutz auch auf einen Zeitraum ausdehnen will, zu dem nicht einmal die Dreharbeiten zu der Fernsehserie abgeschlossen waren, d.h. noch kein fertiges Filmwerk existierte. Zum anderen ist aufgrund der Fülle der von den Fernsehanstalten zu beliebigen Sendezeiten ausgestrahlten Familiensendungen eine seriöse Prognose der zukünftigen Bekanntheit des Filmtitels und damit einer höheren Kennzeichnungskraft nahezu ausgeschlossen. Entscheidend kann nur der tatsächliche Grad der Kennzeichnungskraft zum Kollisionszeitpunkt mit der Drittzeichen sein.[405] Auch der *BGH* bezeichnet diese Annahme des *OLG Hamburg* als „eher zweifelhaft", lässt dies aber letztlich offen, da jedenfalls in dem zu beurteilenden Fall eine Verwechslungsgefahr nicht vorliege.[406]

[402] *Sack*, S. 138; *Fezer*, MarkenG, § 15 Rd. 158.
[403] *BGH* GRUR 2001, 1050, 1052 – „Tagesschau".
[404] *OLG Hamburg* WRP 1991, 177, 184 – „Guldenburg".
[405] *OLG Hamburg* UFITA 50 (1967), 270, 275 – „Die Gentlemen bitten zur Kasse".
[406] *BGH* GRUR 1993, 692, 693 – „Guldenburg".

Andererseits kann die Kennzeichnungskraft eines Filmtitels durch die Titel Dritter geschwächt werden, wobei die parallele Drittbenutzung einen gewissen Umfang und Bekanntheit erreicht haben muss.[407] Das *OLG Düsseldorf* hat zur Frage der parallelen Drittbenutzung ausgeführt, dass die Verwendung desselben Titels für pornografische Filmwerke nicht zu einer Schwächung der Kennzeichnungskraft des Filmtitels „Mädchen hinter Gittern" führen könne, da pornografische Filmwerke mit ihren Titeln nicht allgemein bekannt seien, weil sich der Großteil der Bevölkerung von diesem Bereich fernhalte.[408] Auch ein in den 60er Jahren parallel aufgeführter und ausgestrahlter Spielfilm unter demselben Titel führe nicht zu einer Schwächung der Kennzeichnungskraft, da zum Zeitpunkt der letzten mündlichen Verhandlung im Prozess diesem Spielfilm im Gegensatz zu dem mit dem Prädikat „wertvoll" ausgezeichneten Filmwerk keinerlei Erinnerungswert mehr zugemessen werden könne.

(2) Aus mehreren Bestandteilen bestehende Titel

Besteht der Filmtitel aus mehreren Wörtern oder einer längeren Wortfolge, so ist zu ermitteln, welchem dieser Titelbestandteile Kennzeichnungskraft zukommt. Nur kennzeichnungskräftige Bestandteile haben Auswirkung auf die Beurteilung der Verwechslungsgefahr. So kommt bei dem Filmtitel „Eine Nervensäge gegen alle" dem Wort „Nervensäge" aufgrund seiner besonderen Eigenart, seines nicht allein beschreibenden Charakters und der Nutzungsdauer im geschäftlichen Verkehr Kennzeichnungskraft zu, während die anderen Titelbestandteile den Titel nicht prägen. Folglich begründet die Verwendung des Titels „Die Nervensäge" für ein anderes Filmwerk durch Dritte die Gefahr einer zumindest mittelbaren Verwechslung im engeren Sinne.[409] Auch zwischen den Filmtiteln „Das Cabinett des Dr. Caligari" und „Dr. Caligari's dreizehntes Experiment" bzw. „Das letzte Experiment des Dr. Caligari" oder „Caligarismus" besteht Verwechslungsgefahr, da dem Titelbestandteil „Caligari" starke Kennzeichnungskraft zukommt.[410] Ebenso hat das *OLG Hamburg* eine Verwechslungsgefahr zwischen den Titeln „Bericht einer Siebzehnjährigen" und „Roman einer Siebzehnjährigen" angenommen, da der Bestandteil „Siebzehnjährigen" besonders kennzeichnungskräftig sei.[411]

---

[407] *OLG Karlsruhe* GRUR 1988, 390, 391 f. – „Südwestfunk"; *OLG Düsseldorf* WRP 1985, 638, 640 – „Mädchen hinter Gittern"; *OLG München* ZUM 1985, 218, 220 – „Jetzt red'i"; *Sack*, S. 138 f.; *Kröner*, FS *Hertin*, S. 565, 592.

[408] *OLG Düsseldorf* WRP 1985, 638, 640 – „Mädchen hinter Gittern".

[409] *KG Berlin* AfP 1986, 342, 342 – „Die Nervensäge".

[410] *LG Berlin* UFITA 6 (1933), 72, 74 – „Dr. Caligari's dreizehntes Experiment".

[411] *OLG Hamburg* UFITA 21 (1956), 337, 342 – „Roman einer Siebzehnjährigen".

Werden nicht kennzeichnungskräftige Bestandteile des Titels durch Dritte in anderen Kennzeichen verwendet, so können sie nicht die Gefahr einer Verwechslung auslösen.[412] Als Beispiel kann eine Entscheidung des *KG Berlin* angeführt werden: Nach Ansicht des Gerichts kommt bei der Beurteilung der unmittelbaren Verwechslungsgefahr im engeren Sinne zwischen dem assoziativ gebrauchten und damit originär unterscheidungskräftigen Titel „Alex" und dem ebenfalls für eine Fernsehtalkshow verwendeten Titel „live vom Alex" in der Wortfolge „live vom Alex" insgesamt zum Ausdruck, dass live vom Alexanderplatz gesendet wird; die drei Titelbestandteile werden gleichermaßen beschreibend verwendet und nehmen notwendig aufeinander Bezug, so dass keinem der drei Wörter eine prägende Bedeutung beigemessen werden könne.[413] Insgesamt liege eine beschreibende Angabe vor, da für den Verkehr erkennbar nur ein Hinweis auf den Sendeort gegeben werden soll. Eine unmittelbare Verwechslungsgefahr im engeren Sinne scheide daher aus.

(3) Untertitel

Fraglich ist, ob auch der Untertitel prägender Bestandteil des Titels und damit kennzeichnungskräftig sein kann. Überwiegend identifiziert der Verkehr das Filmwerk nur anhand des Haupttitels und ist sich über den Untertitel kaum bewusst.[414] Der Untertitel besitzt deshalb, wenn überhaupt, nur eine geringe Kennzeichnungskraft. Folglich wird auch eine Verwendung des Untertitels als Haupt- oder Untertitel durch Dritte nur selten eine Verwechslungsgefahr begründen können.[415]

Sofern der Untertitel nicht kennzeichnungskräftig ist, kann auch die Verwendung eines Untertitels neben einem verwechslungsfähigen Haupttitel eine Verwechslungsgefahr nicht verhindern. So schließt nach Ansicht des *OLG Düsseldorf* der Gebrauch des Untertitels „The concrete jungle" neben dem Haupttitel „Mädchen hinter Gittern" eine Verwechslungsgefahr mit dem für ein anderes Filmwerk gebrauchten Titel „Mädchen hinter Gittern" nicht aus:[416]

---

[412] *LG Hamburg* UFITA 26 (1958), 252, 252 f. – „Stockholm 2 Uhr nachts"; *v. Hartlieb*, Filmtitel, S. 25 ff.

[413] *KG Berlin* WRP 2001, 551, 553 – „Alex/live vom Alex".

[414] Dazu im 1. Abschnitt des 2. Kapitels unter II. 2. „Untertitel".

[415] So *LG Berlin* in UFITA 2 (1929), 470, 471 – „Menschenleben in Gefahr"; *Runge*, GRUR 1951, 445, 446; *v. Hartlieb*, Filmtitel, S. 44 f.

[416] *OLG Düsseldorf* WRP 1985, 638, 640 – „Mädchen hinter Gittern"; *OLG München* ZUM 1986, 353, 353 – „Die Killer-Akademie": „Entgegen der Ansicht der Antragsgegnerin wird die Verwechslungsgefahr auch nicht durch den Untertitel des Films ‚Die Killer-Akademie' ‚Jeder Schuß ein Treffer' ausgeschlossen. Wie bereits das Landgericht zutreffend dargelegt hat, ist der Haupttitel im vorliegenden Fall so locker mit dem Untertitel verbunden, dass damit zu rechnen ist, dass er in weitem Umfang, insbesondere in Gesprächen, ohne den Untertitel verwendet wird."; *OLG München* UFITA 21 (1956), 81, 85 – „Am Brunnen vor dem Tore"; das *LG München I* misst der Verwendung verschiedener Untertitel neben dem Haupttitel „Das gab's nur einmal" für eine Fernsehreihe in der Entscheidung GRUR 1987, 458, 458 f. keine Bedeutung zu und nimmt eine Verwechslungsgefahr bereits aufgrund der Übereinstimmung der Haupttitel an.

„Denn solche Untertitel werden neben dem Haupttitel nicht wahrgenommen, weil das Auge sich, wie für Blickfangwerbung vielfach festgestellt worden sei, erfahrungsgemäß auf hervorgehobene Bezeichnungen konzentriere."[417]

bb) Zeichenidentität oder -ähnlichkeit

Weiteres Merkmal zur Beurteilung der Verwechslungsgefahr zwischen verschiedenen Kennzeichen neben der Kennzeichnungskraft ist die Ähnlichkeit der Zeichen. Die Eignung eines Zeichens, Verwechslungen mit dem Filmtitel hervorzurufen, setzt nach § 15 Abs. 2 MarkenG voraus, dass es sich um ein identisches oder ähnliches Zeichen handelt. Die Zeichenidentität zwischen dem Filmtitel und dem Drittzeichen erfordert eine vollständige Übereinstimmung der Zeichen. So müssen aus Wörtern bestehende Zeichen in diesen übereinstimmen; die Identität mit einem Bild-, Hör- oder Bewegungstitel ergibt sich aus der optischen oder akustischen Übereinstimmung der Zeichen. Sofern das Drittzeichen nur aus einem Ausschnitt des prioritätsälteren Zeichens besteht, scheidet eine Zeichenidentität aus; es besteht lediglich Zeichenähnlichkeit. Gleiches gilt für den Fall, dass sich das Drittzeichen neben den Bestandteilen des prioritätsälteren Zeichens noch aus weiteren Bestandteilen zusammensetzt. Liegt Zeichenidentität vor, so ist regelmäßig von einer Verwechslungsgefahr auszugehen, wenn mit dem identischen Zeichen jeweils Filmwerke gekennzeichnet werden.[418] Wird der Filmtitel als Kennzeichen für eine andere Werkkategorie verwendet, so besteht eine Verwechslungsgefahr, wenn der Verkehr sachliche Berührungspunkte zwischen den Werken annehmen kann.[419]

Im Gegensatz zur Zeichenidentität ist die Zeichenähnlichkeit kollidierender Zeichen schwieriger zu bestimmen. Fraglich ist, welche Kriterien für die Beurteilung der Zeichenähnlichkeit kollidierender Zeichen heranzuziehen sind.

---

417 Als weiterer Grund kommt nach der Auffassung des *OLG Düsseldorf*, WRP 1985, 638, 640 – „Mädchen hinter Gittern" hinzu, dass die englische Bezeichnung für viele Deutsche unverständlich und deshalb wenig einprägsam sei. Letzteres Argument überzeugt jedoch nicht, da sich das deutsche Publikum aufgrund der Fülle an englischen Filmtiteln für Filmwerke in Deutschland an deren Benutzung gewöhnt hat und die Einprägsamkeit des Titels nicht unbedingt ein exaktes Verständnis der Titelbedeutung voraussetzt.

418 *OLG Düsseldorf* WRP 1985, 638, 639 – „Mädchen hinter Gittern"; *OLG Hamburg* UFITA 27 (1959), 77, 83 – „Kleine Leute – Große Reise"; *OLG München* UFITA 20 (1955), 208, 212 – „An der schönen blauen Donau"; *OLG München* UFITA 21 (1956), 81, 83 – „Am Brunnen vor dem Tore".

419 *BGH* AfP 1978, 45, 48 f. – „Der 7. Sinn"; *RGZ* 112, 117, 118 f. – „Liebesleben in der Natur"; *OLG Hamburg* UFITA 30 (1960), 229, 237 f. – „Patricia"; *LG München I* GRUR 1987, 458, 459 – „Das gab's nur einmal"; *LG München I* ZUM 1985, 105, 107 – „Jetzt red' i"; *LG München I* FuR 1984, 332, 333 – „Traumschiff"; *LG Berlin* UFITA 34 (1961), 224, 229 – „Solang noch unter'n Linden ...".

(1) Gesamteindruck der kollidierenden Kennzeichen

Bei der Beurteilung der Zeichenähnlichkeit ist von dem das Kennzeichenrecht beherrschenden Grundsatz auszugehen, dass auf den jeweiligen Gesamteindruck der sich gegenüberstehenden Kennzeichen abzustellen ist.

Bei reinen Wortzeichen kommt es auf die schriftbildliche, klangliche oder begriffliche Zeichenähnlichkeit an: Für die Annahme einer schriftbildlichen Zeichenähnlichkeit ist die Ähnlichkeit der grafischen Ausgestaltung der den Filmtitel ausmachenden Wortzeichen von Bedeutung. Eine klangliche Zeichenähnlichkeit liegt vor, wenn die Sprachmelodie der ausgesprochenen Wortzeichen eine derartige Ähnlichkeit aufweist, dass für den Verkehr die Gefahr von Verwechslungen besteht.[420] Begriffliche Zeichenähnlichkeit kann bei Zeichen mit übereinstimmendem Sinngehalt vorliegen, auch wenn die Wörter verschiedenen Sprachen angehören. So sind die Filmtitel „Die Gangster-Akademie" und „Die Killer-Akademie" insbesondere auch aufgrund ihrer begrifflichen Zeichenähnlichkeit verwechselbar: Die Verwechslungsgefahr ergibt sich nach der Ansicht des *OLG München* aus dem Sinngehalt der Titel;[421] die paradoxe Verbindung sich sonst fernstehender Bereiche, nämlich des eine höhere Schule bezeichnenden Begriffs „Akademie" und den sich im Sinngehalt nahestehenden Begriffen „Gangster" und „Killer" zur Bezeichnung eines Verbrechertyps in englischer Sprache, lasse eine Fortsetzung oder Neuproduktion vermuten. Verneint hat hingegen das *OLG Hamburg* trotz einer sogar teilweisen Identität der Zeichen eine Verwechslungsgefahr zwischen den Filmtiteln „Gangster bitten zur Kasse" und „Die Gentlemen bitten zu Kasse", denn insgesamt bestehe zwischen den Filmtiteln nur eine geringe Zeichenähnlichkeit. Insbesondere scheide auch eine begriffliche Zeichenähnlichkeit aufgrund eines möglicherweise übereinstimmenden Sinngehalts aus, da „Gentlemen" im Vergleich zu „Gangster" eine hinreichend ironisierende Abweichung darstelle.[422] Beide Titel besitzen außerdem nur eine geringe Kennzeichnungskraft, so dass kleine Zeichenabweichungen bereits eine Verwechslungsgefahr ausschließen.

Aus einer assoziativen Zeichenähnlichkeit hat das *KG Berlin* bei den Filmtiteln „Das gab's nur einmal" und „Das kommt nicht wieder" auf eine Verwechslungsgefahr geschlossen, denn beide Titel sind Bestandteile des Refrains und Schlagertitels „Das gibt's nur einmal, das kommt nie wieder".[423] Ebenso hat das *KG Berlin* eine Verwechslungsgefahr zwischen den Filmtiteln „King Kong" und „Queen Kong" angenommen, denn der Titel „Queen Kong" sei

[420] *OLG Hamburg* GRUR 1997, 375, 376 – „Crunchips/ran chips"; *Sack*, S. 142 f.
[421] *OLG München* ZUM 1986, 353, 353 – „Die Killer-Akademie", das neben einer begrifflichen Verwechslungsgefahr zwischen den Titeln auch noch eine Verwechslungsgefahr im weiteren Sinne annimmt.
[422] *OLG Hamburg* UFITA 50 (1967), 270, 275 f. – „Die Gentlemen bitten zur Kasse".
[423] *KG Berlin* UFITA 26 (1958), 98, 102 – „Das gab's nur einmal".

in seinem zweiten Bestandteil „Kong“ mit dem Titel „King Kong“ identisch; die übrigen Titelbestandteile „King“ und „Queen“ besitzen nach ihrem Sinn und ihrer Klangwirkung eine erhebliche Ähnlichkeit.[424] Aus dem Gesamteindruck der beiden Filmtitel ergebe sich daher sowohl im Kern als auch im Sinn eine weitgehende Übereinstimmung, so dass eine Verwechslungsgefahr zu bejahen sei.

Die Beurteilung der Zeichenähnlichkeit von Filmtiteln, die aus mehreren Bestandteilen bestehen, erfolgt somit anhand des Gesamteindrucks der sich gegenüberstehenden Zeichen. Sofern einem Zeichenbestandteil eine besondere, das Gesamtkennzeichen prägende Wirkung zukommt, dieser Zeichenbestandteil also eine auf das Gesamtkennzeichen ausstrahlende Kennzeichnungskraft besitzt, kann die Übereinstimmung einer Bezeichnung mit diesem Zeichenbestandteil zu der Annahme einer Verwechslungsgefahr führen. Wird der Gesamteindruck eines Zeichens dagegen gleichmäßig durch seine Bestandteile bestimmt, so kommt keinem dieser Bestandteile eine das Gesamtkennzeichen prägende Rolle zu. Übereinstimmungen in einem dieser das Zeichen nicht selbständig prägenden Bestandteile führen nicht notwendigerweise zu einer Verwechslungsgefahr der Zeichen.[425]

Zur Beurteilung der Verwechslungsgefahr zwischen den Filmtiteln „Tagesschau“ und „Tagesthemen“ auf der einen und „Tagesbild“ bzw. „Pro 7-Tagesbilder“ auf der anderen Seite hat der *BGH* zunächst festgestellt, dass sich die Titel „Tagesschau“ und „Tagesthemen“ aufgrund der jahrzehntelangen Benutzung und der durch hohe Einschaltquoten belegten Aufmerksamkeit des Verkehrs durch eine starke Kennzeichnungskraft auszeichnen.[426] Auch würden die kollidierenden Titel für dieselbe Werkkategorie verwendet. Allerdings hat der *BGH* eine Verwechslungsgefahr aufgrund des geringen Grades der Zeichenähnlichkeit abgelehnt, dem insofern bei der Beurteilung der Verwechslungsgefahr maßgebliche Bedeutung zukomme: Zwar stimmen die Titel in ihrem Bestandteil „Tages-“ überein, jedoch unterscheiden sich die Bezeichnungen in ihrem zweiten, gleichermaßen prägenden Bestandteil „-schau“ und „-themen“ einerseits und „-bild“ und „-bilder“ andererseits deutlich voneinander.[427] Der für die Beurteilung der Verwechslungsgefahr maßgebliche Gesamteindruck werde durch diesen zweiten Bestandteil aber gleichermaßen geprägt wie durch den übereinstimmenden Teil „Tages-“. Auch die Übereinstimmung im Sinngehalt führe nicht zu einer Verwechslungsgefahr der Titel, denn insbesondere bei Nachrichtensendungen sei eine Übereinstimmung in der in-

424 *KG Berlin* UFITA 81 (1978), 214, 219 f. – „Queen Kong“.
425 *BGH* GRUR 2003, 440, 441 – „Winnetous Rückkehr“; *Teplitzky*, WRP 2003, 415, 418.
426 *BGH* GRUR 2001, 1050, 1052 – „Tagesschau“; *BGH* GRUR 2001, 1054, 1056 – „Tagesreport“.
427 *BGH* GRUR 2001, 1050, 1052 – „Tagesschau“; *BGH* GRUR 2001, 1054, 1056 – „Tagesreport“; ebenso das *OLG Frankfurt a. M.* WRP 1992, 117, 119 – „Hessen-Report“ für die Bestandteile „schau“ und „Report“ der Filmtitel „Hessenschau“ und „Hessen-Report“.

haltlichen Bedeutung eher die Regel als die Ausnahme. Insbesondere sei der Verkehr auch gewohnt, auf bestehende Unterschiede genau zu achten.

Auch wenn der *BGH* in anderem Zusammenhang betont, dass bei Wortzeichen die Wortanfänge vom Verkehr stärker beachtet werden als nachfolgende Wortteile,[428] bedarf doch die Beurteilung im Fernsehbereich einer differenzierteren Betrachtung: Ebenso wie auf dem Zeitungs- und Zeitschriftenmarkt bestehen im Fernsehbereich oftmals aus an sich inhaltsbeschreibenden Anspielungen und aus nicht originär unterscheidungskräftigen Bestandteilen zusammengesetzte Sendungstitel nebeneinander, und das Publikum hat sich an die vielzähligen ähnlichen Filmtitel gewöhnt, so dass es auch genau zu unterscheiden vermag.

Fraglich ist, ob das Unterscheidungsvermögen des Publikums auf die Titel einer bestimmten Werkart innerhalb der Werkkategorie Filmwerke beschränkt ist, denn die vom *BGH* entschiedenen Fälle beziehen sich jeweils auf die Filmtitel von Nachrichtensendungen, also Filmtitel die täglich dem Verkehr gegenüber in Erscheinung treten. Ob der Verkehr auch sonstige Filmtitel genau zu unterscheiden mag und deshalb letztlich generell strenge Kriterien an eine Verwechslungsgefahr von Filmtiteln anzulegen sind, bleibt in den Entscheidungen offen. Lediglich aus dem Umstand, dass der *BGH* den Filmtiteln „Tagesschau“ und „Tagesthemen“ eine starke Kennzeichnungskraft zubilligt und trotz Teilidentität der kollidierenden Filmtitel eine Verwechslungsgefahr verneint, kann geschlossen werden, dass das erst recht auch bei weniger kennzeichnungskräftigen Filmtiteln der Fall sein muss, denn der Schutzumfang kennzeichnungskräftiger Filmtitel ist aufgrund ihrer Bekanntheit und einhergehender Assoziationsgefahr in aller Regel größer als bei weniger kennzeichnungskräftigen Filmtiteln.[429] Eine Übertragung dieser Rechtsprechung auf die Verwechslungsgefahr von Filmtiteln generell erscheint deshalb konsequent.

Eine auch aus wettbewerblichen Gründen begrüßenswerte Folge der Rechtsprechung des *BGH* ist, dass auch Filmtiteln mit starker Kennzeichnungskraft nur ein beschränkter Schutzumfang zuzubilligen ist. Damit wird nicht zuletzt den geringen Anforderungen an die Unterscheidungskraft von Filmtiteln bei der Schutzrechtsentstehung Rechnung getragen. Ohne eine Beschränkung des Schutzumfangs besteht gerade im Hinblick auf die hohe Bekanntheit, die Filmtitel mit stark beschreibenden und inhaltsbezogenen Elementen der öffentlich rechtlichen Sendeanstalten genießen, die Gefahr, dass es später auf den Markt getretenen Sendeunternehmen von vornherein versagt wäre, die Filmtitel ihrer Sendungen auf ähnliche Weise zu

[428] *BGH* GRUR 1998, 924, 925 –„salvent/Salventerol“; *BGH* GRUR 1996, 200, 201 – „Innovadiclophlont“.
[429] Vgl. dazu auch die Ausführungen des *BGH* in GRUR 2003, 440, 441 – „Winnetous Rückkehr“.

bilden.[430] Insoweit kann von einer Wechselwirkung zwischen dem Freihaltebedürfnis und der Bestimmung des Schutzumfangs des Filmtitels ausgegangen werden.[431]

Auch wenn sich die Filmtitel verschiedener Sendungen der einzelnen Fernsehanstalten ähneln mögen, so ist sich der Zuschauer doch regelmäßig bewusst, welches Programm und welchen Sender er gerade gewählt hat, so dass auch eine Zuordnungsverwirrung zu einer bestimmten Sendeanstalt ausscheidet.[432] Zudem weist das während der jeweiligen Sendung erscheinende Logo des Senders den Zuschauer auf das gewählte Programm bzw. den gewählten Sender oder die Sendeanstalt hin. Soweit dennoch zwischen Filmtiteln mit stark inhaltsbeschreibendem Charakter der öffentlichen und der privaten Fernsehanstalten eine geringe Verwechslungsgefahr besteht, so ist diese nur vorübergehender Natur und eine Folge der Entscheidung des Gesetzgebers für ein duales Rundfunksystem.[433]

(2) Unternehmenskennzeichen

Enthält der Filmtitel ein bekanntes Unternehmenskennzeichen (z.B. „ZDF", „RTL", „SAT. 1"), richtet das Publikum seine Aufmerksamkeit zur Identifizierung des Filmwerks

---

[430] Dagegen lehnt *Ingerl*, FS *Erdmann*, S. 299, 312 ff., 318 ff., 325, eine Kompensation vermeintlich fortwirkender Monopolvorteile der öffentlich-rechtlichen Rundfunkanstalten durch eine Begrenzung des Schutzumfangs ab. Vielmehr sei verfassungsrechtlich eine Privilegierung öffentlich-rechtlicher Rundfunkanstalten geboten, die sich auch bei der Bestimmung des Schutzumfangs im Kennzeichenrecht niederschlagen müsse. Allerdings ist bereits die von *Ingerl* aufgestellte Prämisse (S. 323) fragwürdig, in der er davon ausgeht, dass die Gewährleistung eines effektiven Kennzeichenschutzes der öffentlich-rechtlichen Rundfunkanstalten im Verhältnis zu den privaten Sendeanstalten neben den technischen, organisatorischen, personellen und finanziellen Vorbedingungen Teil der aus Art. 5 Abs. 1 S. 2 GG abgeleiteten institutionellen Funktionsgarantie im Sinne einer Bestands- und Entwicklungsgarantie für den öffentlich-rechtlichen Rundfunk im dualen System ist; vgl. dazu auch die Ausführungen des *BVerfG* in WRP 1999, 172, 174 f., wonach sich die Bestimmung der Verwechslungsgefahr als Würdigung des Sachverhalts und der Anwendung einfachen Rechts der Nachprüfung durch das *BverfG* entzieht; dazu auch im 5. Abschnitt des 2. Kapitels unter II. 2. b) cc) „Verwechslungsgefahr im weiteren Sinne".

[431] *BGH* GRUR 2001, 1050, 1053 – „Tagesschau"; *OLG Frankfurt a. M.* WRP 1992, 117, 118 – „Hessen-Report"; dagegen bestreitet *Ingerl*, FS *Erdmann*, S. 299, 313, 319 Fn. 80, ein Freihaltebedürfnis an dem Titelbestandteil „Tages-". Insbesondere kritisiert *Ingerl* (S. 313 f.), dass die vom *BGH* vorgenommene Beschränkung des Schutzumfangs vielmehr dazu diene, den anderen Sendeunternehmen schutzfähige Zeichen zur Auswahl zu stellen und damit die Monopolisierung durch Titelschutz oder Markenanmeldung seitens dieser Sender zu ermöglichen. Die vom *BGH* vorgenommene Interessenabwägung sei nicht auf ein Freihalten im Allgemeininteresse ausgerichtet, sondern diene ausschließlich der Verteilung knapper Ressourcen unter mehrere Prätendenten. Ausgangspunkt der Interessenabwägung des *BGH* sei deshalb nicht das Allgemein- und Mitbewerberinteresse an der freien Benutzbarkeit beschreibender Angaben, sondern das Prioritätsprinzip.

[432] *Ingerl*, FS *Erdmann*, S. 299, 309 ff., stellt dagegen die Differenzierungsfähigkeit des Durchschnittszuschauers in Frage: „Schon die Vorstellung einer ‚im Allgemeinen' bewussten Senderwahl geht bei der heutigen Programmvielfalt und dem damit verbundenen, weit verbreiteten und Nachrichtensendungen naturgemäß nicht verschonenden Programmspringen an der Lebenserfahrung weit vorbei."; dagegen *Meinberg/Engels*, ZUM 1999, 391, 399.

[433] *BGH* GRUR 2001, 1050, 1053 – „Tagesschau"; *BGH* GRUR 2001, 1054, 1057 – „Tagesreport"; *OLG Frankfurt a. M.* WRP 1992, 117, 119 – „Hessen-Report"; *Meinberg/Engels*, ZUM 1999, 391, 395; kritisch *Ingerl*, FS *Erdmann*, S. 299, 319 ff.

vornehmlich auf die sonstigen Merkmale des Titels;[434] denn regelmäßig enthalten die Titel von Filmwerken kein Unternehmenskennzeichen der Sendeanstalten, und das Publikum orientiert sich in aller Regel nur an dem eigentlichen Sendungstitel. Auch neigt der Verkehr dazu, oftmals Abkürzungen des Filmtitels durch Weglassen der Unternehmenskennzeichnung zu verwenden. Allerdings darf der Verkehr nicht zu der Annahme gelangen, dass erst die Unternehmensbezeichnung dem Gesamtkennzeichen eine prägende werkidentifizierende Kennzeichnungskraft zukommen lässt.[435] Ferner muss die Unternehmensbezeichnung dem Verkehr auch als solche bekannt sein. Das wird im Fernsehbereich vor allem dann immer der Fall sein, wenn der Filmtitel die Unternehmensbezeichnung eines Senders enthält. In der Regel wird der für die Beurteilung der Zeichenähnlichkeit maßgebliche Gesamteindruck bei Filmtiteln, die Unternehmenskennzeichen beinhalten, aber durch die sonstigen Bestandteile geprägt.[436]

cc) Werkähnlichkeit

Für die Beurteilung der Verwechslungsgefahr ist neben der Kennzeichnungskraft und der Zeichenähnlichkeit die Werkähnlichkeit der gekennzeichneten Werke maßgeblich,[437] denn sie beschreibt den Grad der sachlichen Berührungspunkte der den kollidierenden Zeichen zugrunde liegenden Werke: Je ähnlicher sich die gekennzeichneten Werke sind, umso größer ist die Wahrscheinlichkeit, dass die beteiligten Verkehrskreise einer fehlerhaften Assoziation unterliegen, wenn sie mit den Titeln konfrontiert werden, und dass es zu einer fehlerhaften Zuordnung dieser Titel kommt.[438] Je nachdem welcher Werkkategorie die den kollidierenden Zeichen zugrunde liegenden Kennzeichnungsobjekte angehören, ist zwischen „intramediären" (1), „intermediären" (2) und „supramediären" (3) Titelkonflikten zu unterscheiden.

(1) „Intramediäre" Titelkonflikte

Werden kennzeichnungskräftige identische oder ähnliche Zeichen für dieselbe Werkkategorie Filmwerke verwendet („intramediäre" Titelkonflikte), besteht die Möglichkeit einer unmittelbaren oder einer mittelbaren Verwechslungsgefahr im engeren Sinne als sogenannte

---

[434] *BGH* GRUR 2001, 164, 166 – „Wintergarten".
[435] *OLG Karlsruhe* GRUR 1988, 390, 391 f. – „Südwestfunk".
[436] *BGH* GRUR 2001, 164, 166 – „Wintergarten"; ebenso *LG Mainz* AfP 1992, 390, 391 – „ran": „Eine Verwechslungsgefahr liegt nicht vor unabhängig davon, ob der Beklagte den vollständigen Titel der Sportsendung ‚Ran-Sat.1-Fußball' oder nur den Kurztitel ‚Ran' verwendet. Für beide Titelvarianten gilt die gleiche Beurteilung, denn auch der vollständige Titel wird durch den Kurzausdruck ‚Ran' geprägt, ohne dass es auf den Zusatz ‚Sat.1-Fußball' ankommt."
[437] *BGH* GRUR 2001, 1050, 1052 – „Tagesschau"; *Sack*, S. 144; *Deutsch/Mittas*, Rd. 116; *Metzger*, S. 78.
[438] *BGH* AfP 1978, 45, 48 – „Der 7. Sinn"; *Metzger*, S. 78.

Serienverwechslungsgefahr, da der Verkehr aufgrund der Zeichenähnlichkeit und der werkspezifischen Nähe der Werke das eine Werk für das andere Werk halten kann oder zumindest davon ausgeht, dass es sich um Fortsetzungswerke oder Teile einer Serie oder Reihe handelt.[439] Die Beurteilung der Verwechslungsgefahr erfolgt jedoch regelmäßig anhand einer Einzelfallbetrachtung aufgrund des Gesamteindrucks der sich gegenüberstehenden Zeichen, so dass im Einzelfall auch bei einer Verwendung von Titelbestandteilen für ein Werk derselben Werkkategorie eine Verwechslungsgefahr verneint werden muss.[440]

(2) „Intermediäre" Titelkonflikte

Die Verwertung eines Filmwerks und auch des Filmtitels erfolgt oftmals auch in anderen Werkkategorien. So gibt es beispielsweise das Buch zum Film, Zeitschriften zu bekannten und beliebten Fernsehserien, Computerspiele zu Filmwerken oder die auf einem Tonträger erscheinende Filmmusik. Werden identische oder ähnliche Zeichen für unterschiedliche Werkkategorien benutzt, scheidet eine unmittelbare Verwechslungsgefahr im engeren Sinne aus, da der Verkehr aufgrund der unterschiedlichen Werkkategorien das eine Werk nicht für das andere halten wird. In Frage kommen vielmehr eine mittelbare Verwechslungsgefahr im engeren Sinne und eine Verwechslungsgefahr im weiteren Sinne.

Begegnet der Verkehr dem Filmtitel in anderen Werkkategorien, so nimmt er regelmäßig einen inhaltlichen oder thematischen Zusammenhang zwischen den verschiedenen Werkkategorien an und unterliegt daher einer Fehlvorstellung, falls dieser Zusammenhang nicht besteht, was zu einer Verwechslungsgefahr im weiteren Sinne führt. Besteht dagegen tatsächlich ein Zusammenhang zwischen den verschiedenen Werkkategorien, scheidet eine Verwechslungsgefahr im weiteren Sinne aus.[441] Eine konkrete Vorstellung über den Inhalt oder die

[439] *KG Berlin* AfP 1986, 342, 342 – „Die Nervensäge"; *OLG München* ZUM 1986, 353, 353 – „Killer-Akademie", das allerdings die Serienverwechslungsgefahr der Verwechslungsgefahr im weiteren Sinn zuordnet; *OLG Düsseldorf* WRP 1985, 638, 640 – „Mädchen hinter Gittern"; *KG Berlin* UFITA 81 (1978), 214, 219 f. – „Queen Kong"; *OLG Hamburg* UFITA 27 (1959), 77, 83 – „Kleine Leute – Große Reise"; *KG Berlin* UFITA 26 (1958), 98, 102 – „Das gab's nur einmal"; *OLG Hamburg* UFITA 21 (1956), 337, 342 – „Roman einer Siebzehnjährigen"; *OLG München* UFITA 20 (1955), 208, 212 – „An der schönen blauen Donau"; *LG München I* UFITA 61 (1971), 272, 275 – „Balduin"; *LG Berlin* UFITA 6 (1933), 72, 74 – „Dr. Caligari's dreizehntes Experiment"; *LG Berlin* UFITA 2 (1929), 470, 471 – „Menschenleben in Gefahr".

[440] *BGH* GRUR 2001, 1050, 1051 ff. –„Tagesschau"; *BGH* GRUR 2001, 1054, 1056 f. – „Tagesreport"; *KG Berlin* WRP 2001, 551, 553 – „Alex/live vom Alex"; *OLG Hamburg* UFITA 50 (1967), 270, 275 f. – „Die Gentlemen bitten zur Kasse"; *OLG Frankfurt a. M.* UFITA 26 (1958), 105, 108 – „Der Tag der Vergeltung"; *LG München I* UFITA 50 (1967), 277, 278 f. – „Der goldene Götze"; *LG Hamburg* UFITA 38 (1962), 81, 86 ff. – „Im Stahlnetz des Dr. Mabuse" *LG Hamburg* UFITA 26 (1958), 252, 252 f. – „Stockholm 2 Uhr nachts"; *LG Berlin* UFITA 26 (1958), 121, 124 – „Gangster, Rauschgift und Blondinen"; *LG München I* UFITA 20 (1955), 226, 229 – „Die Wirtin vom Wörthersee".

[441] *Klippel/Pahlow*, in: HK-Markenrecht, § 15 Rd. 79; *Deutsch/Mittas*, Rd. 120; *Deutsch*, S. 80 f.; *Sack*, S. 131; Grundlage für eine rechtliche Beurteilung ist in diesen Fällen das Urheberrecht.

Thematik der Werke ist nicht erforderlich, um eine Verwechslungsgefahr annehmen zu können; ausreichend ist, dass aufgrund der Zeichenähnlichkeit ein irgendwie gearteter Zusammenhang angenommen werden kann, es sei denn, sonstige Umstände sprechen dagegen.[442] So hat die Rechtsprechung eine Verwechslungsgefahr im weiteren Sinne angenommen zwischen identischen oder ähnlichen Titeln eines Filmwerks und einer Druckschrift[443], eines Film- und eines Tonwerks[444] oder eines Film- und eines Ballettwerks[445]. Daraus entstehende Konflikte zwischen den Titeln verschiedener Medienkategorien werden auch als „intermediäre" Titelkonflikte bezeichnet.[446]

Umstritten ist insbesondere die Behandlung von „intermediären" Titelkonflikten zwischen Titeln aus den Werkkategorien Filmwerk und Druckschrift.[447] Die Argumentation ist letztlich aber nicht auf Titelkonflikte aus diesen beiden Werkkategorien beschränkt, sondern wirft generell die Frage einer Verwechslungsgefahr bei „intermediären" Titelkonflikten auf.

Mit dem Argument, dass eine Verwechslungsgefahr zwischen den Titeln verschiedener Werkkategorien grundsätzlich nicht möglich sei, hat das *OLG Köln* in der Entscheidung „Die letzten Tage von Pompeji" eine Verwechslungsgefahr zwischen den identischen Titeln eines Buchs und eines Filmwerks abgelehnt.[448] Verbreitet ist auch die Annahme, dass eine Verwechslungsgefahr dann ausscheide, wenn die Be- oder Verarbeitung eines Werks zu einem Filmwerk nicht möglich sei.[449]

Damit stellt sich die Frage, ob und gegebenenfalls in welchem Umfang eine Verwechslungsgefahr auch bei „intermediären" Titelkonflikten möglich ist. Zu beachten ist, dass auch Werke, die nicht unmittelbar einer Bearbeitung zu einem Filmwerk zugänglich sind, wie Lieder, Gedichte oder Computerspiele, mittelbar als Vorlage für das Filmwerk dienen können: Die Übernahme von Inhalt und Idee oder die Bezugnahme auf Themen und Motive durch das

---

442 *OLG München* ZUM 1986, 218, 220 f. – „Jetzt red'i"; *KG Berlin* UFITA 76 (1976), 348, 350 – „Ich hab mein Hos' in Heidelberg verloren".

443 *BGHZ* 26, 52, 62 f. – „Sherlock Holmes"; *RGZ* 112, 117, 117 f. – „Das Liebesleben in der Natur"; *OLG Hamburg* AfP 1999, 492, 493 f. – „Blitz"; *OLG München* ZUM 1985, 218, 220 f. – „Jetzt red'i"; *KG Berlin* UFITA 48 (1966), 274, 280 – „Die goldene Stimme"; zust. *Neumann-Duesberg*, JR 1967, 441, 442; *KG Berlin* in Schulze KGZ 43, 1, 9 – „Der Kampf ums Matterhorn"; *OLG München* UFITA 23 (1957), 217, 217 f. – „... bis daß der Tod euch scheidet"; *LG München I* GRUR 1987, 458, 459 – „Das gab's nur einmal"; *LG München I* FuR 1984, 332, 333 – „Traumschiff"; *LG München I* in Schulze LGZ 45, 1, 6 – „Liebe kann wie Gift sein".

444 *KG Berlin* UFITA 76 (1976), 348, 350 – „Ich hab mein Hos' in Heidelberg verloren" (Lied und Filmwerk); *OLG München* UFITA 50 (1967), 266, 269 – „A weni kurz, a weni lang" (Fernsehsendung und Schallplatte); *LG Berlin* UFITA 34 (1961), 224, 229 – „Solang noch unter'n Linden ..." (Lied und Filmwerk).

445 *KG Berlin* in Schulze KGZ 55, 1, 24 – „Die Puppenfee".

446 *Kröner*, FS *Hertin*, S. 565, 597; *Bremer*, ZUM 1999, 618, 619 f.

447 *Bremer*, ZUM 1999, 618, 619 ff. will eine Verwechslungsgefahr nur in Ausnahmefällen annehmen; dagegen *Kröner*, HS *Hertin*, S. 565, 598 ff.

448 *OLG Köln* OLG-Rspr. 30 (1915), 288, 290 – „Die letzten Tage von Pompeji".

449 *OLG München* UFITA 21 (1956), 81, 83 – „Am Brunnen vor dem Tore"; *KG Berlin* JW 1932, 885, 888 – „Lindenwirtin"; *LG München I* UFITA 20 (1955), 226, 229 – „Die Wirtin vom Wörthersee"; *Sack*, S. 147 f.; *v. Metzler*, UFITA 20 (1955), 169, 184 f.; *v. Hartlieb*, Filmtitel, S. 43.

Filmwerk ist auch bei diesen Werkkategorien möglich, so dass bei identischen oder ähnlichen Titeln sowohl eine mittelbare Verwechslungsgefahr im engeren Sinne als auch eine Verwechslungsgefahr im weiteren Sinne bestehen kann.[450]

Gegen die Möglichkeit einer Verwechslungsgefahr bei „intermediären" Titelkonflikten spricht auch nicht, dass vor allem Druckerzeugnisse und Filmwerke aufgrund ihrer unterschiedlichen Verbreitungsform deutlich voneinander unterscheidbare Produkte sind. Der Konsument ist sich dessen zwar regelmäßig bewusst und auch aufgrund der Gewöhnung an ein umfangreiches und zur Diversifikation neigendes Medienangebot in der Lage, auf geringe Unterschiede zwischen den angebotenen einzelnen Werken und ihrer Titel zu achten; allerdings betrifft dies vornehmlich den Bereich der einheitlichen Werkkategorie, weniger die Verwendung eines identischen oder ähnlichen Titels auch für andere Werkkategorien:[451] Das Zusammenwachsen der unterschiedlichen Medienmärkte und die Lösung von Kommunikationsinhalten aus dem Ursprungsmedium und ihre Übertragung in andere Mediensegmente (Konvergenz der Medienmärkte), lässt den Konsumenten regelmäßig auch auf wirtschaftliche, organisatorische oder sonstige Zusammenhänge zwischen den verschiedenen Anbietern schließen. Folglich ist auch eine Verwechslungsgefahr im weiteren Sinne bei „intermediären" Titelkonflikten möglich.

Nach der Ansicht von *Bremer* sprechen insbesondere die unterschiedlichen technischen, kulturellen und ökonomischen Verhältnisse der verschiedenen Mediensegmente gegen die Annahme einer Konvergenz der Medienmärkte und damit letztlich auch gegen die Annahme einer Verwechslungsgefahr zwischen den Titeln von Werken verschiedener Werkkategorien.[452] Lediglich in Ausnahmefällen sei beispielsweise eine Übertragung von Zeitschriftenformaten in den Fernsehbereich möglich, wie dies u.a. bei „Stern TV", „Spiegel TV", „Focus TV" oder dem „SZ Magazin" geschehen sei. Dazu müsse der Titel zunächst über Jahre eine qualitative Marktgeltung erlangt haben, um überhaupt einen Wiedererkennungswert und damit auch die erwünschten Einschaltquoten bei einer Übertragung in den Fernsehbereich auslösen zu können.[453]

Diese Argumente vermögen nicht zu überzeugen, denn bereits die angeführten Beispiele einer Übertragung von Zeitschriftenformaten mit ihrem Titel in den Bereich des Fernsehens zeigen, dass allein im Segment der Nachrichten- und Politmagazine eine Reihe von Zeitschrif-

---

[450] *OLG Hamburg* UFITA 30 (1960), 230, 237 f. – „Patricia"; *OLG München* UFITA 22 (1956), 235, 237 – „Der Herrscher"; *Deutsch/Mittas*, Rd. 119; *Kröner*, FS *Hertin*, S. 565, 598; *Seligsohn*, UFITA 6 (1933), S. 124, 136 f.

[451] *Kröner*, FS *Hertin*, S. 565, 602.

[452] *Bremer*, ZUM 1999, 618, 620.

[453] *Bremer*, ZUM 1999, 618, 620.

tentiteln im Fernsehen präsent sind. Ferner sind die aufgezählten Beispiele nicht abschließend und nicht auf das Nachrichten- und Politsegment beschränkt, sondern immer mehr Zeitschriften erscheinen auch unter ihrem Titel als Fernsehformat, wie ein Blick in das wöchentliche Fernsehprogramm der Sendeanstalten zeigt (z.B. „Bravo TV", „Handelsblatt Ticker", „motorwelt" oder „auto, motor und sport tv"). Auch das *OLG Hamburg* weist in der Entscheidung „Blitz" darauf hin, dass im Bereich der Medien Umwälzungen an der Tagesordnung sind, was sich auch aus einem von den Klägern vorgelegten Zeitungsartikel vom 20. November 1997 mit der Überschrift „Fernsehen jetzt wie gedruckt – Verlage drängen zunehmend mit elektronischen Formaten ins TV-Geschäft" ergebe.[454] Darin wird der Geschäftsführer eines bedeutenden Verlages mit der Äußerung zitiert, dass von wenigen Ausnahmen abgesehen, in fünf Jahren für jedes Printprodukt auch eine TV-Sendung existieren werde. Damit ist nach der Ansicht des Gerichts die Möglichkeit angedeutet, dass sich die tatsächlichen Grundlagen für das Verständnis des Verkehrs schnell ändern können, was bei der Beurteilung der Verwechslungsgefahr zu berücksichtigen sei.

Gegen die Ansicht von *Bremer* spricht auch, dass nicht erkennbar ist, worin der besondere technische oder wirtschaftliche Aufwand einer Ausweitung der Medienpräsenz auf den Fernsehbereich liegen soll, der gegen eine Konvergenz der Medienmärkte spricht.

Ebenso wie die Verwertung von Werken unter ihrem Titel im Film- und Fernsehbereich erfolgt, findet umgekehrt die Verwertung erfolgreicher Filmwerke und ihrer Titel in anderen Werkkategorien und Produkten statt (z.B. als Computerspiel). Das ist dem Verkehr auch bekannt, so dass nicht bereits die Verwendung des identischen oder ähnlichen Zeichens für eine andere Werkkategorie eine Verwechslungsgefahr ausschließt.

Eine Verwechslungsgefahr ist folglich auch im Bereich „intermediärer" Titelkonflikte möglich. Allerdings ist die Annahme einer Verwechslungsgefahr eine Einzelfallentscheidung und kann deshalb nicht pauschal angenommen oder abgelehnt werden. Dies hat auch die Rechtsprechung immer wieder deutlich gemacht:

Das *LG Mainz* hatte den Fall einer vermeintlichen Beeinträchtigung eines Zeitschriftentitels durch den Titel einer Fernsehsendung zu entscheiden.[455] Es hat eine Verwechslungsgefahr im weiteren Sinne zwischen dem gleichnamigen Titel „ran" eines gewerkschaftspolitischen Jungendmagazins und einer Sportfernsehreihe abgelehnt, da es zu wenig sachliche Berührungspunkte gebe, die wirtschaftliche oder organisatorische Zusammenhänge vermuten lassen: Der Kläger ist seit 1970 Herausgeber des gewerkschaftspolitischen Jugendmagazins, die Beklagte die den Titel seit 1992 benutzende private Fernsehanstalt SAT.1. Nach Ansicht des

---

[454] *OLG Hamburg* AfP 1999, 492, 494 – „Blitz".
[455] *LG Mainz* AfP 1992, 390, 391 – „ran".

Gerichts sind beide Werke Medienprodukte, jedoch entstammen sie verschiedenen Medienbereichen. Auch die enge Verwandtschaft der Medienbereiche vermöge eine Verwechslungsgefahr im weiteren Sinne nicht zu begründen, da die Bezeichnung „ran" des Jugendmagazins als Abkürzung des Wortes „heran" nur eine geringe Kennzeichnungskraft besitze. Außerdem sprechen das Magazin und die Sportsendung unterschiedliche Zielgruppen an und unterscheiden sich auch in der behandelnden Thematik. Letztlich würden die angesprochenen Verkehrskreise keinen wirtschaftlichen oder organisatorischen Zusammenhang zwischen dem Verlag des Gewerkschaftsdachverbandes und der privaten Fernsehanstalt SAT.1 annehmen. Das Gericht lässt allerdings offen, ob eine Verwechslungsgefahr im weiteren Sinne angenommen werden könnte, wenn es sich um eine Sportzeitschrift handeln würde.

Ebenso hat das *OLG Hamburg* in der Entscheidung „Aber Hallo" eine Verwechslungsgefahr im weiteren Sinne zwischen dem Titel „Aber Hallo" für ein Fernsehformat und dem Titel „aber Hallo!" einer Computerspielesammlung auf CD-ROM verneint.[456] Vor allem stellt das Gericht darauf ab, dass kein für den Verkehr erkennbarer sachlicher Bezug inhaltlicher Art zwischen der Sammlung und der Sendung bestehe. Es sei nicht ersichtlich, dass Spielideen aus der Fernsehsendung in ähnlicher Form in der Sammlung wiederkehren, was für den Verkehr aufgrund der Darstellungen auf der CD-ROM-Verpackung auch leicht ersichtlich sei. Dagegen spreche auch nicht, dass es üblich sei, erfolgreiche Fernsehsendungen über sonstige Medien ergänzend zu vermarkten. Eine erfolgreiche Vermarktung setze voraus, dass dem Verkehr eine in diesem Fall fehlende Beziehung zwischen dem Produkt und der Fernsehsendung aufgezeigt werde, was durch einen Hinweis auf die Sendung oder eine optisch identische Verwendung des Titels erfolgen könne. Auch erfolge eine Vermarktung durch Merchandisingprodukte immer zeitnah zur Sendung, um den erhofften gegenseitigen Werbeeffekt nutzen zu können. Dagegen sei es unüblich, für ein Produkt eine Kooperation mit einer Fernsehsendung einzugehen, die seit geraumer Zeit nicht mehr ausgestrahlt werde, wovon nach der Ansicht des Gerichts auch der Verkehr ausgehe.

Beide Entscheidungen verdeutlichen die Bedeutung der konkreten Umstände des Einzelfalls für die Beurteilung der Verwechslungsgefahr. Dem Kriterium der wirtschaftlichen, organisatorischen oder sonstigen Sachzusammenhänge, die für die angesprochenen Verkehrskreise für die Annahme einer Verwechslungsgefahr im weiteren Sinne erkennbar sein müssen, kommt entscheidende Bedeutung zu. Angesichts der Endlichkeit der möglichen kurzen, prägnanten und inhaltsbezogenen Titel zur Kennzeichnung von Medienprodukten und dem stetig

[456] *OLG Hamburg* AfP 1999, 170, 171 f. – „Aber Hallo".

wachsenden Medienangebot ist eine starke Annäherung der Zeichen unausweichlich.[457] Die restriktive Annahme von Sachzusammenhängen zwischen verschiedenen Medienprodukten erscheint daher im Sinne der Erhaltung und Förderung der Medienvielfalt dringend geboten: Es müssen stets konkrete Anhaltspunkte vorliegen, die die Annahme eines sachlichen Zusammenhangs rechtfertigen; so bedarf es erkennbarer gedanklicher Brücken zwischen der Wahrnehmung und der daraus gezogenen Folgerung, es bestünden Beziehungen wirtschaftlicher, organisatorischer oder sonstiger Art.

Auch die Neuregelung des Werktitelschutzes im Markengesetz hat Auswirkungen auf die Beurteilung des Verwechslungstatbestandes in § 15 Abs. 2 MarkenG: Neben den bereits angeführten medienpolitischen Gründen sind gerade auch aufgrund von gesetzessystematischen und teleologischen Erwägungen die Anforderungen an eine Verwechslungsgefahr im weiteren Sinne kritisch zu hinterfragen: Mit der Normierung des Bekanntheitsschutzes in § 15 Abs. 3 MarkenG hat der Gesetzgeber die Werbefunktion des Titels rechtlich anerkannt und dem Bekanntheitsschutz einen gegenüber dem Verwechslungstatbestand eigenständigen Anwendungsbereich zugewiesen, so dass der Bekanntheitsschutz nicht mehr als eine Art außerkennzeichenrechtlicher Hilfsschutz gegenüber dem Schutz vor Verwechslungsgefahr anzusehen ist. Daraus folgt aber, dass das für die Annahme einer Verwechslungsgefahr im weiteren Sinne maßgebliche Kriterium der wirtschaftlichen, organisatorischen oder sonstigen Zusammenhänge restriktiv auszulegen ist, um die Anforderungen des Bekanntheitsschutzes von Werktiteln nicht zu umgehen.

(3) „Supramediäre" Titelkonflikte

Wird der Filmtitel nicht als Kennzeichen für dieselbe oder eine andere Werkkategorie sondern für andere Produkte oder als Unternehmenskennzeichen benutzt, so kommt eine Verwechslungsgefahr im weiteren Sinne in Betracht, wenn der Filmtitel zugleich auch als Herkunftshinweis dient und ein Sachzusammenhang zwischen dem gekennzeichneten Filmwerk und dem Produkt oder Unternehmen besteht („supramediäre" Titelkonflikte).[458]

---

[457] *Bremer*, ZUM 1999, 618, 622; *Meinberg/Engels*, ZUM 1999, 391, 391.

[458] Verwechslungsgefahr im weiteren Sinne bei „supramediären" Titelkonflikten ist von der Rechtsprechung u.a. angenommen worden in den Entscheidungen *BGH* AfP 1978, 45, 48 f. – „Der 7. Sinn" zwischen einer Verkehrsfernsehreihe und einem Verkehrswürfelspiel; *LG München* ZUM 1985, 105, 107 f. – „Jetzt red'i" zwischen dem Titel einer Fernsehreihe und der Bezeichnung einer Wirtshausdiskussion im Zusammenhang mit einer Wahlkampfveranstaltung; abgelehnt worden dagegen in den Entscheidungen *BGH* GRUR 1993, 692, 693 f. – „Guldenburg" zwischen dem Fernsehserientitel „Das Erbe der Guldenburgs" und den Marken „Guldenburg" für Getränke, Schmuckwaren und landwirtschaftliche Erzeugnisse; *LG Stuttgart* AfP 1982, 116, 117 – „Billy" zwischen dem Titel einer Fernsehserie und einem Unternehmenskennzeichen.

3. Der Schutz des bekannten Filmtitels

Gegenüber dem Schutz vor Verwechslungsgefahr durch § 15 Abs. 2 MarkenG erweitert § 15 Abs. 3 MarkenG den Filmtitelschutz auf bekannte Filmtitel unabhängig von einer Verwechslungsgefahr. Der Filmtitelschutz erfasst die Benutzung identischer oder ähnlicher Zeichen bekannter Filmtitel, wenn die Benutzung des Titels trotz fehlender Verwechslungsgefahr zu einer Ausnutzung oder Beeinträchtigung der Wertschätzung oder Unterscheidungskraft des Titels ohne rechtfertigenden Grund in unlauterer Weise führt.

In § 16 Abs. 1 UWG a.F. war der Bekanntheitsschutz des Werktitels nicht geregelt. Die Rechtsprechung hat den Schutz bekannter und berühmter Werktitel auf einen außerkennzeichenrechtlichen Schutz gestützt: Bekannten Werktiteln mit besonderem Ruf wurde ohne das Bestehen einer Verwechslungsgefahr über § 1 UWG Schutz gegen Rufausbeutung und Rufschädigung zugebilligt. Berühmten Werktiteln mit weit überragender Verkehrsgeltung und Alleinstellung gewährte die Rechtsprechung Schutz vor einer Verwässerung durch die §§ 823 Abs. 1 und 1004 Abs. 1 analog BGB. Die Bedeutung dieses außerkennzeichenrechtlichen Schutzes war allerdings eher gering, da die meisten Fallgruppen bereits über die Verwechslungsgefahr im weiteren Sinne nach § 16 Abs. 1 UWG a.F. erfasst wurden.

Die Aufnahme des Bekanntheitsschutzes durch § 15 Abs. 3 MarkenG in das Markengesetz führt dagegen zu der rechtlichen Anerkennung der Werbefunktion des Titels und definiert einen eigenen Anwendungsbereich des Bekanntheitsschutzes gegenüber dem Verwechslungsschutz. Ferner wird durch die Aufnahme des Bekanntheitsschutzes in das Markengesetz eine einheitliche Kodifizierung des Werktitelschutzes im Markengesetz erreicht und werden die generalklauselartigen Tatbestände der §§ 1 UWG, 823 Abs. 1 und 1004 Abs. 1 analog BGB durch § 15 Abs. 3 MarkenG präzisiert.

Aufgrund der Tatsache, dass der Gesetzgeber den werktitelrechtlichen Bekanntheitsschutz in § 15 Abs. 3 MarkenG in Anlehnung an die auf der Umsetzung des Art. 5 Abs. 2 MRRL beruhende markenrechtliche Regelung des § 14 Abs. 2 Nr. 3 MarkenG formuliert hat, stellt sich die Frage, ob sich die Auslegung des § 15 Abs. 3 MarkenG ebenso wie die des § 14 Abs. 2 Nr. 3 MarkenG an der Rechtsprechung des *EuGH* zu Art. 5 Abs. 2 MRRL zu orientieren hat. Dies gilt insbesondere für das Merkmal der „Bekanntheit", das sich sowohl in § 15 Abs. 3 MarkenG als auch in § 14 Abs. 2 Nr. 3 MarkenG findet (a). Neben der Bekanntheit des Titels ist Zeichenähnlichkeit mit dem Drittzeichen Voraussetzung für den Bekanntheitsschutz aus § 15 Abs. 3 MarkenG. Zu fragen ist, ob die Zeichenähnlichkeit nach den gleichen Kriterien wie im Rahmen der Verwechslungsgefahr zu bestimmen ist (b).

Im Gegensatz zum Schutz der bekannten Marke in § 14 Abs. 2 Nr. 3 MarkenG hat der Gesetzgeber § 15 Abs. 3 MarkenG in seinem Wortlaut nicht auf einen Bekanntheitsschutz im Werkunähnlichkeitsbereich beschränkt, so dass fraglich ist, ob § 15 Abs. 3 MarkenG aus gesetzessystematischen Erwägungen auf den Bekanntheitsschutz im Werkunähnlichkeitsbereich teleologisch zu reduzieren ist (c). Anschließend ist zu untersuchen, welche Fallgruppen von den in § 15 Abs. 3 MarkenG aufgeführten Tatbeständen der unlauteren Ausnutzung oder Beeinträchtigung der Unterscheidungskraft oder Wertschätzung erfasst werden (d).

a) Bekanntheit des Filmtitels

Das Markengesetz enthält keine Ausführungen über die Anforderungen an den Bekanntheitsgrad von Filmtiteln und Werktiteln. Nach der Gesetzesbegründung zum Markengesetz ist der Bekanntheitsgrad eines Filmtitels nach quantitativen und qualitativen Kriterien zu bestimmen.[459]

aa) Quantitatives Kriterium der Bekanntheit

Das quantitative Kriterium der Bekanntheit bestimmt sich über einen tatsächlichen Nachweis der Verkehrsbekanntheit des Filmtitels.[460] Die Rechtsprechung zum Schutz des berühmten und bekannten Werktitels vor Inkrafttreten des Markengesetzes hat sich nicht auf eindeutige Bekanntheitsgrade als Schutzvoraussetzung festgelegt, sondern immer nur im Einzelfall eine ausreichende Bekanntheit angenommen oder abgelehnt. Als Anhaltspunkte haben sich für den Schutz des berühmten Werktitels nach den §§ 823 Abs. 1, 1004 Abs. 1 analog BGB ein Mindestbekanntheitsgrad von 70 bis 80 %, für den Schutz des bekannten Werktitels nach § 1 UWG ein solcher von mindestens 30 bis 35 % herausgebildet.

Aus der Gesetzesbegründung zum Markengesetz geht hervor, dass der in § 15 Abs. 3 MarkenG geregelte Bekanntheitsschutz von Werktiteln dem Schutz bekannter Marken in § 14 Abs. 2 Nr. 3 MarkenG nachgebildet ist, was auch Anhaltspunkte für eine Beurteilung des quantitativen Kriteriums des Bekanntheitsbegriffs liefert:[461] „Die Kriterien für den erweiterten Schutz sind dieselben wie für ‚bekannte' Marken (Bekanntheit, unlautere Ausnutzung, Beeinträchtigung der Unterscheidungskraft oder Wertschätzung) [...].“ Aus dieser Bezugnahme ist eine einheitliche Auslegung des Bekanntheitsbegriffs im Markengesetz zu folgern, die sich

[459] Amtl. Begr., BT-Drucks. 12/6581, S. 76 i.V.m. S. 72.
[460] Amtl. Begr., BT-Drucks. 12/6581, S. 76 i.V.m. S. 72.
[461] Amtl. Begr., BT-Drucks. 12/6581, S. 76.

letztlich an einer Auslegung der MRRL und an der Rechtsprechung des *EuGH* orientieren muss, da es sich bei dem Begriff der „Bekanntheit" in § 14 Abs. 2 Nr. 3 MarkenG um einen aus Art. 5 Abs. 2 MRRL übernommenen, gemeinschaftsrechtlich vorgegebenen Begriff handelt.

Der *EuGH* hat keinen bestimmten Mindestbekanntheitsgrad als Schutzvoraussetzung für die bekannte Marke definiert, sondern lediglich gefordert, dass die Marke einem bedeutenden Teil des betroffenen Publikums bekannt sein muss.[462] Ob dies der Fall ist, ist nach den Umständen des Einzelfalls zu beurteilen, insbesondere auch unter Berücksichtigung der weiten und schnellen Verbreitungsmöglichkeit von Filmwerk und Filmtitel durch das Fernsehen.[463]

Anhaltspunkte für die Ermittlung eines notwendigen Mindestbekanntheitsgrads ergeben sich auch aus den Gesetzesmaterialien zur MRRL: In der Ausarbeitung der MRRL wurde der ursprünglich verwendete Begriff der Berühmtheit durch den der Bekanntheit ersetzt, um den Markenschutz außerhalb des Produktähnlichkeitsbereichs zu verbessern. Daraus lässt sich schließen, dass die Richtlinie die Anforderungen an die Bekanntheit der Marke nicht zu hoch ansetzen sollte.

Einen konkreteren Hinweis enthält jedoch die Gesetzesbegründung zum Markengesetz: Sie nimmt indirekt Bezug auf die frühere Rechtsprechung zu § 1 UWG, indem sie die Erweiterung des Werktitelschutzes durch § 15 Abs. 3 MarkenG damit rechtfertigt, dass bekannte Werktitel auch häufig als Marke eingetragen sind oder markenrechtlichen Schutz infolge ihrer Verkehrsgeltung genießen.[464] Daraus ist zu schließen, dass der Gesetzgeber zum Markengesetz über den Begriff der „Bekanntheit" in § 15 Abs. 3 MarkenG auch die von der Rechtsprechung zum Schutz des bekannten Titels aus § 1 UWG entwickelten Kriterien erfassen wollte. Unter dem Vorbehalt der Rechtsprechung des *EuGH* zu den Anforderungen an die bekannte Marke lässt sich deshalb in Anlehnung an die Rechtsprechung des *BGH* zu § 1 UWG vor Inkrafttreten des Markengesetzes als Anhaltspunkt ein Mindestbekanntheitsgrad des Werktitels von 30 bis 35 % als quantitatives Kriterium für den Bekanntheitsschutz nach § 15 Abs. 3 MarkenG folgern.

---

[462] *EuGH* GRUR Int. 2000, 73, 74 – „Chevy".

[463] Nach der Rechtsprechung des *EuGH* in GRUR Int. 2000, 73, 75 – „Chevy" und der sich anschließenden Rechtsprechung des *BGH* in GRUR 2002, 340, 341 – „Fabergé" und GRUR 2003, 428, 432 – „BIG BERTHA" sind für die Ermittlung der Bekanntheit einer Marke vor allem der Marktanteil der Marke, die Intensität, die geografische Ausdehnung und die Dauer ihrer Benutzung sowie der Umfang der Investitionen, die das Unternehmen zu ihrer Förderung getätigt hat, von Bedeutung.

[464] Amtl. Begr., BT-Drucks. 12/6581, S. 76.

Auch das *KG Berlin* hat in Urteilen zum Filmtitelschutz nach § 15 Abs. 3 MarkenG wiederholt eine überragende Bekanntheit des Filmtitels vorausgesetzt, „die den Bekanntheitsgrad von nicht unter 35 % deutlich übersteigt."[465]

Zur Ermittlung des Bekanntheitsgrads des Filmtitels bei den insoweit maßgeblichen aktuellen und potentiellen durch das Filmwerk angesprochenen Verkehrskreisen ist auf Repräsentativbefragungen, Einschaltquoten im Fernsehen, Besucherzahlen im Kino, Verleih- und Verkaufszahlen des im Handel erschienenen Filmwerks und die allgemeine Medienpräsenz des Filmtitels abzustellen.[466]

bb) Qualitatives Kriterium der Bekanntheit

Neben dem quantitativen Kriterium der Bekanntheit fordert die Gesetzesbegründung zum Markengesetz auch qualitative Kriterien im Sinne eines guten Rufs zur Bestimmung der Bekanntheit des Filmtitels.[467] Auch die Rechtsprechung und ein Teil der Literatur stellen zur Ermittlung der Bekanntheit neben dem Bekanntheitsgrad des Kennzeichens auf das Ansehen, den durch besondere Leistungen geschaffenen Wert, die Qualität oder den aufgrund besonderer Werbeanstrengungen erlangten guten Ruf ab.[468] Gegen diese Auffassung spricht jedoch der Wortlaut des § 15 Abs. 3 MarkenG, der die unlautere Ausnutzung oder Beeinträchtigung der Wertschätzung des Filmtitels als eigene tatbestandliche Varianten aufführt, in denen qualitative Kriterien Berücksichtigung finden. Der Begriff der Bekanntheit ist hingegen wertneutral.[469]

b) Zeichenähnlichkeit

Ebenso wie in § 15 Abs. 2 MarkenG ist in § 15 Abs. 3 MarkenG Schutzvoraussetzung, dass zwischen dem Filmtitel und dem kollidierenden Zeichen entweder Zeichenidentität oder Zeichenähnlichkeit besteht. Im Unterschied zu § 15 Abs. 2 MarkenG ist jedoch das Merkmal der Zeichenidentität oder -ähnlichkeit nicht im Hinblick auf die Verwechslungsgefahr auszulegen. Die Zeichenähnlichkeit steht vielmehr in engem Zusammenhang mit den weiteren Tat-

---

[465] *KG Berlin* WRP 2001, 551, 553 – „Alex/live vom Alex"; *KG Berlin* GRUR 2000, 906, 907 – „Gute Zeiten, Schlechte Zeiten".

[466] Zur Ermittlung der Verkehrsbekanntheit aufgrund demoskopischer Gutachten: *Boës/Deutsch*, GRUR 1996, 168, 170 ff.

[467] Amt. Begr., BT-Drucks 12/6581, S. 76 i.V.m. S. 72.

[468] *EuGH* GRUR Int. 2000, 73, 75 – „Chevy"; *BGH* GRUR 1995, 697, 700 – „FUNNY PAPER"; *Fezer*, MarkenG, § 14 Rd. 422; *A/S/K/Klaka*, MarkenG, § 14 Rd. 35 f.

[469] *Ingerl/Rohnke*, MarkenG, § 14 Rd. 479; *Oelschlägel*, S. 145; *Deutsch/Mittas*, Rd. 128; *Kur*, MarkenR 1999, 2, 9.

bestandsmerkmalen der unlauteren Ausnutzung oder Beeinträchtigung der Unterscheidungskraft oder Wertschätzung des Filmtitels: So ist die Ausnutzung der Wertschätzung oder Unterscheidungskraft eines Filmtitels nur unlauter, wenn die Ähnlichkeit des Zeichens ausreicht, um einen erkennbaren Bezug zu dem rufbegründenden Filmtitel herzustellen.[470] Eine Beeinträchtigung der Unterscheidungskraft des bekannten Filmtitels ist dagegen regelmäßig nur bei Zeichenidentität oder fast identischer Zeichenverwendung anzunehmen.[471]

c) Bekanntheitsschutz im Werkähnlichkeits- und Werkunähnlichkeitsbereich

Im Gegensatz zu § 14 Abs. 2 Nr. 3 MarkenG schränkt der Wortlaut des § 15 Abs. 3 MarkenG den Bekanntheitsschutz des Filmtitels nicht auf den Bereich außerhalb der Produktähnlichkeit ein. Da nach der Gesetzesbegründung zum Markengesetz § 15 Abs. 3 MarkenG in gleicher Weise wie § 14 Abs. 2 Nr. 3 MarkenG den Schutz des bekannten Werktitels erweitern soll, lässt dies den Schluss zu, dass auch der Bekanntheitsschutz nach § 15 Abs. 3 MarkenG nur außerhalb des Werkähnlichkeitsbereichs bestehen soll.[472] Eine scheinbare Stütze erfährt diese gesetzeshistorische Auslegung auch durch den Wortlaut des § 15 Abs. 3 MarkenG, wonach der Bekanntheitsschutz unabhängig von dem Vorliegen von Verwechslungsgefahr im Sinne des § 15 Abs. 2 MarkenG besteht, denn Beurteilungskriterium für die Annahme einer Verwechslungsgefahr ist auch die Werknähe.[473]

Dem steht aber entgegen, dass eine Verwechslungsgefahr im weiteren Sinne auch bei einer Verwendung der den Filmtitel bildenden Zeichen als Kennzeichen für Werke unähnlicher Werkkategorien, Produkte oder Unternehmen vorliegen kann, sofern nur organisatorische, wirtschaftliche oder sonstige Sachzusammenhänge bestehen. Es ist davon auszugehen, dass der Gesetzgeber § 15 Abs. 3 MarkenG bewusst anders und weiter formuliert hat als § 14 Abs. 2 Nr. 3 MarkenG.[474] Eine Beschränkung des Schutzbereichs des § 15 Abs. 3 MarkenG auf den Bereich außerhalb der Werkähnlichkeit würde angesichts der bisherigen extensiven Auslegung der Verwechslungsgefahr auch auf den Bereich einer Verwechslungsgefahr im weiteren Sinne entgegen der Intention des Gesetzgebers zu einem sehr eingeschränkten Anwendungsbereich des § 15 Abs. 3 MarkenG führen. Die Parallelität der Regelungen erschöpft sich

---

470 *KG Berlin* GRUR 2000, 906, 907 – „Gute Zeiten, Schlechte Zeiten"; *Ingerl/Rohnke*, MarkenG, § 15 Rd. 103 i.V.m. § 14 Rd. 503, 520.
471 *Ingerl/Rohnke*, MarkenG, § 15 Rd. 103 i.V.m. § 14 Rd. 514.
472 Amtl. Begr., BT-Drucks. 12/6581, S. 76; *A/S/K/Klaka*, MarkenG, § 15 Rd. 79; *Ingerl/Rohnke*, MarkenG, § 15 Rd. 64; *Russ*, S. 313; *Teplitzky*, WRP 2003, 415, 415; *Berlit*, GRUR 2002, 572, 575; *Meinberg/Engels*, ZUM 1999, 391, 397.
473 *Meinberg/Engels*, ZUM 1999, 391, 397.
474 *Fezer*, MarkenG, § 15 Rd. 178b; *Sack*, S. 167; *Deutsch/Mittas*, Rd. 127; *Eichmann*, GRUR 1998, 201, 213.

insofern in der Erweiterung des Schutzes auf bekannte Marken bzw. Werktitel. Auch nach der Rechtsprechung zum Bekanntheitsschutz von Filmtiteln ist § 15 Abs. 3 MarkenG nicht auf den Werkunähnlichkeitsbereich beschränkt.[475]

d) Unlautere Beeinträchtigung oder Ausnutzung der Unterscheidungskraft oder Wertschätzung

In § 15 Abs. 3 MarkenG sind in Anlehnung an die markenrechtliche Regelung des § 14 Abs. 2 Nr. 3 MarkenG vier Verletzungstatbestände mit jeweils eigenständiger Bedeutung aufgeführt: Die Ausnutzung oder Beeinträchtigung der Wertschätzung oder Unterscheidungskraft des Filmtitels ohne rechtfertigenden Grund in unlauterer Weise. Im Folgenden ist zunächst zu untersuchen, welche Bedeutung das Merkmal „ohne rechtfertigenden Grund in unlauterer Weise" auf die in § 15 Abs. 3 MarkenG genannten Tatbestände hat (aa). Des Weiteren stellt sich die Frage, welche Fallgruppen von den Tatbeständen der Beeinträchtigung oder Ausnutzung der Unterscheidungskraft (bb) und der Beeinträchtigung oder Ausnutzung der Wertschätzung (cc) des bekannten Filmtitels erfasst werden.

aa) Benutzung ohne rechtfertigenden Grund in unlauterer Weise

§ 15 Abs. 3 MarkenG spricht von der Ausnutzung oder Beeinträchtigung der Unterscheidungskraft oder Wertschätzung des bekannten Werktitels „ohne rechtfertigenden Grund in unlauterer Weise". Fraglich ist, ob dieses Merkmal ein negatives Tatbestandsmerkmal ist oder lediglich einen Hinweis auf die Rechtswidrigkeit darstellt. Während der Wortlaut für letzteres zu sprechen scheint, ergibt sich doch vor allem aus der Systematik des Markengesetzes, dass das Merkmal „ohne rechtfertigenden Grund in unlauterer Weise" im Sinne eines negativen Tatbestandsmerkmals aufzufassen ist: Gesetzessystematisch ist § 15 Abs. 3 MarkenG dem auf Art. 5 Abs. 2 MRRL beruhenden § 14 Abs. 2 Nr. 3 MarkenG nachgebildet, der auch das Merkmal der Benutzung „ohne rechtfertigenden Grund in unlauterer Weise" enthält.[476] Der *EuGH* hat dieses Merkmal in Art. 5 Abs. 2 MRRL als negatives Tatbestandsmerkmal aufgefasst, indem er feststellt, dass es sich dabei um eine selbständige Voraussetzung des Bekannt-

---

[475] *BGH* GRUR 2001, 1050, 1053 – „Tagesschau"; *BGH* GRUR 2001, 1054, 1057 – „Tagesreport"; *KG Berlin* WRP 2001, 551, 553 f. – „Alex/live vom Alex"; *KG Berlin* GRUR 2000, 906, 907 – „Gute Zeiten, Schlechte Zeiten".

[476] Amtl. Begr., BT-Drucks. 12/6581, S. 76: „ Die Absätze 2 und 3, die den Inhalt des Ausschlussrechts bestimmen, sind in gleicher Weise und aus denselben Gründen wie § 14 Abs. 2 bis 4 als Untersagungstatbestände formuliert." Ebenso S. 76: „Die Kriterien für den erweiterten Schutz [nach § 15 Abs. 3 MarkenG] sind dieselben wie für ‚bekannte' Marken [...]"; *Ingerl/Rohnke*, MarkenG, § 14 Rd. 455.

heitsschutzes der Marke handelt.[477] In der zur markenrechtlichen Regelung des Art. 5 Abs. 2 MRRL ergangenen Entscheidung führt der *EuGH* aus, dass bei der Beurteilung, ob das ältere Markenrecht ohne rechtfertigenden Grund beeinträchtigt wird, zu beachten sei, dass mit steigender Unterscheidungskraft und Wertschätzung der Marke sich auch die Wahrscheinlichkeit einer Beeinträchtigung erhöhe. In einer Gesamtbeurteilung ist festzustellen, ob nicht aus übergeordneten Gründen der Rechtsordnung wie der verfassungsrechtlich verankerten Meinungs- oder Kunstfreiheit eine tatbestandliche Beeinträchtigung des Kennzeichens ausscheidet.[478]

Auch der *BGH* geht von einem negativen Tatbestandsmerkmal aus:[479] Im Fall der bekannten Kennzeichen „Tagesschau" und „Tagesthemen" bedürfe der Schutzumfang im Hinblick auf das berechtigte Interesse anderer Sendeanstalten, für ihre Nachrichtensendungen ebenfalls „sprechende" Titel zu verwenden, einer Begrenzung.[480] Diesem Freihaltebedürfnis sei im Rahmen des Merkmals „ohne rechtfertigenden Grund in unlauterer Weise" Rechnung zu tragen: „Ohne eine Beschränkung des Schutzumfangs bestünde gerade im Hinblick auf die hohe Bekanntheit, die derartige Titel (Titel von Nachrichtensendungen) genießen, die Gefahr, dass es später auf den Markt getretenen Sendeunternehmen von vornherein versagt wäre, die Titel ihrer Nachrichtensendungen auf ähnliche Weise zu bilden. Sie wären vielmehr auf reine Phantasiebezeichnungen, die kaum Auskunft über den Inhalt der Sendung geben oder auf glatt beschreibende Angaben (wie z.B. ‚Nachrichten') angewiesen, die ihnen schon im Hinblick auf § 23 Nr. 2 MarkenG nicht untersagt werden können."

bb) Beeinträchtigung oder Ausnutzung der Unterscheidungskraft

Der in § 15 Abs. 3 MarkenG verwendete Begriff der Unterscheidungskraft ist ungenau. Vielmehr ist damit die Kennzeichnungskraft des Filmtitels gemeint, d.h. dessen Eigenart, als werkidentifizierendes Unterscheidungszeichen im Verkehr erkannt zu werden.[481] Zu untersuchen ist, unter welchen Voraussetzungen die Kennzeichenverwendung durch einen Dritten zu einer Beeinträchtigung oder Ausnutzung der Unterscheidungskraft des Filmtitels führt.

Die Beeinträchtigung der Unterscheidungskraft im Sinne des § 15 Abs. 3 MarkenG stellt einen Verwässerungstatbestand dar: Durch die Benutzung eines identischen oder ähnlichen

---

477 *EuGH* GRUR Int. 2000, 73, 75 – „Chevy"; zustimmend *Joller*, GRUR Int. 2000, 75, 76.
478 *Fezer*, MarkenG, § 14 Rd. 429.
479 *BGH* GRUR 2001, 1050, 1053 – „Tagesschau"; *BGH* GRUR 2001, 1054, 1057 – „Tagesreport".
480 Gegen eine derartige Begrenzung des Schutzumfangs: *Ingerl*, FS *Erdmann*, S. 299, 312 ff., 320.
481 *Ingerl/Rohnke*, MarkenG, § 15 Rd. 103 i.V.m. § 14 Rd. 506.

Zeichens kommt es zu einer Minderung der Kennzeichnungskraft des bekannten Filmtitels.[482] Voraussetzung ist eine konkrete Beeinträchtigung der Unterscheidungskraft. Dazu muss die besondere Eigenart des Filmtitels, d.h. sein Aufmerksamkeits- und Werbewert in rechtlich beachtlicher Weise gefährdet werden.[483] Dazu reicht es nicht aus, dass die angesprochenen Verkehrskreise beiläufig das identische oder ähnliche Zeichen mit dem Filmtitel assoziieren.

Die Konstellation der Beeinträchtigung der Unterscheidungskraft eines Filmtitels lag auch der zu § 1 UWG ergangenen Entscheidung „Wetten, daß ..." des *LG München I* zugrunde.[484] Das Gericht hat unter dem Gesichtspunkt der Aufmerksamkeitsausbeutung allerdings eine Rufausbeutung und keine Verwässerung des Filmtitels „Wetten, daß ..." angenommen: Ein Münchener Reifengeschäft verbreitete Anfang 1988 einen Prospekt, dessen Titelseite die Abbildung eines der Schauspielerin *Brigitte Nielsen* ähnelnden Fotomodells auf blauem Grund zeigt. Das Fotomodell war dabei so gekleidet, wie die in der am 31. Oktober 1987 ausgestrahlten Sendung „Wetten, daß ..." aufgetretene *Brigitte Nielsen*. Zu dieser Abbildung erschien auf der Titelseite der deutlich hervorgehobene Textbestandteil „Wetten, daß ...", um dann abgesetzt in kleinerer Schrift mit Bezug auf ein Gewinnspiel des Reifengeschäfts fortgeführt zu werden. Auch auf den weiteren Seiten des Prospekts waren neben dem Produktangebot des Reifengeschäfts durch „Wetten, daß ..." eingeleitete und hervorgehobene Fragesätze eingefügt, die sich mit dem Produktangebot oder dem Gewinnspiel befassten. Das *LG München I* stellte dazu fest, dass insbesondere die Titelseite des Prospekts auf eine bestimmte Folge der Sendereihe „Wetten, daß ..." Bezug nehme und darin eine „Gag-Werbung" stecke, die die Aufmerksamkeit desjenigen, dem der Prospekt in die Hand fällt, in ungleich höherem Maße erwecke, als eine nur aus der Produktdarstellung und dem Gewinnspiel bestehende Werbung. Die exponierte Verwendung des Schriftzugs „Wetten, daß ..." zusammen mit der dem Auftritt der Schauspielerin *Brigitte Nielsen* in der Sendung entsprechenden Abbildung stelle auch eine gezielte und den Schriftzug betreffend wiederholte Bezugnahme auf die Sendung dar. Damit werde versucht, die durch den Titel „Wetten, daß ..." „evozierbaren Sympathievorstellungen des Publikums" zu nutzen. Da sich die Sendung nach der Ansicht des Gerichts einer gewissen Bekanntheit erfreut und einen guten Ruf besitzt, hat das Gericht in der Ausnutzung des Aufmerksamkeitswertes eine Ausnutzung des guten Rufs der Sendung gesehen.

Zu beachten ist jedoch, dass die Verwendung des Titels „Wetten, daß ..." und der Abbildung von *Brigitte Nielsen* in dem Prospekt des Reifenhändlers nicht zu einer Übertragung von Wertvorstellungen bei den angesprochenen Verkehrskreisen geführt hat. Voraussetzung für

[482] *Ingerl/Rohnke*, MarkenG, § 15 Rd. 103 i.V.m. § 14 Rd. 509.
[483] *Sack*, S. 174; *Oelschlägel*, S. 145 f.
[484] *LG München I* GRUR 1989, 60, 62 – „Wetten, daß ...".

die Ausnutzung der Wertschätzung eines Titels ist aber, dass ein Mitbewerber für das eigene Produkt den Ruf eines fremden Produkts und insbesondere eine damit infolge der Qualität dieses Produkts oder infolge besonderer Werbeanstrengungen seines Herstellers verbundene Gütevorstellungen ausnutzt.[485] Eine Qualitätsübertragung der Sendung auf die Produkte des Reifenhändlers ist aufgrund der unterschiedlichen Branchen jedoch nicht möglich. Das Hervorrufen eines positiven Aufmerksamkeitswerts ist für die Ausnutzung eines guten Rufes im Sinne von § 1 UWG oder der Wertschätzung im Sinne von § 15 Abs. 3 MarkenG nicht ausreichend.[486] Vielmehr ist die Ausnutzung des Aufmerksamkeitswerts ein Fall der Beeinträchtigung der Unterscheidungskraft: Durch die Verwendung des Titels in dem Prospekt des Reifenhändlers wird die exklusive Stellung und Verwendung als Filmtitel beeinträchtigt.

Der Tatbestandsalternative der Ausnutzung der Unterscheidungskraft kommt in den Fällen Bedeutung zu, in denen gerade keine Rufausbeutung oder Rufschädigung vorliegt, da die hervorgerufenen Assoziationen mit dem bekannten Filmtitel wertneutral sind.[487]

cc) Beeinträchtigung oder Ausnutzung der Wertschätzung

Die neben der Unterscheidungskraft in § 15 Abs. 3 MarkenG erwähnte Wertschätzung des Filmtitels umfasst jede positive Assoziation, die der Verkehr mit dem Filmtitel verbindet. Durch die Ausnutzung oder Beeinträchtigung der Wertschätzung des Filmtitels wird seine Werbefunktion gefährdet.[488] Die Beeinträchtigung der Wertschätzung (Rufschädigung) betrifft die Fälle einer Übertragung negativer Vorstellungen auf den Filmtitel, beispielsweise durch die Verwendung des Zeichens für qualitativ minderwertige Produkte oder durch Verunglimpfung, indem der Filmtitel in einer herabsetzenden Darstellungsform oder in Verbindung mit herabsetzenden Zusätzen verwendet wird.

Die Ausnutzung der Wertschätzung (Rufausbeutung) erfolgt im Gegensatz zur Beeinträchtigung der Wertschätzung durch einen Imagetransfer auf ein anderes Produkt mit identischem oder ähnlichem Zeichen. Die Rechtsprechung hat sich in einigen Fällen mit dem Tatbestandsmerkmal der Ausnutzung der Wertschätzung von bekannten Filmtiteln nach § 15 Abs. 3 MarkenG befasst, die im Folgenden untersucht werden.

---

485 *BGH* GRUR 1995, 697, 700 – „FUNNY PAPER".
486 *Sack*, S. 175.
487 *Ingerl/Rohnke*, MarkenG, § 15 Rd. 103 i.V.m. § 14 Rd. 520, führen als Beispiele die Fälle der Ausnutzung eines bloßen Scherz- oder Kontrasteffekts oder die Verwendung zu dekorativen Zwecken an.
488 *Sack*, S. 171; zur Werbefunktion im 1. Abschnitt des 1. Kapitels unter II. „Werbefunktion".

(1) „Gute Zeiten, Schlechte Zeiten"

Das *KG Berlin* misst dem Titel der Fernsehserie „Gute Zeiten, Schlechte Zeiten" eine hohe Wertschätzung im Verkehr zu:[489] Der Verkehr verbinde mit diesem Titel angesichts der Dauer der Serie und ihres Erfolgs Güte- und Sympathievorstellungen. Diese positiven Assoziationen seien durch die Wahl des Titels „Gute Nachbarn, Schlechte Nachbarn" auf ein anderes Filmwerk übertragen worden. Aufgrund dieser positiven Assoziationen und des guten Rufes der Sendung werde mit der Verwendung des ähnlichen Titels ein erhöhtes Maß an Aufmerksamkeit erreicht und auf diese Weise der gute Ruf des Titels „Gute Zeiten, Schlechte Zeiten" ausgebeutet.

Zutreffend stellt das Gericht jedoch fest, dass die objektive Rufausbeutung eines bekannten Filmtitels für sich genommen noch nicht ausreichend ist, um den Tatbestand des § 15 Abs. 3 MarkenG zu erfüllen. Aufgrund einer wettbewerblichen Gesamtbetrachtung müsse vielmehr noch die Anstößigkeit der Ausnutzung der Wertschätzung hinzutreten.[490] Die damit erfasste Unlauterbarkeit ist bei der Verwendung eines nur ähnlichen Zeichens nicht ausgeschlossen, wenn die Ähnlichkeit ausreicht, um einen erkennbaren Bezug zu dem rufbegründenden Titel herzustellen. Nach der Ansicht des Gerichts liegt die Anstößigkeit der Verwendung des Filmtitels „Gute Nachbarn, Schlechte Nachbarn" darin, dass bewusst ein Imagetransfer durch das gezielte Anhängen an den Titel „Gute Zeiten, Schlechte Zeiten" herbeigeführt worden ist.[491] Dafür spreche vor allem der überragende Bekanntheitsgrad des Filmtitels, die Identität der Dienstleistungen und die große Titelähnlichkeit trotz der ohne weiteres bestehenden Möglichkeit, einen anderen Titel zum Thema von Nachbarstreitigkeiten zu wählen.

(2) „Tagesschau"

In der Entscheidung „Tagesschau" hat der *BGH* dagegen eine unlautere Ausnutzung der Wertschätzung des Titels „Tagesschau" durch die Verwendung des Titels „Tagesbild" ver-

---

489 *KG Berlin* GRUR 2000, 906, 907 – „Gute Zeiten, Schlechte Zeiten".

490 *Ingerl/Rohnke*, MarkenG, § 15 Rd. 103 i.V.m. § 14 Rd. 503.

491 *KG Berlin* GRUR 2000, 906, 907 – „Gute Zeiten, Schlechte Zeiten"; ebenso hat der *BGH* in der Entscheidung „Bambi" in GRUR 1960, 144, 145 eine unlautere Rufausbeutung in der Verwendung des durch das Filmwerk und die Werbung für das Filmwerk bekannt und beliebt gewordenen Titels „Bambi" als Bezeichnung für eine Schokolade gesehen: Die Verwendung stelle ein unlauteres Schmarotzen an einem fremden Arbeitserfolg dar, da mit der Bezeichnung „Bambi" zwangsläufig die Erinnerung an die von *Walt Disney* geschaffene und durch den Film sowie die zahlreichen „Bambi"-Darstellungen im Handel allgemein bekannt gemachte originelle „Bambi"-Figur geweckt werde und folglich ein Imagetransfer stattfinde; offengelassen vom *OLG München* in ZUM 1985, 572, 573 f. – „Asterix" wegen mangelnder Darlegung der Bekanntheitspriorität.

neint.[492] Die Besonderheiten dieser Entscheidung liegen darin, dass dem Titel „Tagesschau" einer öffentlich-rechtlichen Sendeanstalt aufgrund seines stark inhaltsbeschreibenden Charakters nur eine geringe originäre Unterscheidungskraft zukommt, dieser jedoch aufgrund langjähriger Benutzung eine überragende Bekanntheit im Verkehr erlangt hat und eine hohe Kennzeichnungskraft besitzt. Insofern bedarf nach der Auffassung des *BGH* der Schutzumfang des Titels „Tagesschau" im Hinblick auf das berechtigte Interesse anderer Sendeanstalten, für ihre Nachrichtensendungen ebenfalls „sprechende" Titel zu verwenden, einer Begrenzung. Dieses berechtigte Interesse sei im Rahmen einer umfassenden Unlauterbarkeitsprüfung zu berücksichtigen. Die Annäherung der kollidierenden Zeichen sei vor allem dadurch bedingt, dass es nur eine beschränkte Anzahl von Möglichkeiten zur Bezeichnung von Nachrichtensendungen mit stark inhaltsbezogenen Titeln gebe. Zutreffend stellt der *BGH* fest, dass ohne die Beschränkung des Schutzumfangs gerade im Hinblick auf die hohe Bekanntheit, die derartige Titel der öffentlich-rechtlichen Fernsehanstalten nicht zuletzt aufgrund ihrer jahrzehntelangen Monopolstellung genießen, die Gefahr bestünde, dass die später auf den Markt getretenen privaten Fernsehanstalten in ihrer Titelwahl stark eingeschränkt wären.

(3) „Guldenburg"

In der vor dem Inkrafttreten des Markengesetzes ergangenen „Guldenburg"-Entscheidung hat der *BGH* einen ergänzenden wettbewerbsrechtlichen Schutz des ZDF gegen den Inhaber an der Marke „Guldenburg" wegen Rufausbeutung aus § 1 UWG abgelehnt, da die Markenanmeldung durch den Grafen *Bernstorff* des Gutes Wotersen grundsätzlich erlaubt sei, sofern nicht besondere Umstände die Wettbewerbswidrigkeit der Markenanmeldung begründen.[493] Solche Umstände lehnt der *BGH* ab: Insbesondere komme kein Ausnutzen von Insiderwissen in Betracht, da die Fernsehsendung mit ihrem Titel „Das Erbe der Guldenburgs" bereits vor der Markenanmeldung der Öffentlichkeit bekannt gewesen sei und somit jeder beliebige Dritte auch die Markenanmeldung hätte vornehmen können.

Eine Rufausbeutung unter dem Gesichtspunkt des Imagetransfers hat der *BGH* nicht ausdrücklich geprüft. Das *OLG Hamburg* hatte als Berufungsinstanz in der Anmeldung der Marke „Guldenburg" für die Warengruppen Schmuck, Getränke und landwirtschaftliche Erzeugnisse, die in assoziativem Zusammenhang mit dem in der Fernsehserie behandelten Schicksal der adeligen Brauereifamilie Guldenburg standen, einen gegen § 1 UWG verstoßenden unlau-

---

[492] *BGH* GRUR 2001, 1050, 1053 – „Tagesschau"; *BGH* GRUR 2001, 1054, 1057 – „Tagesreport".
[493] *BGH* GRUR 1993, 692, 694 –„Guldenburg".

teren Imagetransfer gesehen:[494] „Ein Vertrieb der im Warenverzeichnis aufgeführten Waren unter der Bezeichnung ‚Guldenburg' wird beim Verkehr infolge der damit erweckten Erinnerung an die bekannte Fernsehserie eine besondere Aufmerksamkeit erregen, die bei der Verwendung eines neuen, unbekannten Kennzeichens ausbleiben würde. Der Verkehr wird auf emotionaler Ebene das mit dem Familiennamen ‚Guldenburg' verbundene Image von ‚High Society' und Exklusivität auf die Waren des Beklagten übertragen. Dieser macht sich damit den besonderen Prestigewert der Serie zu nutze."

Der *BGH* lehnt bezugnehmend auf die Ausführungen des *OLG Hamburg* einen Schutz aus § 1 UWG wegen der Beeinträchtigung u.a. von Lizenzierungsmöglichkeiten im Wege des sogenannten Titelmerchandising ab, da das ZDF außerhalb des eigentlichen Verwechslungsbereichs des Titels nach § 16 Abs. 1 UWG a.F. aus Rechtsgründen keine schützenswerte Rechtsposition besitze.[495] Die grundsätzlich in Randbereichen auch für öffentlich-rechtliche Rundfunk- und Fernsehanstalten zulässige erwerbswirtschaftliche Form des Titelmerchandising unterliege bestimmten, sich aus dem Wesen und Auftrag der Rundfunk- bzw. Fernsehanstalten ergebenden Beschränkungen. Die Neutralität im Wettbewerb, die Unabhängigkeit der Programmgestaltung sowie die Abwehr sachfremder Einflüsse Dritter auf die Gestaltung von Fernsehprogrammen seien nach der Ansicht des *BGH* durch außerhalb des eigentlichen Aufgabengebiets der öffentlich-rechtlichen Rundfunk- und Fernsehanstalten liegende Merchandisingaktivitäten gefährdet.

Diese Argumentation des *BGH* ist weitgehend auf Kritik gestoßen.[496] Im Gegensatz zu bestimmten Formen des product placement führt das Titelmerchandising nicht zu einer Beeinflussung der inhaltlichen Ausgestaltung des Programms, der Ausstrahlungszeit oder Ausstrahlungsregelmäßigkeit,[497] denn das Titelmerchandising steht außerhalb des Programmablaufs und weist nur insoweit eine Verbindung mit dem Filmwerk auf, als die Bekanntheit des Filmtitels genutzt wird. Aus diesem Grund ist auch eine Einflussnahme von Lizenznehmern auf den Programmablauf fernliegend. Sofern die Fernsehsendung unter dem Filmtitel einen hohen Publikumserfolg genießt, sind sowohl die Fernsehanstalt bzw. der Produzent als auch die Lizenznehmer an einer Zweitverwertung, Wiederholung oder der Produktion von Folgesendungen interessiert. Andererseits besteht bei Erfolglosigkeit des Filmwerks weder ein Interesse der Fernsehanstalt bzw. des Produzenten noch der Lizenznehmer daran, ein solches Filmwerk unter seinem Titel einer weiteren Verwertung zuzuführen. Der Lizenznehmer ist regelmäßig

---

494 *OLG Hamburg* WRP 1991, 177, 182 – „Guldenburg".
495 *BGH* GRUR 1993, 692, 693 f. – „Guldenburg".
496 *Kröner*, S. 67 ff.; *Gounalakis*, S. 73 ff.; *Deutsch*, GRUR 1994, 673, 676 f.; *Ruijsenaars*, ZUM 1993, 353, 355 ff.
497 *OLG Hamburg* WRP 1991, 177, 181 – „Guldenburg"; *Kröner*, S. 78; *Ruijsenaars*, ZUM 1993, 353, 356.

auch deshalb an einer inhaltlichen Einflussnahme nicht interessiert, da er nur die Bekanntheit und den Werbeeffekt des Titels ausnutzen will. Lediglich dann, wenn die Produktion des Filmwerks und die Wahl des Filmtitels ausschließlich darauf angelegt sind, eine optimale Vermarktung zu ermöglichen, bestehen Bedenken im Hinblick auf das medienrechtliche Beeinflussungsverbot.[498] Rein abstrakte Gefahren im Hinblick auf die Unabhängigkeit der Programmplanung können eine Beschränkung der wirtschaftlichen Randnutzung öffentlich-rechtlicher Rundfunk- und Fernsehanstalten jedoch nicht rechtfertigen.[499]

Sofern man die Gefahr einer Beeinflussung der Programmgestaltung durch das Titelmerchandising mit dem *BGH* dennoch annimmt, ist nicht nachvollziehbar, warum nach der Ansicht des *BGH* eine nicht hinnehmbare Gefahr der Programmbeeinflussung nur von solchen Lizenznehmern drohen soll, deren Produkte keinen engen sachlichen Zusammenhang mit der Sendung oder den Aufgaben der Sendeanstalten aufweisen.[500] Ebenso wenig überzeugt die Annahme eines Verstoßes gegen die Neutralität im Wettbewerb infolge einer Beeinflussung des Wettbewerbs dadurch, dass einem Lizenznehmer durch die Lizenzierung ein beträchtlicher Vorteil durch Werbung verschafft werden könne, denn die Ausnutzung der Bekanntheit des Filmtitels und damit des Werbeeffektes erfolgt unabhängig davon, ob nun ein Titelmerchandising durch den Berechtigten betrieben wird oder sonstige Dritte den Titel oder Titelbestandteile als produktidentifizierende Unterscheidungszeichen benutzen.

Das Titelmerchandising der öffentlich-rechtlichen Fernsehanstalten ist eine zusätzliche, jedoch untergeordnete Finanzierungsquelle neben den Rundfunkgebühren und den Werbeeinnahmen; die Titelmerchandisingeinnahmen sind im Verhältnis zu den anderen Finanzierungsquellen und den Kosten der Produktion so gering, dass das Titelmerchandising eine auch für öffentlich-rechtliche Fernsehanstalten zulässige Randnutzung darstellt.[501]

Das *OLG Hamburg* hat einen Schutz des Filmtitels „Das Erbe der Guldenburgs“ nach § 1 UWG auch gegenüber den vor der Erstausstrahlung der Familienserie unter ihrem Titel angemeldeten Marken angenommen, obwohl zu diesem Zeitpunkt eine Bekanntheit des Filmtitels noch nicht vorlag.[502] Aus der Erfahrung mit anderen Familienserien könne nahezu sicher damit gerechnet werden, dass der Titel „Das Erbe der Guldenburgs“ einen hohen Bekanntheitsgrad erlangen und aufgrund dieses Bekanntheitsgrades eine Zweitverwertung im Wege des Merchandising sinnvoll und ohne weiteres möglich sein werde. Diese Annahme beruht

---

498 *Kröner*, S. 80.
499 *OLG Koblenz* MMR 2001, 812, 814 – „ZDF-Medienpark“; *Mand*, MMR 2001, 816, 817; *Gounalakis*, S. 78 f.
500 *Ruijsenaars*, ZUM 1993, 353, 356; *Kröner*, S. 79 f.
501 *OLG Koblenz* MMR 812, 813 f. – „ZDF-Medienpark“; *OLG Hamburg* WRP 1991, 177, 181 f. – „Guldenburg“; *Gounalakis*, S. 63; *Kröner*, S. 48 ff., 63 ff.
502 *OLG Hamburg* WRP 1991, 177, 184 – „Guldenburg“.

jedoch auf einer Fiktion. Entscheidend für den Bekanntheitsschutz des Filmtitels ist die Bekanntheit im Zeitpunkt der Kollision.[503]

Auch unter der Geltung des Markengesetzes würde ein Schutz des Titels aus § 15 Abs. 3 MarkenG gegenüber den bereits *vor* der Bekanntheit des Titels angemeldeten Marken ausscheiden: Das ergibt sich sowohl aufgrund der fehlenden Bekanntheit des Titels zum Kollisionszeitpunkt als auch aufgrund des zu diesem Zeitpunkt noch gar nicht bestehenden Titelrechts, da die Markenanmeldung zu einem Zeitpunkt vorgenommen wurde, zu dem noch die Dreharbeiten zu dem Filmwerk liefen, der Titel also noch nicht für ein fertiges Filmwerk im geschäftlichen Verkehr benutzt wurde.

Dennoch ist derjenige, der beabsichtigt, einen bestimmten Titel zu benutzen, in dem Zeitraum vor der Titelrechtsentstehung nicht völlig schutzlos gegenüber der Verwendung des Kennzeichens durch Dritte. Sofern besondere, die Sittenwidrigkeit begründende Umstände vorliegen, kommt ein Schutz über § 1 UWG oder § 826 BGB in Frage: Die sogenannte Vorbenutzung stellt zwar weder eine absolute Rechtsstellung dar, noch ist sie als solche geschützt, dennoch kann das Verhalten des Kennzeichenrechtsinhabers im Verhältnis zum Vorbenutzer wettbewerbswidrig und sittenwidrig sein.

Nach der Auffassung des *OLG München* ist einer Vorbenutzung die Verwendung eines Titels für ein noch nicht fertig gestelltes Filmwerk gleichzustellen, wenn zum Zeitpunkt der Markenanmeldung die Vorbereitungsarbeiten für das Filmwerk weitgehend abgeschlossen sind und es folglich nur mit erheblichen Schwierigkeiten möglich ist, den gewählten Titel wieder zu ändern:[504] Der Titel einer geplanten Fernsehserie beinhalte bereits einen von deren Dauer und Beliebtheit abhängigen Wert, der es verdiene, umfassend geschützt zu sein. Wettbewerbswidrig und damit sittenwidrig ist nach der Ansicht des Gerichts die Anmeldung des Titels einer geplanten Fernsehserie als Marke insbesondere dann, wenn sie unter Ausnutzung von Insiderwissen erfolgt. Eine solche Ausnutzung von Insiderwissen durch den Grafen *Bernstorff* des Gutes Wotersen, auf dem Teile der Familiensendung „Das Erbe der Guldenburgs“ gedreht wurden, hat der *BGH* allerdings abgelehnt, da durch die Ankündigungen des Filmwerks unter seinem Titel in der Presse noch während der Dreharbeiten jedermann eine solche Marke hätte anmelden können.[505]

Die Sittenwidrigkeit der Anmeldung der Marke „Guldenburg“ für Waren, die aus dem Umfeld der Serie stammen, liegt jedoch in der Kumulation folgender Umstände: Der Markenanmelder wusste zum Zeitpunkt der Markenanmeldung, dass der Titel „Das Erbe der Gulden-

[503] *BGH* GRUR 2003, 428, 433 – „BIG BERTHA“.
[504] *OLG München* GRUR 1990, 43, 44 – „Donnerlippchen“.
[505] *BGH* GRUR 1993, 692, 694 – „Guldenburg“.

burgs“ für eine Fernsehsendung benutzt werden sollte. Ferner war abzusehen, dass der Titel einen hohen Bekanntheitsgrad erreichen würde und dieser durch Aufwendungen des ZDF entstehende Bekanntheitsgrad nicht oder nur mit eigenen hohen Werbeaufwendungen möglich wäre.[506] Auch erfolgte die Markenanmeldung bewusst für solche Waren, die ohne Mühe mit der Fernsehsendung in Verbindung gebracht werden konnten: Schmuck, Getränke und landwirtschaftliche Erzeugnisse. Die Markenanmeldung hinderte außerdem das ZDF an einer eigenständigen Verwertung der Titelrechte, da insofern Rechte aus der Marke gegen das ZDF hätten geltend gemacht werden können. Die Zusammenschau dieser Umstände begründet die Sittenwidrigkeit der Markenanmeldung und somit einen Anspruch aus § 1 UWG.[507]

6. Abschnitt: Ansprüche bei einer Verletzung des Werktitelrechts

Im folgenden Abschnitt werden die werktitelrechtlichen Ansprüche des Titelrechtsinhabers bei einer Verletzung seines Titelrechts aus den §§ 15 Abs. 2 und Abs. 3 MarkenG untersucht. Fraglich ist jedoch zunächst, wer Titelrechtsinhaber und damit bei einer Verletzung des Filmtitelrechts anspruchsberechtigt ist (I.). Ferner stellt sich die Frage, wer von mehreren Rechtsinhabern das prioritätsältere Recht besitzt (II.), denn das prioritätsältere Recht setzt sich gegenüber prioritätsjüngeren Rechten durch. Der Inhaber des prioritätsälteren Rechts kann bei einer Rechtsverletzung nach § 15 Abs. 2 oder Abs. 3 MarkenG folglich werktitelrechtliche Ansprüche gegen den Inhaber des prioritätsjüngeren Rechts haben. Werktitelrechtliche Ansprüche ergeben sich sowohl aus dem Markengesetz als auch ergänzend aus § 242 BGB: Bei der Verletzung des Filmtitelrechts nach § 15 Abs. 2 oder Abs. 3 MarkenG gewährt § 15 Abs. 4 MarkenG einen Unterlassungsanspruch (III.) und § 15 Abs. 5 MarkenG einen verschuldensabhängigen Schadensersatzanspruch (IV.). Des Weiteren bestehen ein Vernichtungsanspruch (§ 18 MarkenG), ein selbständiger Auskunftsanspruch (§ 19 MarkenG) und weitere von der Rechtsprechung entwickelte Ansprüche auf Beseitigung und Auskunft aus § 242 BGB (V.).[508]

---

[506] Ähnlich *LG München I* UFITA 77 (1976), 287, 288 – „Drei Musketiere“: „Nun erscheint es allerdings auch möglich und ebenfalls mit den guten Sitten im Wettbewerb nicht vereinbar, wenn sich jemand nicht an den bereits erkennbaren Erfolg eines Films, sondern an einen Erfolg, der auf Grund der Umstände (Reklameaufwand, Publizität, Besetzung des Films usw.) mit einiger Wahrscheinlichkeit zu erwarten ist, anhängt.“

[507] Daneben besteht in diesen Fällen ein Löschungsgrund aus § 50 Abs. 1 Nr. 4 MarkenG (*BGH* GRUR 2000, 1032, 1034 f. – „EQUI 2000“; *Fezer*, MarkenG, § 50 Rd. 29). Mit § 50 Abs. 1 Nr. 4 MarkenG hat der Gesetzgeber einen im früheren Recht nicht bekannten Löschungsgrund in das Markengesetz aufgenommen. Danach kann auf Antrag die Eintragung einer Marke wegen Nichtigkeit gelöscht werden, wenn der Anmelder bei der Anmeldung der Marke bösgläubig war, d.h. wenn sich die Anmeldung als rechtsmissbräuchlich oder sittenwidrig herausstellt (*BGH* GRUR 2000, 1032, 1033 – „EQUI 2000“; *Ingerl/Rohnke*, MarkenG, § 50 Rd. 8, 12 ff.). Erfasst wird von der Norm insbesondere auch der Fall der sittenwidrigen Behinderung durch missbräuchliche Markenanmeldung. Die Ansprüche aus § 1 UWG und § 826 BGB werden durch § 50 Abs. 1 Nr. 4 MarkenG nicht ausgeschlossen (*v. Schultz/Stuckel*, MarkenG, § 50 Rd. 11; *Fezer*, MarkenG, § 50 Rd. 29).

[508] Mögliche Anspruchsgrundlagen außerhalb des Markengesetzes werden in den Kapiteln 4, 5 und 6 untersucht.

I. Rechtsinhaber

Aus dem Markengesetz ergibt sich nicht, wer Inhaber des Titelrechts ist. Damit stellt sich die Frage, wie die Rechtsinhaberschaft am Titelrecht zu bestimmen ist.

Der *BGH* in seiner bisherigen Rechtsprechung und ein Großteil der Literatur gehen davon aus, dass Inhaber der Titelrechte zumindest im Fall einer Druckschrift allein der Verfasser des Werks ist.[509] Nach der Auffassung des *BGH* gilt das bei originär unterscheidungskräftigen Titeln ebenso wie bei einem Titel, der erst durch die Benutzung des Verlegers Unterscheidungskraft und damit Schutz erlangt hat. Der Verleger selbst könne dagegen das ausschließliche Titelrecht erst aufgrund einer Übertragung des Titels mitsamt der Nutzungsrechte auch am Werk erlangen.

Übertragen auf Filmwerke hätte dies zur Folge, dass der Autor oder Schöpfer des Filmwerks auch Inhaber der Titelrechte ist. Fraglich ist aber schon, wer bei einem Filmwerk Autor oder Schöpfer desselbigen ist. Sofern der *BGH* davon ausgeht, dass der Urheber des Werks auch Inhaber des Titelrechts sein soll, steht dem entgegen, dass der Filmtitel aufgrund fehlender Eigentümlichkeit keinen urheberrechtlichen Schutz, sei es als eigenständiges Werk oder als Werkteil, erlangt.[510] Außerdem bleibt offen, wer Titelinhaber ist, sofern das Filmwerk keinen urheberrechtlichen Schutz genießt.

Diese Rechtsprechung des *BGH* begegnet auch noch weiteren Bedenken: Sofern der Verfasser eines Werks nicht auch für dieses einen Titel im geschäftlichen Verkehr benutzt, kann ein Werktitelrecht gar nicht entstehen.[511] Ebenso entsteht kein Werktitelrecht, wenn der im geschäftlichen Verkehr für das Werk benutzte Titel nicht unterscheidungskräftig ist. Dann kann dieses aber auch nicht von dem Verfasser des Werks auf andere übertragen werden. Auch der Grundsatz der Akzessorietät zwischen Titel und Werk, der zumindest zum Zeitpunkt der Entstehung des Werktitelrechts uneingeschränkt besteht, kann die Auffassung des *BGH* nicht stützen:[512] Der Grundsatz der Akzessorietät besagt nur, dass die Entstehung des Werktitelrechts voraussetzt, dass der Titel ein konkretes Werk kennzeichnet, nicht aber, dass der Rechtsinhaber am Werk auch der Rechtsinhaber am Titel sein muss. Das folgt bereits aus der rechtlichen Eigenständigkeit des Kennzeichenrechts.

---

509 *BGH* GRUR 1990, 218, 220 – „Verschenktexte I"; *Sack*, S. 106 ff.; *Metzger*, S. 100; *Fezer*, MarkenG, § 15 Rd. 167a; *v. Schultz/Gruber*, MarkenG, § 5 Rd. 62; *Ossing*, GRUR 1992, 85, 93; *Bork*, UFITA 110 (1989), 35, 49 f.

510 *Ingerl/Rohnke*, MarkenG, § 5 Rd. 64; *Russ*, S. 122; *Bork*, UFITA 110 (1989), 35, 39; *Deutsch*, GRUR 1958, 330, 333; *Krause*, GRUR 1959, 346, 354 f.

511 *OLG Koblenz* AfP 1996, 382, 384 – „Voll erwischt".

512 So aber wohl *Fezer*, MarkenG, § 15 Rd. 167a.

Gegen die Auffassung des *BGH* spricht auch, dass oftmals zunächst für das Filmwerk vorgesehene Filmtitel überhaupt nicht für das Filmwerk oder für eine weitergehende Verwertung des Filmwerks im Verleih übernommen werden, sondern durch andere Titel ersetzt werden, so dass ein Titelschutz für den Verfasser des Werks auch nicht damit gerechtfertigt werden kann, dass die Auswahl des Titels Teil seines besonderen künstlerischen Schaffens ist. Letzteres ist auch keine Frage des Werktitelrechts, sondern stellt sich als urheberrechtliches Problem dar („innerer" Titelschutz).[513] Beim sogenannten „inneren" Titelschutz geht es um das aus dem Urheberpersönlichkeitsrecht fließende Recht des Urhebers auf Wahrung und Unversehrtheit des Werktitels bei einer Verwertung des Werks durch den Nutzungsberechtigten.[514] Nach § 39 Abs. 1 UrhG darf der Inhaber eines Nutzungsrechts den Titel nicht ändern, wenn nichts anderes vereinbart ist. § 39 Abs. 2 UrhG ergänzt Abs. 1 insofern, dass Änderungen u.a. des Titels, zu denen der Urheber nach Treu und Glauben seine Einwilligung nicht versagen kann, zulässig sind. Das Werktitelrecht betrifft dagegen nur den „äußeren" Titelschutz, d.h. den Schutz des Titels vor einer Benutzung in gleicher oder ähnlicher Form durch Dritte für fremde Werke.

Entgegen der bisherigen Ansicht des *BGH* und der ihm folgenden Literatur ist Rechtsinhaber des Titelrechts und damit Inhaber werktitelrechtlicher Ansprüche aus einer Titelrechtsverletzung nach § 15 Abs. 2 und Abs. 3 MarkenG derjenige, der den Filmtitel für ein konkretes Filmwerk im geschäftlichen Verkehr benutzt: Insofern kann die Beurteilung der Rechtsinhaberschaft nicht von den Voraussetzungen für die Entstehung des Filmtitelrechts abweichen. Das gilt sowohl für die Entstehung des Filmtitels kraft originärer Unterscheidungskraft als auch aufgrund der Erlangung der Unterscheidungskraft durch Verkehrsgeltung, denn Verkehrsgeltung kann der Titel nur zugunsten desjenigen erlangen, der das konkrete Filmwerk unter dem Titel auch tatsächlich im geschäftlichen Verkehr benutzt. Das sind in den meisten Fällen entweder der Produzent, die Produktionsgesellschaft, die Fernsehanstalten, die Verleihunternehmen oder im Einzelfall auch der Regisseur.[515] Dieser Ansicht scheint sich jetzt auch der *BGH* in der Entscheidung „Winnetous Rückkehr" angeschlossen zu haben.[516]

---

513 *Deutsch/Mittas*, Rd. 46.
514 *Schricker/Loewenheim*, UrhR, § 2 Rd. 68.
515 *Deutsch/Mittas*, Rd. 44; *Körner*, S. 116.
516 *BGH* GRUR 2003, 440, 440 – „Winnetous Rückkehr"; in der Entscheidung führt der *BGH* aus, dass unabhängig von der vom Berufungsgericht im Einzelnen behandelten Frage einer Rechtsnachfolge der Klägerin die Aktivlegitimation der Klägerin schon daraus folge, dass diese die in Frage stehenden Titel rechtmäßig für die jeweiligen Bücher benutzt habe und damit aus dem Titelrecht vorgehen könne. Unklar bleibt, aus welchen Gründen der *BGH* die Aktivlegitimation von einer *rechtmäßigen* Benutzung des Titelrechts abhängig machen will bzw. unter welchen Voraussetzungen der *BGH* von einer *rechtmäßigen* Benutzung des Titelrechts ausgeht. Sofern der *BGH* mit dem Kriterium der Rechtmäßigkeit der Benutzung die relative Priorität zwischen den kollidierenden Zeichen berücksichtigen will, kann dem nicht gefolgt werden, da die Frage der Priorität von der Frage der Rechtsinhaberschaft am Titel zu trennen ist.

II. Priorität

Von der Frage der Rechtsinhaberschaft an dem Filmtitel zu trennen ist die Frage der Priorität des Titelrechts. Das Titelrecht entsteht zunächst für jeden, der den unterscheidungskräftigen Titel für ein konkretes Werk im geschäftlichen Verkehr benutzt. Ob bereits Dritte denselben Titel für ein Werk derselben oder einer anderen Werkkategorie benutzen, ist für die Entstehung des Werktitelrechts unerheblich. Erst wenn es zu einem Titelkonflikt zwischen den Titelinhabern kommt und Werktitelrechte geltend gemacht werden, entscheidet bei einer Titelverletzung nach § 15 Abs. 2 oder Abs. 3 MarkenG die Priorität der Benutzung über die relative Berechtigung zur Benutzung des Titels mit der Folge, dass die Benutzung des prioritätsjüngeren Titels gemäß § 15 Abs. 4 MarkenG unterlassen werden muss.

Zur Bestimmung der Priorität des Titelrechts ist nach § 6 Abs. 3 MarkenG der Zeitpunkt maßgeblich, zu dem das Recht erworben wurde. Bei originär unterscheidungskräftigen Filmtiteln ist dies der Zeitpunkt der Benutzungsaufnahme des Filmtitels für ein existentes Filmwerk im geschäftlichen Verkehr. Mittels einer Titelschutzanzeige ist eine Vorverlegung des Prioritätszeitpunkts auf den der formalisierten öffentlichen Ankündigung möglich, sofern innerhalb angemessener Zeit der Filmtitel für das dann fertiggestellte Filmwerk im geschäftlichen Verkehr benutzt wird.[517] Erlangt der Filmtitel erst aufgrund von Verkehrsgeltung Unterscheidungskraft, so ist dieser Zeitpunkt der Zeitpunkt der Priorität.[518]

III. Unterlassungsanspruch

Kommt es zu einer rechtsverletzenden Benutzung des Filmtitels nach § 15 Abs. 2 oder Abs. 3 MarkenG durch Dritte, so kann der Inhaber des prioritätsälteren Filmtitelrechts von dem Verletzer Unterlassung der Benutzung des Kennzeichens im geschäftlichen Verkehr verlangen, § 15 Abs. 4 MarkenG.[519] Der Unterlassungsanspruch ist verschuldensunabhängig, und auch eine kennzeichenmäßige Benutzung des kollidierenden Zeichens ist nicht Anspruchsvoraussetzung; vielmehr erfasst § 15 MarkenG auch nicht kennzeichenmäßig erfolgte Verletzungshandlungen.[520]

---

[517] *BGH* GRUR 2001, 1054, 1055 – „Tagesreport"; *BGH* GRUR 1989, 760, 761 – „Titelschutzanzeige".

[518] *Ingerl/Rohnke*, MarkenG, § 6 Rd. 25; *Fezer*, MarkenG, § 6 Rd. 12; *Sack*, S. 105.

[519] Zum Anwendungsbereich des Unterlassungsanspruchs aus den §§ 823 Abs. 1 i.V.m. 1004 Abs. 1 analog BGB vergleiche die Ausführungen unter I. „Der Schutz des Filmtitels nach den §§ 823 ff. und 1004 Abs. 1 analog BGB" im 6. Kapitel.

[520] Dazu im 5. Abschnitt des 2. Kapitels unter II. 1. c) „Kennzeichen- und nicht kennzeichenmäßig erfolgte Benutzungshandlungen".

Die Entstehung des Unterlassungsanspruchs setzt eine drohende Gefahr der Verletzung des Filmtitelrechts voraus. Es muss die Gefahr bestehen, dass eine bereits begangene Verletzungshandlung zukünftig wiederholt wird oder noch andauert (Wiederholungsgefahr) oder ihre erstmalige Begehung droht (Erstbegehungsgefahr). Eine die vorbeugende Unterlassungsklage rechtfertigende Erstbegehungsgefahr liegt bereits in der öffentlichen Ankündigung der Inanspruchnahme eines Filmtitels mittels Titelschutzanzeige.[521]

IV. Schadensersatzanspruch

Der Inhaber des prioritätsälteren Filmtitelrechts hat nach § 15 Abs. 5 MarkenG einen Schadensersatzanspruch gegen den Verletzer, wenn die Verletzungshandlung nach § 15 Abs. 2 oder Abs. 3 MarkenG vorsätzlich oder fahrlässig erfolgt ist.[522] An die Sorgfaltspflichten vor der Benutzungsaufnahme oder Anmeldung eines Kennzeichens werden strenge Anforderung gestellt.[523] Das Unterlassen einer zumutbaren Kennzeichenrecherche stellt bereits einen Verstoß gegen Sorgfaltspflichten dar; im Rahmen der Zumutbarkeit ist jedoch zu berücksichtigen, dass es für Werktitel keine Registerpflicht gibt, eine Kennzeichenrecherche mithin schwieriger durchzuführen ist als bei Registerrechten.[524] Die Recherche hat sich grundsätzlich nicht nur auf identische Kennzeichen zu beschränken, sondern muss auch ähnliche Zeichen miteinbeziehen, da sich der Schutz vor Verwechslungsgefahr nach § 15 Abs. 2 MarkenG auch auf den Bereich der Zeichenähnlichkeit erstreckt. Auch andere Werkkategorien müssen unter Umständen mitberücksichtigt werden.[525]

Nach dem Grundsatz der Naturalrestitution kann als Rechtsfolge gemäß § 249 Abs. 1 BGB die Beseitigung der Störung verlangt werden. Ist eine Schadensbeseitigung nicht möglich, ist Schadensersatz in Geld zu leisten, §§ 251 f. BGB. Die Schadensberechnung erfolgt nach dem gewohnheitsrechtlich anerkannten Grundsatz der dreifachen Schadensberech-

---

[521] *BGH* GRUR 2001, 1054, 1055 – „Tagesreport“; *Ingerl/Rohnke*, MarkenG, Vor §§ 14 – 19 Rd. 29; dazu im 2. Abschnitt des 2. Kapitels unter III. 2. d) aa) „Passivlegitimation“.

[522] Zu möglichen Schadensersatzansprüchen aus den §§ 823 ff. BGB siehe unter I. „Deliktische und quasinegatorische Ansprüche“ im 6. Kapitel.

[523] *A/S/K/Klaka*, MarkenG, § 15 Rd. 83 i.V.m. § 14 Rd. 152; *Ingerl/Rohnke*, MarkenG, Vor §§ 14 – 19 Rd. 60.

[524] *Sack*, S. 159; *A/S/K/Klaka*, MarkenG, § 15 Rd. 83 i.V.m. § 14 Rd. 154; *Fezer*, MarkenG, § 15 Rd. 192; *Ingerl/Rohnke*, MarkenG, Vor §§ 14 – 19 Rd. 61. Wird der Filmtitel zur Eintragung in das Titelregister der SPIO angemeldet, erfolgt auf die Anmeldung des Filmtitels ein Titelabgleich mit bereits erfolgten Eintragungen und eine Recherche durch die SPIO in internen Datenbanken der FSK. Wird ein auf diese Recherche erfolgter Hinweis auf eine mögliche Titelkollision ignoriert, so handelt der Betreffende fahrlässig.

[525] *A/S/K/Klaka*, MarkenG, § 15 Rd. 83 i.V.m. § 14 Rd. 154; *Ingerl/Rohnke*, MarkenG, Vor §§ 14 – 19 Rd. 61; *Sack*, S. 159.

nung.[526] Der Titelinhaber kann von dem Verletzer wahlweise den entgangenen Gewinn, die Herausgabe des Verletzergewinns oder eine angemessene Lizenzgebühr verlangen. Zusätzlich kann der Titelinhaber auch einen Marktverwirrungsschaden aufgrund einer erfolgten Zuordnungsverwirrung oder Rufschädigung geltend machen.[527] In der Entscheidung „Schwarzwaldklinik/Schwarzwald-Puff" hat das *LG München I* der Klägerin eine Erhöhung des nach der angemessenen Lizenzgebühr ermittelten Schadensersatzbetrages zugebilligt, da durch die Verwendung des Buchtitels „Schwarzwald-Puff" eine erhebliche Diskreditierung des Titels und der Fernsehserie „Schwarzwaldklinik" erfolgt sei.[528]

V. Sonstige Ansprüche

Weitere werktitelrechtliche Ansprüche des Titelrechtsinhabers neben dem Unterlassungsanspruch aus § 15 Abs. 4 MarkenG und dem Schadensersatzanspruch aus § 15 Abs. 5 MarkenG ergeben sich aus den §§ 18 und 19 MarkenG sowie aus § 242 BGB.

Der Titelinhaber kann bei einer Rechtsverletzung nach § 15 Abs. 2 oder Abs. 3 MarkenG von dem Verletzer nach § 18 Abs. 1 MarkenG verlangen, dass die sich in seinem Besitz oder Eigentum befindenden widerrechtlich gekennzeichneten Gegenstände vernichtet werden, es sei denn, dass der durch die Rechtsverletzung verursachte Zustand anderweitig beseitigt werden kann und die Vernichtung für den Verletzer oder den Eigentümer im Einzelfall unverhältnismäßig ist (Vernichtungsanspruch). § 18 Abs. 2 MarkenG erweitert den Vernichtungsanspruch auf die im Eigentum des Verletzers stehenden, ausschließlich oder nahezu ausschließlich zur widerrechtlichen Kennzeichnung benutzten oder bestimmten Vorrichtungen. Der Vernichtungsanspruch soll sicherstellen, dass die rechtswidrig gekennzeichneten Gegenstände aus dem Verkehr gezogen und nicht zu neuerlichen Verletzungshandlungen eingesetzt werden. Des Weiteren hat der Vernichtungsanspruch einen generalpräventiven Abschreckungseffekt und Sanktionscharakter zur Bekämpfung der Kennzeichenpiraterie.[529]

In Ergänzung zu § 18 Abs. 1 MarkenG lässt § 18 Abs. 3 MarkenG weitergehende Ansprüche auf Beseitigung zu. Ein solcher wird als Ergänzung des Unterlassungsanspruchs aus § 15

---

[526] *LG München I* AfP 1987, 634, 635 – „Schwarzwaldklinik/Schwarzwald-Puff"; *LG Berlin* UFITA 34 (1961), 224, 231 f. – „Solang noch unter'n Linden ..."; *A/S/K/Klaka*, MarkenG, § 15 Rd. 83 i.V.m. § 14 Rd. 157 ff.; *Ingerl/Rohnke*, MarkenG, Vor §§ 14 – 19 Rd. 63; *Fezer*, MarkenG, § 15 Rd. 191 i.V.m. § 14 Rd. 518 ff.; *Berlit*, Rd. 258 ff.; dazu im Einzelnen im 6. Kapitel unter I. 5. „Der Grundsatz der dreifachen Schadensberechnung".

[527] *LG München I* AfP 1987, 634, 636 – „Schwarzwaldklinik/Schwarzwald-Puff"; *A/S/K/Klaka*, MarkenG, § 15 Rd. 83 i.V.m. § 14 Rd. 166; *Ingerl/Rohnke*, MarkenG, Vor §§ 14 – 19 Rd. 70; *Berlit*, Rd. 261; dazu im 6. Kapitel unter I. 5. d) „Marktverwirrungsschaden".

[528] *LG München I* AfP 1987, 634, 636 – „Schwarzwaldklinik/Schwarzwald-Puff".

[529] *Ingerl/Rohnke*, MarkenG, § 18 Rd. 5; *Berlit*, Rd. 267.

Abs. 4 MarkenG hergeleitet und kann im Bereich des Titelschutzes eine eigenständige Bedeutung bei dem Widerruf von Titelschutzanzeigen erlangen.[530]

Des Weiteren besteht nach § 19 Abs. 1 MarkenG ein selbständiger und verschuldensunabhängiger Anspruch auf Auskunftserteilung über Herkunft und Vertriebsweg von widerrechtlich gekennzeichneten Gegenständen. Der Anspruch ist in erster Linie auf Auskunft gerichtet; nur sofern kein schutzwürdiges Geheimhaltungsinteresse des Auskunftspflichtigen besteht, kann auch die Vorlage von Belegen oder auf Einsichtnahme in Unterlagen verlangt werden.[531] Daneben billigt die Rechtsprechung dem Titelrechtsinhaber einen aus § 242 BGB hergeleiteten, gewohnheitsrechtlich anerkannten unselbständigen Auskunftsanspruch als Hilfsanspruch zur Durchsetzung seiner Ersatzansprüche gegen den Verletzer zu.[532] Dieser auf Auskunft gerichtete Hilfsanspruch soll dem Verletzten die Prüfung ermöglichen, ob und in welcher Höhe ein Ersatzanspruch besteht und dient somit der Durchsetzung des Hauptanspruchs. Der Hilfsanspruch setzt voraus, dass die Voraussetzungen eines Schadensersatz- oder Bereicherungsanspruchs dem Grunde nach gegeben sind und ein ersatzfähiger Schaden bzw. eine Bereicherung zumindest wahrscheinlich ist.[533]

7. Abschnitt: Die Schranken des Schutzes nach dem Markengesetz

Das Markengesetz regelt in den §§ 20 bis 26 MarkenG Schutzrechtsschranken gegenüber den in den §§ 14 bis 19 MarkenG normierten Ansprüchen. Als Schutzrechtsschranken führt das Markengesetz die Verjährung (§ 20 MarkenG), die Verwirkung (§ 21 MarkenG), den Ausschluss von Ansprüchen bei Bestandskraft der Eintragung einer Marke mit jüngerem Zeitrang (§ 22 MarkenG), die Benutzung von Namen und beschreibenden Angaben (§ 23 MarkenG), die Erschöpfung (§ 24 MarkenG) und den Anspruchsausschluss bei mangelnder Benutzung (§§ 25 und 26 MarkenG) auf. Diese Schutzschranken beschränken nicht nur markenrechtliche Ansprüche, sondern finden auch auf geschäftliche Bezeichnungen und damit auf

[530] Andeutungsweise *Ingerl/Rohnke*, MarkenG, Vor §§ 14 – 19 Rd. 57, mit Verweis auf *Teplitzky*, AfP 1997, 450, 453 Fn. 35, der den von der Sperrwirkung von Sammeltitelschutzanzeigen Bedrohten einen Beseitigungsanspruch auf Freigabe der nicht mehr benötigten Titel zubilligen will. In einer durchaus vergleichbaren Konstellation hat der *BGH* in GRUR 2002, 622, 626 – „shell.de" ausgeführt, dass der Kläger im Rahmen des Beseitigungsanspruchs von dem Beklagten verlangen kann, dass dieser gegenüber der DENIC auf den Domainnamen „shell.de" verzichtet.

[531] *BGH* GRUR 2003, 433, 434 – „Cartier Ring"; *BGH* WRP 2002, 947, 951 – „Entfernung der Herstellungsnummer III".

[532] *Fezer*, MarkenG, § 19 Rd. 21 i.V.m. § 14 Rd. 525 ff.; *Ingerl/Rohnke*, MarkenG, Vor §§ 14 – 19 Rd. 74 ff.

[533] Das *KG Berlin* hat in der zwei kollidierende Filmtitel betreffenden Entscheidung AfP 1986, 342, 343 – „Die Nervensäge" einen den Schadensersatzanspruch vorbereitenden Auskunftsanspruch aus § 242 BGB hergeleitet und diesen darauf gestützt, dass eine titelverletzende Fernsehserienausstrahlung gegenüber der Kinoauswertung eines Filmwerks, gerade wenn diese sich in der Phase der Restnutzung befindet, einen Eingriff darstellt, der das Entstehen eines dem Grunde nach feststellbaren Schadens nach sich zieht.

Werktitel Anwendung, sofern dem nicht der Wortlaut der Norm oder werktitelrechtspezifische Umstände entgegenstehen. So sind die §§ 25 und 26 MarkenG Ausdruck des markenrechtlichen Benutzungszwanges zur Aufrechterhaltung des Markenschutzes eingetragener Marken und finden auf das Werktitelrecht keine Anwendung.

I. Verjährung

Die in § 20 MarkenG geregelte Verjährung der in den §§ 14 bis 19 MarkenG genannten Ansprüche hat durch das Gesetz zur Modernisierung des Schuldrechts insoweit eine Änderung erfahren, als dass die Vorschriften des Abschnitts 5 des Buchs 1 des Bürgerlichen Gesetzbuches entsprechende Anwendung finden: Nach § 195 BGB beträgt die regelmäßige Verjährung drei Jahre und beginnt gemäß § 199 Abs. 1 BGB mit dem Schluss des Jahres, in dem der Anspruch entstanden ist und der Gläubiger von den den Anspruch begründenden Umständen und der Person des Schuldners Kenntnis erlangt oder ohne grobe Fahrlässigkeit erlangen müsste. Werktitelrechtliche Schadensersatzansprüche verjähren in entsprechender Anwendung des § 199 Abs. 3 BGB ohne Rücksicht auf die Kenntnis oder grob fahrlässige Unkenntnis in zehn Jahren von ihrer Entstehung an, und ohne Rücksicht auf ihre Entstehung und die Kenntnis oder grob fahrlässige Unkenntnis in dreißig Jahren von der Begehung der Handlung, der Pflichtverletzung oder dem sonstigen, den Schaden auslösenden Ereignis an. Maßgeblich ist die früher endende Frist. Andere Ansprüche als Schadensersatzansprüche verjähren ohne Rücksicht auf die Kenntnis oder grob fahrlässige Unkenntnis in zehn Jahren von ihrer Entstehung an, § 199 Abs. 4 BGB.

Sofern der Verpflichtete durch die Verletzung auf Kosten des Berechtigten etwas erlangt hat, findet § 852 BGB entsprechende Anwendung, wonach er auch nach Eintritt der Verjährung des Anspruchs auf Ersatz des aus einer unerlaubten Handlung entstandenen Schadens zur Herausgabe nach den Vorschriften über die Herausgabe einer ungerechtfertigten Bereicherung verpflichtet ist, § 20 S. 2 MarkenG. Dieser Anspruch verjährt in zehn Jahren von seiner Entstehung an, ohne Rücksicht auf die Entstehung in dreißig Jahren von der Begehung der Verletzungshandlung oder dem sonstigen, den Schaden auslösenden Ereignis an.

II. Verwirkung

Obwohl das Markengesetz in § 21 Abs. 1 und Abs. 2 nur die Verwirkung der Ansprüche des Markeninhabers und des Inhabers einer geschäftlichen Bezeichnung auf Unterlassung der

Benutzung eines prioritätsjüngeren Kennzeichens regelt, erstreckt sich die Verwirkung auf alle werktitelrechtlichen Ansprüche aus einer Titelrechtsverletzung.[534] Mit dem Eintritt der Verwirkung ist die Geltendmachung der werktitelrechtlichen Ansprüche durch den prioritätsälteren Rechtsinhaber ausgeschlossen. Im Gegensatz zu der dauerhaften Einrede der Verjährung stellt die Verwirkung einen Fall der unzulässigen Rechtsausübung dar, die von Amts wegen zu berücksichtigen ist.[535] Die Verwirkung der werktitelrechtlichen Ansprüche setzt nach § 21 Abs. 1 und Abs. 2 MarkenG die Benutzung des prioritätsjüngeren Kennzeichens während eines Zeitraums von fünf aufeinanderfolgenden Jahren und die wissentliche Duldung der Benutzung durch den Inhaber des prioritätsälteren Kennzeichens voraus. Ferner darf der Inhaber des prioritätsjüngeren Kennzeichens im Zeitpunkt des Rechtserwerbs nicht bösgläubig gewesen sein. Der Eintritt der Verwirkung der werktitelrechtlichen Ansprüche führt zu einer Koexistenz zwischen dem prioritätsjüngeren und dem prioritätsälteren Kennzeichen.[536]

Neben der Verwirkung nach § 21 Abs. 1 und Abs. 2 MarkenG lässt § 21 Abs. 4 MarkenG die Anwendung allgemeiner Verwirkungsgrundsätze unberührt. Rechtsprechung und Literatur haben bereits vor dem Inkrafttreten des § 21 MarkenG eine Verwirkung kennzeichenrechtlicher Ansprüche aus § 242 BGB hergeleitet: Dafür ist erforderlich, dass die Rechtsverfolgung so spät einsetzt, dass der Verletzer, der inzwischen einen wertvollen Besitzstand an der angegriffenen Bezeichnung erlangt hat, aufgrund des Verhaltens des Berechtigten bei verständiger Würdigung der Gesamtumstände nach Treu und Glauben annehmen darf, dieser erlaube oder dulde die Benutzung der Bezeichnung.[537] Zu den Voraussetzungen einer möglichen Verwirkung des Anspruchs aus § 16 Abs. 1 UWG a.F. hat das *KG Berlin* in der Entscheidung „Queen Kong“ folgendes ausgeführt:[538] „Im vorliegenden Fall fehlt es für die Annahme einer Verwirkung schon an einem Verhalten der Antragsstellerin, das bei der Antragsgegnerin den Eindruck hervorrufen konnte, sie erlaube oder dulde die Verwendung des Titelbestandteils ‚King Kong'. [...] Hinsichtlich des in der italienischen Fachzeitschrift ‚Cinestampa Internazionale' angekündigten Films ‚Baby Kong' und des in Hongkong in der Produktion befindlichen Films ‚King Kong' kann ein Untätigwerden der Antragsstellerin nicht zum Nachteil gereichen. Abgesehen davon, dass nicht ersichtlich ist, ob überhaupt und wann diese Filme auf dem deutschen Markt erscheinen, würde nicht jedes Zuwarten Verwirkung zur Folge haben. Vielmehr kann jeder Verletzte eine mäßige Zeit abwarten, um zu sehen, ob der Verletzer etwa

534 *Fezer*, MarkenG, § 21 Rd. 6; *A/S/K/Klaka*, MarkenG, § 21 Rd. 6.
535 *BGHZ* 26, 52, 64 – „Sherlock Holmes“, *Sack*, S. 193 f.; *Russ*, S. 219; *Fezer*, MarkenG, § 21 Rd. 44.
536 *Fezer*, MarkenG, § 21 Rd. 1; vgl. auch § 21 Abs. 3 MarkenG.
537 *BGHZ* 26, 52, 64 f. – „Sherlock Holmes“; *KG Berlin* UFITA 81 (1978), 214, 222 – „Queen Kong“; *KG Berlin* JW 1932, 885, 889 – „Lindenwirtin“; *Fezer*, MarkenG, § 21 Rd. 24; *Deutsch/Mittas*, Rd. 179; *Tovote*, FuR 1968, 120, 125.
538 *KG Berlin* UFITA 81 (1978), 214, 222 f. – „Queen Kong“.

wieder Abstand nimmt, oder ob dem Verletzten Unzuträglichkeiten erwachsen. Überdies ist nicht ersichtlich, dass die Duldung des Gebrauchs des Titelbestandteils in diesen erwähnten beiden Filmen die Antragsgegnerin zu der Annahme führen konnte, auch auf dem deutschen Markt werde die Antragsstellerin die Verwendung des Titelbestandteils hinnehmen."

III. Anspruchsausschluss

Nach § 22 Abs. 1 MarkenG hat der Inhaber einer Marke oder geschäftlichen Bezeichnung nicht das Recht, die Benutzung einer eingetragenen Marke mit jüngerem Zeitrang zu untersagen, sofern diese Bestandskraft erlangt hat. Das ist der Fall, wenn der Antrag auf Löschung der Eintragung der prioritätsjüngeren Marke zurückgewiesen worden ist oder aus den in § 22 Abs. 1 Nr. 1 und Nr. 2 MarkenG genannten Gründen zurückzuweisen wäre.

IV. Benutzung von beschreibenden Angaben

Eine weitere Schranke des Werktitelschutzes ergibt sich aus § 23 MarkenG: Der Inhaber einer Marke oder einer geschäftlichen Bezeichnung hat nach § 23 MarkenG nicht das Recht, einem Dritten zu untersagen, im geschäftlichen Verkehr dessen Namen oder Anschrift (Nr. 1) oder ein mit der Marke oder der geschäftlichen Bezeichnung identisches Zeichen oder ein ähnliches Zeichen als Angabe über Merkmale oder Eigenschaften von Waren oder Dienstleistungen, wie insbesondere ihre Art, ihre Beschaffenheit, ihre Bestimmung, ihren Wert, ihre geografische Herkunft oder die Zeit ihrer Herstellung oder ihrer Erbringung (Nr. 2), zu benutzen. Ferner hat er nicht das Recht, die Benutzung der Marke oder der geschäftlichen Bezeichnung als Hinweis auf die Bestimmung einer Ware, insbesondere als Zubehör oder Ersatzteil, oder einer Dienstleistung zu untersagen, soweit die Benutzung dafür notwendig ist (Nr. 3). *Deutsch/Mittas* führen als Beispiel die Verwendung des Filmtitels „Die Vögel" eines Filmwerks von *Alfred Hitchcock* für ein naturkundliches Filmwerk über Ornithologie an.[539]

Insgesamt steht § 23 MarkenG aber unter dem Vorbehalt, dass die Benutzung nicht gegen die guten Sitten verstößt. Die Regelung des § 23 MarkenG erstreckt sich sowohl auf den nicht kennzeichenmäßigen als auch auf den kennzeichenmäßigen Gebrauch.[540]

---

539 *Deutsch/Mittas*, Rd. 185.

540 Amtl. Begr., BT-Drucks. 12/6581, S. 80; *Fezer*, MarkenG, § 23 Rd. 9; *Deutsch/Mittas*, Rd. 185.

V. Erschöpfungsgrundsatz

Nach dem Erschöpfungsgrundsatz des § 24 Abs. 1 MarkenG hat der Markeninhaber oder der Inhaber der geschäftlichen Bezeichnung nicht das Recht, einem Dritten die Benutzung der Marke oder der geschäftlichen Bezeichnung für solche Waren zu untersagen, die unter dieser Marke oder dieser geschäftlichen Bezeichnung von ihm oder mit seiner Zustimmung im Inland, in einem der übrigen Mitgliedstaaten der Europäischen Union oder in einem anderen Vertragsstaat des Abkommens über den Europäischen Wirtschaftsraum in den Verkehr gebracht worden sind. Fraglich ist, ob der Erschöpfungsgrundsatz auch auf werktitelrechtliche Ansprüche Anwendung finden kann: Die Ausweitung des Erschöpfungsgrundsatzes auch auf Werktitel wird teilweise als unpassend empfunden, denn der Schutzbereich des § 15 MarkenG sei in diesen Fällen schon nicht eröffnet. Eine Kollision zwischen identischen Werken mit identischem Titel sei im Bereich des Werktitelrechts nicht möglich, da § 15 Abs. 2 MarkenG eine Verwechslungsgefahr voraussetze, die in diesen Fällen nicht vorliege und eine dem § 14 Abs. 2 Nr. 1 MarkenG entsprechende Regelung in § 15 MarkenG fehle.[541] Trotz dieser im Vergleich zum Markenschutz werktitelspezifischen Besonderheit ist die Regelung des § 24 MarkenG jedoch auch im Werktitelrecht von Bedeutung.[542] Dies gilt insbesondere für den generalklauselartigen Ausnahmetatbestand des § 24 Abs. 2 MarkenG, wonach der Erschöpfungsgrundsatz keine Anwendung findet, wenn sich der Inhaber der Marke oder der geschäftlichen Bezeichnung im Zusammenhang mit dem weiteren Vertrieb der Waren aus berechtigten Gründen widersetzt, insbesondere wenn der Zustand der Waren nach ihrem Inverkehrbringen verändert oder verschlechtert ist: Der Anwendungsbereich des § 15 Abs. 2 MarkenG ist dann eröffnet, wenn das unter dem ursprünglichen Titel in Verkehr gebrachte Originalfilmwerk z.B. aufgrund nationaler medienrechtlicher Vorschriften nur in gekürzter oder „bereinigter" Fassung erscheint oder weitervertrieben wird. In diesen Fällen besteht eine Verwechslungsgefahr zwischen den unter identischem Titel erscheinenden Filmwerken. Die Ausnahmeregelung des § 24 Abs. 2 MarkenG zum Erschöpfungsgrundsatz ermöglicht dann dem Titelinhaber eine Untersagung der Titelbenutzung für das veränderte Filmwerk. Auch belässt die Regelung des § 24 Abs. 2 MarkenG dem Titelinhaber den Anspruch aus § 15 Abs. 3 MarkenG, wenn z.B. die Verwendung des Filmtitels im Rahmen einer werbenden Ankündigung geeignet ist, die Wertschätzung des Filmtitels und damit auch des betitelten Filmwerks zu beeinträchtigen.[543]

---

541 *Deutsch/Mittas*, Rd. 188; *Mittas*, S. 155; *Sack*, S. 197.

542 Zum Beispiel im Rahmen der Erteilung von dinglichen Lizenzen in Analogie zu § 30 Abs. 1 MarkenG

543 *Fezer*, MarkenG, § 24 Rd. 10, 57a, mit Hinweis auf *EuGH* GRUR Int. 1998, 140 – „Dior/Evora".

3. Kapitel: Der Schutz des Filmtitels als Marke

Gemäß § 3 Abs. 1 MarkenG können als Marke alle Zeichen geschützt werden, die geeignet sind, Waren oder Dienstleistungen eines Unternehmens von denjenigen anderer Unternehmen zu unterscheiden. Die Marke ist somit produktidentifizierendes Unterscheidungszeichen. Fraglich ist, ob auch der Filmtitel als werkidentifizierendes Unterscheidungszeichen Waren oder Dienstleistungen eines Unternehmens von denjenigen eines anderen Unternehmens unterscheiden und Markenschutz erlangen kann.

Zunächst ist zu untersuchen, ob ein Schutz des Filmtitels als Marke neben dem Werktitelschutz aus den §§ 5 und 15 MarkenG grundsätzlich in Frage kommt, oder ob die werktitelrechtlichen Regelungen abschließenden, d.h. einen ergänzenden Markenschutz ausschließenden Charakter haben (1. Abschnitt). Im 2. Abschnitt wird die Bedeutung des Markenschutzes für den Filmtitelschutz aufgezeigt, indem insbesondere auf die Vorteile einer neben dem Werktitelschutz erfolgten Markeneintragung des Filmtitels eingegangen wird. Im Mittelpunkt des 3. Abschnitts steht zum einen die Untersuchung der Markenfähigkeit des Filmtitels im Hinblick auf mögliche in § 3 Abs. 1 MarkenG genannte Markenformen (I.). Zum anderen stellt sich die Frage, ob die in Rechtsprechung und Literatur zum WZG betonte Herkunftsfunktion der Marke bzw. des Warenzeichens auch im Markengesetz alleinige rechtliche Funktion der Marke ist, nach der sich die Eintragungsfähigkeit eines Zeichens und damit der Schutz als Marke bestimmt (II.). Im 4. Abschnitt werden die verschiedenen Entstehungstatbestände des Markenschutzes und ihre jeweiligen Erlöschensgründe untersucht. Eine Untersuchung der Voraussetzungen einer Markenrechtsverletzung, mithin der räumliche und sachliche Schutzbereich des Markenrechts, erfolgt im 5. Abschnitt dieses Kapitels insbesondere im Hinblick auf die in § 14 Abs. 2 MarkenG normierten Tatbestandsalternativen des Identitäts-, Verwechslungs- und Bekanntheitsschutzes.

1. Abschnitt: Geschäftliche Bezeichnung und Marke

Der Filmtitel ist als Werktitel gemäß § 5 Abs. 1 MarkenG geschäftliche Bezeichnung und damit „Kennzeichen“ im Sinne des § 1 Nr. 2 MarkenG. Das Markengesetz verwendet den Begriff „Kennzeichen“ als Oberbegriff, unter den nach § 1 Nr. 1 MarkenG auch Marken fallen. Geschäftliche Bezeichnungen und Marken sind insofern auseinander zu halten: Der Werktitel als geschäftliche Bezeichnung kennzeichnet ein Werk und ist damit werkidentifizierendes Unterscheidungszeichen.[544] Die Marke kennzeichnet hingegen eine Ware oder eine Dienstleistung, sie ist ein produktidentifizierendes Unterscheidungszeichen.[545] Als immaterielles Arbeitsergebnis ist das Filmwerk auch ein Produkt, das durch den Titel identifiziert und individualisiert wird. Fraglich ist, ob nach dem Markengesetz ein paralleler Schutz des Filmtitels als geschäftliche Bezeichnung und als Marke möglich ist.

Das Markengesetz lässt nach § 1 MarkenG einen parallelen Kennzeichenschutz zwischen Marke und geschäftlicher Bezeichnung zu, sofern die jeweiligen kennzeichenrechtlichen Voraussetzungen erfüllt sind. Für diese Ansicht spricht auch die Regelung des § 8 Abs. 2 Nr. 2 MarkenG: Als absolutes Schutzhindernis für die Eintragung als Marke erwähnt § 8 Abs. 2 Nr. 2 MarkenG nur die geografische Herkunftsangabe, nicht hingegen die geschäftliche Bezeichnung. Im Umkehrschluss ist aus der Regelung des § 8 Abs. 2 Nr. 2 MarkenG deshalb zu schließen, dass die Markeneintragung einer geschäftlichen Bezeichnung grundsätzlich möglich sein muss, sofern die Tatbestandsvoraussetzungen vorliegen. Die Regelung des § 2 MarkenG kann dagegen nicht als Argument für einen parallelen Kennzeichenschutz zwischen Marke und Werktitel herangezogen werden, denn diese Norm bezieht sich nur auf die Anwendung ergänzender Regelungen außerhalb des Markengesetzes.[546]

2. Abschnitt: Die Vorteile einer Eintragung des Filmtitels als Marke

Die Möglichkeit eines ergänzenden markenrechtlichen Schutzes für den Filmtitel entspricht auch einem aus der wirtschaftlichen Bedeutung des Filmtitels gewachsenen Bedürfnis nach einem umfassenden Schutz und einer angemessenen Verwertung des Vermögensrechts Filmtitel. Im Gegensatz zum Werktitelschutz hat der Markenschutz im Markengesetz eine detaillierte Regelung erfahren und bietet Schutzmöglichkeiten, die im Werktitelrecht fehlen. So hat die Eintragung des Filmtitels als Marke nach § 4 Nr. 1 MarkenG zur Folge, dass ein frühzeitiger Schutz des Filmtitels vor einer tatsächlichen Benutzungsaufnahme für ein existentes Filmwerk im geschäftlichen Verkehr möglich ist.

Bereits die Eintragung der Marke in das vom *DPMA* geführte Register begründet ein subjektives Ausschließlichkeitsrecht gemäß den §§ 4 Nr. 1, 14 Abs. 1 MarkenG. Die Eintragung lässt eine fünfjährige Benutzungsschonfrist (§ 49 Abs. 1 S. 1 MarkenG) für die Marke entstehen. Innerhalb dieses Zeitraums besteht der markenrechtliche Kennzeichenschutz dann unab-

---

[544] *Fezer*, MarkenG, § 15 Rd. 154; ders, WRP 2000, 1, 2; *Oelschlägel*, S. 124 f.; *Sack*, S. 57. Dazu im 1. Abschnitt des 1. Kapitels unter I. „Unterscheidungsfunktion".

[545] *Klippel/Eisfeld*, in: HK-Markenrecht, § 1 Rd. 2; *Fezer*, MarkenG, § 1 Rd. 6; *Becker*, WRP 2000, 56, 57.

[546] *Klippel/Pahlow*, in: HK-Markenrecht, § 2 Rd. 1; *Starck*, FS *Erdmann*, S. 485, 486; *Fuchs*, GRUR 1999, 460, 462 Fn. 24; *Ingerl*, WRP 1997, 1127, 1132 Fn. 55; wohl auch *Fezer*, MarkenG, § 2 Rd. 1 ff.; das verkennt *Jacobs* in GRUR 1996, 601, 605.

hängig von einer tatsächlichen Benutzung der Marke. Aber auch nach Ablauf dieses Zeitraums ist eine Nichtbenutzung der Marke nur relevant, wenn durch einen Dritten der Nichtbenutzungseinwand erhoben wird.[547] Sofern das nicht der Fall ist, führt auch eine Benutzungsaufnahme nach Ablauf der fünfjährigen Benutzungsschonfrist zu einer rechtserhaltenden Benutzung (§ 49 Abs. 1 S. 2 MarkenG). Eine derart weitgehende Vorverlegung des Filmtitelschutzes vor eine tatsächliche Benutzungsaufnahme des Filmtitels im geschäftlichen Verkehr fehlt im Werktitelrecht nach den §§ 5 und 15 MarkenG und wird auch nicht durch das im Rahmen einer richterlichen Rechtsfortbildung geschaffene Institut der Titelschutzanzeige erreicht.

Da die Eintragung der Marke rechtsbegründende Wirkung hat, steht der Zeitpunkt der Priorität im Sinne von § 6 Abs. 2 MarkenG fest. Im Gegensatz dazu ist der Nachweis des für die Entstehung des Titelschutzes unerlässlichen Zeitpunkts der Benutzungsaufnahme im geschäftlichen Verkehr oft nur schwer zu bestimmen. Das Institut der Titelschutzanzeige ermöglicht zwar ein exakte Bestimmung des Zeitrangs, allerdings sind die Voraussetzungen einer Vorverlegung des Zeitrangs durch eine Titelschutzanzeige im Einzelnen umstritten.[548] Insbesondere ist unklar, in welchem angemessenen Zeitraum nach der Schaltung der Titelschutzanzeige eine tatsächliche Benutzungsaufnahme im geschäftlichen Verkehr erfolgen muss, um eine Vorverlegung der prioritätsbegründenden Wirkung auf den Zeitpunkt der Anzeige zu erreichen. Durch die Eintragung des Filmtitels als Marke ist dieser bereits während der Vorbereitungshandlungen zur Filmherstellung und -veröffentlichung geschützt, so dass eine frühzeitig geschützte wirtschaftliche Verwertung des Immaterialgüterrechts Filmtitel und damit auch des Filmwerks durch Werbemaßnahmen und Merchandisingartikel gesichert ist.

Eine angemessene Verwertung wird auch dadurch ermöglicht, dass das Markenrecht in seiner Rechtsnatur als Immaterialgut und Vermögensgegenstand im Gegensatz zur umstrittenen Rechtslage im Werktitelrecht völlig verselbständigt ist. Diese Selbständigkeit beruht auf dem Prinzip der Nichtakzessorietät der Marke: So ist die Marke nach § 27 Abs. 1 MarkenG frei übertragbar, kann Gegenstand eines dinglichen Rechts sein (§ 29 Abs. 1 Nr. 1 MarkenG) und ist selbständiger Vermögensgegenstand in der Zwangsvollstreckung (§ 29 Abs. 1 Nr. 2 MarkenG) und Insolvenz (§ 29 Abs. 3 MarkenG). Damit ist durch die Eintragung des Filmtitels als Marke eine Verwertung des Filmtitels unabhängig vom Werk möglich. Nach § 31 MarkenG gelten die §§ 27 ff. MarkenG auch entsprechend für durch die Anmeldung von Marken begründete Rechte: Durch die Anmeldung einer Marke entsteht ein Anwartschafts-

---

547 *Ingerl/Rohnke*, MarkenG, § 26 Rd. 10; *Berlit*, Rd. 331.

548 Dazu im 2. Abschnitt des 2. Kapitels unter III. 2. „Voraussetzungen der Rechtswirkung der Titelschutzanzeige".

recht, das auf dem öffentlich-rechtlichen Anspruch des Anmelders auf Eintragung der angemeldeten Marke in das Register beruht.[549]

Während aus dem Werktitelschutz keine internationalen Schutzrechte hergeleitet werden können, kann unter Inanspruchnahme der Priorität des Anmeldetages einer deutschen Marke (§ 6 Abs. 2 MarkenG) eine Ausweitung auf eine Unions- (Art. 4 PVÜ) oder TRIPS-Priorität (Art. 2 Abs. 1 TRIPS) erfolgen:[550] Derjenige, der in einem Verbands- oder Vertragsstaat eine Marke angemeldet hat, kann durch die Anmeldung der Marke in weiteren Verbands- und Vertragsstaaten innerhalb eines Zeitraums von 6 Monaten nach der Erstanmeldung die Priorität der Erstanmeldung auch in diesen Staaten in Anspruch nehmen. Gleiches gilt für die Priorität international registrierter Marken (Art. 4 MMA). Insbesondere bei Filmproduktionen, die sich nicht nur auf den nationalen Markt beschränken, bietet damit die Eintragung des Filmtitels als Marke eine bedeutende Möglichkeit der territorialen Ausdehnung des Schutzes von Filmtiteln.

Unterschiede zum Werktitelschutz aus den §§ 5 und 15 MarkenG bestehen auch bei den Tatbestandsvoraussetzungen einzelner markenrechtlicher Anspruchsgrundlagen. Im Bereich der Schadensersatzansprüche liegt bereits in der Nichtbeachtung einer eingetragenen Marke fahrlässiges und damit schuldhaftes Verhalten vor. Der Benutzer eines Kennzeichens hat sich vor der Aufnahme einer Benutzung sorgfältig unter anderem durch eine Markenrecherche zu vergewissern, dass die Benutzung des Kennzeichnens nicht fremde Kennzeichen verletzt.[551] Im Bereich des Werktitelschutzes ist der Nachweis des schuldhaften Handelns insofern erschwert, da der Geschädigte mangels eines öffentlichen Registers für Werktitel nachweisen muss, dass der Verletzer den geschützten Filmtitel kannte oder sich dieser Kenntnis fahrlässig verschlossen hat. Die Rechtsprechung stellt allerdings strenge Anforderungen an die Sorgfaltspflichten vor einer Benutzungsaufnahme.

Letztlich verspricht das im Vergleich zum Werktitelrecht umfassend gesetzlich geregelte Markenrecht mit einem stark formalisierten Verfahren der Markeneintragung und einem öffentlichen Register auch ein höheres Maß an Rechtssicherheit. Somit lässt sich zusammenfassen, dass die Eintragung des Filmtitels als Marke für das Filmwerk notwendig ist, um die unvollständige und die weiterreichenden wirtschaftlichen Schutz- und Verwertungsbedürfnisse der Titelrechtsinhaber nicht berücksichtigende Regelung des Werktitelschutzes aus den §§ 5 und 15 MarkenG zu ergänzen.

---

549 *Fezer*, MarkenG, § 31 Rd. 1; vgl. auch § 33 Abs. 2 S. 1 MarkenG.

550 Zu den Voraussetzungen eines sich auf das gesamte Gebiet der EU erstreckenden Markenschutzes durch die Anmeldung einer Gemeinschaftsmarke: *Fezer*, MarkenG, Einl. Rd. 80 ff.; ***Berlit***, Rd. 424 ff.

551 *BGH* GRUR 1957, 222, 223 – „Sultan"; *BGH* GRUR 1960, 186, 188 f. – „Arctos".

3. Abschnitt: Der Filmtitel als Marke

Filmtitel können als Marke geschützt werden, wenn sie abstrakt und konkret unterscheidungskräftig sind. Abstrakt unterscheidungskräftig und damit markenfähig im Sinne des § 3 Abs. 1 MarkenG ist ein Kennzeichen, wenn es grundsätzlich geeignet ist, Waren oder Dienstleistungen eines Unternehmens von denen eines anderen zu unterscheiden. Damit stellt sich die Frage, ob der Filmtitel als filmwerkidentifizierendes Unterscheidungsmittel auch eine Ware oder Dienstleistung kennzeichnet, das gekennzeichnete Filmwerk also Ware oder Dienstleistung ist (I.).

Im Gegensatz zur abstrakten Unterscheidungskraft ist die konkrete Unterscheidungskraft produktbezogen festzustellen: Der Filmtitel muss in Bezug auf das konkrete Filmwerk unterscheidungskräftig sein. Nur wenn der Filmtitel auch konkret unterscheidungskräftig nach § 8 Abs. 2 Nr. 1 MarkenG ist, kann er als Marke in das beim *DPMA* geführte Markenregister eingetragen werden. Die Kriterien zur Feststellung der konkreten Unterscheidungskraft gehen aus dem Wortlaut des § 8 Abs. 2 Nr. 1 MarkenG nicht hervor. Rechtsprechung und überwiegende Literatur zum Warenzeichengesetz haben die konkrete Unterscheidungskraft eines Kennzeichens an dessen Eignung, als Herkunftshinweis auf ein bestimmtes Unternehmen aufgefasst zu werden, festgemacht und dieses Kriterium auch auf die Beurteilung der konkreten Unterscheidungskraft eines Kennzeichens nach § 8 Abs. 2 Nr. 1 MarkenG übertragen. Fraglich ist aber, ob nicht durch die Neuregelung des Markenrechts durch das am 1. Januar 1995 in Kraft getretene Markengesetz die Herkunftsfunktion als alleinige rechtliche Funktion der Marke an Bedeutung gegenüber anderen Markenfunktionen verloren hat. Zu untersuchen ist deshalb, welche Rolle der Herkunftsfunktion der Marke bei der Beurteilung der konkreten Unterscheidungskraft eines Kennzeichens nach § 8 Abs. 2 Nr. 1 MarkenG zukommt (II.).

Im Anschluss an die Untersuchung der Herkunftsfunktion der Marke stellt sich angesichts der in Bezug auf verschiedene Markenformen nicht abschließenden Regelung des § 3 Abs. 1 MarkenG die Frage, in welchen Markenformen ein Markenschutz des Filmtitels möglich ist (III.).

I. Der Filmtitel als produktidentifizierendes Unterscheidungszeichen

In seiner ursprünglichen Funktion kennzeichnet der Filmtitel ein Filmwerk und wirkt somit werkidentifizierend.[552] Die Marke ist dagegen nach § 3 Abs. 1 MarkenG ein Kennzeichen

[552] Dazu im 1. Abschnitt des 1. Kapitels unter I. „Unterscheidungsfunktion".

zur Unterscheidung von Waren oder Dienstleistungen eines Unternehmens von denen eines anderen Unternehmens. Damit ist die Marke produktidentifizierendes Unterscheidungsmittel.[553] Fraglich ist, ob auch der das Filmwerk kennzeichnende Filmtitel produktidentifizierendes Unterscheidungsmittel sein kann. Das setzt voraus, dass es sich bei dem betitelten Filmwerk um eine Ware oder Dienstleistung im Sinne des § 3 Abs. 1 MarkenG handelt.

Das Markengesetz geht grundsätzlich von der rechtlichen Gleichbehandlung der Waren- und Dienstleistungsmarke aus. Unterschiede ergeben sich einmal aufgrund ihrer Klasseneinteilung im Register des *DPMA*. Des Weiteren kann eine Erschöpfung nach § 24 MarkenG nur an Waren eintreten.[554] Bedeutsam ist die Unterscheidung zwischen Ware und Dienstleistung bei der Bestimmung des Schutzbereichs aus § 14 Abs. 2 Nr. 2 MarkenG, da zur Beurteilung der Waren- oder Dienstleistungsähnlichkeit bei eingetragenen Marken grundsätzlich das angemeldete bzw. eingetragene Verzeichnis maßgeblich ist.[555]

Mit den Begriffen Waren und Dienstleistungen erfasst § 3 Abs. 1 MarkenG jede wirtschaftliche Tätigkeit.[556] Der *BGH* hat die Auslegung des Warenbegriffs für das Markengesetz offengelassen, da dieser auf der MRRL beruht und damit durch den *EuGH* auszulegen ist, womit sich auch eine an das WZG angelehnte Begriffsbestimmung verbietet. In der Entscheidung „Wintergarten“ betont der *BGH* den unkörperlichen Charakter der Dienstleistung.[557] Eine Auslegung der Begriffe Waren und Dienstleistungen unter Berücksichtigung der Rechtsprechung des *BGH* und des Regelungsgehalts in § 24 MarkenG lässt es zu, unter Waren materielle und unter Dienstleistungen immaterielle Wirtschaftsgüter zu verstehen.[558]

Fraglich ist folglich, ob das Filmwerk ein materielles oder immaterielles Wirtschaftsgut und damit Ware oder Dienstleistung ist. Das Filmwerk ist eine Bild- oder Bild- und Tonfolge, die durch Aneinanderreihen photografischer oder photografieähnlicher Einzelbilder den Eindruck eines bewegten Bildes entstehen lässt.[559] Eine körperliche Fixierung ist nicht erforderlich, auch Live-Sendungen stellen ein Filmwerk dar. Das Filmwerk ist damit ein immaterielles Objekt, von dem der materielle Filmträger zu unterscheiden ist. Als immaterielles Objekt ist das Filmwerk folglich Dienstleistung im Sinne des § 3 Abs. 1 MarkenG. Ebenso ist auch die Vorführung oder Ausstrahlung des Filmwerks Dienstleistung. Der Filmtitel als Kennzeichen für das Filmwerk ist deshalb nur als Dienstleistungsmarke schutzfähig.

---

553 *Fezer*, WRP 2000, 1, 2; *ders.*, MarkenG, § 1 Rd. 6; *Klippel/Eisfeld*, in: HK-Markenrecht, § 1 Rd. 2; *Becker*, WRP 2000, 56, 57.

554 *Fezer*, MarkenG, § 3 Rd. 17; *Ingerl/Rohnke*, MarkenG, § 3 Rd. 17.

555 *Ingerl/Rohnke*, MarkenG, § 14 Rd. 243.

556 *Ingerl/Rohnke*, MarkenG, § 3 Rd. 17; *Deutsch*, MarkenR 1999, 113, 113.

557 *BGH* GRUR 2001, 164, 165 – „Wintergarten“.

558 *Fezer*, MarkenG, § 3 Rd. 17, 111, 123; *Ingerl/Rohnke*, § 3 Rd. 18, § 24 Rd. 5.

559 Dazu im 1. Abschnitt des 2. Kapitels unter I. „Das Filmwerk als Kennzeichnungsobjekt des Filmtitels“.

Als nächstes stellt sich die Frage, in welcher Form der Filmtitel als Marke schutzfähig ist. Die nicht abschließende Regelung des § 3 Abs. 1 MarkenG bestimmt als schutzfähige Markenformen Wörter, einschließlich Personennamen, Abbildungen, Buchstaben, Zahlen, Hörzeichen, dreidimensionale Gestaltungen einschließlich der Form einer Ware oder ihrer Verpackung sowie sonstige Aufmachungen einschließlich Farben und Farbzusammenstellungen.[560] Unter Berücksichtigung der Unterscheidungsfunktion des Filmtitels und seines äußeren Erscheinungsbilds kommen als Markenformen neben der Wortmarke auch die Bildmarke sowie die Hör- und Bewegungsmarke in Betracht.[561] Neben diesen einfachen Markenformen, die aus einem Zeichenbestandteil bestehen, sind auch zusammengesetzte Markenformen möglich. Diese aus mehreren Zeichenbestandteilen bestehenden Marken können aus gleichartigen (so bei Mehrwort- oder Mehrbildmarken) oder verschiedenen Zeichenbestandteilen (sogenannte Kombinationsmarken) zusammengesetzt sein.

II. Konkrete Unterscheidungskraft

Nach § 8 Abs. 2 Nr. 1 MarkenG sind Marken von der Eintragung ausgeschlossen, denen für die Waren oder Dienstleistungen, die sie kennzeichnen sollen, jegliche Unterscheidungskraft fehlt. Diese konkrete Unterscheidungskraft weist im Gegensatz zur abstrakten Unterscheidungskraft, die für die Markenfähigkeit eines Kennzeichens nach § 3 Abs. 1 MarkenG entscheidend ist, einen unmittelbaren Produktbezug auf.[562]

Nach der Rechtsprechung und Literatur zum WZG setzte die Eintragung eines Warenzeichens voraus, dass dem Kennzeichen ein Hinweis auf ein bestimmtes Unternehmen entnommen werden konnte (sog. Herkunftsfunktion). Ob nach dem Inkrafttreten des Markengesetzes am 1. Januar 1995 die Herkunftsfunktion auch weiterhin die alleinige rechtliche Funktion der Marke geblieben ist, an der sich die konkrete Unterscheidungskraft eines Kennzeichens und seine Eintragungsfähigkeit in das Markenregister festmacht, ist umstritten.

Zunächst ist zu untersuchen, nach welchen Kriterien Rechtsprechung und Literatur die für eine Eintragung des Filmtitels in das Markenregister notwendige konkrete Unterscheidungskraft bestimmen (1.), um anschließend zu untersuchen, welche Bedeutung die Herkunftsfunktion für die Eintragung des Filmtitels in das Markenregister hat (2.).

---

[560] *A/S/K/Ströbele*, MarkenG, § 3 Rd. 16; *Ingerl/Rohnke*, MarkenG, § 3 Rd. 33.
[561] Vgl. dazu auch die Ausführungen zu den nach § 5 Abs. 3 MarkenG schutzfähigen Titelformen im 2. Abschnitt des 2. Kapitels unter I. 3. „Schutzfähige Titelformen".
[562] Amtl. Begr., BT-Drucks. 12/6581, S. 65.

1. Rechtsprechung und Literatur

In der Rechtsprechung gibt es nur wenige Entscheidungen, die sich mit Filmtiteln als Marke für Filmwerke beschäftigen. Soweit ersichtlich geht der *BGH* erstmalig in der zum WZG ergangenen Entscheidung „Apropos Film" davon aus, dass Titel periodisch ausgestrahlter Fernsehsendungen als Dienstleistungsmarke eintragungsfähig sind.[563] Das Gericht stellt in der Entscheidung fest, dass sowohl die Produktion als auch die davon zu trennende Sendetätigkeit zwei verschiedene selbständige Dienstleistungen darstellen, obwohl sie durch denselben Titel miteinander verknüpft sind.[564] Voraussetzung für eine Eintragung eines Filmtitels als Dienstleistungsmarke ist nach Ansicht des *BGH* und der Literatur zur Rechtslage im WZG, dass der Titel eine hinreichende Unterscheidungskraft besitzt.[565] Die Anforderungen, die an die hinreichende Unterscheidungskraft zu stellen sind, gehen jedoch über diejenigen hinaus, die für die Unterscheidungskraft von Kennzeichen nach § 16 Abs. 1 UWG a.F. gelten: Während beim Titelschutz nach § 16 Abs. 1 UWG a.F. die Eignung des Titels zur Unterscheidung von anderen Werken genüge, sei für die Eintragung als Marke darüber hinaus auch die Eignung zur Herkunftskennzeichnung aus einem bestimmten Geschäftsbetrieb notwendig.[566] Sofern der Filmtitel eine solche Eignung nicht besitzt, kommt nach der Rechtsprechung eine Markeneintragung aufgrund von Verkehrsdurchsetzung in Frage (vgl. § 8 Abs. 3 MarkenG). Der Erwerb von Verkehrsdurchsetzung ist nach der Rechtsprechung insbesondere dann erforderlich, wenn der Filmtitel den Filminhalt lediglich beschreibt („Sportschau", „Klassentreffen"[567]) oder dieser aus einer Ortsangabe und einer Gattungsbezeichnung oder Beschaffenheitsangabe („Hessenreport", „Bericht aus Berlin") besteht, da der Filmtitel in diesen Fällen freihaltebedürftig sei und keine hinreichende Unterscheidungskraft besitze.[568]

---

563 *BGHZ* 102, 88, 91 ff. – „Apropos Film"; die Anmelderin war der Auffassung, dass es sich bei der Fernsehsendung wie bei periodischen Druckschriften um eine Ware als Ergebnis eines Herstellungsvorgangs handelt.

564 *BGHZ* 102, 88, 93 ff. – „Apropos Film"; der *BGH* bezeichnet das fertige Filmwerk als immaterielles Gut.

565 *BGHZ* 102, 88, 93 ff. – „Apropos Film"; *Metzger*, S. 144; *Mittas*, S. 123, 156; *Bork*, UFITA 110 (1989), 35, 54; *Gerstenberg*, ZUM 1985, 346, 353; *Röder*, S. 97; *Krause*, GRUR 1959, 346, 359; *Deutsch*, GRUR 1958, 66, 66 f.; *ders.*, S. 92 f.; *Seligsohn*, UFITA 6 (1933), 124, 141 f.

566 *BGHZ* 102, 88, 91 – „Apropos Film"; *BGH* GRUR 1988, 211, 212 – „Wie hammas denn?"; *BGH* GRUR 1993, 692, 693 – „Guldenburg"; *BGH* GRUR 2001, 1043, 1044 – „Gute Zeiten – Schlechte Zeiten".

567 *BPatG* GRUR 1998, 145, 145 f. – „Klassentreffen".

568 Zur Ermittlung der Verkehrsdurchsetzung ist nach der Ansicht des *BGH* in GRUR 1990, 360, 361 – „Apropos Film II" auf die beteiligten Verkehrskreise abzustellen. Darunter sollen nicht nur diejenigen Personen fallen, die bestimmungsgemäß mit der Ware oder Dienstleistung in Kontakt kommen, sondern alle potentiell interessierten Personen. Unabhängig davon, ob der Filmtitel die Dienstleistungen Produktion oder Ausstrahlung einer Fernsehsendung betreffe, seien die für die Beurteilung maßgeblichen Verkehrskreise in jedem Fall die entsprechenden Zuschauerkreise. Zur Ermittlung der Verkehrsdurchsetzung ist der *BGH* von der Bekanntheit der Sendung aufgrund von Einschaltquoten ausgegangen und hat ebenso wie das *BPatG* in einer Einschaltquote von 7 % einen Bekanntheitsgrad von höchstens 49 % gesehen. Um eine Verkehrsdurchsetzung eines Filmtitels annehmen zu können, müsse der Grad der Verkehrsdurchsetzung aber erheblich über 50 % liegen, was im Einzelfall aber vom Maß des Freihaltebedürfnisses abhänge.

Das *BPatG* hat diese die Herkunftsfunktion der Marke betonende Rechtsprechung zum WZG auf das Markengesetz übertragen.[569] Der *BGH* definiert in seiner Rechtsprechung zum Markengesetz das Merkmal der Unterscheidungskraft in § 8 Abs. 2 Nr. 1 MarkenG als die einer Marke innewohnende konkrete Eignung, vom Verkehr als Unterscheidungsmittel für die von der Marke erfassten Waren oder Dienstleistungen eines Unternehmens gegenüber solchen anderer Unternehmen aufgefasst zu werden. Denn Hauptfunktion der Marke sei es, die Ursprungsidentität der gekennzeichneten Waren oder Dienstleistungen zu gewährleisten.[570] Entgegen der langjährigen Entscheidungspraxis zum WZG haben das *BPatG* und der *BGH* in einigen das Markengesetz betreffenden Entscheidungen grundsätzlich auch die Eintragungsfähigkeit der Titel von Einzelwerken anerkannt.[571] Obwohl der *BGH* betont, dass jede noch so geringe Unterscheidungskraft ausreiche, um das Schutzhindernis der konkreten Unterscheidungskraft zu überwinden, hat er die Anforderungen, die an die konkrete Unterscheidungskraft eines Kennzeichens nach § 8 Abs. 2 Nr. 1 zu stellen sind, nicht reduziert. Die Unterscheidungskraft nach § 8 Abs. 2 Nr. 1 MarkenG beurteilt sich nach Ansicht des *BGH* weiterhin nach markenrechtlichen Grundsätzen, so dass nicht auf die geringeren Anforderungen an die Unterscheidungskraft, wie sie für Werktitel gelten, abzustellen ist.[572] Filmtitel sind nach der Rechtssprechung des *BGH* nur in Ausnahmefällen als Marke eintragbar, nämlich dann, wenn sie sich nicht auf eine verständliche Beschreibung des Inhalts der Werke beschränken, sondern ihnen in Bezug auf Produktion oder Ausstrahlung von Filmwerken eine gewisse Kürze, Originalität, Prägnanz oder zumindest Mehrdeutigkeit oder Interpretationsbedürftigkeit zukommt.[573]

In der Literatur zur Rechtslage im Markengesetz ist die Herkunftsfunktion der Marke umstritten. Teile der Literatur lehnen ein ausschließlich an der Herkunftsfunktion der Marke orientiertes Markenverständnis ab. Ein solches Verständnis sei bereits nach der Änderung des § 8 Abs. 1 WZG durch § 47 ErstrG, wodurch die Bindung der Marke an den Geschäftsbetrieb beseitigt worden ist, überholt. Die Herkunftsfunktion der Marke sei im Markengesetz gegenüber ihrer Funktion der Produktidentifizierung zurückgedrängt worden:[574] Eine Marke kennzeichnet nach dieser Auffassung in erster Linie das Produkt, genau wie ein Titel das Werk.

---

[569] *BPatG* GRUR 1998, 145, 145 f. – „Klassentreffen"; *BPatG*, BlPMZ 1999, 118, 118 f. – „REICH UND SCHOEN".

[570] *BGH* WRP 2003, 519, 520 – „Winnetou"; *BGH* GRUR 2001, 1043, 1044 – „Gute Zeiten – Schlechte Zeiten"; *BGH* GRUR 2001, 1042, 1042 – „REICH UND SCHOEN"; *BGH* GRUR 2000, 720, 721 – „Unter Uns"; *BGH* GRUR 2000, 321, 322 – „Radio von hier"; *BGH* GRUR 1999, 1093, 1094 – „FOR YOU".

[571] *BGH* GRUR 2000, 882, 882 f. – „Bücher für eine bessere Welt"; *BPatG* GRUR 1997, 832, 833 – „Bücher für eine bessere Welt"; restriktiv dagegen wieder *BGH* WRP 2003, 519, 520 – „Winnetou".

[572] *BGH* GRUR 2003, 440, 441 – „Winnetous Rückkehr".

[573] *BGH* WRP 2003, 519, 520 – „Winnetou"; *BGH* GRUR 2001, 1042, 1043 – „REICH UND SCHÖN"; *BGH* GRUR 2001, 1043, 1044 f. – „Gute Zeiten – Schlechte Zeiten".

[574] *Deutsch/Mittas*, Rd. 146; *Deutsch*, MarkenR 1999, 113, 114; *Russ*, S. 263 ff.

Aufgrund dieser Funktionsgleichheit sei auch von der Eintragungsfähigkeit von Filmtiteln auszugehen.[575]

2. Die Bedeutung der Herkunftsfunktion für die Eintragungsfähigkeit des Filmtitels

Fraglich ist, ob auch im Markengesetz die Herkunftsfunktion der Marke die alleinige rechtliche Funktion der Marke ist, die über das Schutzhindernis der konkreten Unterscheidungskraft in § 8 Abs. 2 Nr. 1 MarkenG Auswirkungen auf die Eintragungsfähigkeit des Filmtitels in das Markenregister hat.

§ 3 Abs. 1 MarkenG umschreibt die Marke als Unterscheidungszeichen für Waren oder Dienstleistungen eines Unternehmens von denen eines anderen Unternehmens. Damit ist die Marke Unterscheidungszeichen für Produkte. Die Marke soll die Identifizierung von Produkten ermöglichen und sie so unterscheidbar machen. Das Warenzeichengesetz sah in § 8 noch eine enge Bindung der Marke bzw. des Warenzeichens an den Geschäftsbetrieb vor, weswegen die Marke bzw. das Warenzeichen auch immer Waren oder Dienstleistungen ein und desselben Geschäftsbetriebs kennzeichnete. Das Markengesetz geht demgegenüber von der Nichtakzessorietät der Marke zu dem Unternehmen des Markeninhabers aus: Die Nichtakzessorietät der Marke gilt für die Entstehung, den rechtlichen Bestand und die Übertragung (§ 27 MarkenG) der Marke. Auch die Zulassung dinglicher Lizenzen in § 30 Abs. 1 MarkenG verdeutlicht die Nichtakzessorietät der Marke, da durch sie eine Aufspaltung der Marke in eine formale Position des Inhabers und eine absolut geschützte Benutzungsbefugnis ermöglicht wird. Die Nichtakzessorietät der Marke zu dem Unternehmen des Markeninhabers schwächt damit die Bedeutung der Herkunftsfunktion der Marke, da die Marke eine gleichbleibende betriebliche Herkunft der gekennzeichneten Produkte nicht mehr gewährleistet.[576]

Dagegen lassen sich auch nicht die für die Auslegung des Markengesetzes heranzuziehenden Erwägungsgründe der MRRL anführen, die davon sprechen, dass es Zweck des Markenschutzes sei, insbesondere die Herkunftsfunktion der Marke zu gewährleisten. Aus dieser Formulierung lässt sich im Umkehrschluss nicht entnehmen, dass die Herkunftsfunktion das Wesen der Marke bestimmt; denn das hieße, dass alle gekennzeichneten Produkte aus einer gleichbleibenden Herkunftsquelle stammen müssten, die Marke somit auf einen gleichbleibenden Geschäftsbetrieb verweisen müsste. Doch auch die MRRL schreibt diese Bindung der

---

[575] *Fezer*, MarkenG, § 3 Rd. 255c, § 5 Rd. 7; *Deutsch/Mittas*, Rd. 146; *Deutsch*, GRUR 2002, 308, 309; *ders.*, MarkenR 1999, 113, 114 f.

[576] *Ingerl/Rohnke*, MarkenG, Einl. Rd. 33 f.; *Körner*, FS *Erdmann*, S. 343, 345; *Deutsch/Mittas*, Rd. 146; *Meyer*, GRUR Int. 1996, 592, 605; *Will*, S. 53 f.

Marke an einen gleichbleibenden Geschäftsbetrieb nicht vor. Die Herkunftsfunktion wird nur noch „insbesondere" geschützt, was ihre Bedeutung gleichzeitig relativiert, da damit die übrigen Markenfunktionen rechtlich aufgewertet werden.[577]

In der Rechtsprechung des *EuGH* stellt die Herkunftsgarantie eine Hauptfunktion der Marke dar. Diese Funktion der Marke entspricht aber nicht der Herkunftsfunktion im Verständnis eines Herkunftshinweises auf ein bestimmtes Unternehmen: Nach der Rechtsprechung des *EuGH* soll dem Verbraucher oder Endabnehmer die Ursprungsidentität des gekennzeichneten Erzeugnisses garantiert werden, indem es möglich ist, das Erzeugnis ohne Verwechslungsgefahr von Erzeugnissen anderer Hersteller zu unterscheiden.[578] Die Marke soll gewährleisten, dass der Unternehmer den Verbraucher dadurch an sich bindet, indem der Verbraucher anhand der Qualität die Produkte identifiziert, die unter der Kontrolle des Unternehmers hergestellt werden. Damit ist die vom *EuGH* als Hauptfunktion der Marke angeführte Herkunftsgarantie im Sinne einer Identifizierungs- bzw. Unterscheidungsfunktion der Marke zur Garantie der Produktverantwortung einer Stelle auszulegen.[579]

Dieses Markenverständnis ist im Rahmen einer richtlinienkonformen Auslegung auch auf die Auslegung des Markenbegriffes im Markengesetz zu übertragen.[580] Eine ausschließliche Orientierung der Marke an der Herkunftsfunktion im herkömmlichen Sinne lässt sich somit weder gemeinschaftsrechtlich noch aufgrund des Markengesetzes herleiten. Eine Überbetonung der Herkunftsfunktion der Marke führt vielmehr zu einer Verkürzung des Kennzeichenschutzes von Filmtiteln und wird der wirtschaftlichen Funktion der Marke als Identifizierungsmittel für Produkte mit einhergehender Werbefunktion nicht gerecht. Das Markengesetz geht vielmehr von der Multifunktionalität der Marke aus, denn neben der Unterscheidungs- bzw. Identifizierungsfunktion der Marke hat der Gesetzgeber in § 14 Abs. 2 Nr. 3 MarkenG auch die Werbefunktion der Marke als weitere rechtliche Funktion anerkannt.[581]

Damit ist die Marke nach § 3 Abs. 1 MarkenG vorrangig produktidentifizierendes Unterscheidungsmittel, wodurch die Identifizierungs- bzw. Unterscheidungsfunktion der Marke betont wird. In der Unterscheidungsfunktion, nämlich Produkte eines Unternehmens von denen eines anderen zu unterscheiden, kommt auch die Herkunftsfunktion der Marke zum Ausdruck, die mit der Rechtsprechung als Produktverantwortung des Markeninhabers zu verste-

---

577 *Strepp*, S. 98; *Will*, S. 49 Fn. 118, S. 52.

578 *EuGH* GRUR 1998, 922, 924 – „Canon"; *EuGH* GRUR Int. 1994, 614, 616 – „Ideal Standard II"; *EuGH* GRUR Int. 1990, 960, 962 – „HAG II".

579 *Fezer*, MarkenG, Einl. Rd. 38; *Ingerl/Rohnke*, MarkenG, § 14 Rd. 156, *Will*, S. 54 f.

580 *Meyer*, GRUR Int. 1996, 592, 605; *Fezer*, MarkenG, Einl. Rd. 38.

581 *Fezer*, MarkenG, Einl. Rd. 39 f.; *Ingerl/Rohnke*, MarkenG, Einl. Rd. 34; *Körner*, FS *Erdmann*, S. 343, 344; *v. Mühlendahl*, FS *Erdmann*, S. 425, 431; *Meyer*, GRUR Int. 1996, 592, 605; *Berlit*, Rd. 131; *Will*, S. 53.

hen ist.[582] Identifizierungs- bzw. Unterscheidungsfunktion erfassen die Bedeutung der Marke als Kommunikationsmittel im geschäftlichen Verkehr: Die Marke identifiziert ein Produkt und transportiert ein bestimmtes Produktimage in den Markt. Aufgrund der Identifizierung eines gekennzeichneten Produkts im geschäftlichen Verkehr entsteht eine kommunikative Struktur zwischen den Marktteilnehmern. Die Produktidentifikation enthält zugleich eine Aussage über die Beschaffenheit des Produkts und daher auch die Information seiner zukünftig gleichbleibenden Qualität.[583]

Somit kann auch für die Beurteilung der Unterscheidungskraft eines Kennzeichens die Herkunftsfunktion nur eine nebengeordnete Rolle spielen. Die Eintragungsfähigkeit eines Filmtitels als Marke ist deshalb nicht ausschließlich an der Eignung des Filmtitels als Hinweis auf ein bestimmtes Unternehmen (Produzent, Fernsehanstalt, Filmstudios) festzumachen. Bei der Beurteilung der konkreten Unterscheidungskraft einer Marke nach § 8 Abs. 2 Nr. 1 MarkenG ist vielmehr zu berücksichtigen, dass diese schon dann vorliegt, wenn der Marke nur irgendeine noch so geringe Unterscheidungskraft zukommt.[584] Der Verkehr nimmt ein ihm gegenüber verwendetes Kennzeichen wahr, ohne es einer näheren analysierenden Betrachtung zu unterziehen. Dabei ist er sich auch bewusst, dass hinter einer Marke ein Unternehmen steht, ohne aber im Regelfall dieses Unternehmen individualisieren zu können.

Aufgrund der Programmwahl im Fernsehen erkennt der Zuschauer eine Beziehung zwischen dem Filmtitel, dem Filmwerk und der Sendeanstalt. Er ist sich regelmäßig bewusst, welches Programm und welchen Sender er wählt. Ferner erscheint das jeweilige Logo des Fernsehsenders in Miniaturform während der Sendungen auf dem Bildschirm, so dass eine eindeutige Zuordnung der Fernsehsendung und damit auch des Filmtitels zu dem einzelnen Sender möglich ist. Das gilt sowohl für Einzelfilmtitel als auch für Serienfilmtitel in Eigenproduktionen der Sender. Gleiches muss aber auch für Fremdproduktionen gelten, denn auch hier bekennt sich der Fernsehsender zu den markierten Produkten als unternehmerische Leistung. Das rechtliche Verhältnis zwischen dem eigentlichen Produzenten, der Film- oder Verwertungsgesellschaft und dem Fernsehsender muss dem Zuschauer nicht bekannt sein. Ent-

---

582 *BGH* GRUR 1999, 496, 497 f. – „TIFFANY“; *BGH* GRUR 1999, 731, 732 f. – „Canon II“.

583 *Strepp*, S. 100; *Fezer*, MarkenG, Einl. Rd. 39 f.; *Will*, S. 62 f., kritisiert eine Ausweitung des kommunikativen Aspekts der Marke auf den Bereich der objektiven und sachlich informativen Aussagen über die Marke bzw. das durch sie gekennzeichnete Produkt, da § 14 Abs. 2 MarkenG dieses nicht vorsehe.

584 Amtl. Begr., BT-Drucks. 12/6581, S. 70; *BGH* WRP 2003, 519, 520 – „Winnetou“; *BGH* GRUR 2001, 1043, 1044 – „Gute Zeiten – Schlechte Zeiten“; *BGH* GRUR 2001, 1042, 1042 – „REICH UND SCHOEN“; *BGH* GRUR 2000, 720, 721- „Unter Uns“; *BGH* GRUR 2000, 321, 322 – „Radio von hier“; *A/S/K/Ströbele*, MarkenG, § 8 Rd. 19; *Fezer*, MarkenG, § 8 Rd. 26; *Deutsch*, GRUR 2002, 308, 309, will daraus folgern, dass die Anforderungen an die Unterscheidungskraft bei Marken und bei geschäftlichen Bezeichnungen die Gleichen sind. Dagegen spricht aber, dass die Herkunftsfunktion der Marke auch unter Geltung des Markengesetzes zumindest eine nebengeordnete Funktion der Marke ist, die bei einer Gleichsetzung der Anforderungen an die Unterscheidungskraft zwischen Marken und geschäftlichen Bezeichnungen nicht berücksichtigt wird.

scheidend muss sein, dass durch die Ausstrahlung der Fernsehsendung der Zuschauer die Sendung einem bestimmten Sender zuordnet.

Bei Kinofilmen ist eine mittelbare Zuordnung über die Nennung der produzierenden Filmgesellschaft im Vorspann des anlaufenden Films möglich. Ferner wird im Vorfeld der Filmaufführung im Rahmen von Werbemaßnahmen oder sonstiger Berichterstattung regelmäßig der Produzent, der Regisseur und die dahinterstehende Filmgesellschaft genannt, denn bereits diese Ankündigung führt beim potentiellen Publikum zu Assoziationen über die Qualität des Filmwerks. Der Filmtitel wird somit bereits in diesem Stadium zum Synonym nicht nur für den Inhalt, die Thematik, Qualität oder schauspielerische Klasse des Filmwerks, sondern auch für die dahinter stehenden Personen, wie Filmgesellschaft, Produzent oder Regisseur. In diesem Bereich sind Herkunftsfunktion und Werbefunktion der Marke eng miteinander verbunden. Eine solche mittelbare Zuordnung des gekennzeichneten Produktes zu einem Unternehmen muss ausreichen, denn die Bedeutung der Herkunftsfunktion liegt nach dem Markengesetz hauptsächlich noch darin, den Erwartungen des Verkehrs an eine Verantwortlichkeit desselben Unternehmens für die Produktqualität gerecht zu werden. Einer solchen Erwartung wird aber durch die mittelbare Bezugnahme auf das hinter dem Filmwerk stehende Unternehmen erfüllt.

III. Markenformen

Nach § 3 Abs. 1 MarkenG können alle Zeichen, insbesondere Wörter einschließlich Personennamen, Abbildungen, Buchstaben, Zahlen, Hörzeichen, dreidimensionale Gestaltungen einschließlich der Form einer Ware oder ihrer Verpackung sowie sonstige Aufmachungen einschließlich Farben und Farbzusammenstellungen geschützt werden, die geeignet sind, Waren oder Dienstleistungen eines Unternehmens von denjenigen eines anderen Unternehmens zu unterscheiden. In Bezug auf den Markenschutz von Filmtiteln kommen insbesondere die Markenformen der Wortmarke (1.), der Hör- (2.), Bild- (3.) und Bewegungsmarke (4.) und der Kombinationsmarke (5.) in Betracht, die im Folgenden untersucht werden. Bei der Untersuchung der Markenformen der Hör- und Bewegungsmarke ist auch auf die für die Beurteilung der Markenfähigkeit eines Kennzeichens heranzuziehenden Kriterien der Einheitlichkeit und grafischen Darstellbarkeit des Kennzeichens einzugehen.[585] Das Kriterium der Einheitlichkeit erfordert, dass der Verkehr einen Zusammenhang in den verschiedenen Elementen des Zeichens als Kennzeichnung einer Dienstleistung oder Ware sieht. Das erscheint bei längeren, als produktidentifizierende Kennzeichen dienenden musikalischen Phrasen oder Bewegungssequenzen problematisch. Schwierig ist die Ermittlung der an die grafische Darstellbarkeit von Bewegungsmarken zu stellenden Anforderungen, da für die Bewegungsmarke als sonstige nicht ausdrücklich in § 3 Abs. 1 MarkenG genannte Markenform auch keine spezifische Regelung der grafischen Darstellbarkeit in der Markenverordnung (MarkenV) existiert.

1. Wortmarke

Der Filmtitel erfüllt die Anforderungen an eine Wortmarke, wenn er als Wort, Wortfolge oder Satz abstrakt unterscheidungsfähig ist: Die Markenfähigkeit eines Zeichens beurteilt sich in § 3 Abs. 1 MarkenG nur nach ihrer abstrakten Unterscheidungskraft, also ohne konkreten Produktbezug.[586] Die konkrete Unterscheidungskraft ist dagegen für die Eintragungsfähigkeit eines Kennzeichens als Marke entscheidend und ihr Fehlen als absolutes Schutzhindernis nach § 8 Abs. 2 Nr. 1 MarkenG ausgestaltet.

Die konkrete Unterscheidungskraft erfordert eine gerade in Bezug auf die konkrete Ware oder Dienstleistung bestehende identifizierende Unterscheidungskraft des Kennzeichens. Insbesondere kann die Mehrdeutigkeit und Interpretationsbedürftigkeit eines Filmtitels eine hinreichende Unterscheidungskraft gewährleisten. Aber auch einer für sich genommen eher einfachen Aussage kann nicht von vornherein die Eignung zu Produktidentifikation abgesprochen werden, denn die Anforderungen an eine besondere Eigenart des Filmtitels dürfen bei der Beurteilung der konkreten Unterscheidungskraft nicht zu hoch angesetzt werden.[587] Das Kennzeichen muss keinen bestimmten Eigentümlichkeitsgrad aufweisen, um unterscheidungskräftig zu sein.

---

[585] Das Kriterium der grafischen Darstellbarkeit für in das Markenregister des *DPMA* einzutragende Marken ergibt sich aus Art. 2 MRRL. Der deutsche Gesetzgeber hat die grafische Darstellbarkeit hingegen systemwidrig als absolutes Schutzhindernis ausgestaltet, § 8 Abs. 1 MarkenG. *Fezer*, MarkenG, § 3 Rd. 219, will mit dem Argument, dass ein sachliches Markenrecht ohne grafische Darstellbarkeit kaum denkbar sei, das Erfordernis der grafischen Darstellbarkeit auf alle Marken i.S.d. § 4 MarkenG ausdehnen. Dagegen spricht aber die systematische Auslegung des MarkenG. Der deutsche Gesetzgeber hat bewusst nicht das Erfordernis der grafischen Darstellbarkeit in § 3 Abs. 1 MarkenG für alle Marken aufgestellt, sondern es in den sich ausschließlich auf eingetragene Marken beziehenden § 8 Abs. 1 MarkenG verlagert.

[586] Amtl. Begr., BT-Drucks. 12/6581, S. 65.

[587] *BGH* WRP 2003, 519, 520 – „Winnetou"; *BGH* GRUR 2001, 1043, 1044 – „Gute Zeiten – Schlechte Zeiten"; *BGH* GRUR 2001, 1042, 1042 f. – „REICH UND SCHOEN"; *BGH* GRUR 2000, 720, 721 – „Unter Uns".

Das *BPatG* hat in zwei unveröffentlichten Entscheidungen einmal eine konkrete Unterscheidungskraft für das Kennzeichen „Wie Bitte?!" u.a. für die Produktion und Ausstrahlung von Fernsehsendungen bejaht, dagegen eine solche bei dem Kennzeichen „Wa(h)re Liebe" für die Produktion von Fernsehsendungen verneint.[588] Letztere Entscheidung begegnet insofern Bedenken, als das *BPatG* für die Beurteilung der konkreten Unterscheidungskraft auf einen phantasievollen Überschuss der Wortfolge abstellt und eine werbeübliche, wortspielartige Mehrdeutigkeit der Wortfolge nicht ausreichen lässt. Die Wortfolge muss nicht erst einen bestimmten Eigentümlichkeitsgrad aufweisen, um unterscheidungskräftig zu sein. Entscheidend ist die produktbezogen festzustellende Unterscheidungskraft der Wortfolge. Insbesondere schließt die Werbewirkung einer bestimmten Wortfolge die Identifizierungsfunktion nicht aus.[589]

Die eine Sendereihe kennzeichnende Wortfolge „Wa(h)re Liebe" ist auch als reine Wortmarke bereits konkret unterscheidungskräftig, denn der Bestandteil „Wa(h)re" in Verbindung mit dem weiteren Bestandteil „Liebe" verrät die subtile Mehrdeutigkeit des Kennzeichens und regt zu einer kritischen gedanklichen Auseinandersetzung mit dem Filmtitel an. Der Wortfolge kann sowohl die Bedeutung der Käuflichkeit von Liebe, von Liebe als Wirtschaftsgut oder auch der ehrlichen, innigen Liebe als emotionale Beziehung zwischen Menschen entnommen werden. Auch ist die Wortkombination nicht derart gebräuchlich, dass der Verkehr das Kennzeichen nicht als produktbezogenes Unterscheidungsmittel wahrnimmt.

Ferner hat das *BPatG* u.a. die Eintragungsfähigkeit der Kennzeichen „Wunder der Erde", „Berlin direkt", „Bilderbuch Deutschland", „Elchtest" und „REICH UND SCHOEN" als Marke für die Produktion und Ausstrahlung von Filmwerken wegen mangelnder Unterscheidungskraft und ihres rein beschreibenden Gehalts abgelehnt:[590] Wortfolgen, die einen naheliegenden Werkinhalt treffend und erschöpfend beschreiben, seien für die auf die Schöpfung oder Verwertung des Werks gerichteten Dienstleistungen Film- und Fernsehproduktion und -ausstrahlung freihaltebedürftig. So sei beispielsweise der Ausdruck „Elchtest" zum Inbegriff einer Prüfung mit plötzlich auftretenden Hindernissen geworden und habe sich zu einem Modewort entwickelt. Ferner fehle dem Begriff für diese Dienstleistungen auch die Unterscheidungskraft, da dessen rein beschreibender Gehalt für den inländischen Verkehr ohne

---

[588] *BPatG* 29 W (pat) 129/99 – „Wie Bitte?!"; *BPatG* 32 W (pat) 58/99 – „Wa(h)re Liebe".

[589] *BGH* GRUR 2000, 720, 721 – „Unter Uns" mit Hinweis auf die Amtl. Begr., BT-Drucks. 12/6581, S. 82; *BGH* GRUR 2000, 722, 723 – „LOGO"; *Fezer*, MarkenG, § 8 Rd. 94; *v. Schultz/v. Schultz*, MarkenG, § 8 Rd. 29.

[590] *BPatG* 29 W (pat) 111/96 – „Wunder der Erde"; *BPatG* 33 W (pat) 133/99 – „Berlin direkt"; *BPatG* 29 W (pat) 90/97 – „Bilderbuch Deutschland"; *BPatG* 33 W (pat) 18/99 – „Elchtest"; *BPatG* 29 W (pat) 199/96 – „REICH UND SCHOEN", dazu nachgehend *BGH* GRUR 2001, 1042, 1042 f. und *BPatG* 32 W (pat) 217/01.

weiteres verständlich sei.[591] Besteht der Filmtitel aus rein beschreibenden Angaben, so ist er zwar abstrakt unterscheidungsfähig im Sinne von § 3 Abs. 1 MarkenG,[592] allerdings stellt eine beschreibende Angabe ein absolutes Schutzhindernis für einzutragende Marken nach § 8 Abs. 2 Nr. 2 MarkenG dar.[593]

Konkret unterscheidungskräftig und als Wortmarken eingetragene Filmtitel sind dagegen u.a. die Kinofilmtitel „Der Schuh des Manitu“ und „Das SAMS“ und die Fernsehserientitel bzw. -reihentitel „Lindenstraße“, „Kommissar Rex“, „Löwenzahn“, „Sesamstraße“, „STERN-TV“ und „ARD Mittagsmagazin“.[594] Die als Wort oder Wortfolge einzutragende Marke kann auch einer fremden Sprache angehören.[595]

Sofern sich der in einer beschreibenden Angabe erschöpfende und damit nicht eintragungsfähige Filmtitel als Produktkennzeichen für das Filmwerk im Verkehr durchgesetzt hat, ist er auch als beschreibende Angabe eintragungsfähig, § 8 Abs. 3 MarkenG. So wurden die Kennzeichen „Tagesschau“ und „Tagesthemen“ als Wortmarken für die Produktion von Fernsehnachrichtensendungen aufgrund von Verkehrsdurchsetzung eingetragen. Ebenso wurden aufgrund von Verkehrsdurchsetzung die Kennzeichen „Tatort“, „Sportschau“ und „Monitor“ als Wortmarken eingetragen.[596] In der Rechtsprechung des *BGH* ist anerkannt, dass infolge der Bekanntheit eines Kennzeichens bzw. eines Titels der Schluss nahe liegt, dass das Kennzeichen vom Verkehr auch als Hinweis auf die betriebliche Herkunft des Kennzeichnungsobjekts angesehen wird und eine fehlende originäre Unterscheidungskraft im Sinne von § 8 Abs. 2 Nr. 1 MarkenG nach § 8 Abs. 3 MarkenG überwunden wird. Der *BGH* stellt jedoch ausdrücklich klar, dass sich dieser Erfahrungssatz nur auf die Titel von periodisch erscheinenden Werken bezieht, da sich diese angesichts ihres regelmäßigen Erscheinens zu einem Hinweis auf die betriebliche Herkunft entwickeln können.[597] Für die Titel von Einzelwerken gilt dies folglich nicht.

---

[591] So die Leitsätze der in der vorangegangenen Fußnote genannten Entscheidungen.

[592] Das ergibt sich aus einem Umkehrschluss zu § 8 Abs. 3 MarkenG.

[593] Das *DPMA* hat u.a. folgenden Kennzeichen die Eintragung als Wortmarke für die Produktion bzw. Ausstrahlung von Film- und Fernsehsendungen wegen mangelnder Unterscheidungskraft und einem allgemeinen Freihaltebedürfnis versagt: „The Father“, „Das Fenster zum Hof“, „Rache ist süß“, „Laß dich überraschen“, „Männerwirtschaft“, „Voll erwischt“, „Liebe auf den ersten Blick: Die Show zum Kennenlernen“.

[594] „Der Schuh des Manitu“: Registernummer 30161197.1; „DAS SAMS“: Registernummer 30019033.6; „Lindenstraße“: Registernummer 1130100; „Kommissar Rex“: Registernummer 39611747.3; „Löwenzahn“: Registernummer 39822228.2; „Sesamstraße“: Registernummer 949956; „STERN-TV“: Registernummer 39403729.4; „ARD Mittagsmagazin“: Registernummer 2009939.

[595] *Ingerl/Rohnke*, MarkenG, § 3 Rd. 22; So ist der Filmtitel „Jurassic Park“ unter der Registernummer 2053943 als Wortbildmarke u.a. für die Produktion von Filmwerken eingetragen.

[596] „Tatort“: Registernummer 1022214; „Sportschau“: Registernummer 1061273; „Monitor“: Registernummer 1061272.

[597] BGH WRP 2003, 519, 520 – „Winnetou“.

Der Eintragungsfähigkeit von längeren Wortfolgen oder Sätzen steht in der Regel das absolute Schutzhindernis aus § 8 Abs. 2 Nr. 1 MarkenG entgegen, da sie nicht mehr produktidentifizierend wirken.[598] Indizien für die Eignung, die konkret angemeldeten Produkte eines bestimmten Unternehmens von denen eines anderen zu unterscheiden, sind vielmehr die Kürze, eine gewisse Originalität oder Prägnanz der kennzeichnenden Wortfolge.

2. Hörmarke

Ferner kommt als schutzfähige Markenform die Hörmarke für den Filmtitel in Betracht. § 3 Abs. 1 MarkenG erkennt die Hörmarke ausdrücklich als schutzfähige Markenform an. Die Hörmarke ist ein immaterielles Kennzeichen, das dazu bestimmt ist, vom menschlichen Gehör als Schallwelle wahrgenommen zu werden und das keine Sprache enthält.[599]

Stellt ein akustisches Zeichen ein werkidentifizierendes Kennzeichen für Filmwerke dar, so kann es grundsätzlich auch als Filmtitel für das betreffende Filmwerk anerkannt werden. Das trifft insbesondere auf solche kurzen musikalischen Phrasen zu, die bei mehrteiligen Filmen, Filmserien oder Filmreihen jeweils zu Beginn der Sendung oder Vorführung eingespielt werden und einen hohen Erkennungseffekt haben (sog. Jingles). Als Beispiel kann die sehr einprägsame Titelmelodie der Fernsehserie „Lindenstraße" angeführt werden. Gleiches gilt für die Titelmelodien der Fernsehserien „Marienhof" und „Verbotene Liebe". Bei Fernsehmagazinen kommen als Beispiele die kurzen, den Sendungen jeweils vorgeschalteten Erkennungsmelodien von „Spiegel TV", den „Tagesthemen" oder der „Sportschau" in Frage. Bereits als Hörmarke eingetragen ist die Erkennungsmelodie der Magazinsendung „Titel, Thesen, Temperamente".[600] Deshalb ist nicht auszuschließen, dass der sich als akustisches Zeichen darstellende Filmtitel als Hörmarke markenfähig sein kann, sofern er die Anforderungen an ein produktidentifizierendes Unterscheidungszeichen erfüllt.

Voraussetzung für die Anerkennung von akustischen Sequenzen als Hörmarke ist, dass diese ein einheitliches Kennzeichen für das Produkt darstellen. Insbesondere bei längeren musikalischen Phrasen ist fraglich, ob diese noch ein einheitliches produktidentifizierendes Kennzeichen darstellen und damit markenfähig sein können.[601] Eine Begrenzung der zeitlichen Länge der einzelnen schutzfähigen Phrase ergibt sich aber bereits aus der Funktion der Marke: Das akustische Zeichen muss noch als solches verstanden werden und produktidenti-

598 *BGH* GRUR 2001, 1043, 1044 – „Gute Zeiten – Schlechte Zeiten".
599 *Becker*, WRP 2000, 56, 57; *Fezer*, MarkenG, § 3 Rd. 269; dazu auch *Schmieder*, NJW 1997, 2908, 2909 und *Sieckmann*, MarkenR 2002, 149, 152 f.
600 Registernummer 39521913.2.
601 *Fezer*, MarkenG, § 3 Rd. 272.

fizierend wirken. Das wird bei längeren musikalischen Phrasen kaum mehr der Fall sein, sondern wird sich immer nur auf einen besonders einprägsamen Ausschnitt beschränken. Dagegen will *Becker* auch die Markenfähigkeit kurzer Songs anerkennen, die von Fernsehserien oder -reihen als Erkennungszeichen benutzt werden und am Anfang jeder Ausstrahlung in voller Länge erklingen.[602] Er verweist dabei auf die Musik im früheren Vorspann der Fußballsendung „ran" (ein größerer Ausschnitt aus *Joe Satrianis* „Crying") und auf das „Pumuckl"- und „Biene Maja"-Lied hin, das selbst von Kindern als Identifikationszeichen des Filmwerks empfunden werde. Das *DPMA* geht bei akustischen Kennzeichen, die eine Zeitdauer von 30 Sekunden nicht überschreiten, grundsätzlich von einer Einheitlichkeit des Kennzeichens aus, schließt aber auch nicht aus, im Einzelfall längere Zeiten zuzulassen.[603]

Über Notenschrift oder Sonagramm ist die Hörmarke auch grafisch darstellbar, § 11 MarkenV.[604]

3. Bildmarke

Auch in der Form der Bildmarke ist ein kennzeichenrechtlicher Schutz des Filmtitels möglich. Zu denken ist dabei an Abbildungen auf Film- und Werbeplakaten, Magazinen und Merchandisingartikeln, die eine Filmszene zeigen, einen Hauptdarsteller portraitieren oder ein Logo darstellen: Sofern eine solche Abbildung vom Verkehr noch als Kennzeichen für einen Film angesehen wird, diese Abbildung also filmwerkidentifizierend wirkt, ist sie Filmtitel.[605] So stellen das „Ghostbusters"-[606] und „Batman"-Emblem ebenso werkidentifizierende Kennzeichen für die entsprechenden Filmwerke dar, wie die Abbildung der mit ausgestreckten Armen am Schiffsbug stehenden und von dem Schauspieler *Leonardo DiCaprio* eng umschlungenen Schauspielerin *Kate Winslet* in dem Film „Titanic".

Ein solcher Filmtitel ist auch als Bildmarke nach § 3 Abs. 1 MarkenG markenfähig. Sofern die Abbildung dann auch produktidentifizierend wirkt, das Filmwerk also konkret unterscheidungskräftig kennzeichnet, kann sie als Bildmarke eingetragen werden. Sofern die Abbildung jedoch nur zusammen mit einer Wortfolge produktidentifizierend wirkt, ist eine Ein-

---

602 *Becker*, WRP 2000, 56, 63.
603 *Becker*, WRP 2000, 56, 63.
604 Vgl. dazu *Sieckmann*, MarkenR 2002, 149, 152 f.; *Hildebrandt*, MarkenR 2002, 1, 2; kritisch zur grafischen Darstellbarkeit von Hörmarken durch Sonagramm *Guth*, Mitt. 2003, 97, 99.
605 *v. Hartlieb*, S. 288; *Gerstenberg*, ZUM 1985, 346, 353.
606 Der Filmtitel „Ghostbusters" ist unter der Registernummer 1134054 u.a. für die Produktion von Filmwerken nur als Wortmarke eingetragen.

tragung als Kombinationsmarke (Wortbildmarke) notwendig.[607] Auch die grafische Ausgestaltung des Schriftzuges kann zusammen mit den den Filmtitel bildenden Wörtern als Wortbildmarke eingetragen werden. So sind beispielsweise die Filmtitel „Schwarzwaldklinik", „Löwenzahn", „Titel, Thesen, Temperamente", „Cine Chart" und „JURASSIC PARK" als Wortbildmarken eingetragen.

4. Bewegungsmarke

Des Weiteren kommt ein Schutz des Filmtitels als Bewegungsmarke (multimediale Marke) in Betracht. Die Bewegungsmarke kennzeichnet einen bestimmten Bewegungsablauf, der auch aus einer Folge von bewegten Bilder bestehen kann.[608] Die Aufzählung möglicher Markenformen in § 3 Abs. 1 MarkenG ist im Anschluss an Art. 2 MRRL nicht abschließend, so dass auch die Bewegungsmarke als Markenform anzuerkennen ist. Nach der Rechtslage im WZG war die Bewegungsmarke dagegen nicht als schutzfähige Markenform anerkannt. Weder in der Rechtspraxis des *DPMA* noch in der Rechtsprechung von *BPatG* und *BGH* haben sich bisher Kriterien zur Beurteilung der Eintragungsfähigkeit von Bewegungsmarken herausbilden können, da diese Markenform soweit ersichtlich noch nicht in Anspruch genommen worden ist.

Auch der Filmtitel kann als filmwerkidentifizierendes Unterscheidungsmittel aus einem Bewegungsablauf bestehen. Das ist beispielsweise der Fall, wenn sich Buchstaben oder Wortbestandteile für den Betrachter optisch wahrnehmbar in bewegten Bildern zu einem Wort oder einer Wortfolge vereinigen.[609] Aber auch kurze Bildfolgen, die eine bestimmte Sendung kennzeichnen, ohne unbedingt Buchstaben oder Wörter zu verwenden, können Filmtitel darstellen. Das gilt z.B. für den Vorspann der Nachrichtensendungen „heute" und „heute journal" mit sich drehenden dreidimensionalen Weltkugeln und den „Tatort"-Vorspann mit Fadenkreuz und Auge.

Problematisch sind allerdings Einheitlichkeit und grafische Darstellbarkeit von Bewegungsmarken, da nicht nur eine einzelne Darstellung, sondern ein bestimmter Bewegungsab-

---

607 *Meinberg/Engels* führen in ZUM 1999, 391, 393 dazu aus, dass einer Eintragung eines Filmtitels als Wortbildmarke selten etwas im Wege stehe, sich lediglich der Schutzbereich verenge und gegebenenfalls auf das bildliche Element beschränke.

608 *A/S/K/Ströbele*, MarkenG, § 3 Rd. 27; *Fezer*, MarkenG, § 3 Rd. 289, der auf Spots von Magazinsendungen als Kennzeichen einer Sendung in Form der Bewegungsmarke hinweist.

609 Sofern nur Bewegungsablauf und Wortfolge gemeinsam filmwerkidentifizierend wirken, kommt eine Eintragung als Kombinationsmarke in Betracht. Wird der rein bildliche Bewegungsablauf um akustische Merkmale ergänzt, um dann erst filmwerkidentifizierend zu wirken, ist ein Schutz des zusammengesetzten Kennzeichens ebenfalls nur als Kombinationsmarke möglich.

lauf als Marke geschützt werden soll.[610] Das *LG Frankfurt a. M.* hat den Schutz eines Bewegungsablaufs als Bewegungsmarke an dem Kriterium der grafischen Darstellbarkeit scheitern lassen:[611] Bewegungsabläufe seien nicht grafisch darstellbar, wofür auch nicht die Darstellung in sogenannten „Storyboards" ausreiche. Denn „Storyboards" seien lediglich eine Abfolge statischer Bilder, die die Charakteristika einer Bewegung nicht erkennen lassen. Der Bewegungsablauf werde aber maßgeblich durch die Bewegungsgeschwindigkeit und den Bewegungsrhythmus mitbestimmt. Dies lasse sich allenfalls durch filmische, aber gerade nicht durch eine grafische Darstellung erkennen.

Eine solche restriktive Sichtweise ist mit § 3 Abs. 1 MarkenG nicht zu vereinbaren, der sich gerade neuen Markenformen öffnen will. Das zeigt auch die Entwicklung weiterer neuer Markenformen wie Geruchs-, Geschmacks-, Tast- und Lichtmarken. Bei jeder dieser neuen Markenformen stellt sich das Problem der grafischen Darstellbarkeit.[612] Stellt man strenge Anforderungen an die grafische Darstellbarkeit der Marke, so reduziert sie sich hauptsächlich auf ein technisches Problem. Sofern dem Erfordernis der Bestimmtheit der Marke genügt wird, erscheint es aber verfassungsrechtlich bedenklich, den Anspruch des Anmelders auf Eintragung eines markenfähigen Zeichens aus dem formalen Grund einer in bestimmter Art und Weise technisch nicht realisierbaren grafischen Darstellbarkeit der Marke abzulehnen.[613] Auch ergeben sich insofern Zweifel an der Vereinbarkeit mit Art. 2 MRRL, der weder Art noch Mittel der grafischen Darstellbarkeit vorgibt.

In der zum Markengesetz ergangenen Markenverordnung (MarkenV) werden keine ausdrücklichen Anforderungen an die Art der grafischen Darstellung der Bewegungsmarke gestellt. Diese wird nicht als eigenständige Markenform erwähnt, so dass sie unter die sonstigen Markenformen nach § 12 MarkenV fällt. Aus der Verweisungsnorm des § 12 Abs. 2 MarkenV und einem teleologischen Verständnis der Anforderungen an die Art der grafischen Darstellung ergibt sich, dass neben der Umschreibung der Marke mit hinreichend eindeutigen Symbolen[614] in zweidimensionaler Darstellung auch eine Wiedergabe auf einem Filmträger

610 *A/S/K/Klaka*, MarkenG, § 3 Rd. 27; *Fezer*, MarkenG, § 3 Rd. 290.
611 Urteil des *LG Frankfurt a. M.* vom 02.09.1998, Az. 2/6 O 697/97 - „Werbefuchs".
612 *Guth*, Mitt. 2003, 97, 97 f., 99 f.; vgl. zur grafischen Darstellbarkeit einer Riechmarke die Entscheidung des *EuGH* WRP 2003, 249, 252 ff. – „Sieckmann"; zum Vorabentscheidungsverfahren des *BPatG* vgl. *BPatG*, GRUR 2000, 1044 – „Riechmarke" und *Hildebrandt*, MarkenR 2002, 1, 1 ff.
613 *Fezer*, MarkenG, § 3 Rd. 284; das *HABM*, WRP 1999, 681, 682 hat in einer Entscheidung die Geruchsmarke „The Smell Of Fresh Cut Grass" für Tennisbälle als eintragungsfähig angesehen. Das Erfordernis der grafischen Darstellbarkeit wurde durch eine wörtliche Beschreibung der Geruchsmarke als erfüllt angesehen. Der *EuGH*, WRP 2003, 249, 254 hat dagegen in der Entscheidung „Sieckmann" dargelegt, dass bei einem Riechzeichen den Anforderungen an die grafische Darstellbarkeit weder durch eine chemische Formel noch durch eine Beschreibung in Worten, eine Hinterlegung einer Probe des Geruchs oder die Kombination dieser Elemente genügt wird.
614 *BGH* GRUR 1999, 730, 731 – „Farbmarke magenta/grau".

(CD-ROM, DVD, Videoband) möglich und notwendig ist. Eine reine begriffliche oder bildliche Umschreibung der Bewegungsmarke kann dagegen allein nicht ausreichen, da gerade die Dynamik des Bewegungsablaufs den Charakter dieser Markenform prägt.

Ein weiterer Problempunkt der Markenfähigkeit eines Bewegungsablaufs ist dessen zeitliche Länge. Ebenso wie bei Hörmarken ist bei Bewegungsmarken das Kriterium der Einheitlichkeit aus der Funktion der Marke als produktidentifizierendes Kennzeichen zu bestimmen. Der Bewegungsablauf muss produktidentifizierend wirken. Das wird regelmäßig nur bei kürzeren Bewegungsabläufen, die unter einer Minute liegen, der Fall sein.

5. Kombinationsmarke

Sofern der einfachen Marke keine oder nur eine geringe Unterscheidungskraft zukommt, kann die Wahl einer Kombinationsmarke diese Unterscheidungskraft schaffen oder verstärken.[615] So können die den Filmtitel ausmachenden Wortzeichen in einer bestimmten Schriftart oder einem bestimmten Schriftzug als Wortbildmarke markenfähig sein. Beispielsweise sind das Kennzeichen „Kommissar Rex" als Wortmarke und das Kennzeichen „Kommissar REX" als Wortbildmarke eingetragen.[616]

4. Abschnitt: Entstehung und Beendigung des Markenschutzes

Beginn und Beendigung des Markenschutzes sind abhängig vom Entstehungstatbestand der Marke. Markenschutz kann entstehen durch Eintragung eines Kennzeichens als Marke oder durch den Erwerb von Verkehrsgeltung eines Zeichens als Marke. Ferner entsteht Markenschutz nach § 4 Nr. 3 MarkenG auch durch die im Sinne des Art. 6bis PVÜ notorische Bekanntheit einer Marke. Voraussetzung ist nur das Vorliegen notorischer Bekanntheit im Inland, nicht dagegen eine tatsächliche Benutzung der Marke im inländischen geschäftlichen Verkehr.[617] Sofern die notorisch bekannte Marke tatsächlich im Inland benutzt wird, erfüllt sie gleichzeitig die Voraussetzung, die an die Verkehrsgeltung eines Zeichen als Marke nach § 4 Nr. 2 MarkenG bestehen, so dass ihr daneben keine eigenständige Bedeutung zukommt. Die Untersuchung der Entstehungsvoraussetzungen und Erlöschensgründe beschränkt sich daher auf die eingetragene Marke nach § 4 Nr. 1 MarkenG (I.) und die Marke kraft Verkehrsgeltung nach § 4 Nr. 2 MarkenG (II.).

---

615 *Fezer*, MarkenG, § 3 Rd. 295; z.B. der Titel der Fernsehserie „Beverly Hills 90210" als Wortzahlenmarke.
616 „Kommissar Rex": Registernummer 39611747.3 und „Kommissar REX": Registernummer 39617300.4.
617 *BGH* GRUR Int. 1969, 257, 258 f. – „Recrin"; *Ingerl/Rohnke*, MarkenG, § 4 Rd. 24.

I. Die eingetragene Marke

1. Entstehung des Markenschutzes

Markenschutz entsteht nach § 4 Nr. 1 MarkenG mit der Eintragung der Marke in das vom *DPMA* geführte Register, unabhängig von einer tatsächlichen Benutzung, § 49 Abs. 1 MarkenG. Für die Priorität eingetragener Marken gilt nach § 6 Abs. 2 MarkenG der Anmeldetag, § 33 Abs. 1 MarkenG, und nicht der Eintragungstag. Auch die zehnjährige, durch ordnungsgemäße Verlängerung nach § 47 Abs. 2 MarkenG aber grundsätzlich unbegrenzte Schutzdauer der eingetragenen Marke beginnt nach § 47 Abs. 1 MarkenG bereits mit dem Anmeldetag. Mögliche Ansprüche, die aufgrund des Markenrechts geltend gemacht werden können, entstehen hingegen erst mit der Eintragung der Marke.

Das Filmwerk, für das die Marke eingetragen wird, muss zum Zeitpunkt der Markeneintragung noch nicht existent sein, so dass die Eintragung eines Filmtitels als Marke zu einer Loslösung der strengen Verbindung zwischen Werk und Titel führt: Damit kann der Filmtitel schon in einem sehr frühen Stadium der Filmproduktion und -planung geschützt werden, ohne dass die konkreten Züge des Filmwerks schon absehbar sein müssen.

2. Erlöschen des Markenschutzes

Der Schutz der eingetragenen Marke endet ex nunc durch Löschung mit dem Ablauf der nicht verlängerten Schutzdauer, § 47 Abs. 6 MarkenG. § 48 MarkenG regelt die Löschung der Marke aufgrund eines Verzichts des Markeninhabers. Des Weiteren kann sich der Verlust des Markenschutzes noch aus besonderen Löschungsgründen ergeben: Im Widerspruchsverfahren kann es zu einer Löschung der Marke ex tunc wegen einer älteren eingetragenen Marke kommen, §§ 42, 43 Abs. 4 i.V.m. 52 Abs. 2 MarkenG.

Bei Vorliegen der Verfallsgründe des § 49 MarkenG erfolgt eine Löschung nach Antrag im Verfallsverfahren. Eine Amtslöschung bei Vorliegen der Verfallsgründe findet dagegen nicht statt. Folglich führt auch der Ablauf der fünfjährigen Benutzungsschonfrist des § 49 Abs. 1 S. 1 MarkenG zunächst nur dazu, dass sich der Markeninhaber nicht auf den Markenschutz berufen kann, § 25 Abs. 1 MarkenG. Die nach Ablauf der fünfjährigen Benutzungsschonfrist dann bestehende Löschungsreife der Marke kann aber unter bestimmten Voraussetzungen nach § 49 Abs. 1 S. 2 MarkenG geheilt werden, so dass eine Berufung darauf im Verfallsverfahren nicht mehr möglich ist.

Ferner kann eine Löschung der Marke im Rahmen eines Nichtigkeitsverfahrens wegen des Vorliegens von relativen (§ 51 MarkenG) oder absoluten (§ 50 MarkenG) Schutzhindernissen mit Wirkung ex tunc erfolgen, § 52 Abs. 2 MarkenG.

3. Rechtsinhaber

Rechtsinhaber der angemeldeten und eingetragenen Marke ist der Anmelder. Nach § 7 MarkenG können dies nur natürliche und juristische Personen sein, sowie Personengesellschaften, sofern sie mit der Fähigkeit ausgestattet sind, Rechte zu erwerben und Verbindlichkeiten einzugehen.

II. Die Marke kraft Verkehrsgeltung

1. Entstehung des Markenschutzes

Ohne Anmeldung und Eintragung kann Markenschutz nach § 4 Nr. 2 MarkenG durch die Benutzung eines Zeichens im geschäftlichen Verkehr entstehen, soweit das Zeichen innerhalb der beteiligten Verkehrskreise als Marke Verkehrsgeltung erworben hat, wobei es sich auch um eine örtlich begrenzte Verkehrsgeltung mit örtlich begrenztem Markenschutz handeln kann.[618] Fraglich ist zunächst, welches die beteiligten Verkehrskreise sind, innerhalb der der Filmtitel als Marke Verkehrsgeltung erlangen muss. Des Weiteren stellt sich die Frage, nach welchen Kriterien die Verkehrsgeltung zu ermitteln ist.

Verkehrsgeltung innerhalb der beteiligten Verkehrskreise bedeutet, dass für die Feststellung der Verkehrsgeltung eines Filmtitels als Marke auf die Fernsehzuschauer, Kinogänger, Videothekenmitglieder und auf sonstige Personen abzustellen ist, die mit dem Medium Film in Kontakt stehen. Ferner ist noch die jeweilige Zweckbestimmung des Films zu beachten, d.h. dass die angesprochenen Konsumenten der relevante Personenkreis für die Bestimmung der Verkehrsgeltung sind.[619]

Unter Verkehrsgeltung ist der in einer Prozentzahl ausgedrückte Kennzeichnungsgrad zu verstehen, den ein Kennzeichen in den beteiligten Verkehrskreisen besitzt.[620] Im Vergleich zum Kriterium der Verkehrsdurchsetzung einer Marke nach § 8 Abs. 3 MarkenG besitzt ein

---

618 Amtl. Begr., BT-Drucks. 12/6581, S. 66.
619 *BGH* GRUR 1982, 431, 432 f. – „Point"; *A/S/K/Klaka*, MarkenG, § 4 Rd. 30; ähnlich *Boës/Deutsch*, GRUR 1996, 168, 173.
620 *Eichmann*, GRUR 1999, 939, 944; *Berlit*, Rd. 15 ff.

Kennzeichen bereits bei einem niedrigeren Bekanntheitsgrad Verkehrsgeltung; ferner muss die Verkehrsdurchsetzung im Gegensatz zur Verkehrsgeltung regelmäßig das gesamte Gebiet der Bundesrepublik Deutschland betreffen, da die Verkehrsdurchsetzung zur Eintragungsfähigkeit in das Markenregister führt, wodurch im Gegensatz zur Marke kraft Verkehrsgeltung ein sich auf das gesamte Gebiet der Bundesrepublik Deutschland erstreckender Markenschutz entsteht.

Zur Feststellung der Verkehrsgeltung ist insbesondere auf Meinungsumfragen innerhalb der Zielgruppe durch Meinungsforschungsinstitute zurückzugreifen.[621] In der demoskopischen Umfrage werden die Bekanntheit der Kennzeichnung in der konkreten Benutzungsform auf dem Produkt, die Kennzeichnung eines bestimmten Unternehmens, die konkrete Zuordnung einer benutzten Marke zu einem Unternehmen und die allgemeine Kenntnis der Marke in den beteiligten Verkehrskreisen ermittelt.[622] Zur Bestimmung der Verkehrsgeltung ist ausreichend, dass ein nicht unerheblicher Teil des Verkehrs mit dem Kennzeichen ein bestimmtes Produkt oder eine Produktgattung identifiziert. Wie groß dieser unerhebliche Teil des Verkehrs sein muss, hängt entscheidend von der Art und Kennzeichnungskraft des Zeichens ab.

Problematisch ist, dass sich durch Meinungsumfragen die Verkehrsgeltung nur für den Befragungszeitpunkt einigermaßen verlässlich angeben lässt.[623] Für die Feststellung des Entstehungszeitpunkts der Verkehrsgeltung und damit der Priorität ist die Meinungsumfrage dagegen in der Regel ungeeignet, denn der Kollisionszeitpunkt liegt regelmäßig vor der Ermittlung der Verkehrsgeltung durch demoskopische Gutachten. Eine retrospektive Ermittlung der Verkehrsgeltung durch den Versuch einer präzisierten Fragestellung[624] oder einfache Schätzung und vermeintliche Plausibilitätserwägungen[625] ist aufgrund der diesen Methoden innewohnenden Unsicherheit abzulehnen. Im Bereich des Fernsehens bietet sich jedoch zumindest bei periodischen Sendungen, also bei Fernsehserien und -reihen, der Rückgriff auf die Einschaltquoten der Sendung vor dem Kollisionszeitpunkt als Erkenntnisquelle zur Ermittlung von Verkehrsgeltung an.[626] Doch auch der Rückschluss von Einschaltquoten auf eine Verkehrsgeltung begegnet Bedenken: Es müssten vage, aufgrund von Meinungsumfragen ermittelte, jeweils sendungsspezifische Vergleichswerte herangezogen werden, über die einer bestimmten Einschaltquote ein bestimmter Bekanntheitsgrad, der zudem noch produktbezogen

---

[621] *Eichmann*, GRUR 1999, 939, 944 ff.; *A/S/K/Klaka*, MarkenG, § 4 Rd. 38.
[622] *Eichmann*, GRUR 1999, 939, 944 ff.
[623] *Boës/Deutsch*, GRUR 1996, 168, 171; *Eichmann*, GRUR 1999, 939, 947; *A/S/K/Klaka*, MarkenG, § 4 Rd. 40.
[624] *Eichmann*, GRUR 1999, 939, 947.
[625] *BGH* GRUR 1991, 863, 866 – „Avon"; *LG München I* WRP 1995, 883, 884 f. – „Microshell"; *Eichmann*, GRUR 1999, 930, 947.
[626] In der Entscheidung GRUR 1990, 360, 360 f. – „Apropos Film II" greift der *BGH* zur Ermittlung der Verkehrsdurchsetzung des Titels einer Fernsehreihe auf Einschaltquoten und entsprechende Vergleichswerte eines Meinungsumfrageinstituts zurück.

sein muss, zugeordnet wird. Die einigermaßen verlässliche Ermittlung solcher sendungsspezifischen Vergleichswerte, die auch für die Vergangenheit Aussagekraft besitzen sollen, ist aber nur eingeschränkt möglich. Bei aus wenigen Folgen bestehenden Fernsehserien und Einzelfilmwerken kann trotz eventuell hoher Einschaltquoten die Produktidentifikation über den Filmtitel verschwindend sein. Das gilt insbesondere für andere Titelformen als die reine Wortfolge. Dagegen ist die Produktidentifikation über den Filmtitel einer über Jahre ausgestrahlten Fernsehreihe bei ähnlich hohen Einschaltquoten erheblich höher.

Die Ermittlung der Verkehrsgeltung von Filmtiteln als Marke ist folglich mit einer erheblichen Rechtsunsicherheit verbunden, so dass im Kollisionsfall die Berufung auf den Schutz des Filmtitels als Marke kraft Verkehrsgeltung zu einem bestimmten Zeitpunkt eine erhebliche Beweislast auslöst.

2. Erlöschen des Markenschutzes

Der Markenschutz aufgrund von Verkehrsgeltung nach § 4 Nr. 2 MarkenG endet, wenn nach Auffassung des Verkehrs eine Produktidentifikation durch den Filmtitel nicht mehr besteht.

3. Rechtsinhaber

Wer Rechtsinhaber der aufgrund von Verkehrsgeltung geschützten Marke ist, ist im Markengesetz nicht geregelt. Aus der Gesetzesbegründung zum Markengesetz ergibt sich jedoch, dass diejenige Person oder Personenvereinigung Rechtsinhaber an der aufgrund von Verkehrsgeltung geschützten Marke ist, zu deren Gunsten die Verkehrsgeltung erworben wurde.[627] Rechtsinhaber ist demnach derjenige, der die Marke als produktidentifizierendes Unterscheidungszeichen im geschäftlichen Verkehr benutzt. Besitzt das Kennzeichen nur eine regional beschränkte Verkehrsgeltung, so kann in einem anderen Gebiet für dasselbe Kennzeichen ein Markenrecht kraft Verkehrsgeltung durch einen anderen erworben werden.[628] Solche Fälle sind bei nicht originär unterscheidungskräftigen Titeln von Regionalsendungen denkbar, die nicht in anderen Regionen empfangen werden können. Tritt allerdings infolge der parallelen Benutzung desselben Filmtitels eine Irreführung des Verkehrs im Sinne des § 3 UWG ein, so hat der Inhaber der prioritätsjüngeren Marke sein Markenrecht aufzugeben oder dem

---

[627] Amtl. Begr., BT-Drucks. 12/6581, S. 60; *Fezer*, MarkenG, § 7 Rd. 8.

[628] *BGHZ* 16, 82, 91 – „Wickelsterne"; *A/S/K/Klaka*, MarkenG, § 4 Rd. 22; *Ingerl/Rohnke*, MarkenG, § 4 Rd. 21.

Kennzeichen einen klarstellenden Zusatz hinzuzufügen. Das kann unter Umständen bei Fernsehreihen durch die Aufnahme der Unternehmensbezeichnung des Senders in den Filmtitel geschehen, sofern dadurch die Gefahr einer Irreführung beseitigt wird.

5. Abschnitt: Der markenrechtliche Schutzbereich

Der Erwerb des Markenschutzes nach § 4 MarkenG gewährt dem Inhaber der Marke ein subjektives, ausschließliches Recht, § 14 Abs. 1 MarkenG. Der Identitäts-, Verwechslungs- und Bekanntheitsschutz der Marke bestimmt sich nach § 14 Abs. 2 MarkenG. Während § 14 Abs. 3 MarkenG eine nicht abschließende Aufzählung verbotener Benutzungshandlungen enthält, erstreckt § 14 Abs. 4 MarkenG die Verletzungstatbestände auch auf bestimmte Vorbereitungshandlungen. Als Rechtsfolgen einer Markenverletzung stehen dem Markeninhaber ein Unterlassungsanspruch (§ 14 Abs. 5 MarkenG) und ein verschuldensabhängiger Schadensersatzanspruch (§ 14 Abs. 6 MarkenG) zu. Ferner regelt § 18 MarkenG einen Vernichtungs- und § 19 MarkenG einen Auskunftsanspruch.

Untersuchungsgegenstand ist der sich aus § 14 Abs. 2 MarkenG ergebende Schutzbereich des Markenrechts. Im Rahmen des räumlichen Schutzbereichs ist zwischen dem der eingetragenen Marke und dem der Marke kraft Verkehrsgeltung zu unterscheiden (I.). Die Untersuchung des sachlichen Schutzbereichs des Markenrechts wirft Fragen im Hinblick auf die Art der Benutzungshandlung des kollidierenden Zeichens (kennzeichen- oder nicht kennzeichenmäßige Benutzung) und die spezifischen Voraussetzungen der in § 14 Abs. 2 MarkenG aufgeführten Tatbestandsalternativen des Identitäts-, Verwechslungs- und Bekanntheitsschutzes auf (II.).

I. Der räumliche Schutzbereich

Allgemeine Voraussetzung für Ansprüche aus § 14 MarkenG ist, dass die Verletzungshandlung im räumlichen Schutzbereich der Marke liegt. Dieser erstreckt sich für die eingetragene (§ 4 Nr. 1 MarkenG) und aufgrund Notorietät geschützte (§ 4 Nr. 3 MarkenG) Marke auf das gesamte Gebiet der Bundesrepublik Deutschland. Dagegen ist der räumliche Schutzbereich der kraft Verkehrsgeltung geschützten Marke (§ 4 Nr. 2 MarkenG) beschränkt auf den Bereich der Erstreckung der Verkehrsgeltung.[629]

[629] Amtl. Begr., BT-Drucks. 12/6581, S. 66.

1. Rechtsverletzende Benutzung im geschäftlichen Verkehr

Der Kennzeichenschutz nach dem Markengesetz setzt eine rechtsverletzende Benutzung im geschäftlichen Verkehr voraus. Nicht erfasst sind damit Benutzungshandlungen, die im Amtsverkehr, Eigengebrauch oder rein betriebsintern stattfinden.[630]

Umstritten ist, ob § 14 Abs. 2 MarkenG nur auf kennzeichenmäßige Benutzungshandlungen Anwendung findet.[631] Aus dem Wortlaut des § 14 Abs. 2 MarkenG ergeben sich keine Anhaltspunkte dafür, ob die rechtsverletzende Benutzungsform kennzeichenmäßig erfolgen muss. Ferner geht aus der Amtlichen Begründung zum Markengesetz hervor, dass die Benutzung geschützter Marken im geschäftlichen Verkehr ohne Begrenzung auf bestimmte Nutzungsformen tatbestandlich im Sinne von § 14 Abs. 2 MarkenG ist.[632] Dafür sprechen auch der Wortlaut der Vorschrift und das systematische Verständnis zwischen § 14 Abs. 2 und Abs. 3 MarkenG, denn letzterer enthält eine nicht abschließende Aufzählung rechtsverletzender Benutzungsformen.[633]

Bei der Auslegung des § 14 Abs. 2 ist zu berücksichtigen, dass dieser auf Art. 5 Abs. 1 und Abs. 2 MRRL zurückgeht. Ob eine Benutzungshandlung vom sachlichen Schutzbereich des § 14 Abs. 2 MarkenG erfasst wird, ist demnach richtlinienkonform unter Berücksichtigung der Rechtsprechung des *EuGH* auszulegen. Ein solches Verständnis verbietet die Anlehnung an die vor dem Erlass des Markengesetzes bestehende Rechtslage nach dem Warenzeichengesetz, nach der nur eine kennzeichenmäßigen Benutzung zu einer Verletzung des Warenzeichens führen konnte.

Des Weiteren spricht gegen eine Reduzierung des Markenschutzes auf kennzeichenmäßige Benutzungshandlungen, dass die Herkunftsfunktion der Marke, aus der das Erfordernis eines kennzeichenmäßigen Gebrauchs des kollidierenden Zeichens im Warenzeichengesetz hergeleitet wurde, im Markengesetz wesentlich an Bedeutung verloren hat und durch die Un-

---

630 *Fezer*, MarkenG, § 14 Rd. 41 f.; *Nägele*, S. 58; dagegen sehen *Ingerl/Rohnke*, MarkenG, § 14 Rd. 39, auch bei betriebsinternen Handlungen unter Hinweis auf § 14 Abs. 3 Nr. 2 und Abs. 4 Nr. 2 MarkenG die Möglichkeit einer Benutzung im geschäftlichen Verkehr. Allerdings beruht diese Ansicht auf einem Zirkelschluss, da die Normen jeweils auf das Kriterium des geschäftlichen Verkehrs verweisen und damit voraussetzen, und der in den Vorschriften angesprochene Besitz als Verletzungshandlung bereits zu geschäftlichen Zwecken und nicht betriebsintern erfolgt.

631 So *OLG Hamburg* WRP 1997, 106, 108 ff. – „Gucci"; *OLG Hamburg* NJW-RR 1999, 1060, 1061 – „Bild dir keine Meinung"; *Kunz-Hallstein*, GRUR Int. 1990, 747, 757; *Rößler*, GRUR 1994, 559, 567 f.; *Keller*, S. 72 ff.; *ders.*, GRUR 1996, 607, 608 ff.

632 Amtl. Begr., BT-Drucks. 12/6581, S. 75; *Starck*, GRUR 1996, 688, 691; *Fezer*, GRUR 1996, 566, 569; *Berlit*, Rd. 241; *Nägele*, S. 82 ff.; *Will*, S. 185 f.; *Großner*, S. 252.

633 *Starck*, GRUR 1996, 688, 691; *Fezer*, GRUR 1996, 566, 569; *Berlit*, Rd. 241; *Nägele*, S. 56 f., 62.

terscheidungsfunktion der Marke, d.h. die Funktion, das Produkt zu identifizieren und zu individualisieren, ersetzt worden ist.[634]

Vorbehaltlich der Schutzschranken aus den §§ 23 und 24 MarkenG erfasst § 14 Abs. 2 MarkenG vielmehr jede ohne Zustimmung des Inhabers der Marke vorgenommene Benutzungshandlung im geschäftlichen Verkehr. Eine gesetzesimmanente Beschränkung des Schutzbereichs ergibt sich lediglich daraus, dass § 14 Abs. 2 MarkenG als rechtsverletzende Benutzungshandlung eine Benutzung des Zeichens für Waren oder Dienstleistungen verlangt. Eine solche Benutzung ist dann gegeben, wenn sie zum Zwecke des Produktabsatzes erfolgt, wobei die Marke nicht als produktidentifizierendes Unterscheidungszeichen gebraucht werden muss.[635]

2. Identitätsschutz

§ 14 Abs. 2 Nr. 1 MarkenG regelt den Identitätsschutz der Marke. Die Norm beruht auf der Umsetzung von Art. 5 Abs. 1 lit. a MRRL. § 14 Abs. 2 Nr. 1 MarkenG setzt sowohl Zeichen- als auch Produktidentität des kollidierenden Zeichens mit der geschützten Marke voraus. Das Kriterium der Produktidentität erfordert, dass das identische kollidierende Zeichen eine übereinstimmende Ware oder Dienstleistung (Produktion oder Ausstrahlung eines Filmwerks) bezeichnet. Sofern nicht die Voraussetzungen einer absoluten Zeichen- und Produktidentität der kollidierenden Zeichen vorliegen, ist der Tatbestand des § 14 Abs. 2 Nr. 1 MarkenG nicht erfüllt; es kommt nur ein Verwechslungsschutz der Marke nach § 14 Abs. 2 Nr. 2 in Betracht.[636]

Für den als Marke eingetragenen Filmtitel hat der Schutz aus § 14 Abs. 2 Nr. 1 MarkenG Bedeutung, wenn für ein anderes Filmwerk derselbe Titel verwendet werden soll, sei es als

---

634 *Ingerl/Rohnke*, MarkenG, § 14 Rd. 54; *Fezer*, MarkenG, § 14 Rd. 36; *Großner*, S. 254; *Will*, S. 189, die daraus aber noch nicht schließen will, dass § 14 Abs. 2 MarkenG auch den Schutz der Marke gegen nicht kennzeichenmäßige Verwendung erfasst. Zur Herkunftsfunktion der Marke vgl. die Ausführungen im 3. Abschnitt des 3. Kapitels unter II. 2. „Die Bedeutung der Herkunftsfunktion für die Eintragungsfähigkeit des Filmtitels".

635 *Fezer*, MarkenG, § 14 Rd. 66 ff.; *Schmieder*, NJW 1997, 2908, 2014. Ob auch der *BGH* angesichts seiner in Anlehnung an *EuGH* GRUR Int. 1999, 438, 440 ff. – „BMW/Deenik" ergangenen Rechtsprechung in WRP 2002, 987, 989 – „Festspielhaus" dieses noch als rechtsverletzende Benutzungshandlung ansieht, erscheint fraglich, da Voraussetzung einer Markenverletzung sei, dass sie jedenfalls im Rahmen des Produkt- oder Leistungsabsatzes auch der Unterscheidung der Waren/Dienstleistungen eines Unternehmens von denen anderer dient. Allerdings lässt der *EuGH* in WRP 2002, 664, 665 – „Hölterhoff" eine eindeutige Festlegung auf rechtsverletzende Benutzungsformen offen; vgl. aber auch *EuGH* WRP 2002, 1415, 1419 – „Arsenal/Reed". Zum Versuch einer Systematisierung der Rechtsprechung des *EuGH*: *Lange*, WRP 2003, 323, 325 ff., 330 f.

636 *EuGH* GRUR 2003, 422, 425 – „Arthur/Arthur et Félicie"; so hat der *BGH* in GRUR 2001, 164, 165 – „Wintergarten" eine Identität zwischen dem als Marke eingetragenen Titel „ZDF-Wintergarten" für eine Fernsehsendung und der als Marke eingetragenen Bezeichnung „Wintergarten" für Theater- und Musikdarbietungen sowohl wegen fehlender Produkt- als auch Zeichenidentität abgelehnt; ebenso *BPatG* GRUR 1996, 204, 206 – „Swing"; *Ingerl/Rohnke*, MarkenG, § 14 Rd. 137; *Oelschlägel*, S. 78.

Haupt- oder Untertitel. Eine Verwendung desselben Titels für ein identisches Produkt Filmwerk liegt hingegen nicht schon dann vor, wenn nur ein geschützter Bestandteil der Marke als Filmtitel verwendet wird, denn Zeichenidentität der kollidierenden Zeichen setzt voraus, dass sämtliche Bestandteile der geschützten Marke übernommen werden.[637] Das gilt sowohl für die Wortmarke als auch für die Bild-, Hör-, Bewegungs- oder Kombinationsmarke.

3. Verwechslungsschutz

Der Verwechslungsschutz der Marke ist in § 14 Abs. 2 Nr. 2 MarkenG geregelt. Danach ist die Marke gegen die Benutzung eines anderen Zeichens im geschäftlichen Verkehr geschützt, das wegen der Identität oder Ähnlichkeit des Zeichens mit der Marke und der Identität oder Ähnlichkeit[638] der durch die Marke und das Zeichen erfassten Waren oder Dienstleistungen beim Publikum die Gefahr von Verwechslungen entstehen lässt, einschließlich der Gefahr, dass das Zeichen mit der Marke gedanklich in Verbindung gebracht wird. Die Regelung des § 14 Abs. 2 Nr. 2 MarkenG entspricht der europarechtlichen Vorgabe des Art. 5 Abs. 1 lit. b MRRL.

Zentraler Begriff der Norm ist die Verwechslungsgefahr. Der Verwechslungsschutz der Marke erfasst sowohl die Fallkonstellationen einer unmittelbaren und mittelbaren Verwechslungsgefahr im engeren Sinne als auch die Verwechslungsgefahr im weiteren Sinne.[639] Ihre Ermittlung hat aufgrund einer Gesamtabwägung unter Berücksichtigung aller Umstände des Einzelfalles objektiv nach der Verkehrsauffassung zu erfolgen.[640] Maßgebend ist die Wech-

---

[637] *EuGH* GRUR 2003, 422, 425 – „Arthur/Arthur et Félicie"; dagegen *Fezer*, MarkenG, § 14 Rd. 76, der weitergehend differenziert, ob der aus der geschützten Marke herausgelöste Bestandteil in Alleinstellung oder in Verbindung mit weiteren fremden wesentlichen oder unwesentlichen Bestandteilen verwendet wird. Eine derart weite Auslegung des Identitätsbegriffes findet aber weder in der Entstehungsgeschichte des § 14 Abs. 2 MarkenG ein Stütze, noch ist sie mit Wortlaut oder systematischer Stellung des § 14 Abs. 2 Nr. 1 MarkenG im Rahmen der Kollisionstatbestände des § 14 Abs. 2 MarkenG vereinbar. Sie greift vielmehr auf normative Kriterien zurück, die im Bereich der Verwechslungsgefahr anzusiedeln sind, für die § 14 Abs. 2 Nr. 2 MarkenG eine Regelung vorsieht.

[638] Zum Verhältnis des in den §§ 5 Abs. 4 Nr. 1, 11 Abs. 1 Nr. 1 WZG gebrauchten Begriffes der Gleichartigkeit siehe *Ingerl/Rohnke*, MarkenG, § 14 Rd. 248 ff.

[639] *Teplitzky*, WRP 2003, 415, 422. Eine Verwechslungsgefahr im engeren Sinne wurde nach der Rechtslage im WZG dann angenommen, wenn die Zeichenkollision bei den beteiligten Verkehrskreisen zu einem Irrtum über die Unternehmensidentität führte. Dabei wurde weiter zwischen unmittelbarer und mittelbarer Verwechslungsgefahr im engeren Sinne unterschieden: Unmittelbare Verwechslungsgefahr wurde angenommen, wenn die Gefahr einer Zeichenverwechslung bestand. Mittelbare Verwechslungsgefahr sollte vorliegen, wenn die Gefahr bestand, dass die Zeichen demselben Unternehmen zugeordnet werden konnten. Eine Verwechslungsgefahr im weiteren Sinne wurde dagegen dann angenommen, wenn die Zeichenkollision Ursache für eine Irreführung über das Bestehen von wirtschaftlichen oder organisatorischen Zusammenhängen zwischen den Unternehmen war.

[640] *BGH* GRUR 2001, 164, 165 – „Wintergarten"; *BGH* GRUR 2000, 608, 610 – „ARD-1"; *BGH* GRUR 2000, 233, 234 – „RAUSCH/ELFI RAUCH"; *Fezer*, MarkenG, § 14 Rd. 148 ff. und 174; *A/S/K/Klaka*, MarkenG, § 14 Rd. 20.

selwirkung zwischen den Kriterien der Produktähnlichkeit und der Zeichenähnlichkeit unter Berücksichtigung des ungeschriebenen Merkmals der produktbezogen zu ermittelnden Kennzeichnungskraft der Marke, welche die Eignung der Marke beschreibt, im Verkehr als Produktkennzeichen erkannt zu werden.[641]

Produktähnlichkeit und Zeichenähnlichkeit der Marke sind im Hinblick auf die Verwechslungsgefahr auszulegende Rechtsbegriffe.[642] Für die Dienstleistungen Produktion und Ausstrahlung eines Filmwerks hat der *BGH* betont, dass maßgeblich für die Annahme einer Dienstleistungsähnlichkeit, nicht zuletzt angesichts der fehlenden Körperlichkeit von Dienstleistungen, in erster Linie Art und Zweck der Dienstleistung ist. Die Vorstellung des Verkehrs, inwieweit die Dienstleistungen unter der gleichen Verantwortung erbracht werden, trete dagegen zurück.[643] Bei den beteiligten Verkehrskreisen muss also nicht erst der Eindruck entstehen, dass die Produkte aus denselben oder wirtschaftlich verbundenen Unternehmen stammen.

Das Kriterium der Zeichenähnlichkeit ergibt sich aus dem Gesamteindruck des Grades der Übereinstimmung der Zeichen im Hinblick auf ihre begriffliche, schriftbildliche, optische oder akustische Eigenart.[644] Ein besonderes Problem stellt die Beurteilung der Zeichenähnlichkeit von aufgrund Verkehrsdurchsetzung als Marke eingetragenen Filmtiteln dar. Insbesondere aus der gesetzlichen Etablierung des dualen Rundfunksystems ergeben sich Besonderheiten für die Beurteilung der Zeichenähnlichkeit von aufgrund Verkehrsdurchsetzung als Marke eingetragenen Filmtiteln, so dass diese differenzierter als in anderen Branchen erfolgen muss: Solche Filmtitel wurden regelmäßig trotz fehlender originärer Unterscheidungskraft und einem damit einhergehenden Freihaltebedürfnis als Marken eingetragen. Sie entstammen hauptsächlich dem Fernsehbereich und sind fast ausschließlich Filmtitel der öffentlich-rechtlichen Rundfunkanstalten („Tagesthemen“ [ARD/NDR], „Tagesschau“ [ARD/NDR], „Tatort“ [ARD/WDR], „heute“ [ZDF]), was sich aus der langjährigen früheren Monopolstellung der öffentlich-rechtlichen Rundfunkanstalten erklärt. Nur aufgrund dieser Monopolstellung konnten sich diese Filmtitel im Verkehr durchsetzen und daher als Marken eingetragen werden.

---

641 *BGH* GRUR 2001, 1050, 1051 f. – „Tagesschau“; *Ingerl/Rohnke*, MarkenG, § 14 Rd. 180; *A/S/K/Klaka*, MarkenG, § 14 Rd. 11; *Fezer*, MarkenG, § 14 Rd. 271; *Strepp*, S. 118 ff; *Schmieder*, NJW 1997, 2908, 2911.

642 *A/S/K/Klaka*, MarkenG, § 14 Rd. 13; *Ingerl/Rohnke*, MarkenG, § 14 Rd. 236 und 311; *Fezer*, MarkenG, § 14 Rd. 334.

643 *BGH* WRP 2001, 164, 165 – „Wintergarten“; ebenso in *BGH* GRUR 1999, 496, 497 f. – „TIFFANY“ und *BGH* GRUR 1999, 731, 732 f. – „Canon II“.

644 *Ingerl/Rohnke*, MarkenG, § 14 Rd. 311; *A/S/K/Klaka*, MarkenG, § 14 Rd. 15; *Teplitzky*, WRP 2003, 415, 418.

Für die nach Einführung des dualen Rundfunksystems entstandenen privaten Anbieter stellt der geschützte Bestand an an sich freihaltebedürftigen, aber aufgrund von Verkehrsdurchsetzung als Marke eingetragenen Filmtiteln einen wettbewerblichen Nachteil dar. Da es jedoch ein Anliegen des Gesetzgebers war, mit der Einführung des dualen Rundfunksystems neben dem publizistischen auch den wirtschaftlichen Wettbewerb zu fördern, hat diese gesetzgeberische Entscheidung auch Auswirkungen auf den Schutzumfang solcher als Marke eingetragenen Filmtitel: Diese Filmtitel müssen deshalb derart in ihrem markenrechtlichen Schutzumfang begrenzt werden, dass auch größere Zeichenannäherungen als sonst, insbesondere an freihaltebedürftige, aber verkehrsdurchgesetzte Zeichen der öffentlich-rechtlichen Anstalten, zulässig sind.[645]

So hat der *BGH* ausgeführt, dass auch die gleichgelagerte Thematik der gekennzeichneten Sendungen nicht unbedingt zu einer Gefahr der Verwechslung solcher Titel führt, die aus teilweise übereinstimmenden Bestandteilen bestehen.[646] Das ergibt sich auch nicht zuletzt daraus, dass beispielsweise die Titel von Nachrichtensendungen stark beschreibenden Charakter haben und somit ihr Schutzumfang aufgrund des bestehenden Freihaltebedürfnisses (§ 8 Abs. 2 Nr. 2 MarkenG) auch geschmälert sein muss. In seiner Rechtsprechung deutet der *BGH* bereits an, dass er für die Beurteilung der Verwechslungsgefahr auf einen aufmerksamen Verbraucher abstellt, dem auch geringe Unterschiede in der Titelaufmachung bereits auffallen. An das Vorliegen einer Verwechslungsgefahr sind deshalb bei Filmtiteln mit stark beschreibendem Charakter, denen keine oder nur eine geringe originäre Unterscheidungskraft zukommt, strenge Anforderungen zu stellen. Insoweit kann von einer Wechselwirkung zwischen dem Freihaltebedürfnis und der Bestimmung des Schutzumfangs des Filmtitels ausgegangen werden. Letztlich ist dies Folge der normativen Bestimmung der Verwechslungsgefahr.

[645] *BGH* GRUR 2001, 1050, 1053 – „Tagesschau; *BGH* GRUR 2001, 1054, 1057 f. – „Tagesreport"; *OLG Frankfurt a. M.* WRP 1992, 117, 119 – „Hessen-Report"; *Meinberg/Engels*, ZUM 1999, 391, 393; dagegen *Ingerl*, FS *Erdmann*, S. 299, 308 ff., 312 ff.

[646] *BGH* GRUR 2001, 1050, 1053 – „Tagesschau"; *BGH* GRUR 2001, 1054, 1058 – „Tagesreport"; auch das *OLG Frankfurt a. M.* geht in WRP 1992, 117, 118 f. – „Hessen-Report" von einem beschränkten Schutzumfang nur aufgrund von Verkehrsdurchsetzung eingetragener Marken aus und hat folglich eine Verwechslungsgefahr zwischen der eingetragenen Dienstleistungsmarke „Report" des Südwestfunks und dem von dem Privatsender RTL plus Hessen verwendeten Titel „Hessen-Report" für ein Fernsehgesamtprogramm mit dem Hinweis verneint, dass sich die vorangestellte geografische Bezeichnung „Hessen" und die sich daraus ergebende Wortverbindung „Hessen-Report" maßgeblich von der Dienstleistungsmarke „Report" unterscheide. Ferner schließe der Zusatz „Hessen" auch eine Verwechslungsgefahr im weiteren Sinne aus, da er „Report" klar von „Südwest", dem Namensbestandteil des Südwestfunks abgrenze. Aus Sicht des Verkehrs sei deshalb auch eine wirtschaftliche oder organisatorische Beziehung zwischen dem Südwestfunk und RTL plus Hessen nicht anzunehmen.

4. Bekanntheitsschutz

§ 14 Abs. 2 Nr. 3 MarkenG regelt den Bekanntheitsschutz der Marke gegenüber der Benutzung eines identischen oder ähnlichen Zeichens, welches die Unterscheidungskraft oder die Wertschätzung der bekannten Marke in unlauterer Weise ausnutzt oder beeinträchtigt.

Der Bekanntheitsbegriff des § 14 Abs. 2 Nr. 3 MarkenG entspricht dem des § 15 Abs. 3 MarkenG, denn zusammen mit § 15 Abs. 3 MarkenG bildet er einen einheitlichen Schutztatbestand für bekannte Kennzeichen.[647] Entgegen der Regelung des § 15 Abs. 3 MarkenG erfasst der Bekanntheitsschutz der Marke nach § 14 Abs. 2 Nr. 3 MarkenG nach seinem Wortlaut aber nur den Bekanntheitsschutz außerhalb des Produktähnlichkeitsbereichs. Danach wäre ein Bekanntheitsschutz der Marke bei vorliegender Produktähnlichkeit nur möglich, wenn auch eine Verwechslungsgefahr bestünde, dann nämlich über § 14 Abs. 2 Nr. 2 MarkenG. Ein markenrechtlicher Schutz des bekannten Filmtitels käme dann nach dem Markengesetz nur bei Vorliegen einer Verwechslungsgefahr in Betracht. Bekannte Marken sind aber auch im Produktähnlichkeitsbereich ohne bestehende Verwechslungsgefahr dringend schutzbedürftig: Der Tatbestand der Beeinträchtigung der Wertschätzung (Rufschädigung) der bekannten Marke kann im Filmbereich durch Markenverunglimpfung erfüllt sein, indem der Filmtitel als Zeichen für andere Fernsehsendungen für Zwecke der Parodie oder Verächtlichmachung verwendet wird, ohne dass das Publikum einer Verwechslungsgefahr ausgesetzt ist. Die Verunglimpfung kann auch in der Verwendung der bekannten Marke im Rahmen von Werbemaßnahmen für ein anderes Filmwerk oder filmähnliche Produkte (z.B. Ton-Diashow) erfolgen. Eine Beeinträchtigung der Wertschätzung kann ferner darin liegen, dass der als Marke geschützte bekannte Filmtitel identisch oder ähnlich zur Kennzeichnung qualitativ minderwertiger Produkte benutzt wird. Das kann z.B. bei der Verwendung als Titel für einen Pornofilm der Fall sein.

Diese Verletzungstatbestände sind nicht nur bei der Verwendung des Kennzeichens für ein Filmwerk erfüllt, sondern erfassen den gesamten Produktähnlichkeitsbereich, der bei großer Bekanntheit und Kennzeichnungskraft sehr weit gefasst ist.[648] Angesichts des besonderen Schutzbedürfnisses der bekannten Marke im Produktähnlichkeitsbereich stellt sich die Frage, ob der Gesetzgeber den Schutz der bekannten Marke im Produktähnlichkeitsbereich aus dem Schutzbereich des § 14 Abs. 2 Nr. 3 MarkenG, so wie es der Wortlaut nahe legt, ausklammern wollte.

---

[647] *Ingerl/Rohnke*, MarkenG, § 14 Rd. 455; *A/S/K/Klaka*, MarkenG, § 15 Rd. 79; *Fezer*, MarkenG, § 15 Rd. 178a; *Meinberg/Engels*, ZUM 1999, 391, 397 f.

[648] *A/S/K/Klaka*, MarkenG, § 14 Rd. 22.

Ein Teil der Literatur versucht, das in § 14 Abs. 2 Nr. 3 MarkenG genannte Kriterium „die nicht denen ähnlich sind“ dahingehend auszulegen, dass der Bekanntheitsschutz der Marke lediglich keine Verwechslungsgefahr erfordere.[649] Gegen diese Ansicht spricht jedoch, dass sie mit dem Wortlaut des § 14 Abs. 2 Nr. 3 MarkenG nicht mehr zu vereinbaren ist.

Nach anderer Ansicht scheidet eine Anwendung des § 14 Abs. 2 Nr. 3 MarkenG im Produktähnlichkeitsbereich aus, so dass sich für diese Fallgruppen der Rückgriff auf Bestimmungen außerhalb des Markenrechts wie § 1 UWG oder § 823 Abs. 1 BGB anbietet.[650] So stellt auch der *BGH* fest, dass auf § 1 UWG zurückgegriffen werden müsse, sofern eine Anwendung des § 14 Abs. 2 Nr. 3 MarkenG im Ähnlichkeitsbereich nicht in Betracht käme.[651] Eine Entscheidung hat der *BGH* bisher aber ausdrücklich unter Hinweis auf sein Vorabentscheidungsersuchen an den *EuGH* zur Auslegung des Art. 5 Abs. 2 MRRL[652] offengelassen.

Gegen einen Rückgriff auf § 1 UWG ist jedoch anzuführen, dass damit der Bekanntheitsschutz im Produktähnlichkeitsbereich aus dem Markengesetz ausgeklammert und von zusätzlichen wettbewerbsrechtlichen oder deliktischen Voraussetzungen abhängig gemacht wird.[653] Ein Großteil der Literatur will deshalb den Schutz der bekannten Marke im Produktähnlichkeitsbereich durch eine analoge Anwendung des § 14 Abs. 2 Nr. 3 MarkenG in das Markengesetz integrieren.[654] Trotz des insoweit eindeutigen Wortlauts des § 14 Abs. 2 Nr. 3 MarkenG, der eine Anwendung auf den Bereich der Produktunähnlichkeit beschränkt, besteht nach dieser Ansicht eine planwidrige Regelungslücke, denn der Gesetzgeber erreicht in diesem Fall nicht die Zielsetzung einer Vereinheitlichung des Bekanntheitsschutzes im Markengesetz, denn die insoweit parallele Vorschrift des § 15 Abs. 3 MarkenG enthalte gerade keine Beschränkung auf den Werkunähnlichkeitsbereich.[655]

---

649 *Fezer*, MarkenG, § 14 Rd. 431; *ders.*, FS *Erdmann*, S. 281, 287; *Körner*, FS *Erdmann*, S. 343, 348.

650 *Berlit*, GRUR 2002, 572, 575; *ders.*, Rd. 194; *Piper*, GRUR 1996, 429, 437.

651 *BGH* GRUR 2001, 1050, 1054 – „Tagesschau“.

652 *BGH* GRUR 2000, 875, 878 f. – „Davidoff“; der Generalanwalt *Jacobs* kommt in seinen Schlussanträgen vom 21. März 2002 dagegen zum Ergebnis, dass Art. 5 Abs. 2 MRRL abschließenden Charakter habe und eine Anwendung des Art. 5 Abs. 2 MRRL auf den Schutz bekannter Marken im Waren- oder Dienstleistungsähnlichkeitsbereich nicht möglich sei. Diese Fallgruppe werde vielmehr von Art. 5 Abs. 1 MRRL erfasst und setzte entgegen Art. 5 Abs. 2 MRRL eine Verwechslungsgefahr zwischen den kollidierenden Zeichen voraus. Ferner handele es sich bei Art. 5 Abs. 2 MRRL um eine abschließende Regelung, die keine ergänzenden nationalen Bestimmungen zum Schutz bekannter Marken gegen prioritätsjüngere Zeichen, die für identische oder ähnliche Waren oder Dienstleistungen benutzt werden oder benutzt werden sollen, zulasse; ähnlich *v. Mühlendahl*, FS *Erdmann*, S. 425, 430, 432 ff., unter Zugrundelegung eines normativen Begriffs der Verwechslungsgefahr; dieser Ansicht ist der *EuGH* in WRP 2003, 370, 373 – „Davidoff“ jedoch ausdrücklich entgegengetreten.

653 *Ingerl/Rohnke*, MarkenG, § 14 Rd. 489; kritisch auch *Meinberg/Engels*, ZUM 1999, 391, 397 f.

654 *Ingerl/Rohnke*, MarkenG, § 14 Rd. 489; *Teplitzky*, WRP 2003, 415, 419 Fn. 72; *Kur*, MarkenR 1999, 2, 7; *Krüger*, GRUR 1995, 527, 529.

655 *Fezer*, MarkenG, § 14 Rd. 431; *ders.*, FS *Erdmann*, S. 281, 288, benutzt dieses Argument, um damit eine extensive Auslegung des § 14 Abs. 2 Nr. 3 MarkenG entgegen seinem Wortlaut zu rechtfertigen.

Es ist jedoch nicht notwendig, das Rechtsinstitut der Analogie zu bemühen, da bereits die Auslegung des § 14 Abs. 2 Nr. 3 MarkenG zu einer Erfassung des Produktähnlichkeitsbereichs führt: Der Amtlichen Begründung zu § 14 Abs. 2 Nr. 3 MarkenG ist zu entnehmen, dass bekannten Marken künftig *auch* markenrechtlicher Schutz außerhalb des Ähnlichkeitsbereichs gewährt werden soll.[656] Nach den Grundsätzen des argumentum a maiore ad minus ergibt sich daraus, dass ein markenrechtlicher Schutz erst recht auch innerhalb des Ähnlichkeitsbereichs bestehen muss. Unter Berücksichtigung des gesetzgeberischen Willens ist § 14 Abs. 2 Nr. 3 MarkenG deshalb im Rahmen einer extensiven Auslegung durch Erst-Recht-Schluss auch auf den Produktähnlichkeitsbereich auszuweiten.[657] Dem steht auch nicht der vermeintlich eindeutige Wortlaut des Art. 5 Abs. 2 MRRL entgegen, denn dieser verpflichtet die Mitgliedstaaten nicht zu einer Umsetzung, sondern gibt ihnen lediglich die entsprechende Befugnis. Insofern kann Art. 5 Abs. 2 MRRL auch kein abschließender Charakter entnommen werden. Sinn und Zweck des Art. 5 Abs. 2 MRRL ist es vielmehr der bekannten Marke einen über den Verwechslungsschutz hinausgehenden Schutz zu gewähren, der auch nicht auf den Produktunähnlichkeitsbereich beschränkt sein kann: Ein Rückgriff auf den Verwechslungsschutz der bekannten Marke im Produktähnlichkeitsbereich würde angesichts der hohen Anforderungen, die an das Vorliegen einer Verwechslungsgefahr zu stellen sind, zu einer vom Gemeinschaftsgesetzgeber nicht beabsichtigten Einschränkung des erweiterten Schutzumfangs der bekannten Marke führen. Art. 5 Abs. 2 MRRL ist nach Ansicht des *EuGH* deshalb dahingehend auszulegen, dass er den Mitgliedstaaten die Befugnis einräumt, einen besonderen Schutz einer bekannten eingetragenen Marke vorzusehen, auch wenn die jüngere Marke oder das jüngere Zeichen mit der eingetragenen Marke identisch oder ihr ähnlich ist und für Waren oder Dienstleistungen benutzt werden soll oder benutzt wird, die mit den Waren oder Dienstleistungen, die von der eingetragenen Marke erfasst werden, identisch oder ihnen ähnlich sind.[658]

---

656 Amtl. Begr., BT-Drucks. 12/6581, S. 75.

657 *Keller*, S. 120 ff., 134 f.; *Will*, S. 133; *Krüger* GRUR 1995, 527, 529; *Deutsch*, GRUR 1995, 319, 321; auch *Sack* in WRP 1998, 1127, 1139, der allerdings unzutreffend davon ausgeht, dass der Erst-Recht-Schluss einen Fall der Analogie darstellt.

658 *EuGH* WRP 2003, 370, 374 – „Davidoff".

4. Kapitel: Der namensrechtliche Schutz des Filmtitels

Bereits 1902 plädiert *Paech* im Hinblick auf einen nach seiner Auffassung unzulänglichen zivilrechtlichen Titelschutz für eine analoge Anwendung des § 12 BGB auf den Werktitel: Ein warenzeichenrechtlicher Schutz des Titels komme nicht in Betracht und auch ein urheberrechtlicher Schutz sei, sofern man diesen überhaupt annehmen könne, nur unzureichend; auch die wettbewerbsrechtliche Regelung des § 8 des Gesetzes gegen den unlauteren Wettbewerb vom 27. Mai 1896 erfasse aufgrund der tatbestandlichen Voraussetzungen einer Verwechslungsabsicht und der missbräuchlichen Benutzung im geschäftlichen Verkehr nur wenige Titelschutzkonflikte.[659] Lediglich § 823 Abs. 1 BGB ermögliche einen umfassenden Schutz des Titelrechts als Persönlichkeitsrecht. Nach der Ansicht von *Paech* ist der Titel insofern Ausfluss der Persönlichkeitssphäre eines Autors, als die Wahl des Titels eine individuelle Geistesbetätigung erfordert, deren Produkt der Titel sei. Als Erzeugnis einer geistigen Arbeitsleistung stelle sich der Titel als ein besonderes Persönlichkeitsrecht dar, auf das jedermann einen Anspruch habe und das niemandem „verkümmert" werden dürfe. Als persönliche Leistung sei er ein Bestandteil der Persönlichkeitssphäre des Autors und ein wertvolles Persönlichkeitsgut.[660]

Aus diesen Feststellungen folgert *Paech* die Möglichkeit einer analogen Anwendung des § 12 BGB auf das Titelrecht:[661] „Denn dieser Paragraph, obwohl zunächst nur für das Namensrecht zutreffend, enthält das Paradigma für den Schutz aller Persönlichkeitsrechte." Dadurch erst werde die Verfolgung des „Titeldiebstahls" unabhängig gemacht von dem Eintritt eines Schadens (§ 823 Abs. 1 BGB); die bloße Verletzung eines jeden schützenswerten Interesses begründe dann einen Schutz gegen den Titelmissbrauch. Letztlich gelange man nur so zu einem wirksamen Titelschutz.

Mit dieser Ansicht ist *Paech* isoliert geblieben. Durch das Gesetz gegen den unlauteren Wettbewerb vom 7. Juni 1909 ist es zu einer Korrektur auch des ursprünglich den Titelschutz regelnden § 8 UWG in der Fassung des Gesetzes gegen den unlauteren Wettbewerb vom 27. Mai 1896 gekommen, indem auf das Kriterium der Verwechslungsabsicht in dessen Nachfolgevorschrift § 16 Abs. 1 UWG a.F. verzichtet wurde und es somit zu einer tatbestandlichen

659 *Paech*, GRUR 1902, 272, 278.
660 *Paech*, GRUR 1902, 272, 278.
661 *Paech*, GRUR 1902, 272, 278 f.; für das Titelrecht müsse die Vorschrift folgendermaßen lauten: „Wird das Recht zum Gebrauch eines Titels dem Berechtigten von einem anderen bestritten oder wird das Interesse des Berechtigten dadurch verletzt, dass ein Anderer unbefugt den gleichen Titel gebraucht, so kann der Berechtigte von dem Anderen Beseitigung verlangen. Sind weitere Beeinträchtigungen zu besorgen, so kann er auf Unterlassung klagen."

Erweiterung der Vorschrift gekommen ist. Wenn auch der Ansatz von *Paech* nicht weiterverfolgt wurde, so hat doch die in Rechtsprechung und Literatur zum Namensrecht des § 12 BGB entwickelte Dogmatik auch Auswirkungen auf das Werktitelrecht: Angesichts dessen, dass es sich bei Filmtiteln um *geschäftliche* Bezeichnungen handelt, ist zu fragen, ob Filmtitel vom Schutzbereich des § 12 BGB überhaupt erfasst werden können (I.). Des Weiteren stellt sich die Frage, in welchem Verhältnis ein möglicher Schutz aus § 12 BGB zu den werktitelrechtlichen Regelungen im Markengesetz steht (II.).

I. Schutzbereich

Der bürgerlich-rechtliche Namensschutz aus § 12 BGB ist durch Rechtsprechung und den überwiegenden Teil der Literatur über den Schutz des bürgerlichen Namens einer natürlichen Person hinaus in seinem Anwendungsbereich zu einer Generalklausel des gesamten Bezeichnungsrechts ausgeweitet worden.[662] Aufgrund dieser extensiven Auslegung werden auch geschäftliche Bezeichnungen von dem Schutzbereich des § 12 BGB erfasst, sofern sie gleichzeitig Name einer Person oder eines Geschäftsbetriebs sind, unter dem sie identifiziert und individualisiert werden können.[663] Filmtitel unterfallen danach dem Schutzbereich des § 12 BGB, wenn sie nicht nur das Filmwerk, sondern auch eine Person oder einen Geschäftsbetrieb namensmäßig unterscheidungskräftig kennzeichnen, d.h. eine Namensfunktion besitzen. Voraussetzung der Namensfunktion ist, dass der Filmtitel aussprechbar ist, um den Namensträger im Verkehr benennen und dadurch identifizieren und individualisieren zu können.[664] Bildzeichen oder unaussprechbare Buchstabenkombinationen besitzen folglich keine namensmäßige Unterscheidungskraft.[665]

Übt ein unterscheidungskräftiger Filmtitel eine entsprechende Namensfunktion aus, greift der Schutz aus § 12 BGB nach dessen Abs. 1 S. 1 Alt. 2 dann ein, wenn schutzwürdige geschäftliche Interessen des Namensinhabers durch den Namensgebrauch verletzt sind (Namensanmaßung) und die Gefahr einer Identitäts- oder Zuordnungsverwirrung entsteht. Des Weiteren besteht Namensschutz nach § 12 Abs. 1 S. 1 Alt. 1 BGB, wenn das Recht zum

[662] *Schwerdtner*, in: MüKo, § 12 Rd. 52; *Palandt/Heinrichs*, § 12 Rd. 1; *Fezer*, MarkenG, § 15 Rd. 22; *Oelschlägel*, S. 158; *Metzger*, S. 169; *Siebert*, BB 1959, 641, 641; a.A. *Klippel*, S. 480 ff.; *ders.*, GRUR 1986, 697, 699 f.; *Tilmann*, GRUR 1981, 621, 621 ff.; *Fabricius*, JR 1972, 15, 16 f.

[663] *Sack*, S. 210; *Deutsch/Mittas*, Rd. 170; *Oelschlägel*, S. 158; *Metzger*, S. 169; *Fezer*, GRUR 1979, 566, 568.

[664] *BGHZ* 14, 155, 160 – „Farina II"; *Palandt/Heinrichs*, § 12 Rd. 11; *Jauernig/Jauernig*, § 12 Rd. 1; *Fezer*, MarkenG, § 15 Rd. 21; *Ingerl/Rohnke*, MarkenG, § 5 Rd. 15.

[665] In diesen Fällen ist der Erwerb von Verkehrsgeltung Voraussetzung für die Entstehung des Namensschutzes. Davon geht wohl auch der *BGH* in GRUR 1979, 564, 565 – „Metall-Zeitung" aus; *BGH* GRUR 1965, 377, 379 – „GdP"; *Schwerdtner*, in: MüKo, § 12 Rd. 92, 98, 114 ff.; *Palandt/Heinrichs*, § 12 Rd. 11 f.; *Fezer*, MarkenG, § 15 Rd. 52, 124 ff.; *Ingerl/Rohnke*, MarkenG, § 5 Rd. 15.

Gebrauch eines Namens dem Berechtigten von einem anderen bestritten wird (Namensleugnung).

Unter der Prämisse einer extensiven Auslegung des § 12 BGB stellt sich die Frage, ob nicht insbesondere in den Fällen ein Schutz des Filmtitels aus § 12 BGB in Betracht kommt, in denen sich der Filmtitel auch aus Namensbestandteilen einer Person zusammensetzt. Bei der Bezeichnung von magazin- oder talkshowähnlichen Fernsehreihen sind die Sendeanstalten vielfach dazu übergegangen, den Namen des Moderators oder der Moderatorin als Titel der Fernsehreihe zu verwenden. Als Filmtitel wird dann entweder der vollständige, sich aus Vor- und Familiennamen zusammensetzende Name als Titel verwendet (z.B. „Quiz...mit Jörg Pilawa" [ARD], „Die Johannes B. Kerner Show" [ZDF] oder „Die Harald Schmidt Show" [SAT.1]) aber auch die Verwendung nur des Vornamens (z.B. „Vera am Mittag" [SAT.1] oder „Arabella" [Pro 7]) oder nur des Nachnamens (z.B. „Späth zur Woche" [n-tv)], „Hallervordens Spot(t) Highlights" [MDR] oder „Krüger sieht alles" [RTL]) ist üblich.[666]

In diesen Fällen identifiziert auch der aus Namensbestandteilen bestehende Filmtitel unmittelbar das Filmwerk und ist damit filmwerkidentifizierendes Unterscheidungsmittel. Nicht hingegen wird der Namensträger dieser Namensbestandteile durch den Filmtitel identifiziert. Der Verkehr erfasst die Namensbestandteile ausschließlich als Bestandteile der geschäftlichen Bezeichnung in ihrer Unterscheidungsfunktion: Durch die Verwendung der Namensbestandteile im Filmtitel wird zwar mittelbar auch ein personaler Bezug zu dem eigentlichen Namensinhaber hergestellt, jedoch kommt es durch die Verwendung der Namensbestandteile in der geschäftlichen Bezeichnung lediglich zur Kennzeichnung des Objekts Filmwerk, nicht aber zu einer Identifizierung und Individualisierung einer Person.[667]

---

[666] Weitere Beispiele: „Sabine Christiansen" (ARD), „Fliege" (ARD), „Friedman" (ARD, Moderation *Michel Friedman*), „Olm!" (RTL, *Hans Werner Olm*), „Koschwitz" (N-24, *Thomas Koschwitz*), „Beltz open" (3sat, Moderation *Matthias Beltz*), „Zwei bei Kallwass" (SAT.1, Psychologie und Lebensberatung mit *Angelika Kallwass*), „Bärbel Schäfer" (RTL), „Richterin Barbara Salesch" (SAT.1), „Zu Gast bei Manfred Schell" (n-tv), „Britt - Der Talk um eins" (SAT.1), „Die Oliver Geissen Show" (RTL), „Andreas Türck" (Pro 7), „Maischberger" (n-tv, *Sandra Maischberger*), „Domian" (WDR), „Herman & Tietjen" (HR, NDR, ORB, SFB 1), „Die Schöneberger-Show" (ZDF), „Veronas Welt" (Super RTL), „Frank Elstner: Menschen der Woche" (SWR), „Gottschalk America" (ZDF).

[667] *Russ*, S. 300; *Deutsch*, S. 102, lehnt einen Namensschutz des Werktitels aus § 12 BGB ab, da der Titel nicht Name einer natürlichen oder juristischen Person, sondern die Bezeichnung einer Sache sei. *LG Mainz* AfP 1992, 390, 391 – „ran": „§ 12 BGB setzt die unbefugte Benutzung eines Namens durch einen Dritten voraus. Der Zeitschriftentitel ‚ran' ist aber kein Name i.S.d. § 12 BGB. Während der Name eine Person individualisiert und kennzeichnet, dient der Titel regelmäßig lediglich der Kennzeichnung eines Werkes, eines Objekts, nicht aber der Kennzeichnung der dahinterstehenden Personen. So steht auch der Titel ‚ran' hier nicht für den Herausgeber oder den Verleger der Zeitschrift, sondern nur für die Zeitschrift selbst."

Der Schutzbereich des § 12 BGB ist deshalb auch in Bezug auf Filmtitel, die Namensbestandteile von Personen enthalten, nicht eröffnet.[668]

Gleiches gilt in den Fällen, in denen der Filmtitel das Unternehmenskennzeichen einer Sendeanstalt (z.B. „RTL aktuell" oder „ZDF.reporter") enthält. Auch hier identifiziert und individualisiert der Filmtitel unmittelbar nur das Filmwerk. Mittelbar ist dem Filmtitel durch die Verwendung des Unternehmenskennzeichens ein Hinweis auf die Sendeanstalt zu entnehmen, jedoch führt dies nicht bereits zu einer Identifizierung und Individualisierung des Unternehmens: Der Verkehr unterscheidet Kennzeichen, die Unternehmensbezeichnungen enthalten, nicht nach der Unternehmensbezeichnung, sondern richtet seine Aufmerksamkeit zur Individualisierung des Filmwerks regelmäßig auf die sonstigen Merkmale des Titels.[669] Mithin wird der eine Unternehmensbezeichnung beinhaltende Filmtitel nicht durch diese, sondern durch die sonstigen Bestandteile geprägt werden. Folglich wird dieser Filmtitel im Verkehr auch nicht als Name dem Unternehmen zugeordnet. Das gilt selbst für solche Titel, die überwiegend aus der Unternehmensbezeichnung bestehen, denn diese Titel enthalten weitere, das Gesamtkennzeichen prägende klarstellende Zusätze, die darauf hinweisen, dass es sich um filmwerkidentifizierende Unterscheidungsmittel handelt.

Ebenso wie der Verkehr auch starke Zeichenannäherungen noch zu unterscheiden mag,[670] differenziert der Verkehr auch zwischen einer Verwendung von Namens- oder Unternehmensbestandteilen: Werden diese als Bestandteile eines Filmtitels zur Kennzeichnung von Filmwerken benutzt, identifiziert und individualisiert der Verkehr das gekennzeichnete Filmwerk. Werden die Bestandteile dagegen nicht als werkidentifizierende Unterscheidungsmittel benutzt, identifiziert der Verkehr diese auch nicht als solche. Filmtitel, die gleichzeitig das Filmwerk und eine Person oder ein Unternehmen identifizieren und individualisieren, sind deshalb kaum denkbar.

---

[668] Das betrifft nur die Fallgruppe, in der sich der Namensinhaber auf einen Schutz der geschäftlichen Bezeichnung nach § 12 BGB beruft. Ist Streitgegenstand dagegen nicht die Verletzung der geschäftlichen Bezeichnung, sondern die Verletzung des Namens einer Person, so kann sich der Namensträger sowohl im geschäftlichen als auch im außergeschäftlichen Verkehr auf den Schutz aus § 12 BGB berufen. Die Verwendung von Namensbestandteilen kann nicht dazu führen, dass dem Namensträger, sofern es um sein Namensrecht und nicht die geschäftliche Bezeichnung geht, ein Schutz aus § 12 BGB versagt wird. Insofern kann die zur Verwendung von Unternehmenskennzeichen ergangene Rechtsprechung des *BGH* in GRUR 2002, 622, 624 – „shell.de" nur bedingt auch auf die Verwendung von Namen natürlicher Personen übertragen werden.

[669] *BGH* GRUR 2001, 164, 166 – „Wintergarten"; *BGH* GRUR 1996, 404, 405 – „Blendax Pep"; *BGH* GRUR 1996, 406, 407 – „JUWEL"; *Ullmann*, GRUR 1996, 712, 714.

[670] *BGH* GRUR 2001, 1050, 1052 – „Tagesschau"; *BGH* GRUR 2001, 1054, 1056 – „Tagesreport"; *OLG Frankfurt a. M.* WRP 1992, 117, 118 f. – „Hessen-Report".

II. Konkurrenzverhältnis zu den werktitelrechtlichen Regelungen des Markengesetzes

Sofern ein Filmtitel im Ausnahmefall nicht nur filmwerkidentifizierend wirkt, sondern daneben auch ein Unternehmen oder eine Person identifiziert und somit der Anwendungsbereich des § 12 BGB nach Rechtsprechung und überwiegender Literatur eröffnet ist, stellt sich die Frage nach dem Konkurrenzverhältnis zu den werktitelrechtlichen Regelungen im Markengesetz. Der Schutzumfang von § 12 BGB und den §§ 5 und 15 MarkenG stimmt überein, soweit es um eine Benutzung der geschäftlichen Bezeichnung im geschäftlichen Verkehr geht. Das gilt auch für den umstrittenen Fall, dass bei überragender Verkehrsgeltung berühmter geschäftlicher Bezeichnungen die bloße Verwässerungsgefahr noch als eine Interessenverletzung im Sinne des § 12 BGB angesehen wird, da der Verwässerungsschutz seit dem 1. Januar 1995 in § 15 Abs. 3 MarkenG geregelt ist.[671] Der *BGH* hat zu der Regelung des § 15 Abs. 3 MarkenG ausgeführt, dass sich der Schutz des bekannten Werktitels im Markengesetz als eine umfassende spezialgesetzliche Regelung darstellt, mit der der bislang von der Rechtsprechung entwickelte Schutz fixiert und ausgebaut werden soll.[672] Ungeachtet der Regelung des § 2 MarkenG lasse § 15 Abs. 3 MarkenG in seinem Anwendungsbereich für einen außermarkengesetzlichen Titelschutz keinen Raum. Ein Rückgriff auf § 12 BGB bei einer kennzeichenmäßigen oder nicht kennzeichenmäßigen Benutzung des Filmtitels im geschäftlichen Verkehr scheidet demnach aus.

Gegen diese Ansicht wird vor allem die gesetzliche Regelung des § 2 MarkenG angeführt, die davon spricht, dass der Schutz u.a. von geschäftlichen Bezeichnungen nach dem Markengesetz die Anwendung anderer Vorschriften zum Schutz dieser Kennzeichen nicht ausschließt.[673] Zu beachten ist allerdings, dass der Gesetzgeber für das Werktitelrecht mit der

---

[671] *Berlit*, GRUR 2002, 572, 573; *Klippel*, GRUR 1986, 697, 699 f., wendet sich gegen eine Verortung des Verwässerungsschutzes in § 12 BGB, da die Vorschrift nach Wortlaut und Entstehungsgeschichte auf den persönlichkeitsrechtlichen Schutz des Namens als Mittel der Individualisierung einer Person zugeschnitten ist. *Ingerl/Rohnke*, MarkenG, Nach § 15 Rd. 22: „Ob auch die bloße Verwässerungsgefahr noch als eine Interessenverletzung i.S.d. § 12 BGB angesehen werden kann [...], erscheint wegen der fehlenden Identitäts- oder Zuordnungsverwirrung fraglich [...], so dass jedenfalls für Unternehmenskennzeichen die Schutzgewährung über § 823 Abs. 1 BGB vorzuziehen ist, soweit nicht ohnehin § 15 Abs. 3 MarkenG eingreift."

[672] *BGH* GRUR 2001, 1050, 1051 – „Tagesschau"; *BGH* GRUR 2001, 1054, 1055 – „Tagesreport"; *BGH* WRP 1999, 1279, 1283 – „Szene"; der *BGH* spricht in diesen Entscheidungen allerdings nur davon, dass § 15 Abs. 3 MarkenG in seinem Anwendungsbereich für eine gleichzeitige Anwendung des § 1 UWG oder des § 823 BGB grundsätzlich keinen Raum lasse. Für § 12 BGB kann jedoch nichts anderes gelten, wenn § 15 Abs. 2 und Abs. 3 MarkenG eine umfassende spezialgesetzliche Regelung darstellen sollen; so jetzt auch *BGH* GRUR 2002, 622, 623 – „shell.de". Anders noch der *BGH* in GRUR 1979, 564, 565 – „Metall-Zeitung": „Die Kl. vermag das begehrte Verbot auch nicht aus § 12 BGB – der als selbständige Anspruchsgrundlage neben die der genannten kennzeichenrechtlichen Spezialvorschriften tritt – herzuleiten."

[673] *Deutsch*, WRP 2000, 854, 856 f.; *Krings*, GRUR 1996, 624, 625 f.; *Klippel/Pahlow*, in: HK-Markenrecht, § 2 Rd. 3, § 15 Rd. 104 ff.; *Fezer*, MarkenG, § 2 Rd. 4, 9, § 15 Rd. 2; *Ingerl/Rohnke*, MarkenG, Nach 15 Rd. 5; widersprüchlich *A/S/K/Klaka*, MarkenG, der in § 15 Rd. 18 von Anspruchskonkurrenz zwischen § 12 BGB und § 15 MarkenG spricht, andererseits aber in § 2 Rd. 3 der Rechtsprechung des *BGH* zustimmt.

Normierung besonderer Anspruchsvoraussetzungen in § 15 Abs. 2 und Abs. 3 MarkenG und der markengesetzlichen Schutzschranken eine in seinem Anwendungsbereich abschließende Regelung geschaffen hat, die nicht durch einen Rückgriff auf weitergehende gesetzliche Regelungen umgangen werden darf und damit die gesetzlichen Anforderungen des Markengesetzes aushöhlt. Aus diesem Grund ist § 2 MarkenG einschränkend dahingehend auszulegen, dass ein außermarkengesetzlicher Schutz nur dann in Betracht kommt, wenn der Anwendungsbereich des Werktitelrechts nicht eröffnet ist.[674]

Einen eigenständigen Anwendungsbereich hat § 12 BGB im außergeschäftlichen Verkehr, denn in diesem findet der markengesetzliche Werktitelschutz keine Anwendung.[675] Sofern der Filmtitel im außergeschäftlichen Verkehr benutzt wird, ist zwischen den Fallgruppen zu unterscheiden, in denen die geschäftliche Bezeichnung gleichzeitig ein Unternehmen bezeichnet und in denen sie eine Person bezeichnet: Der aus § 12 BGB abgeleitete Schutz des Namens eines Unternehmens ist auf den Funktionsbereich des betreffenden Unternehmens beschränkt und reicht nur so weit, wie *geschäftliche* Beeinträchtigungen zu erwarten sind, was durch eine Benutzung im außergeschäftlichen Verkehr regelmäßig nicht der Fall ist.[676] Individualisiert der Filmtitel dagegen gleichzeitig auch eine Person, so findet § 12 BGB Anwendung. Doch auch für diese Fallgruppe besteht kein Bedürfnis, auf § 12 BGB zurückzugreifen, denn das Filmtitelrecht ist als absolutes Recht im außergeschäftlichen Verkehr ausreichend durch die §§ 823, 826 und 1004 Abs. 1 analog BGB geschützt. Das gilt insbesondere für das vermeintliche Bedürfnis nach einem Verwässerungsschutz im außergeschäftlichen Verkehr.[677] Insofern stimmen die Anforderungen an den Berühmtheitsschutz aus § 823 Abs. 1 BGB mit denen an einen Verwässerungsschutz der berühmten geschäftlichen Bezeichnung aus § 12 BGB überein.[678]

Ein rechtsdogmatisch fragwürdiger Rückgriff auf § 12 BGB, der weder nach seinem Wortlaut noch aufgrund seiner systematischen Stellung im BGB auf geschäftliche Bezeichnungen anwendbar ist, ist weder im geschäftlichen noch im außergeschäftlichen Verkehr erforderlich.

---

674 *Starck*, FS *Erdmann*, S. 485, 487 f., 489 Fn. 13.
675 *BGH* GRUR 2002, 622, 624 – „shell.de".
676 *BGH* GRUR 2002, 622, 624 – „shell.de"; *Schwerdtner*, in: MüKo, § 12 Rd. 246; *Teplitzky*, in: UWG GK, § 16 Rd. 271; *Klippel/Pahlow*, in: HK-Markenrecht, § 15 Rd. 118.
677 *LG München I* ZUM 1985, 105, 108 f. – „Jetzt red'i"; *Ingerl/Rohnke*, MarkenG, Nach § 15 Rd. 22.
678 *Fezer*, MarkenG, § 15 Rd. 19; *Schultz-Süchting*, in: Hdb. WbR, § 62 Rd. 9.

5. Kapitel: Der wettbewerbsrechtliche Schutz des Filmtitels

Das UWG bietet mit seinen Generalklauseln in den §§ 1 und 3 UWG weitere Rechtsgrundlagen für den Filmtitelschutz neben dem Markengesetz. Während im Markengesetz der Schutz des Filmtitels als subjektives Recht im Vordergrund steht, bezweckt das UWG den Schutz des lauteren Wettbewerbs durch einen Konkurrenten- und Verbraucherschutz und einen Schutz der Allgemeinheit vor Beeinträchtigungen durch eine völlig unbeschränkte Wettbewerbsfreiheit, um so die Funktionsfähigkeit der Wettbewerbsordnung zu gewährleisten.[679] Aufgrund dieser unterschiedlichen Zielsetzungen von UWG und Markengesetz stellt sich in Bezug auf den Filmtitelschutz die Frage nach dem Konkurrenzverhältnis zwischen UWG und den werktitelrechtlichen Regelungen im Markengesetz (I.). Sodann werden die Schutzvoraussetzungen der §§ 1 und 3 UWG herausgearbeitet und Fallgruppen untersucht, die vom Anwendungsbereich der §§ 1 und 3 UWG erfasst werden (II.).

I. Konkurrenzverhältnis zum markengesetzlichen Filmtitelschutz

Rechtsprechung und Literatur haben vor dem Inkrafttreten des Markengesetzes als gesetzliche Grundlagen für den Filmtitelschutz neben § 16 Abs. 1 UWG a.F. auch die §§ 1 und 3 UWG herangezogen, sofern sich der in § 16 Abs. 1 UWG a.F. normierte Schutz vor Verwechslungsgefahr als nicht ausreichender Schutz des Filmtitels im Wettbewerb erwies.[680] Mit der Integration des § 15 Abs. 3 in das Markengesetz ist neben dem nunmehr in § 15 Abs. 2 MarkenG normierten Schutz vor Verwechslungsgefahr der werktitelrechtliche Schutzbereich auf den Schutz des bekannten Titels vor einer unlauteren Ausnutzung oder Beeinträchtigung der Unterscheidungskraft oder Wertschätzung erweitert worden und erfasst damit Fallgruppen, die von Rechtsprechung und Literatur vor dem Inkrafttreten des Markengesetzes über § 1 UWG gelöst wurden: Durch die Normierung des Schutzes der bekannten geschäftlichen Bezeichnung vor einer unlauteren Ausnutzung ihrer Wertschätzung in § 15 Abs. 3 MarkenG wird insbesondere der von der Rechtsprechung und Literatur aus § 1 UWG entwickelte Schutz bekannter geschäftlicher Bezeichnungen vor einer Rufausbeutung vom Anwendungsbereich des Markengesetzes erfasst. Insofern ist der Anwendungsbereich von § 1 UWG und § 15 Abs. 3 MarkenG identisch.

---

[679] *Klippel*, in: HK-Wettbewerbsrecht, E 2 Rd. 2; *Baumbach/Hefermehl*, Einl. Rd. 40 ff.
[680] *BGH* GRUR 1993, 692, 694 f. – „Guldenburg“; *Mittas*, S. 107 ff.; *Metzger*, S. 113 f., 116 ff.; *Röder*, S. 73 ff.

Sofern sich nunmehr die Anwendungsbereiche des UWG und des Markengesetzes überschneiden, stellt sich die Frage nach dem Konkurrenzverhältnis. Ob neben dem Anwendungsbereich des § 15 Abs. 3 MarkenG auch auf § 1 UWG zurückgegriffen werden kann, ist umstritten. Das Markengesetz schließt nach § 2 MarkenG den Schutz u.a. von geschäftlichen Bezeichnungen nach anderen Vorschriften nicht aus. Unter Berufung auf § 2 MarkenG nimmt ein Teil der Literatur deshalb eine kumulative Anspruchskonkurrenz zwischen marken- und wettbewerbsrechtlichen Normen an.[681] Andere gehen ebenfalls von einer Anspruchskonkurrenz aus, wollen aber bei der Auslegung der wettbewerbsrechtlichen Generalklausel des § 1 UWG die dem Markengesetz zugrunde liegenden Grundsätze berücksichtigen, um die besonderen Tatbestandsvoraussetzungen des Markengesetzes und die damit verfolgten Wertungen des Gesetzgebers nicht über das UWG auszuhöhlen.[682]

Nach Ansicht des *BGH* ergibt sich der Schutz bekannter Kennzeichen seit dem Inkrafttreten des Markengesetzes in erster Linie aus § 9 Abs. 1 Nr. 3 und § 14 Abs. 2 Nr. 3 sowie aus § 15 Abs. 3 MarkenG.[683] Der Schutz der bekannten geschäftlichen Bezeichnung im Markengesetz stelle „sich als eine umfassende spezialgesetzliche Regelung dar, mit der der bislang in der Rechtsprechung entwickelte Schutz fixiert und ausgebaut werden" soll. In ihrem Anwendungsbereich lasse diese Regelung für eine gleichzeitige Anwendung des § 1 UWG keinen Raum. Die Gesetzesbegründung zum Markengesetz lässt ebenfalls den Schluss zu, dass ein wettbewerbsrechtlicher Titelschutz im Anwendungsbereich des Markengesetzes ausscheidet:[684] „Nach Absatz 3 soll ‚bekannten' geschäftlichen Bezeichnungen in gleicher Weise wie ‚bekannten' Marken ein erweiterter Schutzbereich zukommen. Es erscheint nicht gerechtfertigt, ‚bekannten' geschäftlichen Bezeichnungen, die häufig auch als Marke eingetragen sind oder markenrechtlichen Schutz infolge ihrer Verkehrsgeltung genießen, einen solch erweiterten Schutzumfang nicht zu gewähren und ihre Inhaber stattdessen auf sonstige Ansprüche, wie zum Beispiel aus § 1 UWG [...] zu verweisen."

Der Gesetzgeber wollte folglich mit der Integration des § 15 Abs. 3 MarkenG den Schutz des bekannten Werktitels auf markengesetzlicher Grundlage stärken und einen damit nicht mehr gerechtfertigten Rückgriff auf die Generalklausel des § 1 UWG ausschließen. Ein Schutz des Filmtitels aus § 1 UWG kommt daher nur in einem sehr beschränkten Umfang in

---

681 *Fezer*, MarkenG, § 2 Rd. 2 ff.; *Deutsch/Mittas*, Rd. 157; *Oelschlägel*, S. 152.

682 *Klippel/Pahlow*, in HK-Markenrecht, § 2 Rd. 3, 7, § 15 Rd. 4; *Sack*, S. 201 ff.; *Deutsch*, GRUR 2002, 308, 309; andeutungsweise *ders.* bereits in WRP 2000, 854, 858: „[...] bei dieser Prüfung können durchaus die Wertvorstellungen berücksichtigt werden, die der Gesetzgeber in den §§ 4, 14 Abs. 2 Nr. 3 und 5, 15 Abs. 3, 16, insbesondere aber in §§ 23 ff. MarkenG zum Ausdruck gebracht hat, um auf diese Wese widersprüchliche Entscheidungen zu vermeiden und zu gerechten und praktikablen Ergebnissen zu gelangen."

683 *BGH* GRUR 2001, 1050, 1051 – „Tagesschau"; *BGH* GRUR 2001, 1054, 1055 – „Tagesreport"; *BGH* WRP 1999, 1279, 1283 – „Szene".

684 Amtl. Begr., BT-Drucks. 12/6581, S. 76.

Betracht. Dem steht auch § 2 MarkenG nicht entgegen; diese Norm ist unter Berücksichtigung der Gesetzesbegründung insofern teleologisch zu reduzieren, als sie einen ergänzenden außermarkengesetzlichen Schutz dann zulässt, wenn der Anwendungsbereich des Markengesetzes nicht eröffnet ist.[685] Durch die Kodifizierung des Bekanntheitsschutzes der geschäftlichen Bezeichnung in § 15 Abs. 3 MarkenG ist bewusst eine tatbestandliche Konkretisierung vorgenommen worden, die an die Stelle der unbestimmten und sehr auslegungsbedürftigen Generalklausel des § 1 UWG getreten ist.[686] Auch ein Rückgriff auf § 3 UWG im Anwendungsbereich des § 15 Abs. 2 MarkenG scheidet aus,[687] um nicht die Voraussetzungen des § 15 Abs. 2 MarkenG an einen Schutz des Filmtitels vor Verwechslungsgefahr zu umgehen.

Ebenso lässt sich aus den grundsätzlich unterschiedlichen Schutzzwecken von Markengesetz und UWG zumindest für § 1 UWG keine Anspruchskonkurrenz zu den markengesetzlichen Tatbeständen herleiten, denn mit der Einbeziehung des wettbewerbsrechtlich ausgerichteten Ausbeutungstatbestandes in § 15 Abs. 3 MarkenG (unlauteren Ausnutzung der Wertschätzung der bekannten geschäftlichen Bezeichnung) ist die bisherige Rechtsprechung zur Rufausbeutung der bekannten geschäftlichen Bezeichnung nach § 1 UWG im Markengesetz kodifiziert worden. Ferner verdeutlicht das Tatbestandsmerkmal „in unlauterer Weise" den wettbewerbsrechtlichen Gehalt des markengesetzlichen Titelschutzes in § 15 Abs. 3 MarkenG und damit eine übereinstimmende Zielrichtung von Werktitelrecht und Wettbewerbsrecht.[688]

Da der Gesetzgeber mit der Einbeziehung des Schutzes der bekannten geschäftlichen Bezeichnung in das Markengesetz das Ziel einer Vereinheitlichung des Kennzeichenschutzes verfolgt hat,[689] würde dieses gesetzgeberische Anliegen durch einen Rückgriff auf außermarkengesetzliche Anspruchsgrundlagen umgangen. Innerhalb des Anwendungsbereichs des Markengesetzes ist deshalb auf einen ergänzenden Titelschutz nach den §§ 1 und 3 UWG zu verzichten. Lediglich dort, wo das Markengesetz Schutzlücken lässt oder es von vornherein nicht anwendbar ist, kommt ein ergänzender Schutz nach dem UWG in Betracht.[690]

---

685 *KG Berlin* WRP 2001, 551, 554 – „Alex/live vom Alex"; *Starck*, FS *Erdmann*, S. 485, 487 ff.; *Helm*, GRUR 2001, 291, 293; *Piper*, GRUR 1996, 429, 435; *A/S/K/Klaka*, MarkenG, § 2 Rd. 3; *Ingerl/Rohnke*, MarkenG, § 2 Rd. 1; *v. Schultz/v. Schultz*, MarkenG, § 2 Rd. 3.

686 Amtl. Begr., BT-Drucks. 12/6581, S. 76; *BGH* GRUR 2001, 1050, 1051 – „Tagesschau"; *BGH* GRUR 2001, 1054, 1055 – „Tagesreport"; *BGH* WRP 1999, 1279, 1283 – „Szene"; *Berlit*, Rd. 54a.

687 *BGH* GRUR 2002, 622, 623 – „shell.de".

688 *Helm*, GRUR 2001, 291, 291; *A/S/K/Klaka*, MarkenG, § 2 Rd. 5; *Fezer*, MarkenG, § 14 Rd. 428.

689 Amtl. Begr., BT-Drucks. 12/6581, S. 55.

690 *Starck*, FS *Erdmann*, S. 485, 488 f.; *Helm*, GRUR 2001, 291, 291 ff.; *Ingerl/Rohnke*, MarkenG, § 14 Rd. 523; *A/S/K/Klaka*, MarkenG, § 2 Rd. 3, 5; *Berlit*, Rd. 54a; zu den einzelnen von den §§ 1 und 3 UWG erfassten Fallgruppen vgl. die Ausführungen im 5. Kapitel unter II. 1. „Der Schutz nach § 1 UWG" und II. 2. „Der Schutz nach § 3 UWG".

II. Der Schutz des Filmtitels nach den §§ 1 und 3 UWG

Anknüpfungspunkt der §§ 1 und 3 UWG ist ein Handeln im geschäftlichen Verkehr zu Zwecken des Wettbewerbs. Ebenso wie im Markengesetz schließt das weit zu verstehende Merkmal des Handelns im geschäftlichen Verkehr lediglich rein private, betriebsinterne und hoheitliche Handlungen vom Anwendungsbereich des UWG aus.[691]

Das Merkmal „zu Zwecken des Wettbewerbs" setzt voraus, dass zwischen den im geschäftlichen Verkehr agierenden Marktteilnehmern ein Wettbewerbsverhältnis besteht und der einzelne Marktteilnehmer in Wettbewerbsabsicht handelt.[692] Ein Wettbewerbsverhältnis liegt dann vor, wenn marktbezogene Handlungen geeignet sind, die eigene Position im Wettbewerb zu begünstigen und gleichzeitig die eines anderen zu beeinträchtigen.[693] Das ist nicht nur bei einer gewissen Branchennähe der Marktteilnehmer der Fall, sondern ein Wettbewerbsverhältnis kann auch bei völliger Branchenverschiedenheit vorliegen, sobald die Marktteilnehmer die gleichen Verkehrskreise ansprechen, was auch durch eine einzige Wettbewerbshandlung geschehen kann.[694] Zwischen den Marktteilnehmern der Medienbranche ist somit ein Wettbewerbsverhältnis ohne weiteres anzunehmen. In den Fällen jedoch, in denen Filmtitel für andere Produkte verwendet werden, ist ein solches Wettbewerbsverhältnis schwieriger zu begründen. Es ergibt sich aber letztlich daraus, dass die wirtschaftliche Verwertung des Filmtitelrechts durch die Vergabe von Lizenzen in Konkurrenz zu einem Vertrieb von Waren unter demselben Kennzeichen steht.[695] Durch die mit der Kennzeichenverwendung eines branchenfremden Dritten verbundene wirtschaftliche Verwertung entsteht ein Wettbewerbsverhältnis zwischen diesem und dem Inhaber des Filmtitelrechts.

Als subjektives Merkmal ist neben einem bestehenden Wettbewerbsverhältnis eine Absicht erforderlich, den eigenen oder fremden Wettbewerb zum Nachteil eines anderen Wett-

---

691 *Metzger*, S. 111, 115.

692 *Ekey*, in: HK-Wettbewerbsrecht, § 3 Rd. 69.

693 *Meckel*, in: HK-Wettbewerbsrecht, E 3 Rd. 20; *Emmerich*, S. 23; vgl. auch die Definition in § 2 Nr. 1 des Entwurfs eines Gesetzes gegen den unlauteren Wettbewerb vom 23. Januar 2003 (Referentenentwurf), GRUR 2003, 298 ff., 304.

694 *BGH* GRUR 1985, 550, 552 – „Dimple"; *OLG Hamburg* GRUR 2000, 243, 244 – „Lottoschein"; *Ingerl/Rohnke*, MarkenG, § 14 Rd. 522; *Emmerich*, S. 24; *Kröner*, S. 178; *Metzger*, S. 112; vgl. auch die Begründung zum Entwurf eines Gesetzes gegen den unlauteren Wettbewerb vom 23. Januar 2003 (Referentenentwurf), GRUR 2003, 298 ff., 304.

695 *BGH* GRUR 1960, 144, 146 – „Bambi"; *OLG Hamburg* WRP 1991, 177, 182 – „Guldenburg" (In der Revision GRUR 1993, 692, 694 f. – „Guldenburg" lehnt der *BGH* einen Anspruch aus § 1 UWG ab, da dem ZDF aufgrund medienrechtlicher Vorschriften keine schützenswerte Rechtsposition in Bezug auf ein Titelmerchandising zustehe.); *OLG München* GRUR 1990, 43, 43 f. – „Donnerlippchen"; *LG München I* GRUR 1989, 60, 62 – „Wetten, daß ..."; *Kröner*, S. 177 ff.

bewerbers zu fördern.[696] Eine solche Wettbewerbsabsicht wird regelmäßig vermutet, es sei denn, es bestehen besondere Anhaltspunkte, die gegen eine Wettbewerbsabsicht sprechen.[697]

1. Der Schutz nach § 1 UWG

Der Schutz des Filmtitels nach § 1 UWG setzt voraus, dass im geschäftlichen Verkehr zu Zwecken des Wettbewerbs Handlungen vorgenommen werden, die gegen die guten Sitten verstoßen. Als Rechtsfolge gewährt § 1 UWG einen Unterlassungs- und Schadensersatzanspruch.

Vor dem Inkrafttreten des Markengesetzes haben Rechtsprechung und Literatur einen Schutz des Filmtitels ergänzend zu § 16 Abs. 1 UWG a.F. auch aus § 1 UWG hergeleitet, um dem Schutzbedürfnis der Titelrechtsinhaber auch außerhalb des Anwendungsbereichs des § 16 Abs. 1 UWG a.F. Rechnung zu tragen. Mit dem Inkrafttreten des Markengesetzes ist ein Titelschutz aus § 1 UWG nur noch in den Fällen möglich, in denen der Anwendungsbereich der werktitelrechtlichen Regelungen des Markengesetzes nicht eröffnet ist. Damit stellt sich die Frage, welche Fallgruppen nach dem Inkrafttreten des Markengesetzes noch von § 1 UWG erfasst werden können.

Kein Titelschutz nach den §§ 5 und 15 MarkenG besteht in dem Zeitraum vor der Entstehung des Filmtitelrechts. Generell fehlt ein Vorbenutzungsschutz im Markengesetz, auch die nicht eingetragene oder Verkehrsgeltung beanspruchende Marke ist als solche nicht geschützt. Doch bereits in diesem Zeitraum vor der Entstehung des Filmtitelrechts kann eine schutzbedürftige und auch schutzfähige Rechtsposition an dem Filmtitel entstehen, die sich ähnlich dem Schutz der Vorbenutzung von Marken durch § 1 UWG begründen lässt: Durch die Vorbenutzung des Titels kann im Einzelfall bereits ein wertvoller Besitzstand geschaffen werden, der vor einem wettbewerbswidrigen Behinderungswettbewerb Dritter geschützt werden muss.[698]

Nach der Ansicht des *OLG München* gewährt der durch eine Vorbenutzung erworbene Besitzstand zwar keine absolute Rechtsstellung und ist als solcher auch nicht geschützt; allerdings unterliege dieser kennzeichenrechtliche Grundsatz dann aber wettbewerbsrechtlichen

---

[696] *Meckel*, in: HK-Wettbewerbsrecht, E 3 Rd. 34; vgl. auch die Begründung zum Entwurf eines Gesetzes gegen den unlauteren Wettbewerb vom 23. Januar 2003 (Referentenentwurf), GRUR 2003, 298 ff., 304.

[697] *Metzger*, S. 112; *Meckel*, in: HK-Wettbewerbsrecht, E 3 Rd. 34; kritisch zu dem Merkmal der Wettbewerbsabsicht *Emmerich*, S. 29 f.

[698] *OLG Hamburg* WRP 1991, 177, 184 – „Guldenburg"; *OLG München* GRUR 1990, 43, 44 – „Donnerlippchen"; *Kröner*, S. 197 f.; *Sambuc*, GRUR 2000, 391, 391; *Starck*, DZWir 1996, 313, 316; *Teplitzky*, in: UWG GK, § 16 Rd. 105; ähnlich *Schwedler*, S. 44 f., der von einem Eingriff in eine „Schutzanwartschaft" einer fremden Leistung zum Zweck der eigenwirtschaftlichen Nutzung spricht.

Einschränkungen, wenn auf Seiten des Zeichenrechtsinhabers wettbewerbliche Umstände vorliegen, die sein Vorgehen im Verhältnis zum Vorbenutzer als wettbewerbsfremd und sittenwidrig erscheinen lassen.[699] Nach der Auffassung des Gerichts ist einer Vorbenutzung die Verwendung eines Titels für ein noch nicht fertig gestelltes Filmwerk gleichzustellen, wenn zum Zeitpunkt der Markenanmeldung des Dritten die Vorbereitungsarbeiten für das Filmwerk weitgehend abgeschlossen sind und es folglich nur mit erheblichen Schwierigkeiten möglich ist, den gewählten Titel wieder zu ändern. Der Titel einer geplanten Fernsehserie enthalte bereits einen von deren Dauer und Beliebtheit abhängigen Wert, der es verdiene, umfassend geschützt zu sein. Wettbewerbswidrig und damit sittenwidrig ist nach der Ansicht des Gerichts die Anmeldung des Titels einer geplanten Fernsehserie als Marke insbesondere dann, wenn sie unter Ausnutzung von Insiderwissen erfolgt.

Aber auch unabhängig von einer Ausnutzung von Insiderwissen liegt in der bewussten Behinderung einer eigenwirtschaftlichen Kennzeichenverwertung ein über § 1 UWG erfassbarer wettbewerbswidriger Behinderungswettbewerb.[700] Diese Fallgruppe des wettbewerbswidrigen Behinderungswettbewerbs durch Dritte gegenüber dem Titelrechtsinhaber wird von den werktitelrechtlichen Regelungen des Markengesetzes nicht erfasst. Sie betrifft den Schutz des Filmtitels im Zeitraum vor der Schutzrechtsentstehung des Titelrechts, in welchem sich der Behinderungswettbewerb Dritter als sittenwidriges Verhalten im Wettbewerb darstellt, so dass eine Anwendung des § 1 UWG gerechtfertigt ist.

Ein weiterer Anwendungsbereich des § 1 UWG betrifft die bewusste Anlehnung an die Titel bekannter ausländischer Filmwerke, wenn es an einer Benutzung des Filmtitels für ein fertiges Filmwerk im territorialen Geltungsbereich des Markengesetzes fehlt und diese Titel somit nicht unter den Schutzbereich des Werktitelrechts fallen.[701] In diesen Fällen kommt ein Schutz nach den von Rechtsprechung und Literatur entwickelten Grundsätzen zum Schutz des bekannten Filmtitels vor einer Rufausbeutung nach § 1 UWG in Betracht, d.h. dass ein Dritter den Ruf und insbesondere eine damit verbundene Gütevorstellung des Filmtitels durch einen Imagetransfer ausnutzt, was voraussetzt, dass der Titel einen gewissen, von der Rechtsprechung nicht konkretisierten, aber im Bereich von ca. 30 bis 35 % liegenden Bekanntheitsgrad im Verkehr erreichen muss und zudem eine positive Wertschätzung im Verkehr genießt.[702]

---

699 *OLG München* GRUR 1990, 43, 44 – „Donnerlippchen".

700 *OLG Hamburg* WRP 1991, 177, 183 – „Guldenburg"; *Kröner*, S. 197 f.; *Sambuc*, GRUR 2000, 391, 391, betont, dass in diesem Zusammenhang subjektive Elemente eine nicht unerhebliche Rolle spielen; ebenso *Starck*, DZWir 1996, 313, 316.

701 *Deutsch*, WRP 2000, 854, 857; *Ingerl/Rohnke*, MarkenG, § 14 Rd. 526.

702 *BGH* GRUR 1985, 550, 553 – „Dimple"; *BGH* GRUR 1993, 692, 694 – „Guldenburg".

Des Weiteren wird in der Literatur die Ansicht vertreten, dass das Markengesetz für die Fallgruppe einer vorsätzlichen Rufschädigung nicht bekannter geschäftlicher Bezeichnungen oder Marken eine Schutzlücke aufweise, denn insoweit seien auch diese schutzwürdig und schutzbedürftig.[703] Durch einen Rückgriff auf § 1 UWG werden jedoch die besonderen durch das Markengesetz normierten Anforderungen an einen Schutz des Filmtitels vor Rufschädigung umgangen.[704] Das Markengesetz beschränkt in § 15 Abs. 3 MarkenG den Schutz gegen Rufschädigung auf *bekannte* Werktitel und ist insofern als abschließende Regelung anzusehen. Da ferner das Merkmal der Rufschädigung voraussetzt, dass der Filmtitel eine besondere Wertschätzung im Verkehr genießt, die beeinträchtigt wird, ist eine Rufschädigung nicht bekannter Filmtiteln nicht denkbar.

Auch eine Anwendung des § 1 UWG auf die Beeinträchtigung der Unterscheidungskraft des Filmtitels durch die beschreibende Verwendung als Gattungsbezeichnung scheidet aus, da dieser Tatbestand bereits von § 15 Abs. 3 MarkenG erfasst wird und seine Grenzen in § 23 MarkenG findet.[705] Durch einen Rückgriff auf § 1 UWG werden die durch das Markengesetz geschaffenen Voraussetzung des Filmtitelschutzes vor Verwässerungsgefahr umgangen, was mit dem vom Gesetzgeber beabsichtigten und von der Rechtsprechung anerkannten abschließenden Charakter des Markengesetzes unvereinbar ist.

2. Der Schutz nach § 3 UWG

Nach § 3 S. 1 UWG kann derjenige, der im geschäftlichen Verkehr zu Zwecken des Wettbewerbs über geschäftliche Verhältnisse irreführende Angaben macht, auf Unterlassung der Angaben in Anspruch genommen werden. Daneben regelt § 13 Abs. 6 Nr. 1 UWG eine Schadensersatzpflicht gegenüber den betroffenen Konkurrenten, wenn der Verletzer wusste oder wissen musste, dass die von ihm gemachten Angaben irreführend sind. Fraglich ist, in welchen Fällen außerhalb des Anwendungsbereichs des Markengesetzes irreführende Angaben über geschäftliche Verhältnisse zu Zwecken des Wettbewerbs vorliegen können, die einen Schutz nach § 3 MarkenG rechtfertigen.

---

[703] *Deutsch*, WRP 2000, 854, 857; *Ingerl/Rohnke*, MarkenG, § 2 Rd. 7, § 14 Rd. 524; *A/S/K/Klaka*, MarkenG, § 2 Rd. 5.

[704] *Helm*, GRUR 2001, 291, 293.

[705] Für eine Anwendung des § 1 UWG in Bezug auf diese Fallgruppe sprechen sich aus: *Deutsch*, WRP 2000, 854, 857; *Fezer*, MarkenG, § 2 Rd. 19; *Ingerl/Rohnke*, MarkenG, § 2 Rd. 7; *A/S/K/Klaka*, MarkenG, § 2 Rd. 5.

a) Irreführende Angaben

Irreführende Angaben über geschäftliche Verhältnisse im Sinne von § 3 S. 1 UWG liegen vor, wenn die Angaben geeignet sind, rationale Fehlvorstellungen im Verkehr hervorzurufen.[706] Um eine Irreführung der angesprochenen Verkehrskreise auslösen zu können, muss die Angabe über geschäftliche Verhältnisse unrichtig sein oder zu einer Fehlvorstellung führen können. Auszugehen ist nach der Rechtsprechung bei der Beurteilung der Gefahr einer Irreführung von dem Verbraucherleitbild eines durchschnittlich informierten und verständigen Verbrauchers.[707] § 3 S. 1 UWG setzt nicht voraus, dass es tatsächlich zu einer Irreführung gekommen ist; vielmehr ist ausreichend, dass die Angaben eine Irreführung bei den angesprochenen Verkehrskreisen auszulösen können, die sich in der Marktentscheidung auswirkt.

Angaben sind dem Beweis zugängliche Sachinformationen über geschäftliche Verhältnisse, die auch Werturteile umfassen können, sofern diese auf bestimmten Tatsachen beruhen.[708] In der Benutzung des den Filmtitel ausmachenden Wort-, Bild-, Hör- oder Bewegungszeichens für ein anderes Filmwerk oder ein sonstiges Werk, Produkt oder Unternehmen liegt dann eine Angabe im Sinne des § 3 S. 1 UWG, wenn das Kennzeichen einen informativen Gehalt besitzt. Dagegen sind Werbemaßnahmen, die lediglich der Anpreisung und als Blickfang dienen, keine Angaben im Sinne des § 3 S. 1 UWG; ihnen fehlt eine inhaltliche Aussagekraft.[709] In der Verwendung des Worttitels „Wetten, daß..." in einem Werbeprospekt eines Autoreifenhändlers in deutlicher Anlehnung an die gleichnamige Fernsehreihe liegt somit keine Angabe über geschäftliche Verhältnisse im Sinne des § 3 S. 1 UWG, da die Verwendung der Bezeichnung in dieser Form keinen sachlichen Informationsgehalt vermittelt; lediglich der positive Aufmerksamkeitswert der bekannten Bezeichnung wird für den Zweck der Eigenwerbung ausgenutzt.[710] Aus dem gleichen Grund kann in der Verwendung des Filmtitels für ein Produkt keine Angabe über geschäftliche Verhältnisse gesehen werden, wenn mit der Kennzeichenverwendung lediglich Assoziationen über Luxus, Wohlstand oder einen bestimmten Lebensstil hervorgerufen werden, ohne dass tatsächlich eine Sachinformation damit verbunden wird.[711]

---

[706] *Ekey*, in: HK-Wettbewerbsrecht, § 3 Rd. 94; *Baumbach/Hefermehl*, § 3 Rd. 22.
[707] *BGH* GRUR 2000, 619, 621 – „Orient-Teppichmuster"; *Scherer*, GRUR 2000, 273, 277.
[708] *Ekey*, in: HK-Wettbewerbsrecht, § 3 Rd. 75 ff., 81; *Baumbach/Hefermehl*, § 3 Rd. 12 f.; *Emmerich*, S. 182 f.
[709] *Ekey*, in: HK-Wettbewerbsrecht, § 3 Rd. 82 f.; *Baumbach/Hefermehl*, § 3 Rd. 14.
[710] Das *LG München I* gewährte in der Entscheidung GRUR 1989, 60, 60 ff. – „Wetten, daß ..." dem ZDF einen Anspruch aus § 1 UWG wegen Rufausbeutung.
[711] *Kröner*, S. 203 f., erwähnt beispielhaft die Verwendung der Bezeichnung „Guldenburg" als Bestandteil des Titels der Familienfernsehserie „Das Erbe der Guldenburgs" für bestimmte landwirtschaftliche Produkte, Getränke und Schmuck durch einen Dritten; vgl. dazu *OLG Hamburg* WRP 1991, 177 – „Guldenburg", *BGH* GRUR 1993, 692 – „Guldenburg" und *BVerfG* WRP 1999, 172 – „Guldenburg".

b) Fallgruppen

Ein eigenständiger Anwendungsbereich des § 3 UWG neben den Regelungen des Markengesetzes besteht, wenn dieses Schutzlücken aufweist oder der Anwendungsbereich nicht eröffnet ist. Eine Fallgruppe der Anwendbarkeit des § 3 UWG betrifft den Zeitraum nach dem Erlöschen des Filmtitelrechts. Ein Schutz vor Verwechslungsgefahr nach § 15 Abs. 2 MarkenG ist in diesem Zeitraum nicht möglich; dennoch kann die spätere Verwendung des Filmtitels für ein anderes Filmwerk zu einer Irreführung der angesprochenen Verkehrskreise führen, wenn diese zu der Annahme falscher inhaltlicher Bezüge verleitet werden.[712] Eine Irreführung kann insbesondere darin liegen, dass die angesprochenen Verkehrskreise annehmen, es könne sich um eine Fortsetzung oder Bearbeitung (z.B. Kolorierung, Vertonung oder Neuverfilmung) des ursprünglichen Filmwerks handeln.

Ebenso kommt eine Irreführung in Betracht, wenn der Verkehr mit dem Filmtitel einen anderen Filminhalt verbindet, ohne aber der Gefahr einer Verwechslung zwischen verschiedenen Filmwerken oder unterschiedlichen Werkgattungen zu unterliegen.[713] Produziert ein Fernsehsender ein Filmwerk und lässt dieses in unveränderter Form unter verschiedenen Titeln in den Regionalprogrammen zeigen, so liegt auch darin eine Irreführung des Verkehrs nach § 3 S. 1 UWG, die noch verstärkt wird, wenn durch den Titel der Sendung dem Publikum ein spezifisch regionaler Bezug vermittelt wird.[714]

Die Rechtsprechung hat bei Titeln von periodischen Druckschriften daneben eine Irreführung nach § 3 UWG angenommen, wenn der Titel selbst oder bestimmte Titelbestandteile den Eindruck vermitteln, dass das gekennzeichnete Werk sich unberechtigterweise durch eine besondere Aktualität[715], Neuheit[716] oder sonstige Besonderheiten[717] auszeichnet. Eine Übertragung dieser Rechtsprechung auch auf die Titel von Filmwerken ist nur konsequent, denn ebenso wie bei den Titeln von periodischen Druckschriften besteht bei den Titeln von Filmwerken mit Reihen- oder Seriencharakter die Versuchung, durch besonders aufmerksamkeitswirksame Titel und durch das Hinzufügen von aussage- und zugkräftigen Adjektiven einen Wettbewerbsvorsprung zu erreichen. Allerdings ist aufgrund eines verminderten

---

[712] *Russ*, S. 230; *Fezer*, MarkenG, § 15 Rd. 169; dagegen *Runge*, GRUR 1951, 445, 448: „Wer einen Titelschutz verliert, büßt damit zwangsläufig auch den Goodwill ein, der etwa mit dem Titel verknüpft ist. Der Titel liegt sodann samt seinem allerdings rasch dahinschwindenden immateriellen Wert auf der Straße, bis sich jemand findet, der den Titel für eine neues Druckerzeugnis usurpiert und dadurch seinerseits eine Priorität erlangt [...]. Dies gilt selbst dann, wenn der benutzte Haupt- oder Untertitel noch Verkehrsgeltung besitzt."

[713] *BayObLG* GRUR 1959, 427, 428 – „Liebe mal ganz anders".

[714] *RGZ* 93, 189, 191 ff. – „Hohenstein-Ernstthaler Anzeiger"; *Schwedler*, S. 41.

[715] *OLG Köln* AfP 1993, 581, 581 f. – „OLG Rechtsprechung aktuell".

[716] *LG Hamburg* AfP 1993, 662, 662 f. – „TV neu".

[717] *BGH* GRUR 1971, 365, 366 f. – „Das große deutsche Wörterbuch"; *OLG Hamburg* NJW-RR 1995, 1444, 1445 f. – „TV more"; *OLG Hamburg* WRP 1990, 121, 121 f. – „Deutscher Auto-Anzeiger".

Schutzbedürfnisses der Fernsehzuschauer eine Irreführung durch bestimmte Titelbestandteile nur mit Zurückhaltung anzunehmen. Im Gegensatz zu dem Käufer oder Leser einer Druckschrift ist es dem Fernsehzuschauer ohne weiteres möglich, die aufgrund der Irreführung getätigte Programmwahl durch bloßes Umschalten zu korrigieren, ohne dass er finanzielle Einbußen erleidet oder weitere Anstrengungen unternehmen muss, um eine alternative Dienstleistung in Anspruch nehmen zu können. Ebenso ist eine Irreführung der angesprochenen Verkehrskreise bei den Titeln von Kinofilmen nur in Ausnahmefällen anzunehmen. Im Vorfeld des Kinobesuches bestehen eine Vielzahl von Informationsmöglichkeiten über das betitelte Filmwerk durch Internet, Zeitungen, Zeitschriften oder kostenlose Programmübersichten der Kinos. Eine Irreführung des durchschnittlich informierten und verständigen Verbrauchers scheidet daher im Regelfall aus. Insoweit sind auch die konkurrierenden Produzenten, Sendeanstalten oder Verleihunternehmen nicht schutzbedürftig.

Im Einzelfall kann auch die Verwendung des Originaltitels oder der deutschen Übersetzung eines ausländischen Filmwerks für ein anderes Filmwerk zu einer Irreführung der angesprochenen Verkehrskreise führen, denn die angesprochenen Verkehrskreise erwarten, dass insbesondere unter ihrem Titel bekannt gewordene ausländische Filmwerke (z.B. auf Filmfestspielen) in Kürze unter ihrem Originaltitel oder der deutschen Übersetzung auch in Deutschland im Kino oder Fernsehen gezeigt werden. Doch dürfen über einen zu großzügigen Rückgriff auf § 3 UWG nicht die Wertungen des Markengesetzes umgangen werden: Nach dem in § 6 Abs. 3 MarkenG geregelten Prioritätsgrundsatz kann grundsätzlich von dem prioritätsjüngeren Benutzer Unterlassung verlangt werden, wenn eine Verwechslungsgefahr vorliegt. Regelmäßig ist deshalb davon auszugehen, dass der prioritätsjüngere Benutzer einen alternativen Titel wählen muss, über vertragliche Regelungen eine Lizenz an dem Filmtitelrecht eingeräumt wird oder das Filmtitelrecht isoliert übertragen wird. Die isolierte Übertragbarkeit des Filmtitelrechts findet wiederum in § 3 UWG ihre Grenze, wenn eine Irreführung der angesprochenen Verkehrskreise zu befürchten ist.[718]

[718] *Fezer*, MarkenG, § 15 Rd. 168c; *Schricker*, FS *Vieregge*, S. 775, 788.

6. Kapitel: Der Schutz des Filmtitels nach dem BGB

Vor dem Inkrafttreten des Markengesetzes haben Rechtsprechung und Literatur in Ergänzung zu § 16 Abs. 1 UWG a.F. auch die §§ 823 ff. und 1004 Abs. 1 analog BGB als Rechtsgrundlagen für einen Filmtitelschutz herangezogen.[719] Angesichts der werktitelrechtlichen Regelungen im Markengesetz stellt sich die Frage der Anwendbarkeit der §§ 823 ff. und 1004 Abs. 1 analog BGB neben diesen Regelungen im Hinblick auf den Filmtitelschutz (I.). Als Rechtsgrundlagen möglicher deliktischer und quasinegatorischer Ansprüche kommen die §§ 823 Abs. 1 und 1004 Abs. 1 analog, 823 Abs. 2 und 826 BGB in Betracht. Des Weiteren ist zu untersuchen, welchen Anwendungsbereich das Bereicherungsrecht (II.) und die angemaßte Geschäftsführung ohne Auftrag im Filmtitelschutz haben (III.).

I. Deliktische und quasinegatorische Ansprüche

1. Konkurrenzverhältnis zu den werktitelrechtlichen Regelungen im Markengesetz

Als ergänzender Kennzeichenschutz u.a. zu § 16 Abs. 1 UWG a.F. hat sich in Rechtsprechung und Literatur ein Schutz der berühmten geschäftlichen Bezeichnung aus den §§ 823 Abs. 1 und 1004 Abs. 1 analog BGB entwickelt, dessen Hauptanwendungsbereich der Schutz der berühmten geschäftlichen Bezeichnung gegen die Verwässerung ihrer Werbekraft ist.[720]

Der Verwässerungsschutz aus den §§ 823 Abs. 1 und 1004 Abs. 1 analog BGB erfasst nach Rechtsprechung und Literatur nur die *berühmte* geschäftliche Bezeichnung mit überragender Bekanntheit, da diese als Ergebnis unternehmerischer Anstrengungen und Investitionen und der damit verbundenen erhöhten Gefahr der Nachahmung einen besonders schutzwürdigen Vermögenswert darstellt.[721] Der für einen deliktischen Schutz erforderliche Bekanntheitsgrad der berühmten geschäftlichen Bezeichnung ist nach Ansicht der Rechtsprechung aufgrund der neueren Markt- und Medienentwicklung sowie der neueren Erkenntnisse der Markt- und Meinungsforschung regelmäßig erst bei einem Bekanntheitsgrad innerhalb des Verkehrs von über 80 % erreicht.[722]

---

[719] *OLG München* GRUR 1990, 43, 43 f. – „Donnerlippchen"; *LG München I* ZUM 1985, 105, 108 ff. – „Jetzt red' i"; *Metzger*, S. 166 ff.; *Deutsch/Mittas*, Rd. 173 ff.
[720] *BGH* GRUR 1985, 550, 551 – „Dimple"; *Bork*, GRUR 1989, 725, 730 ff.
[721] *Fezer*, MarkenG, § 14 Rd. 441.
[722] *BGH* GRUR 1991, 863, 866 – „Avon".

Neben einer überragenden Verkehrsgeltung muss die geschäftliche Bezeichnung auch eine besondere Wertschätzung im Verkehr genießen und eine verwässerungsfähige Alleinstellung auf dem Markt innehaben.[723]

Mit der Ausdehnung des Werktitelschutzes durch § 15 Abs. 3 MarkenG auf den Schutz bekannter Werktitel vor der unlauteren Ausnutzung oder Beeinträchtigung ihrer Unterscheidungskraft oder Wertschätzung erfasst das Markengesetz durch die Tatbestandsalternative der unlauteren Beeinträchtigung der Unterscheidungskraft den von Rechtsprechung und Literatur aus § 823 Abs. 1 BGB hergeleiteten Verwässerungsschutz des Titels.[724] Fraglich ist deshalb, ob dem Schutz des berühmten Werktitels nach § 823 Abs. 1 BGB neben § 15 Abs. 3 MarkenG ein eigenständiger Anwendungsbereich verbleibt oder ob er nicht in § 15 Abs. 3 MarkenG aufgeht.

Zwar schließt § 2 MarkenG die Anwendung anderer außermarkengesetzlicher Vorschriften zum Schutz von geschäftlichen Bezeichnungen nicht aus, jedoch ist § 15 Abs. 3 MarkenG in seinem Anwendungsbereich als abschließende Regelung anzusehen: In der Amtlichen Begründung zum Markengesetz nimmt der Gesetzgeber zum Verhältnis des markenrechtlichen Schutzes aus § 14 Abs. 2 Nr. 3 MarkenG zum Schutz der berühmten Marke nach außermarkengesetzlichen Vorschriften Stellung:[725] „Der außerhalb des geltenden deutschen Warenzeichenrechts entwickelte Schutz berühmter Marken gegen die ungerechtfertigte Beeinträchtigung ihrer Alleinstellung wird durch das neue Markengesetz, wie sich aus § 2 MarkenG ergibt, zwar nicht beseitigt, dieser Schutz wird aber wohl in den meisten Fällen vom Schutz der bekannten Marke, deren Voraussetzungen die berühmte Marke stets erfüllen wird, abgedeckt sein, so dass der Rückgriff auf außermarkenrechtliche Ansprüche zum Schutz berühmter Marken, auch wenn theoretisch möglich, in der Praxis an Bedeutung verlieren wird." Gleiches gilt für die berühmte geschäftliche Bezeichnung.

In Anlehnung an diese Gesetzesbegründung hat der *BGH* festgestellt, dass sich der Schutz der bekannten geschäftlichen Bezeichnung im Markengesetz als eine umfassende spezialgesetzliche Regelung darstellt, mit der der bislang in der Rechtsprechung entwickelte Schutz fixiert und ausgebaut werden soll.[726] In ihrem Anwendungsbereich sei deshalb für eine gleichzeitige Anwendung u.a. der §§ 823 Abs. 1 und 1004 Abs. 1 analog BGB kein Raum. Ein Rückgriff auf die vor dem Inkrafttreten des Markengesetzes entwickelten Grundsätze zum

---

723 *BGH* GRUR 1987, 711, 712 f. – „Camel Tours"; *Bork*, GRUR 1989, 725, 732.

724 *Deutsch/Mittas*, Rd. 175 f.; *Oelschlägel*, S. 157.

725 Amtl. Begr., BT-Drucks. 12/6581, S. 72.

726 *BGH* GRUR 2001, 1050, 1051 – „Tagesschau"; *BGH* GRUR 2001, 1054, 1055 – „Tagesreport"; *BGH* WRP 1999, 1279, 1283 – „Szene"; ebenso *Starck*, FS *Erdmann*, S. 485, 487 ff.; *A/S/K/Klaka*, MarkenG, § 2 Rd. 3; *Ingerl/Rohnke*, MarkenG, § 14 Rd. 523; *Helm*, GRUR 2001, 291, 291 ff.; *Berlit*, GRUR 2002, 572, 573.

Schutz einer berühmten geschäftlichen Bezeichnung sind nur dann in Betracht zu ziehen, soweit das Markengesetz den Schutz solcher Kennzeichen nicht abschließend regelt. Die Anwendung außermarkengesetzlicher Rechtsgrundlagen für den Schutz des Filmtitels kommt folglich insbesondere in den Fällen einer rechtsverletzenden Benutzung im außergeschäftlichen Verkehr in Betracht, da der werktitelrechtliche Schutz nach dem Markengesetz auf Benutzungshandlungen im geschäftlichen Verkehr beschränkt ist.[727] In dieser Hinsicht ist auch § 2 MarkenG einschränkend auszulegen, um nicht die durch die werktitelrechtlichen Regelungen des Markengesetzes geschaffenen Tatbestände auszuhöhlen.

Ebenso sind die §§ 823 Abs. 2 und 826 BGB nicht anwendbar, sofern der Anwendungsbereich des Markengesetzes eröffnet ist, um nicht die spezialgesetzliche Regelung des Markengesetzes zu umgehen.

2. Der Schutz des Filmtitels nach den §§ 823 Abs. 1 und 1004 Abs. 1 analog BGB

Voraussetzung für einen Schutz des Filmtitels nach den §§ 823 Abs. 1 und 1004 Abs. 1 analog BGB ist, dass das Recht am Filmtitel ein sonstiges Recht im Sinne des § 823 Abs. 1 BGB ist. Zu untersuchen ist, warum Rechtsprechung und Literatur für den Schutz des Filmtitels, welcher ein Immaterialgüterrecht und damit sonstiges Recht nach § 823 Abs. 1 BGB ist, auf das Auffangrecht am eingetragenen und ausgeübten Gewerbebetriebs zurückgreifen (a). Im Anschluss daran sollen mögliche Fallgruppen, die in den Anwendungsbereich der §§ 823 Abs. 1 und 1004 Abs. 1 analog BGB fallen, dargestellt werden (b).

a) Das Recht am Filmtitel als sonstiges Recht im Sinne von § 823 Abs. 1 BGB

Obwohl das Filmtitelrecht als Immaterialgüterrecht bereits ein sonstiges Recht im Sinne des § 823 Abs. 1 BGB ist, haben Rechtsprechung und Literatur überwiegend einen Schutz aus einem Eingriff in das Recht am eingerichteten und ausgeübten Gewerbebetrieb hergeleitet.[728] Der eingerichtete und ausgeübte Gewerbebetrieb ist als sonstiges Recht im Sinne des § 823 Abs. 1 BGB anerkannt, fungiert jedoch als Auffangrecht.[729]

---

[727] *BGH* WRP 1999, 1279, 1283 – „Szene"; der *BGH* nennt daneben auch den Fall einer nicht kennzeichenmäßigen Benutzung, da dieser ebenso nicht von § 15 MarkenG erfasst werde. Dem kann jedoch aus den im 5. Abschnitt des 2. Kapitels unter II. 1. c) dargelegten Gründen nicht gefolgt werden.

[728] *BGHZ* 28, 320, 328 – „Quick"; *LG München I* ZUM 1985, 105, 108 f. – „Jetzt red'i"; *Metzger*, S. 168; *Oelschlägel*, S. 157; *Tönjes*, S. 157; *Bork*, GRUR 1989, 725, 731; *Krings*, GRUR 1996, 624, 624 ff.; unklar *Sack*, S. 212.

[729] *Palandt/Thomas*, § 823 Rd. 19.

Begründet wird der deliktsrechtliche Schutz der berühmten geschäftlichen Bezeichnung über den eingerichteten und ausgeübten Gewerbebetrieb damit, dass die berühmte geschäftliche Bezeichnung einen unternehmerischen Vermögenswert darstelle.[730] Ihr immaterialgüterrechtlicher Charakter sei durch den kennzeichenrechtlichen Funktionsschutz begrenzt, der von einem unternehmerischen Leistungsschutz zu unterscheiden sei. Letzterer werde nur über den eingerichteten und ausgeübten Gewerbebetrieb erfasst.[731]

Diese Ansicht beruht auf der tatbestandlichen Enge des Werktitelschutzes in § 16 Abs. 1 UWG a.F., der nur einen Schutz des Werktitels vor Verwechslungsgefahr erfasste.[732] Im Rahmen der Neuregelung des Werktitelrechts durch das am 1. Januar 1995 in Kraft getretene Markengesetz wurde der Schutzbereich des Werktitelrechts durch den in § 15 Abs. 3 MarkenG geregelten Schutz des bekannten Werktitels vor einer unlauteren Ausnutzung oder Beeinträchtigung der Unterscheidungskraft oder Wertschätzung erweitert. Durch die Normierung des § 15 Abs. 3 MarkenG hat der Gesetzgeber die vermögensrechtliche Selbständigkeit des Werktitelrechts anerkannt. Die Reduzierung des immaterialgüterrechtlichen Gehalts des Werktitelrechts auf seine rein kennzeichenrechtliche Funktion unter Ausblendung seines vermögensrechtlichen Gehalts widerspricht der vom Gesetzgeber getroffenen Regelung in § 15 Abs. 3 MarkenG und ist auch unter dogmatischen Gesichtspunkten nicht haltbar: Das Werktitelrecht ist ein vermögenswertes Recht, das Bestandteil der in Art. 14 Abs. 1 GG gewährleisteten Eigentumsgarantie ist und dessen immaterialgüterrechtlicher Gehalt über den des rein kennzeichenrechtlichen Funktionsbereichs (Unterscheidungsfunktion) hinaus geht (Werbefunktion).[733] Ein Rückgriff auf das subsidiäre Recht am eingerichteten und ausgeübten Gewerbebetrieb scheidet deshalb aus; das Filmtitelrecht als Immaterialgüterrecht ist als sonstiges Recht im Sinne des § 823 Abs. 1 BGB unter den für den Schutz berühmter geschäftlicher Bezeichnungen entwickelten Voraussetzung geschützt.[734]

b) Fallgruppen

Einen Anwendungsbereich für den Filmtitelschutz aus § 823 Abs. 1 BGB stellen weiterhin solche Benutzungshandlungen im außergeschäftlichen Verkehr dar, die nach der Rechtspre-

[730] *Bork*, GRUR 1989, 725, 730 f.; *Oelschlägel*, S. 156 f.; *Metzger*, S. 167 f.
[731] *Bork*, GRUR 1989, 725, 730 f.; *Metzger*, S. 167 f.; ähnlich *BGHZ* 28, 320, 328 f. – „Quick".
[732] Für eine Ausweitung des § 16 Abs. 1 UWG a.F. auch auf den Schutz gegen Verwässerungsgefahr plädierte bereits *Klippel* in GRUR 1986, 697, 699 f.
[733] *Traub*, FS *Söllner*, S. 1213, 1217: „Als Ergebnis lässt sich feststellen, dass das, was als Fall des ergänzenden Leistungsschutzes nach § 1 UWG von der Rechtsprechung entwickelt worden war, nunmehr in den Rang eines Immaterialgüterrechts erhoben worden ist."; ebenso *Körner*, FS *Erdmann*, S. 343, 355, in Bezug auf das Markenrecht.
[734] *Deutsch/Mittas*, Rd. 173.

chung und Literatur geeignet sind, die Kennzeichnungskraft des berühmten Filmtitels zu verwässern. Das *LG München I* hat in der Entscheidung „Jetzt red'i" die Gefahr einer Verwässerung der Kennzeichnungskraft des Titels einer Fernsehreihe im außergeschäftlichen Verkehr durch die Verwendung derselben Bezeichnung für eine politische Veranstaltung der Partei „Die Republikaner" angenommen und einen Anspruch aus § 823 Abs. 1 BGB bejaht.[735] Voraussetzung für den Verwässerungsschutz des Filmtitels nach § 823 Abs. 1 BGB im außergeschäftlichen Verkehr ist, dass der Filmtitel neben seiner Alleinstellung im Verkehr einen Bekanntheitsgrad von über 80 % besitzt und ihm eine besondere Wertschätzung zukommt.[736]

Daneben wird teilweise in den Fällen der vorsätzlichen Rufschädigung nicht bekannter geschäftlicher Bezeichnungen eine ausfüllungsbedürftige Regelungslücke des Markengesetzes gesehen, die über eine Anwendung von § 823 Abs. 1 BGB geschlossen werden könne.[737] Diese Annahme beruht auf der Anerkennung einer Schutzwürdigkeit und Schutzbedürftigkeit auch nicht bekannter geschäftlicher Bezeichnungen insbesondere bei gezielter Rufschädigung im geschäftlichen wie im außergeschäftlichen Verkehr.[738] Insoweit sind jedoch die Wertungen des Markengesetzes zu berücksichtigen: Das Markengesetz sieht in § 15 Abs. 3 MarkenG explizit nur einen Schutz des *bekannten* Werktitels gegen Rufschädigung vor und ist damit für Benutzungshandlungen im geschäftlichen Verkehr als abschließende Regelung anzusehen. Ferner setzt der Tatbestand der Rufschädigung voraus, dass überhaupt ein Ruf existiert, der geschädigt werden kann. Der geschäftlichen Bezeichnung muss bereits eine Wertschätzung im Verkehr zukommen, die beeinträchtigt werden kann, was bei nicht bekannten geschäftlichen Bezeichnungen nicht anzunehmen ist.

3. Der Schutz des Filmtitels nach § 823 Abs. 2 BGB

Auch der Schutz des Filmtitels aus § 823 Abs. 2 MarkenG kommt nur in den Fällen in Betracht, in denen der Anwendungsbereich des werktitelrechtlichen Schutzes nicht eröffnet ist.

Ein Schutz des Filmtitels nach § 823 Abs. 2 BGB setzt einen Verstoß gegen ein Schutzgesetz voraus. Fraglich ist, ob bei einer Verletzung der §§ 1 und 3 UWG durch kollidierende Zeichen auch ein Schadensersatzanspruch aus § 823 Abs. 2 BGB hergeleitet werden kann. Dann müssten die §§ 1 und 3 UWG als Schutzgesetze zugunsten des betroffenen Filmtitelrechtsinhabers bzw. desjenigen, der das Kennzeichen als Filmtitel nutzen will, wirken.

[735] *LG München I* ZUM 1985, 107, 109 – „Jetzt red'i".
[736] *BGH* GRUR 1991, 863, 865 f. – „Avon"; *BGH* GRUR 1987, 711, 713 – „Camel Tours"; *Bork*, GRUR 1989, 725, 731 f.; *Deutsch/Mittas*, Rd. 175.
[737] *Deutsch*, WRP 2000, 854, 857; *Ingerl/Rohnke*, MarkenG, § 14 Rd. 524.
[738] *Ingerl/Rohnke*, MarkenG, § 14 Rd. 524.

Die §§ 1 und 3 UWG dienen nicht lediglich dem Schutz der Allgemeinheit vor einem unlauteren Wettbewerb, sondern bezwecken auch einen Individualschutz der Mitbewerber und sind deshalb Schutzgesetze im Sinne des § 823 Abs. 2 BGB.[739] Dennoch ist im Bereich des Titelschutzes § 823 Abs. 2 BGB nicht neben den §§ 1 und 3 UWG anwendbar, da das UWG in den §§ 1 und 13 Abs. 6 Nr. 1 die Schadensersatzpflicht zumindest für die nach § 13 Abs. 2 Nr. 1 UWG anspruchsberechtigten Mitbewerber selbständig und erschöpfend regelt und auch eine Umgehung der verjährungsrechtlichen Sondervorschrift des § 21 UWG vermieden werden muss.[740]

4. Der Schutz des Filmtitels nach § 826 BGB

Außerhalb des Anwendungsbereichs des Markengesetzes ist im Einzelfall auch § 826 BGB als Anspruchsgrundlage denkbar. Der Nachweis einer vorsätzlichen sittenwidrigen Schädigung ist aber in der Regel kaum zu führen, weshalb dessen praktische Bedeutung gering ist. In der Rechtsprechung existieren soweit ersichtlich lediglich zwei Entscheidung, die Titelschutz auf der Grundlage des § 826 BGB gewährt haben:

Das *OLG München* hat in der Entscheidung „Donnerlippchen" in der Anmeldung und Eintragung des für eine sich in der Vorbereitung befindliche Fernsehreihe geplanten Titels „Donnerlippchen" als Warenzeichen durch einen Dritten unter Ausnutzung von Insiderwissen eine sittenwidrige vorsätzliche Schädigung gesehen, da unter Berufung auf die Eintragung eine Untersagung der Benutzung des Kennzeichens für die geplante Fernsehserie möglich sei oder die Nutzung von einer Lizenzzahlung habe abhängig gemacht werden können und eine Teilhabe an der wirtschaftlichen Nutzungsmöglichkeit des Kennzeichens habe geltend gemacht werden können.[741]

Ebenso hat das *LG München I* in der bereits erwähnten Entscheidung „Jetzt red'i" einen Anspruch aus § 826 BGB bei einer Benutzungshandlung im außergeschäftlichen Verkehr angenommen:[742] „Die Ausbeutung und Beeinträchtigung des Rufs, den sich ein anderer erworben hat, durch Verwendung identischer oder verwechslungsfähiger Kennzeichen, gilt als sittenwidrig [...]. Der Verfügungsbeklagte ist sich der Tatsache, dass die Interessen des Verfügungsklägers durch die Verwendung des Titels beeinträchtigt werden, auch durchaus bewusst; er hat erkannt, dass die Benutzung dieses Titels durch die CSU diese Wirkung haben kann,

---

739 *BGHZ* 15, 338, 355 f. – „GEMA"; *Baumbach/Hefermehl*, Einl. Rd. 40; *Ekey*, in: HK-Wettbewerbsrecht, § 3 Rd. 8; *Emmerich*, S. 17 ff.
740 Ähnlich *Ekey*, in: HK-Wettbewerbsrecht, § 3 Rd. 9.
741 *OLG München* GRUR 1990, 43, 44 – „Donnerlippchen".
742 *LG München I* ZUM 1985, 107, 110 – „Jetzt red'i".

wie sich aus seiner eidesstattlichen Versicherung [...] ergibt. Dass dasselbe dann aber auch für die Republikanische Partei gelten muss, liegt – auch für ihn – auf der Hand."

5. Der Grundsatz der dreifachen Schadensberechnung

Art, Inhalt und Umfang des Schadensersatzes bestimmen sich nach den §§ 249 ff. BGB, wobei nach § 249 Abs. 1 BGB grundsätzlich ein Schadensausgleich in Form der Naturalrestitution stattzufinden hat. Ist die Naturalrestitution wie im Falle der Verletzung von Immaterialgüterrechten nicht möglich, ist eine Entschädigung in Geld in der Höhe des Wertinteresses zu leisten, § 251 Abs. 1 BGB. Das Wertinteresse berechnet sich aus der Differenz zwischen dem Wert des Vermögens, wie es sich ohne das schädigende Ereignis darstellen würde, und dem durch das schädigende Ereignis verminderten Wert (Differenzhypothese).[743] Ferner ist nach § 252 BGB der entgangene Gewinn zu ersetzen.

Fraglich ist, ob diese Form der Ermittlung von Art, Umfang und Höhe des Schadens auch im Rahmen der Verletzung von Immaterialgütern angemessen ist, denn die bei einer Immaterialgüterrechts- und damit auch Filmtitelrechtsverletzung durchzuführende Ermittlung eines konkreten Schadens und des durch die Verletzung entgangenen Gewinns scheitert regelmäßig am Nachweis der Kausalität zwischen Verletzungshandlung und entgangenem Gewinn bzw. konkreten Umsatzeinbußen.[744]

Insbesondere aufgrund des schwierigen Nachweises eines Ursachenzusammenhangs zwischen Verletzungshandlung und konkretem Schaden, der leichten Verletzbarkeit von Immaterialgüterrechten sowie aus der Billigkeitserwägung, dass niemand durch den unerlaubten Eingriff in immaterialgüterrechtliche Ausschließlichkeitsrechte (§ 15 Abs. 1 MarkenG) bessergestellt werden soll, als er im Fall einer ordnungsgemäß erteilten Erlaubnis durch den Rechtsinhaber stehen würde, hat die Rechtsprechung zur Ermittlung von Art, Umfang und Höhe des Schadens den Grundsatz der dreifachen Schadensberechnung entwickelt.[745] Wie im gesamten Immaterialgüterrecht findet bei der Berechnung der Inhalts des Schadensersatzanspruchs der Grundsatz der dreifachen Schadensberechnung auch bei der Verletzung von Kennzeichenrechten Anwendung.[746] Der Verletzte hat die Wahl zwischen der Geltendmachung der erlitte-

---

[743] *Palandt/Heinrichs*, § 251 Rd. 10.

[744] *Schricker/Wild*, UrhR, § 97 Rd. 59; *Ingerl/Rohnke*, MarkenG, Vor §§ 14 – 19 Rd. 64.

[745] *BGHZ* 20, 345, 353 – „Paul Dahlke"; *BGHZ* 44, 372, 376 – „Messmer Tee II"; *BGHZ* 60, 206, 208 ff. – „Miss Petite"; *Fezer*, MarkenG, § 14 Rd. 518; *Schricker/Wild*, UrhR, § 97 Rd. 57; *Klippel/Pahlow*, in: HK-Markenrecht, § 15 Rd. 95; *Berlit*, Rd. 258 ff.

[746] *BGHZ* 44, 372, 276 – „Messmer Tee II"; *BGHZ* 60, 206, 208 ff. – „Miss Petite"; *Ingerl/Rohnke*, MarkenG, Vor §§ 14 – 19, Rd. 63 ff.; *v. Schultz/Schweyer*, MarkenG, § 14 Rd. 246; *Klippel/Pahlow*, in: HK-Markenrecht, § 15 Rd. 95 ff.

nen Vermögenseinbuße einschließlich des entgangenen Gewinns, der Zahlung einer angemessenen Lizenz oder der Herausgabe des Verletzergewinns.[747]

a) Entgangener Gewinn

Bei der Ermittlung des entgangenen Gewinns kommt dem Verletzten die Beweiserleichterung des § 252 S. 2 BGB zugute, die in Verbindung mit § 287 ZPO eine Schätzung des entgangenen Gewinns durch das Gericht ermöglicht.[748] Diese gesetzliche Beweiserleichterung führt jedoch nur dazu, dass der Verletzte den tatsächlich entgangenen Gewinn nicht darlegen muss, befreit ihn aber nicht davon, dem Gericht eine seriöse Grundlage für die Schätzung zu liefern.[749]

b) Herausgabe des Verletzergewinns

Gewohnheitsrechtlich ist als weitere Schadensberechnungsart die Herausgabe des Verletzergewinns anerkannt.[750] Der Verletzer hat den Gewinn abzüglich der Selbstkosten[751] herauszugeben, unabhängig davon, ob der Rechtsinhaber den Gewinn hätte erzielen können, jedoch auch nur insoweit, als der Gewinn auf der Benutzung des Titels bzw. von dessen Bestandteilen und nicht auf anderen Umständen beruht.[752] Die tatsächliche Ermittlung des Verletzergewinns gestaltet sich zudem insofern als schwierig, als sie von der wahrheitsgemäßen Offenlegung durch den Verletzer abhängt.

Fraglich ist, ob sich die Herausgabe des Verletzergewinns auf die vorsätzliche Kennzeichenrechtsverletzung beschränkt, um Wertungswidersprüche zu § 687 Abs. 2 BGB zu vermeiden, der nur eine Herausgabe des Verletzergewinns bei vorsätzlicher Kennzeichenrechtsverletzung vorsieht. Aufgrund der besonderen Verletzbarkeit von Immaterialgüterrechten er-

---

747 *Fezer*, MarkenG, § 14 Rd. 519; *v. Schultz/Schweyer*, MarkenG, § 14 Rd. 246; *Berlit*, Rd. 258 ff.

748 *BGH* GRUR 1993, 757, 758 f. – „Kollektion Holiday"; *Ingerl/Rohnke*, MarkenG, Vor §§ 14 – 19 Rd. 64; *v. Schultz/Schweyer*, MarkenG, § 14 Rd. 248; *Klippel/Pahlow*, in: HK-Markenrecht, § 15 Rd. 96.

749 *v. Schultz/Schweyer*, MarkenG, § 14 Rd. 248; *Ingerl/Rohnke*, MarkenG, Vor §§ 14 – 19 Rd. 64; *Schricker/Wild*, UrhR, § 97 Rd. 59.

750 *BGHZ* 34, 320, 321 ff. – „Vitasulfal"; *Fezer*, MarkenG, § 14 Rd. 519; *Schricker/Wild*, UrhR, § 97 Rd. 67.

751 Zum Umfang der abzugsfähigen Selbstkosten, vgl. *BGH* GRUR 2001, 329, 331 – „Gemeinkostenanteil": „Nach Sinn und Zweck des Anspruchs auf Herausgabe des Verletzergewinns ist es grundsätzlich gerechtfertigt, bei der Ermittlung des Verletzergewinns von den erzielten Erlösen nur die variablen (d.h. vom Beschäftigungsgrad abhängigen) Kosten für die Herstellung und den Vertrieb der schutzrechtsverletzenden Gegenstände abzuziehen, nicht auch Fixkosten, d.h. solche Kosten, die von der jeweiligen Beschäftigung abhängig sind [...]."

752 *BGH* GRUR 2001, 329, 331 f. – „Gemeinkostenanteil"; *BGH* GRUR 1993, 55, 58 – „Tchibo/Rolex II"; *Ingerl/Rohnke*, MarkenG, Vor §§ 14 – 19 Rd. 65; *v. Schultz/Schweyer*, MarkenG, § 14 Rd. 249; *Schricker/Wild*, UrhR, § 97 Rd. 67.

fordern diese jedoch auch einen besonderen Schutz, der sich nicht auf vorsätzliche Verletzungshandlungen beschränken kann.[753] Ausgleichs- und Präventionsfunktion des Schadensersatzrechts rechtfertigen eine analoge Anwendung der §§ 687 Abs. 2, 681 S. 2, 667 BGB auch auf fahrlässige Verletzungshandlungen. Ein Wertungswiderspruch zu § 687 Abs. 2 BGB besteht insofern nicht, als es sich bei der dreifachen Schadensberechnung und damit auch der Herausgabe des Verletzergewinns um eine schadensersatzrechtliche Folge des Schutzzwecks der Immaterialgüterrechte handelt, die vom Gesetzgeber ausdrücklich auch in § 97 Abs. 1 S. 2 UrhG anerkannt worden ist. Somit ist Schadensersatz in der Form der Herausgabe des Verletzergewinns auch bei fahrlässigen Verletzungshandlungen anzuerkennen.[754]

c) Angemessene Lizenz

Die aufgrund ihrer einfacheren Feststellung gegenüber den anderen Schadensberechnungsarten des entgangenen Gewinns und der Herausgabe des Verletzergewinns in der Praxis verbreitetste Schadensberechnungsart ist die Lizenzanalogie. Nach der Berechnungsart der Lizenzanalogie kann der Verletzte als Schaden die bei einem abgeschlossenen Lizenzvertrag anfallende angemessene Lizenzgebühr verlangen.[755] Der Verletzte soll nach dieser Schadensberechnungsart zumindest den Betrag als Schaden ersetzt bekommen, den er bei der Einräumung einer Lizenz üblicherweise hätte verlangen können. Keine Voraussetzung ist es, dass der Verletzer auch tatsächlich zu dem Abschluss eines Lizenzvertrages bereit gewesen wäre (Gedanke des venire contra factum proprium). Ebenso wenig ist Voraussetzung, ob der Verletzte überhaupt die Möglichkeit gehabt hätte, eine angemessene Lizenzgebühr zu erhalten.[756] Da die einmal entstandene Rechtsverletzung, nämlich die unerlaubte Benutzung des Titelrechts, nicht rückgängig zu machen ist, hat der Verletzer nach dem Grundsatz der Güterzuweisung das durch den unerlaubten Eingriff in die fremde Rechtssphäre Erlangte herauszugeben, was dem objektiven Verkehrswert der Rechtsbenutzung entspricht.[757] Damit entsprechen sich die im Rahmen des Schadensersatzanspruchs zu zahlende Entschädigungslizenz und die nach § 812 Abs. 1 S. 1 Alt. 2 i.V.m. § 818 Abs. 2 BGB im Bereicherungsrecht herauszugebende Bereicherungslizenz.[758]

---

[753] *BGH* GRUR 2001, 329, 331 – „Gemeinkostenanteil".
[754] *Fezer*, MarkenG, § 14 Rd. 519, 523; *Klippel/Pahlow*, in: HK-Markenrecht, § 15 Rd. 97.
[755] *Schricker/Wild*, UrhR, § 97 Rd. 60; *v. Schultz/Schweyer*, MarkenG, § 14 Rd. 250; *Ingerl/Rohnke*, MarkenG, Vor §§ 14 – 19 Rd. 66; *Fezer*, MarkenG, § 14 Rd. 522.
[756] *Schricker/Wild*, UrhR, § 97 Rd. 60; *v. Schultz/Schweyer*, MarkenG, § 14 Rd. 250; *Fezer*, MarkenG, § 14 Rd. 522; vgl. auch *BGH* GRUR 2000, 685, 687 f. – „Formunwirksamer Lizenzvertrag".
[757] *BGHZ* 82, 299, 307 – „Kunststoffprofil II"; *Schricker/Wild*, UrhR, § 97 Rd. 60; *Berlit*, Rd. 260.
[758] Zur Bereicherungslizenz unter II. „Bereicherungsrechtliche Ansprüche" im 6. Kapitel.

d) Marktverwirrungsschaden

Keine weitere Schadensberechnungsart sondern ein im Rahmen dieser Berechnungsarten zu berücksichtigender Schadensposten ist der durch die Rechtsverletzung entstandene Marktverwirrungsschaden: Regelmäßig kommt es bei einer Titelrechtsverletzung aufgrund der Wahl identischer oder ähnlicher Kennzeichen für identische oder ähnliche Werke oder auch für sonstige Produkte zu einer Beeinträchtigung der Werkidentifizierung im Verkehr.[759] Der durch diese Zuordnungsverwirrung oder Rufschädigung entstandene Marktverwirrungsschaden kann als zusätzliche Schadensposition neben der Schadensberechnung nach einer der Schadensberechnungsarten der dreifachen Schadensberechnung geltend gemacht werden.[760] Voraussetzung ist jedoch eine tatsächlich eingetretene Vermögenseinbuße infolge der Marktverwirrung, denn die Marktverwirrung an sich stellt lediglich einen Störungszustand dar, dem durch Abwehransprüche zu begegnen ist.[761]

II. Bereicherungsrechtliche Ansprüche

Neben den bürgerlich-rechtlichen Ansprüchen auf Schadensersatz, Beseitigung und Unterlassung aus den §§ 823 ff. und 1004 Abs. 1 analog BGB regelt bei einer unbefugten Benutzung des Filmtitels durch Dritte das Bereicherungsrecht eine vermögensrechtliche Rückabwicklung unabhängig von einem Verschulden des Verletzers.

Aufgrund der Eingriffskondiktion aus § 812 Abs. 1 S. 1 Alt. 2 BGB ist derjenige, der ohne rechtlichen Grund in sonstiger Weise auf Kosten eines anderen etwas erlangt, diesem zur Herausgabe verpflichtet. Kondiktionsauslösend ist die unbefugte Nutzung des Filmtitelrechts, das aufgrund seiner Rechtsnatur als subjektives Ausschließlichkeitsrecht gemäß § 15 Abs. 1 MarkenG allein dem Inhaber dieses Rechts zugewiesen ist.[762] Gegenstand der Güterzuweisung ist damit die ausschließliche Nutzungsbefugnis am Filmtitelrecht (sog. Zuweisungsgehalt des Rechts). Der Verletzer des Filmtitelrechts maßt sich eine Befugnis an, die nach der Rechtsordnung grundsätzlich dem Schutzrechtsinhaber vorbehalten ist. Rechtsfolge eines Eingriffs in den Zuweisungsgehalt des Filmtitelrechts ist die Herausgabepflicht des Erlangten durch den Verletzer. Das Erlangte ist die Gebrauchsmöglichkeit des immateriellen Schutzge-

---

759 *Fezer*, MarkenG, § 14 Rd. 521.

760 *BGH* GRUR 1999, 587, 590 – „Cefallone"; *BGH* GRUR 1974, 84, 88 – „Trumpf"; *v. Schultz/Schweyer*, MarkenG, § 14 Rd. 253; *Klippel/Pahlow*, in: HK-Markenrecht, § 15 Rd. 100; *Ingerl/Rohnke*, MarkenG, Vor §§ 14 – 19 Rd. 70; *Fezer*, MarkenG, § 14 Rd. 521 f.

761 *BGH* GRUR 2001, 841, 845 – „Entfernung der Herstellungsnummer II".

762 *Ingerl/Rohnke*, MarkenG, Vor §§ 14 – 19 Rd. 73; *Fezer*, MarkenG, § 15 Rd. 193 i.V.m. § 14 Rd. 530; *Klippel/Pahlow*, in: HK-Markenrecht, § 15 Rd. 88.

genstands.[763] Da das Erlangte jedoch seiner Natur nach nicht herausgegeben werden kann, ist nach § 818 Abs. 2 BGB Wertersatz zu leisten, der dem objektiven Wert der Nutzungsmöglichkeit des Immaterialgüterrechts in Höhe einer angemessenen und üblichen Lizenzgebühr entspricht.[764]

Damit entsprechen sich Schadensersatzanspruch und Bereicherungsanspruch sofern im Rahmen der dreifachen Schadensberechnung beim Schadensersatzanspruch die Berechnung nach der Lizenzanalogie gewählt wird. Diese Entsprechung kommt dem Anspruchsinhaber insofern zu Gute, als der Bereicherungsanspruch verschuldensunabhängig ist, ein Nachweis des Verschuldens des Titelverletzers mithin vom Verletzten nicht erbracht werden muss. Obwohl damit über die bereicherungsrechtliche Rückabwicklung auch im geschäftlichen Verkehr entgegen der schadensersatzrechtlichen Regelung des § 15 Abs. 5 MarkenG verschuldensunabhängig eine angemessene und übliche Lizenzgebühr verlangt werden kann, wird diese nicht durch die werktitelrechtlichen Regelungen des Markengesetzes verdrängt, denn von seiner Rechtsnatur her handelt es sich bei dem bereicherungsrechtlichen Anspruch um einen im Markengesetz nicht geregelten Herausgabeanspruch, der folglich auch nicht in Konkurrenz zu § 15 Abs. 5 MarkenG steht.[765]

Ein bereicherungsrechtlicher Anspruch auf Herausgabe des Verletzergewinns besteht hingegen nicht, denn dieser ist nicht durch die Ausnutzung der fremden ausschließlichen Rechtsposition erfolgt, sondern beruht auf der persönlichen Leistung des Verletzers. Die Verpflichtung zum Wertersatz ist schon dem Gesetzeswortlaut nach am ursprünglich Erlangten orientiert, während die subjektive Bereicherung erst im Rahmen des § 818 Abs. 3 BGB zu berücksichtigen ist.[766]

---

763 *BGH* GRUR 2000, 685, 686 – „Formunwirksamer Lizenzvertrag"; *BGHZ* 99, 244, 248 – „Chanel No. 5"; *BGHZ* 82, 299, 306 f. – „Kunststoffhohlprofil II"; *A/S/K/Klaka*, MarkenG, § 14 Rd. 170; *Berlit*, Rd. 262.

764 *BGH* GRUR 2000, 685, 686 ff. – „Formunwirksamer Lizenzvertrag"; *BGHZ* 99, 244, 248 f. – „Chanel No. 5"; *Ebert*, S. 169 f.; *Emmerich*, S. 367; *Ingerl/Rohnke*, MarkenG, Vor §§ 14 – 19 Rd. 73; *v. Schultz/Schweyer*, MarkenG, § 14 Rd. 255; *Jauernig/Schlechtriem*, § 818 Rd. 21.

765 Im Gegensatz zum Schadensersatzanspruch setzt der bereicherungsrechtliche Herausgabeanspruch nicht den Eintritt eines Schadens voraus, sondern dient durch die Abschöpfung von Gegenständen und Werten, die sich zu Unrecht im Vermögen des Bereicherungsschuldners befinden, der Wiederherstellung der beeinträchtigten Güterzuordnung. Bereicherungsrecht und Schadensersatzrecht verfolgen damit unterschiedliche Zielsetzungen, die eine Anwendung des Bereicherungsrechts auch im Anwendungsbereich der werktitelrechtlichen Regelungen des Markengesetzes rechtfertigen. Insofern besteht ein Unterschied zu den von den werktitelrechtlichen Regelungen des Markengesetzes in ihrem Anwendungsbereich verdrängten außermarkengesetzlichen Regelungen der §§ 1 und 3 UWG, §§ 12, 823 ff. und 1004 Abs. 1 analog BGB, denn diese entsprechen sowohl in ihrem Regelungsgehalt als auch in ihren Rechtsfolgen den werktitelrechtlichen Regelungen.

766 *Ebert*, S. 143; *Palandt/Thomas*, § 818 Rd. 19, 24; *Jauernig/Schlechtriem*, § 818 Rd. 15; *Fezer*, MarkenG, § 15 Rd. 193 i.V.m. § 14 Rd. 530, sieht darin eine Reduktion des Werktitel- und Markenrechts im Vergleich zu anderen Immaterialgüterrechten. Dem steht entgegen, dass auch bei der Verletzung anderer Immaterialgüterrechte im Rahmen eines Bereicherungsausgleiches objektiver Wertersatz nach § 818 Abs. 2 BGB zu leisten ist, z.B.: *BGHZ* 82, 299, 307 f. – „Kunststoffhohlprofil II"; *BGH* GRUR 1992, 599, 600 f. – „Teleskopzylinder".

III. Ansprüche aus angemaßter Eigengeschäftsführung

Fraglich ist, ob ein Schutz des Filmtitels auch über die Regelung der angemaßten Eigengeschäftsführung nach § 687 Abs. 2 BGB möglich ist. Nutzt ein Dritter den Filmtitel, obwohl er weiß, dass er nicht dazu berechtigt ist, so kann der Inhaber des Filmtitelrechts die sich aus den §§ 677, 678, 681, 682 BGB ergebenden Ansprüche geltend machen. Aus den §§ 687 Abs. 2, 681 S. 2, 667 BGB folgt die Herausgabepflicht des durch die angemaßte Geschäftsführung Erlangten durch den Verletzer. Daneben bestehen Auskunfts- und Rechenschaftspflichten nach den §§ 687 Abs. 2, 681 S. 2, 666 BGB.

Die Herausgabepflicht aus den §§ 687 Abs. 2, 681 S. 2, 667 BGB erstreckt sich im Gegensatz zum bereicherungsrechtlichen Anspruch auf den von dem Verletzer erzielten Gewinn, unabhängig davon, ob der Rechtsinhaber diesen gezogen hätte. Voraussetzung ist, dass der Verletzer positive Kenntnis von der Fremdheit des Geschäfts, also von der fremden Rechtsinhaberschaft an dem Filmtitelrecht hat. Die Rechtsprechung hat auch bei einer nur fahrlässigen Verletzung der ausschließlichen Rechtsposition des Kennzeichenrechtsinhabers in analoger Anwendung der §§ 678 Abs. 2, 681 S. 2, 667 BGB innerhalb der gewohnheitsrechtlich entwickelten dreifachen Schadensberechnung dem Verletzten Schadensersatz auf Herausgabe des erzielten Gewinns zugebilligt und begründet dies mit der besonderen Verletzlichkeit und Schutzbedürftigkeit der Immaterialgüterrechte.[767] Letztlich ist im Bereich des Immaterialgüterschutzes der Anwendungsbereich der §§ 687 Abs. 2, 681 S. 2, 667 BGB damit auch auf die fahrlässige angemaßte Eigengeschäftsführung erweitert worden.

Obwohl die Rechtsfolge der §§ 687 Abs. 2, 681 S. 2, 667 BGB bereits über den Grundsatz der dreifachen Schadensberechnung im Rahmen des Schadensersatzspruchs aus § 15 Abs. 5 MarkenG erfasst wird, wird der Anspruch aus den §§ 687 Abs. 2, 681 S. 2, 667 BGB bei Verletzungshandlungen im geschäftlichen Verkehr nicht durch die markengesetzlichen Regelungen verdrängt, da es sich ebenso wie bei dem bereicherungsrechtlichen Anspruch um einen nicht von den werktitelrechtlichen Regelungen des Markengesetzes erfassten Herausgabeanspruch handelt.[768]

[767] *BGHZ* 34, 320, 321 ff. – „Vitasulfal"; *BGHZ* 44, 372, 374 ff. – „Messmer Tee II"; *Palandt/Sprau*, § 687 Rd. 6.

[768] Gleiches gilt für den Auskunfts- und Rechenschaftslegungsanspruch aus den §§ 687 Abs. 2, 681 S. 2, 666 BGB, da sich diese jeweils auf die angemaßte Eigengeschäftsführung beziehen.

Zusammenfassung

1. Der Filmtitel ist filmwerkidentifizierendes Unterscheidungsmittel. Er identifiziert und individualisiert das Filmwerk, so dass dieses im Verkehr unterscheidbar wird (Unterscheidungsfunktion). Neben der Unterscheidungsfunktion hat der Gesetzgeber zum Markengesetz durch die Normierung des Schutzes des bekannten Titels vor einer unlauteren Ausnutzung oder Beeinträchtigung der Unterscheidungskraft oder Wertschätzung in § 15 Abs. 3 MarkenG auch die Werbefunktion des Filmtitels als rechtliche Funktion anerkannt.

Beide Funktionen sind deshalb bei der Auslegung werktitelrechtlicher Tatbestände zu berücksichtigen: Während sich aus der Unterscheidungsfunktion die Akzessorietät zwischen Titel und Werk ergibt, verdeutlicht die Werbefunktion die immaterialgüterrechtliche Verselbständigung des Titels als Wirtschaftsgut im Verkehr.

2. Vor dem Inkrafttreten des Markengesetzes am 1. Januar 1995 unterfiel der Filmtitelschutz § 16 Abs. 1 UWG a.F. und war damit dem Wettbewerbsrecht zugeordnet. § 16 Abs. 1 UWG a.F. erstreckte sich nach seinem Wortlaut nur auf den Schutz der besonderen Bezeichnung einer Druckschrift vor Verwechslung, wurde von Rechtsprechung und Literatur aber auch auf die Titel anderer Werkkategorien, insbesondere auch auf die Titel von Filmwerken ausgedehnt. Mit der Integration des Werktitelrechts in das Markengesetz ist § 16 Abs. 1 UWG a.F. aufgehoben worden. In § 5 Abs. 3 MarkenG wird nun ausdrücklich der Schutz des Titels von Filmwerken erwähnt.

Der Begriff des Filmwerks in § 5 Abs. 3 MarkenG orientiert sich nicht am urheberrechtlichen Werkbegriff, sondern ist ein eigenständiger markengesetzlicher Begriff: Kennzeichnungsobjekt des Filmtitels können sowohl Einzelfilmwerke als auch Filmserien und Filmreihen sein, ohne dass es auf den konkreten Inhalt des Filmwerks oder eine gegenständliche Fixierung ankommt. Als filmwerkidentifizierendes Unterscheidungsmittel ist Filmtitel nicht nur der reine Worttitel. Die durch die Produktbezogenheit bedingte systematische Nähe zur Marke lässt eine Bestimmung möglicher Werk- und damit Filmtitelformen in Anlehnung an die Markenformen nach § 3 Abs. 1 MarkenG zu. Folge ist eine Loslösung von der Namensfunktion des Werktitels im Sinne einer sprachlichen Benennbarkeit und eine Erweiterung des Titelschutzes auf sonstige Titelformen, wie Bild-, Hör-, Bewegungs- oder Kombinationstitel.

Das Titelrecht entsteht, wenn der unterscheidungskräftige Filmtitel im geschäftlichen Verkehr für ein konkretes und bereits existentes Filmwerk benutzt wird. Das Titelrecht ist folglich in seiner Entstehung akzessorisch zum Werk. Die sich aus der Entstehungsakzessorietät des Werktitelrechts ergebenden Schutzlücken in der Entstehungsphase eines Werks werden durch das richterrechtlich entwickelte und vom Gesetzgeber in der Amtlichen Begründung zum Markengesetz anerkannte Institut der Titelschutzanzeige abgemildert: Danach ist eine Vorverlegung der Priorität des Titelrechts auf den Zeitpunkt der Ankündigung möglich, ohne dass das Titelrecht zu diesem Zeitpunkt der Ankündigung bereits entsteht. Voraussetzung ist, dass das Filmwerk unter seinem Titel in branchenüblicher Weise öffentlich angekündigt wird, zum Zeitpunkt der Titelschutzanzeige zumindest ernsthaft mit Vorbereitungshandlungen zur Herstellung des Filmwerks begonnen wird und es nach der Ankündigung in angemessener Frist unter dem Titel erscheint. Liegen diese Voraussetzungen vor, kommt es nur zu einer Vorverlegung der Priorität auf den Zeitpunkt der Titelschutzanzeige, um den Grundsatz der Entstehungsakzessorietät zwischen Titel und Werk zu wahren.

Der Grundsatz der Akzessorietät gilt jedoch nur für die Entstehung des Filmtitelrechts, nicht hingegen für den Fortbestand des Titelrechts. In Analogie zu den §§ 27 Abs. 1 und 30 Abs. 1 MarkenG sind eine isolierte Übertragung des Titelrechts ohne das zugrunde liegende Filmwerk und die Einräumung einer dinglichen Lizenz an dem Titelrecht an Dritte möglich.

Der Schutzbereich des Filmtitelrechts bestimmt sich nach § 15 Abs. 2 und Abs. 3 MarkenG und erstreckt sich auf kennzeichenmäßig und nicht kennzeichenmäßig erfolgte Verletzungshandlungen im geschäftlichen Verkehr. Den Schutz vor Verwechslungsgefahr in § 15 Abs. 2 MarkenG ergänzend, erfasst § 15 Abs. 3 MarkenG den Schutz des bekannten Werktitels vor einer unlauteren Ausnutzung oder Beeinträchtigung der Unterscheidungskraft oder Wertschätzung.

Der in § 15 Abs. 2 und Abs. 3 MarkenG geregelte werktitelrechtliche Schutzbereich ist vom Gesetzgeber in Anlehnung an den Identitäts-, Verwechslungs- und Bekanntheitsschutz der Marke in § 14 Abs. 2 MarkenG formuliert worden. Im Gegensatz zu § 14 Abs. 2 MarkenG beruhen die Regelungen zum Werktitelrecht nicht auf der MRRL, jedoch ist bei der Auslegung der verschiedenen Normen die gesetzgeberische Intention einer Vereinheitlichung der Kennzeichenrechte durch das Markengesetz zu berücksichtigen: Die Tatbestandsmerkmale der Verwechslungsgefahr in § 15 Abs. 2 MarkenG und der unlauteren Ausnutzung oder Beeinträchtigung der Unterscheidungskraft oder Wertschätzung des bekannten Filmtitels in § 15 Abs. 3 MarkenG sind deshalb in Anlehnung an § 14 Abs. 2 MarkenG unter Berücksichtigung der Rechtsprechung des *EuGH* zu Art. 5 Abs. 1 und Abs. 2 MRRL auszulegen.

Die Beurteilung der Verwechslungsgefahr in § 15 Abs. 2 MarkenG erfolgt aufgrund einer Gesamtabwägung unter Berücksichtigung aller Umstände des Einzelfalls. Maßgebend ist die Wechselwirkung zwischen den Kriterien der Kennzeichnungskraft des Filmtitels, der Werkidentität oder -ähnlichkeit und der Zeichenähnlichkeit. Im Unterschied zur Marke haben Werktitel nicht die zusätzliche Funktion eines Herkunftshinweises auf ein bestimmtes Unternehmen, so dass eine Verwechslungsgefahr zwischen dem Filmtitel und Drittzeichen grundsätzlich nur vorliegt, wenn der Verkehr aufgrund der Identität oder Ähnlichkeit der Zeichen die gekennzeichneten Werke miteinander verwechselt, somit das eine Werk für das andere halten kann (unmittelbare Verwechslungsgefahr im engeren Sinne). Eine mittelbare Verwechslungsgefahr im engeren Sinne oder eine Verwechslungsgefahr im weiteren Sinne kommen nur in Betracht, wenn aufgrund der Ähnlichkeit der Filmtitel oder Kennzeichen die angesprochenen Verkehrskreise zu der Ansicht kommen können, dass die erkennbar verschiedenen Werke einem Unternehmen zuzuordnen sind oder aufgrund der Zeichenähnlichkeiten zwischen verschiedenen Unternehmen Beziehungen geschäftlicher, wirtschaftlicher oder sonstiger Art vorliegen.

Mit der Integration des Bekanntheitsschutzes des Werktitels in das Markengesetz hat der Gesetzgeber die Werbefunktion als weitere rechtliche Funktion des Werktitels anerkannt und den Bekanntheitsschutz des Werktitels aufgewertet, indem er ihm einen gegenüber dem Verwechslungsschutz eigenständigen Anwendungsbereich zugewiesen hat. Dies hat auch Auswirkungen auf die Beurteilung des Verwechslungstatbestands in § 15 Abs. 2 MarkenG: Der Bekanntheitsschutz ist nicht mehr als eine Art außerkennzeichenrechtlicher Hilfsschutz gegenüber dem Schutz des Titels vor Verwechslungsgefahr anzusehen. Daraus folgt, dass das für die Annahme einer Verwechslungsgefahr im weiteren Sinne maßgebliche Kriterium der wirtschaftlichen, organisatorischen oder sonstigen Zusammenhänge restriktiv auszulegen ist, um die Anforderungen des Bekanntheitsschutzes von Werktiteln nicht zu umgehen.

Auswirkungen auf die Beurteilung des Schutzumfangs im Werktitelrecht hat vor allem auch die Hinwendung zu einem objektiven Verbrauchertypus bei der Auslegung der werktitelrechtlichen Verletzungstatbestände in § 15 Abs. 2 und Abs. 3 MarkenG im Sinne der Rechtsprechung des *EuGH* zum Markenrecht. Dies ermöglicht eine mediensegmentspezifische Bestimmung des Schutzumfangs im Werktitelrecht, so dass der erhöhten Differenzierungsfähigkeit der Verbraucher in einzelnen Mediensegmenten Rechnung getragen werden kann. Auch unter Berücksichtigung der geringen Anforderungen an die Schutzrechtsentstehung, des überwiegend beschreibenden Charakters von Filmtiteln und der Endlichkeit alternativer Titelwahl ist deshalb eine weitgehende Zeichenannäherung von Filmtiteln zuzulassen. Eine derartige Begrenzung des Schutzumfangs im Filmtitelrecht ist letztlich Folge einer normativen Bestimmung des Schutzumfangs.

Angesichts der geringen Anforderungen an die Unterscheidungskraft von Filmtiteln bei der Schutzrechtsentstehung, ist des Weiteren auch aus wettbewerblichen Gründen Filmtiteln unabhängig von ihrer Kennzeichnungskraft nur ein beschränkter Schutzumfang zuzubilligen. Ohne eine Beschränkung des Schutzumfangs besteht gerade im Hinblick auf die hohe Bekanntheit, die Filmtitel mit stark beschreibenden und inhaltsbezogenen Elementen der öffentlich-rechtlichen Sendeanstalten genießen, die Gefahr, dass es später auf den Markt getretenen Sendeunternehmen von vornherein versagt wäre, die Filmtitel ihrer Sendungen auf ähnliche Weise zu bilden. Insbesondere bei „sprechenden" Titeln ist insoweit auch von einer Wechselwirkung zwischen dem Freihaltebedürfnis Dritter und der Bestimmung des Schutzumfangs des Titelrechts auszugehen.

Liegt eine Verletzung des Filmtitelrechts nach § 15 Abs. 2 oder Abs. 3 MarkenG vor, so gewährt § 15 Abs. 4 MarkenG einen Unterlassungsanspruch und § 15 Abs. 5 MarkenG einen verschuldensabhängigen Schadensersatzanspruch. Des Weiteren bestehen ein Vernichtungsanspruch aus § 18 MarkenG, ein selbständiger Auskunftsanspruch aus § 19 MarkenG und ein von der Rechtsprechung entwickelter unselbständiger Auskunftsanspruch aus § 242 BGB. Schutzrechtsschranken ergeben sich aus den §§ 20 ff. MarkenG.

3. Neben den markengesetzlichen Werktitelschutz tritt der Schutz des Filmtitels als Marke. Die Eintragung des Filmtitels als Dienstleistungsmarke in das vom *DPMA* geführte Register führt zu einer fünfjährigen Benutzungsschonfrist der Marke (§ 49 Abs. 1 S. 1 MarkenG), so dass der Filmtitel bereits während der Vorbereitungshandlungen zur Filmherstellung und Filmveröffentlichung geschützt werden kann. Voraussetzung für die Markeneintragung ist, dass der Filmtitel als produktidentifizierendes Unterscheidungsmittel unterscheidungskräftig nach § 8 Abs. 2 Nr. 1 MarkenG ist.

4. Ein Schutz des Filmtitels aus § 12 BGB, dessen Anwendungsbereich Rechtsprechung und überwiegende Literatur u.a. auch auf geschäftliche Bezeichnungen ausgedehnt haben, sofern die geschäftliche Bezeichnung im Verkehr auch als Name einer natürlichen oder juristischen Person angesehen wird, scheidet dagegen aus, denn der Filmtitel ist ausschließlich filmwerkidentifizierendes Unterscheidungsmittel. Eine gleichzeitige Kennzeichnung einer Person oder eines Unternehmens findet nicht statt.

5. Mit der Neuregelung des Bekanntheitsschutzes des Filmtitels in § 15 Abs. 3 MarkenG ist der von Rechtsprechung und Literatur aus den §§ 1 und 3 UWG entwickelte Schutz des bekannten Filmtitels in das Markengesetz aufgenommen und präzisiert worden, so dass eine Anwendung der §§ 1 und 3 UWG neben den werktitelrechtlichen Regelung im Markengesetz ausscheidet. § 2 MarkenG ist insofern teleologisch zu reduzieren, als ein ergänzender außermarkengesetzlicher Schutz nur in Betracht zu ziehen ist, wenn der Anwendungsbereich des Markengesetzes nicht eröffnet ist. Fallgruppen, in denen ein Schutz des Filmtitels aus § 1 UWG in Betracht kommt, sind der Vorbenutzungsschutz gegen einen sittenwidrigen Behinderungswettbewerb Dritter und die bewusste Anlehnung an die nicht im territorialen Geltungsbereich des Markengesetzes benutzten Titel bekannter ausländischer Filmwerke. Ein Schutz aus § 3 UWG kommt in Betracht, wenn ein Schutz des Filmtitels aus § 15 Abs. 2 MarkenG ausscheidet.

6. Weitere Rechtsgrundlagen für den Filmtitelschutz ergeben sich aus dem BGB. Als Immaterialgüterrecht ist der Filmtitel ein absolutes sonstiges Recht im Sinne des § 823 Abs. 1 BGB. Im Anwendungsbereich des Markengesetzes scheidet ein in Rechtsprechung und Literatur entwickelter ergänzender Schutz des berühmten Filmtitels gegen Verwässerungsgefahr aus § 823 Abs. 1 BGB aus, da dieser Schutz im geschäftlichen Verkehr abschließend von § 15 Abs. 3 MarkenG erfasst wird. Im außergeschäftlichen Verkehr ist ein Schutz des berühmten Filmtitels gegen Verwässerungsgefahr aus den §§ 823 Abs. 1 und 1004 Abs. 1 analog BGB dagegen möglich.

Die Herausgabeansprüche aus den §§ 812 Abs. 1 S. 1 Alt. 2 und 687 Abs. 2, 681 S. 2, 667 BGB bestehen dagegen auch neben den werktitelrechtlichen Regelungen des Markengesetzes, da das Markengesetz selber keine Herausgabeansprüche, sondern nur Schadensersatz-, Unterlassungs-, Auskunfts- und Beseitigungs- bzw. Vernichtungsansprüche in den §§ 14 ff. MarkenG regelt.

Literaturverzeichnis

Althammer, Werner/**Ströbele**, Paul/**Klaka**, Rainer: Markengesetz. 6. Auflage. Köln, 2000.

Arras, Gerth: Die wettbewerbsrechtliche Bedeutung der Titelschutzanzeige, GRUR 1988, 356.

Bappert, Walter: Der Titelschutz, GRUR 1949, 189.

Baumbach, Adolf/**Hefermehl**, Wolfgang: Wettbewerbsrecht. 22. Auflage. München, 2001.

Becker, Roman A.: Kennzeichenschutz der Hörmarke, WRP 2000, 56.

Berlit, Wolfgang: Das neue Markenrecht. 5. Auflage. München, 2003.

Ders.: Die Verkehrsbekanntheit von Kennzeichen (§§ 9 Abs. 2 Nr. 3, 14 Abs. 2 Nr. 3, 15 Abs. 3), GRUR 2002, 572.

Bodenhausen, G. H. C.: Pariser Verbandsübereinkunft zum Schutz des gewerblichen Eigentums. Köln, 1971.

Boës, Ulrich/**Deutsch**, Volker: Die Bekanntheit nach dem neuen Markenrecht und ihre Ermittlung durch Meinungsumfragen, GRUR 1996, 168.

Bork, Reinhard: Titelschutz für Rundfunksendungen, UFITA 110 (1989), 35.

Ders.: Kennzeichenschutz im Wandel – Zum Verhältnis des bürgerlich-rechtlichen zum wettbewerbsrechtlichen Schutz der berühmten Marke gegen Verwässerungsgefahr, GRUR 1989, 725.

Bosten, Bert: Auswirkungen der neueren Rechtsprechung zum Titelschutz, WRP 2000, 836.

Bosten, Bert/**Prinz**, Wolfgang: Wettbewerbsrechtlicher Titelschutz durch Titelschutzanzeige, AfP 1991, 361.

Dies.: Anmerkungen zu BGH GRUR 1989, 760 – „Titelschutzanzeige“, AfP 1989, 666.

Brandis, Werner: Rechtsschutz der Zeitungs- und Büchertitel. Berlin, 1898.

Brehm, Wolfgang: Filmrecht. Handbuch für die Praxis. Gerlingen, 2001.

Bremer, Eckhard: Titelschutz und Konvergenz der Medienmärkte, ZUM 1999, 618.

Caro, Herbert: Der urheberrechtliche Schutz des Schriftwerktitels. Heidelberg, 1930.

Decken, Angelica v. d.: Keine Verpfändbarkeit von Titelschutzrechten nach dem neuen Markenrecht? S. 205. In: Medienrecht im Wandel. Festschrift für Manfred Engelschall. Hrsg. Matthias Prinz und Butz Peters. Baden-Baden, 1996.

Delp, Ludwig: Urheberrechtliche Gemeinfreiheit im Verhältnis zu Titel- und Figurenschutz – Eine Entgegnung, WRP 2000, 1086.

Deutsch, Volker/**Mittas**, Tatjana: Titelschutz. Der Werktitelschutz nach Markenrecht. München, 1999.

Deutsch, Volker: Die „Tagesschau" – Urteile des Bundesgerichtshofs, GRUR 2002, 308.

Ders.: Titelschutz bei gemeinfrei gewordenen Werken, WRP 2000, 1375.

Ders.: Anspruchskonkurrenzen im Marken- und Kennzeichenrecht, WRP 2000, 854.

Ders.: Können Titel von Einzelwerken als Marken eingetragen werden?, MarkenR 1999, 113.

Ders.: Der Werktitel als Gegenstand des Rechtsverkehrs, WRP 1998, 14.

Ders.: Zur Markenverunglimpfung – Anmerkungen zu den *BGH*-Entscheidungen „Mars" und „Nivea" (GRUR 1994, 808 und GRUR 1995, 57), GRUR 1995, 319.

Ders.: Quo vadis, BGH, beim Titelschutz?, GRUR 1994, 673.

Ders.: Der urheberrechtliche Titelschutz, GRUR 1958, 330.

Ders.: Können Titel in die Warenzeichenrolle eingetragen werden?, GRUR 1958, 66.

Ders.: Der Titelschutz. Hamburg, 1957.

Ebel, Fritz: Der Rechtsschutz des Buchtitels nach geltendem deutschen Recht. Jena, 1929.

Ebert, Bertram: Bereicherungsausgleich im Wettbewerbs- und Immaterialgüterrecht. Berlin, 2001.

Eichmann, Helmut: Der Schutz von bekannten Kennzeichen, GRUR 1998, 201.

Ekey, Friedrich L./**Klippel**, Diethelm/**Kotthoff**, Jost/**Meckel**, Astrid/**Plaß**, Gunda (Hrsg.): Wettbewerbsrecht. Heidelberger Kommentar. Heidelberg, 2000.

Ekey, Friedrich L./**Klippel**, Diethelm (Hrsg.): Markenrecht. Heidelberger Kommentar. Heidelberg, 2003.

Emmerich, Volker: Unlauterer Wettbewerb. 6. Auflage. München, 2002.

Fabricius, Fritz: Extensive Anwendung des § 12 BGB?, JR 1972, 15.

Fezer, Karl-Heinz: Markenrecht. 3. Auflage. München, 2001.

Ders.: Zum Anwendungsbereich der Kollisionstatbestände des Identitätsschutzes, des Verwechslungsschutzes und des Bekanntheitsschutzes einer Marke. S. 281. In: Festschrift für Willi Erdmann zum 65. Geburtstag. Hrsg. Hans-Jürgen Ahrens, Joachim Bornkamm, Wolfgang Gloy, Joachim Starck und Joachim v. Ungern-Sternberg. Köln, 2002.

Ders.: Was macht ein Zeichen zur Marke?, WRP 2000, 1.

Ders.: Erste Grundsätze des *EuGH* zur markenrechtlichen Verwechslungsgefahr – oder: „Wie weit springt die Raubkatze?", NJW 1998, 713.

Ders.: Kennzeichenschutz an Namen fiktiver Figuren, WRP 1997, 887.

Ders.: Rechtsverletzende Benutzung einer Marke als Handeln im geschäftlichen Verkehr, GRUR 1996, 566.

Ders.: Anmerkung zu *BGH* GRUR 1979, 564 – „Metall-Zeitung", GRUR 1979, 566.

Fuchs, Andreas: Allgemeiner Kennzeichenschutz für geistige Produkte, GRUR 1999, 460.

Gerstenberg, Eike Markus: Der Titelschutz von Hörfunk- und Fernsehsendungen, ZUM 1985, 346.

Gloy, Wolfgang (Hrsg.): Handbuch des Wettbewerbsrechts. 1. Auflage. München, 1986.

Gounalakis, Georgios: Funktionsauftrag und wirtschaftliche Betätigung des Zweiten Deutschen Fernsehens. Mainz, 2000.

Gregor, Ulrich/**Patalas**, Enno: Geschichte des Films. München, 1973.

Groeben, Christoph v. d.: Buchbesprechung: Deutsch, Volker/Mittas, Tatjana; Titelschutz. Der Werktitelschutz nach Markenrecht. München, 1999. In: GRUR 2000, 172.

Großner, Ivo: Der Rechtsschutz bekannter Marken. Konstanz, 1998.

Grünberger, Johannes: Schutz geschäftlicher Kennzeichen gegen Parodie im deutschen und amerikanischen Recht. Mannheim, 1991.

Gsell, Carl: Der Schutz des Titels von Geisteswerken. Zürich, 1930.

Guth, Walter: Das Urteil des *EuGH* zur Riechmarke – Anmerkungen und Folgerungen, Mitt. 2003, 97

Hartlieb, Horst v.: Handbuch des Film-, Fernseh- und Videorechts. 3. Auflage. München, 1991.

Ders.: Schutz der Filmtitel. Eine Untersuchung der Rechtsgrundlagen. Wiesbaden, 1955.

Helm, Marianne: Zur ergänzenden Anwendung wettbewerbsrechtlicher Bestimmungen auf markenrechtliche Tatbestände, GRUR 2001, 291.

Hertin, Paul W.: Schutz des Titels an urheberrechtlich gemeinfrei gewordenen Werken und fiktiven Figuren?, WRP 2000, 889.

Herzog, Rolfbaldur: Der urheberrechtliche, wettbewerbsrechtliche und warenzeichenrechtliche Schutz des Titels. Köln, 1932.

Heydemann, Ludwig E./**Dambach**, Otto: Die Preußische Nachdrucksgesetzgebung. Erläutert durch die Praxis des Königlichen Literarischen Sachverständigenvereins. Berlin, 1863.

Heydemann, Ludwig E.: Sammlung der Gutachten des Königlichen Preußischen Literarischen Sachverständigenvereins. Berlin, 1848.

Hildebrandt, Ulrich: Zum Begriff der grafischen Darstellbarkeit des Art. 2 Markenrechtsrichtlinie – Anmerkungen zu den Schlussanträgen zur Riechmarken-Vorlage des BPatG, MarkenR 2002, 1.

Hillig, Curt: Gutachten über urheberrechtliche, verlagsrechtliche und verlegerische Fragen. Band 1. Photomechanischer Nachdruck. Weinheim, 1953.

Hillig, Curt/**Greuner**, Georg: Gutachten über urheberrechtliche, verlagsrechtliche und verlegerische Fragen. Band 2. Photomechanischer Nachdruck. Weinheim, 1953.

Hofer, Andreas: Der Rechtsschutz des Titels. Leipzig, 1933.

Ingerl, Reinhard/**Rohnke**, Christian: Markengesetz. München, 1998.

Ingerl, Reinhard: Beschränkung des Schutzumfangs berühmter Marken und Werktitel öffentlich-rechtlicher Rundfunkanstalten zur Erleichterung der Zeichenbildung privater Sendeunternehmen? – Anmerkungen zu den *BGH*-Urteilen „ARD-1" und „Tagesschau". S. 299. In: Festschrift für Willi Erdmann zum 65. Geburtstag. Hrsg. Hans-Jürgen Ahrens, Joachim Bornkamm, Wolfgang Gloy, Joachim Starck und Joachim v. Ungern-Sternberg. Köln, 2002.

Ders.: Allgemeiner Namensschutz für geistige Produkte – Zu den Softwaretitel-Entscheidungen „FTOS" und „PowerPoint", WRP 1997, 1127.

Jacobs, Rainer/**Lindacher**, Walter F./**Teplitzky**, Otto (Hrsg.): UWG. Großkommentar. 3. Lieferung. §§ 16 – 24. Berlin, 1991.

Jacobs, Rainer: Werktitelschutz für Computerspiele und Computerprogramme, GRUR 1996, 601.

Jacobsen, Wolfgang/**Kaes**, Anton/**Prinzler**, Hans Helmut (Hrsg.): Geschichte des deutschen Films. Stuttgart, 1993.

Jauernig, Othmar (Hrsg.): Bürgerliches Gesetzbuch. 10. Auflage. München, 2003.

Joller, Gallus: Anmerkung zu *EuGH* GRUR Int. 2000, 73 – „Chevy", GRUR Int. 2000, 75.

Keller, Erhard: Der Schutz eingetragener Marken gegen Rufausnutzung. Baden-Baden, 1994.

Ders.: Die zeichenmäßige Benutzung im Markenrecht, GRUR 1996, 607.

Kicker, Jürgen: Wettbewerbsrechtlicher Titelschutz – grenzenlos? S. 273. In: Festschrift für Alfred-Carl Gaedertz. Hrsg. Gisela Wild, Ine-Marie Schulte-Franzheim und Monika Lorenz-Wolf. München, 1992.

Klippel, Diethelm: Der zivilrechtliche Schutz des Namens. Eine historische und systematische Untersuchung. Paderborn, 1985.

Ders.: Grundfragen des Schutzes gewerblicher Kennzeichen gegen Verwässerungsgefahr, GRUR 1986, 697.

Körner, Eberhard: Der Schutzumfang des Markenrechts als absolutem Recht mit Zuordnungsfunktion. S. 343. In: Festschrift für Willi Erdmann zum 65. Geburtstag. Hrsg. Hans-Jürgen Ahrens, Joachim Bornkamm, Wolfgang Gloy, Joachim Starck und Joachim v. Ungern-Sternberg. Köln, 2002.

Körner, Siegfried: Der Titelschutz bei Filmen, Büchern, Zeitungen und Zeitschriften. München, 1957.

Kraemer, Eugen: Der Schutz des Filmtitels. Erlangen, 1936.

Krause, Günter B.: Der Schutz der Fernsehsendung und ihres Titels, GRUR 1959, 346.

Krings, E. Ph.: Haben §§ 14 Abs. 2 Nr. 3 und 15 Abs. 3 MarkenG den Schutz der berühmten Marke sowie des berühmten Unternehmenskennzeichens aus §§ 12, 823 Abs. 1, 1004 BGB ersetzt?, GRUR 1996, 624.

Kröner, Lars: Neuere Entwicklungen im Bereich des Titelschutzes für Zeitschriften und Fernsehsendungen. S. 565. In: Festschrift für Paul W. Hertin. Hrsg. Christian Schertz und Hermann-Josef Omsels. München, 2000.

Ders.: Titelmerchandising durch öffentlich-rechtliche Rundfunkanstalten. Münster, 1995.

Krüger, Christof: Zum gedanklichen Inverbindungbringen im Sinne der §§ 9 Abs. 1 S. 2, 14 Abs. 2 Nr. 2 Markengesetz, GRUR 1995, 527.

Kunz-Hallstein, Hans Peter: Europäisierung und Modernisierung des deutschen Warenzeichenrechts – Fragen einer Anpassung des deutschen Markenrechts an die EG-Markenrichtlinie, GRUR Int. 1990, 747.

Kur, Annette: Die Verwechslungsgefahr im europäischen Markenrecht – Versuch einer Bestandsaufnahme, MarkenR 1999, 2.

Lange, Paul: Das System des Markenschutzes in der Rechtsprechung des *EuGH* – Versuch einer Interpretation, WRP 2003, 323.

Leinveber, Gerhard: Zur Nachkriegsrechtsprechung über den filmrechtlichen Titelschutz, JR 1958, 371.

Ders.: Titelschutz im Filmrecht, GRUR 1956, 64.

Linstow, Bernhard v.: Die rechtsverletzende Titelschutzanzeige – ein vierstöckiger Hausbesitzer? S. 375. In: Festschrift für Willi Erdmann zum 65. Geburtstag. Hrsg. Hans-Jürgen Ahrens, Joachim Bornkamm, Wolfgang Gloy, Joachim Starck und Joachim v. Ungern-Sternberg. Köln, 2002.

Loschelder, Michael: Der Titelschutz als besonderes Kennzeichenrecht. S. 585. In: Festschrift für Ralf Vieregge. Hrsg. Jürgen F. Baur, Rainer Jacobs, Manfred Lieb und Peter-Christian Müller-Graff. Berlin, 1995.

Mahlberg, Hermann: Der Schutz des Druckschriftentitels. Köln, 1932.

Mand, Elmar: Anmerkung zu *OLG Koblenz* MMR 2001, 812 – „ZDF-Medienpark", MMR 2001, 816.

Meinberg, Volker/**Engels**, Stefan: Schutz für Titel von Fernsehsendungen, ZUM 1999, 391.

Metzger, Angelika: Der Titelschutz von Film-, Hörfunk- und Buchreihen. Frankfurt a. M., 1992.

Metzler, Wolfram v.: Fragen des Titelschutzes beim Film, UFITA 20 (1955), 169.

Meyer, Andreas: Das deutsche und französische Markenrecht nach der Umsetzung der Ersten Markenrichtlinie (RL 89/104/EWG), GRUR Int. 1996, 592.

Mittas, Tatjana: Der Schutz des Werktitels nach UWG, WZG und MarkenG. Berlin, 1995.

Möhring, Philipp/**Nicolini**, Käte: Urheberrechtsgesetz. Hrsg. Käte Nicolini und Hartwig Ahlberg. 2. Auflage. München, 2000.

Mühlendahl, Alexander v.: Zum Schutz bekannter Marken im europäischen Markenrecht – Die Davidoff-Vorlage des Bundesgerichtshofs (Rs. C-292/2000). S. 425. In: Festschrift für Willi Erdmann zum 65. Geburtstag. Hrsg. Hans-Jürgen Ahrens, Joachim Bornkamm, Wolfgang Gloy, Joachim Starck und Joachim v. Ungern-Sternberg. Köln, 2002.

Münchener Kommentar zum Bürgerlichen Gesetzbuch. Band 1. Allgemeiner Teil §§ 1-240, AGB-Gesetz. Hrsg. Kurt Rebmann, Franz Jürgen Säcker und Roland Rixecker. 4. Auflage. München, 2001.

Nägele, Thomas: Die rechtsverletzende Benutzung im Markenrecht. Baden-Baden, 1999.

Neumann-Duesberg, Horst: Titelschutz und mittelbare Mitverursachung, Persönlichkeitsschutz (Recht der Nichturheberschaft) und betriebliche Organisationspflicht, JR 1967, 441.

Nordemann, Wilhelm: Entstehung des Titelschutzes. S. 437. In: Festschrift für Willi Erdmann zum 65. Geburtstag. Hrsg. Hans-Jürgen Ahrens, Joachim Bornkamm, Wolfgang Gloy, Joachim Starck und Joachim v. Ungern-Sternberg. Köln, 2002.

Ochs, Gerd: Die Titelschutzanzeige - Voraussetzungen des vorgezogenen Titelschutzes, WRP 1987, 651.

Oelschlägel, Kay G. H.: Der Titelschutz von Büchern, Bühnenwerken, Zeitungen und Zeitschriften. Baden-Baden, 1997.

Ders.: Zur Entstehung des Werktitelschutzes, WRP 1998, 469.

Ders.: Zur markenrechtlichen Schutzmöglichkeit von Druckschriftentiteln – Zugleich Anmerkung zu *BPatG* Beschl. v. 14.5.1997 – 29 W (pat) 194/95 und *BPatG* Beschl. v. 14.5.1997 – 29 W (pat) 195/95 (beide nicht rechtskräftig), GRUR 1998, 981.

Ossing, Johann: Der kennzeichnungsrechtliche Schutz der Bezeichnung einer Druckschrift und sonstiger Werke, GRUR 1992, 85.

Paech, Fritz: Der zivilistische Titeldiebstahl, GRUR 1902, 272.

Palandt: Bürgerliches Gesetzbuch. 62. Auflage. München, 2003.

Piper, Henning: Der Schutz der bekannten Marken, GRUR 1996, 429.

Reuling, W.: Sind Zeitungstitel Warenzeichen? Berlin, 1896.

Reupert, Christine: Der Film im Urheberrecht. Neue Perspektiven nach hundert Jahren Film. Baden-Baden, 1995.

Dies.: Der urheberrechtliche Schutz des Filmtitels, UFITA 125 (1994), 27.

Roeber, Georg: Der Schutz registrierter Filmtitel, FuR 1957, Nr. 2, 13.

Röder, Hein: Schutz des Werktitels. Rechtsvergleichende Untersuchung des Titelschutzes in Belgien, Deutschland, Frankreich, Italien, Österreich und der Schweiz. Köln, 1970.

Rößler, Bernd: Die Ausnutzung der Wertschätzung bekannter Marken im neuen Markenrecht, GRUR 1994, 559.

Roth, Markus: Spitzenorganisation der Filmwirtschaft. Filmstatistisches Jahrbuch 2002. Baden-Baden, 2002.

Rothe, Arnold: Der literarische Titel. Frankfurt a. M., 1986.

Ruijsenaars, Heijo E.: Zur Vermarktung der Titel von Fernsehprogrammen, ZUM 1993, 353.

Runge, Kurt: Der Schutz des Untertitels, GRUR 1951, 445.

Russ, Christian: Der Schutz des Titels einer Druckschrift. Mainz, 1995.

Ders.: Titelschutz und Titelanzeige, Börsenblatt für den Deutschen Buchhandel 1991, S. 2502.

Sack, Peter: Der Schutz des Werktitels nach dem Markengesetz und anderen Gesetzen. Köln, 2000.

Sack, Rolf: Probleme des Markenschutzes im Ähnlichkeitsbereich, WRP 1998, 1127.

Sambuc, Thomas: Kennzeichenschutz mit § 1 UWG. Vortrag am 16.2.2000 vor der Bezirksgruppe Südwest. Mitgeteilt von E. Körner in: GRUR 2000, 391.

Scherer, Inge: Normative Bestimmung von Verwechslungs- und Irreführungsgefahr im Markenrecht, GRUR 2000, 273.

Schmid, Ronald: Zur rechtlichen Problematik von Sammeltitelschutzanzeigen, AfP 1985, 196.

Schmid, Wolfgang: Überlegungen zum Sinn und zu den Rechtsfolgen von Titelschutzanzeigen. S. 469. In: Festschrift für Willi Erdmann zum 65. Geburtstag. Hrsg. Hans-Jürgen Ahrens, Joachim Bornkamm, Wolfgang Gloy, Joachim Starck und Joachim v. Ungern-Sternberg. Köln, 2002.

Schmieder, Hans-Heinrich: Erste Erfahrungen mit dem neuen Markengesetz, NJW 1997, 2908.

Schricker, Gerhard (Hrsg.): Urheberrecht. 2. Auflage. München, 1999.

Ders.: Der Schutz des Werktitels im neuen Kennzeichenrecht. S. 775. In: Festschrift für Ralf Vieregge. Hrsg. Jürgen F. Baur, Rainer Jacobs, Manfred Lieb und Peter-Christian Müller-Graff. Berlin, 1995.

Schultz, Detlef v. (Hrsg.): Kommentar zum Markenrecht. Heidelberg, 2002.

Schwedler, Wilfried: Umfang und Dauer des Titelschutzes bei Zeitschriften. Köln, 1961.

Seligsohn, Ernst: Der Schutz des Filmtitels, UFITA 6 (1933), 124.

Siebert, Wolfgang: Das Namensrecht im Verhältnis zum Firmen-, Warenzeichen- und Wettbewerbsrecht, BB 1959, 641.

Sieckmann, Ralf: Zum Begriff der grafischen Darstellbarkeit von Marken – Eine Ergänzung zu Hildebrandt (MarkenR 2002, 1), MarkenR 2002, 149.

Starck, Joachim: Bemerkungen zum Regelungsumfang von § 2 MarkenG. S. 485. In: Festschrift für Wille Erdmann zum 65. Geburtstag. Hrsg. Hans-Jürgen Ahrens, Joachim Bornkamm, Wolfgang Gloy, Joachim Starck und Joachim v. Ungern-Sternberg. Köln, 2002.

Ders.: Markenschutz – Bemerkungen zum Schutz gegen Rufausnutzung und Rufbeeinträchtigung, MarkenR 2000, 73.

Ders.: Die Auswirkungen des Markengesetzes auf das Gesetz gegen unlauteren Wettbewerb, DZWir 1996, 313.

Ders.: Markenmäßiger Gebrauch – Besondere Voraussetzung für die Annahme einer Markenverletzung?, GRUR 1996, 688.

Ders.: Marken und sonstige Kennzeichenrechte als verkehrsfähige Wirtschaftsgüter – Anmerkungen zum neuen Markenrecht, WRP 1994, 698.

Strepp, Hans Michael: Irreführung und Verwechslungsgefahr. München, 2000.

Tackmann, Heinz: Zum Wettbewerb zwischen Film- und Fernsehtitel, FuR 1967, 36.

Technau, Hans-Jürgen/**Sprenkmann**, Wolfgang: Aus der Rechtsprechung der 16. Zivilkammer des Landgerichts Berlin nach 1945, JR 1951, 516.

Teplitzky, Otto: Die markenrechtliche Verwechslungsgefahr in der Rechtsprechung des *BGH* und des *EuGH*, WRP 2003, 415.

Ders.: Die Festschrift für Willi Erdmann zum 65. Geburtstag, WRP 2003, 173.

Ders.: Aktuelle Fragen beim Titelschutz, AfP 1997, 450.

Ders.: Zu Fragen des Werktitelschutzes vor Erscheinen des Werks, GRUR 1993, 645.

Tilmann, Winfried: Grundlage und Reichweite des Handelsnamensrechts, GRUR 1981, 621.

Toeplitz, Jerzy: Geschichte des Films. Band 1. 1895 – 1933. München, 1987.

Tönjes, Erhard: Der Rechtsschutz des Zeitungs- und Zeitschriftentitels nach geltendem Recht. Bad Godesberg, 1969.

Tovote, H.-G.: Titelschutz bei Film und Fernsehen, FuR 1968, 120.

Traub, Fritz: Zur Ausweitung des Innovationsschutzes durch Immaterialgüterrechte im europäischen Bereich: Gibt es Auswirkungen dieser Tendenz bei dem ergänzenden wettbewerbsrechtlichen Leistungsschutz? S. 1213. In: Festschrift für Albert Söllner zum 70. Geburtstag. Hrsg. Gerhard Köbler, Meinhard Heinze und Wolfgang Hromadka. München, 2000.

Ullmann, Eike: Prägend – was sonst?, GRUR 1996, 712.

Weigert, Julius: Titelschutz im Filmrecht, UFITA 1 (1928), 405.

Ders.: Besprechungen, UFITA 3 (1930), 550.

Will, Stefanie: Der Markenschutz nach § 14 Markengesetz. Baden-Baden, 1996.

Peter Lang · Europäischer Verlag der Wissenschaften

Christine Kanz

Zum Kennzeichenrecht im Internet

Eine Untersuchung der Verletzungsansprüche des Kennzeicheninhabers unter Berücksichtigung deutscher und amerikanischer Spruchpraxis

Frankfurt/M., Berlin, Bern, Bruxelles, New York, Oxford, Wien, 2002.
XXXVI, 310 S.
Europäische Hochschulschriften: Reihe 2, Rechtswissenschaft. Bd. 3477
ISBN 3-631-39674-0 · br. € 50.10*

Das Internet hat auch für den Juristen einige Herausforderungen mit sich gebracht, zu denen auch die Anwendung des Markenrechts auf zunächst unbekannte Sachverhalte gehört. Es hat sich gezeigt, dass keineswegs das Erfordernis eines neuen „Cyberlaws" besteht, sondern dass Vorhandenes unter Berücksichtigung technischer und ökonomischer Besonderheiten anzuwenden ist. Dies gilt nicht nur für die Problematik der Domains, sondern auch für sonstige technische Neuheiten wie Hyperlinks, Frames und Meta-Tags. Die vorliegende Untersuchung zeigt den Weg einer solchen Anwendung.

Aus dem Inhalt: Rechtsverletzungen durch Internet-Domains, durch Hyperlinks, Frames und Meta-Tags · Ansprüche des Kennzeicheninhabers gegen die Vergabestelle

Frankfurt/M · Berlin · Bern · Bruxelles · New York · Oxford · Wien
Auslieferung: Verlag Peter Lang AG
Moosstr. 1, CH-2542 Pieterlen
Telefax 00 41 (0) 32 / 376 17 27

*inklusive der in Deutschland gültigen Mehrwertsteuer
Preisänderungen vorbehalten

Homepage http://www.peterlang.de

FSC
www.fsc.org
MIX
Papier | Fördert gute Waldnutzung
FSC® C083411

Kolibri 360 GmbH
Ferdinand-Jühlke-Straße 7
99095 Erfurt, Deutschland
produktsicherheit@kolibri360.de

Druck:
CPI Druckdienstleistungen GmbH
im Auftrag der
Kolibri 360 GmbH
Ferdinand-Jühlke-Str. 7
99095 Erfurt